不动产登记

案例与实务

徐金广　主编

海洋出版社

图书在版编目（CIP）数据

不动产登记案例与实务 / 徐金广主编 .—北京：海洋出版社，2018.12

ISBN 978-7-5210-0308-6

Ⅰ．①不…　Ⅱ．①徐…　Ⅲ．①不动产－产权登记－案例－中国 Ⅳ．① D923.25

中国版本图书馆 CIP 数据核字 (2018) 第 298674 号

责任编辑：鹿　源

责任印制：赵麟苏

海洋出版社 **出版发行**

http://www.oceanpress.com.cn

北京市海淀区大慧寺路 8 号　邮编：100081

北京玺诚印务有限公司　新华书店北京发行所经销

2019 年 1 月第 1 版　2019 年 1 月第 1 次印刷

开本：889mm × 1194mm　1/32　印张：14.875

字数：292 千字　定价：68.00 元

发行部：62132549　邮购部：68038093　总编室：62114335

不动产登记

案例与实务

编委会

主　　编　徐金广

副 主 编　李军晶

编辑委员会　陈国栋　冷宏志　何　平
林　颢　陈幸德　吕建平
刘彦辉　蔡　辉　厍运涛
周亚民　张应南

海洋出版社

前 言

2015年3月1日，随着全国第一本不动产产权证书在徐州市的颁出，我国不动产统一登记开始正式实施。最新调查统计显示，目前全国335个地市、2853个县区共设立3001个不动产登记办事大厅、3.8万个窗口，8万多一线登记工作人员平均每天为30多万企业和群众提供不动产登记服务。

两年多来，各地不动产登记部门创新思路，攻艰克难，不动产统一登记工作取得了巨大成果。

开展不动产统一登记，是国家治理体系和治理能力现代化建设的内在要求，同时，也是社会主义市场经济发展的必然选择。自然资源部的成立，给年轻的不动产统一登记事业带来了新的机遇与挑战。

今年8月初，部领导指示：“不动产登记工作要从正面发挥舆论影响力，不要总是给人负面印象”，要求结合目前放管服和专项整治大形势，希望把自然资源报刊上已刊发的不动产正面典型报道做个梳理，汇编成册。

为贯彻落实部领导指示，中国国土资源报社、部自然资源确权登记局、不动产登记中心三家单位共同策划推出了《不动产统一登记案例与实务》一书。本书分上下两篇，共30万字。上篇精选67个典型案例，覆盖了省、地市、县三个层面在不动产统一登记工作中的创新与实践。下篇为理论实务，提出了许多在实践中遇到的问题，希望为大家带来启发。

编者

2018年10月18日

目录

CONTENTS

上篇：案例

下篇：实务

上篇：案例

从数百篇报道中精心挑选了67个典型案例，其中省级10个、地市级40个、县级17个，比较全面系统地反映了自不动产统一登记工作开展以来，各地的创新与实践，为下一步工作的推进提供参考。

江苏：开启“不见面”服务新时代

李 倩 王旭雁

“这次，我就没和登记中心的工作人员见上面。”2018 年 1 月，江苏省徐州市沛县金牌药业有限公司的出纳刘娟，仅用 10 分钟，就在附近银行办好了抵押贷款手续，第二天便拿到贷款。“以前银行、登记中心两边跑，没两周时间搞不定。”

曾发出全国首批不动产权证的江苏省，在全面实现“一窗受理、集成服务”的基础上，不动产登记机构依托“互联网 +”和大数据服务，与金融机构深度融合，已有 300 多家银行网点可以办理不动产抵押登记业务，实现群众办事更加方便快捷、实体企业融资成本降低、金融机构从源头防控风险的多方共赢。此外，江苏省国土资源系统为民服务基因，深度融合“互联网 +”理念，点亮创新之路，不断拓展服务领域，江苏不动产登记正全面迈入“不见面”服务“2.0 新时代”。

多方共赢，“不见面”服务释放红利

镜头一：“‘互联网 + 不动产抵押登记’解了我们两家的心病。”苏州恒丰进出口有限公司因抵押贷款到期，着急重新办理抵押登记获取周转资金。企业没进登记机构的门儿，只用了两个工作日就在农业银行抵押登记代理点办理完全部业务，企业、银行都为这种新方式点赞——按照过去的流程，事情可没这么简单：公司和银行得先办理抵押权注销登记，银行再办理抵押资格预审签订借款合同，不动产登记机构办理抵押登记，银行在收到不动产登记证明后才能发放贷款，整个流程下来耗时约 15 天。

金融是现代经济的血液，不动产登记是实体企业信贷过程中的重要环节。长期以来，不动产登记信息和金融信息封闭形成信息孤岛，间接增加了企业融资的时间和金融成本。

落实“放管服”的责任感和使命感，让江苏省不动产登记机构和金融机构的力量拧到了一起。据江苏省国土资源厅负责人介绍，2017 年 12 月，江苏省国土资源厅、省金融工作办公室、中国人民银行南京分行、中国银监会江苏监管局达成一致，四家单位联手部署实现互联互通、信息共享，提升不动产登记服务水平，支持金融服务实体经济。2018 年初，江苏省国土资源厅将开展不动产登记“不见面”服务试点纳入今年全力服务促进高质量发展的重要工作，部署在银行增加不动产登记抵押便民服务点。

从 2018 年 3 月 30 日起，细心的人会发现，建行苏州分行三香路网点门前新挂了一块“‘互联网 + 不动产抵押登记’办理点”的铭牌。这一天，苏州市国土资源局与中国农业银行苏州市分行、中国建设银行苏州市分行举行了“互联网 + 不动产抵押登记”签约仪式。

“当事人只需在银行签订借款抵押合同时，同步申请抵押登记，不再需要在银行、登记两部门间来回跑，真正实现了‘只进一扇门’‘最多跑一次’。”据苏州市国土资源局副局长邵繁荣介绍，依托“互联网 +”和大数据技术，不动产登记机构与银行等金融机构协商并签订合作框架协议，明确委托受理登记收件、印章效力、审查方式、双方职责边界、信息安全、法律责任承担等事项。

群众不仅少跑腿，申办材料也大幅度“瘦身”。苏州建立金融机构信息备案数据库并定期更新，金融机构申请抵押登记时，再也不用重复提交营业执照、金融许可证、委托书、法人代表身份证明等材料，近百页的主债权合同和抵押合同被简化为一张结构化数据表，抵押注销登记将不再提供纸质还款证明，纯抵押登记和商品房首次转移抵押、合并登记不再提供作价协议或评估报告，银行原需查询的登记簿信息简化为一张不动产登记信息查询记录表……

更加给力的是，不动产抵押登记实现了全流程网上办理，效率大大提升。如办理抵押注销登记，只需银行网上发起申请，群众办事时间由以前的一天甚至更久缩短为 20 分钟；纯抵押登记提速至3个工作日办结，其中实体经济企业提速至1个工作日办结；商品房首次转移、抵押合并登记提速至2个工作日办结。

这项改革创新让金融机构也受益良多。中国建设银行苏州市分行数据管理部副总经理徐臻算了几笔账。一是银行员工不用来回往返于登记机构，节省了银行人力成本。二是申请材料电子化、精简化，节约了每年数百万元的纸张费用。三是有效防控了风险，比如电子权证有利于防范证明造假、权利灭失及证明传递过程中的风险，以及抵押登记未落实和顺位抵押、查封等金融风险。

徐臻表示，“互联网＋不动产抵押”提升了银行抵押类业务的竞争力和服务社会的能力，已成为银行服务实体经济、降低企业融资成本、推进普惠金融的重头“产品”。

金杯银杯，不如“不见面”服务的群众口碑

镜头二：江苏大族粤铭激光科技有限公司以其不动产作担保向中国银行申请贷款2000万元，当日完成受理、审核、登簿及证明领取工作。徐州市民袁刚夫妇以其不动产作担保向农商银行申请贷款63万元，次日即领取登记证明。最近由徐州当地多家媒体联合举办的“2017为民办实事·市民口碑榜”投票评选活动中，“不动产办理线上登记提高办证效率”案例以第一名荣获“最佳案例奖”。

据徐州市不动产登记交易服务中心主任孙吉军介绍，徐州深度挖掘“互联网＋不动产登记”潜力，先后推出了“线上登记”服务、不动产抵押登记及不动产登记“不见面”查询等服务。2017年8月15日，徐州市建成不动产登记“线上登记”平台，率先实行“外网申请，内网审核，当面查验，即时领证”的线上登记模式，群众只需跑一次，15分钟就能办结。

简洁美观的操作界面，通俗易懂的语言，吸引着越来越多的徐州市民采用线上登记。截至目前，徐州线上登记微信公众号的关注数量突破6万人次，线上登记业务受理量达到了4.5万宗，累计发放不动产权证书3.8万本、证明2.6万份。

据徐州市不动产登记交易服务中心党支部副书记李亚斌介绍，线上平台设计充分考虑了不同年龄层次群众的需要。群众可随时通过手机微信端、政务网 PC 端、江苏政务服务 APP 等多种渠道享受 24 小时不间断在线服务。

尤为引人注目的是，平台具备随时随地、想评就评的电商式不动产登记服务评价体系，涵盖线上、线下所有登记业务，评价和留言反馈作为登记工作人员考核的参考依据，促进登记机构不断提升服务水平。2018 年 5 月 17 日，自然资源部党组成员、副部长王广华调研徐州线上登记窗口时，对这套线上评价系统给予了高度评价。

利用“线上登记”的便捷优势，徐州将建设便民服务网点和“线上登记”相融合，在多家银行设立不动产登记便民服务点。目前，徐州市民可在中行、交行、江苏银行等 6 家银行的 11 个便民服务网点办理抵押登记全业务类型，最快 1 个工作日办结。

在徐州，如果现在你还跑到实体登记窗口查询不动产信息，那就 OUT 了。据了解，线上登记平台采用目前先进的面部识别技术，市民在手机上可“刷脸”查询个人住房状况信息，然后直接网上推送至税务机关，真正实现不动产登记查询的“不见面”服务。据统计，自 2018 年 5 月 2 日正式开通以来，已有 1000 余人次体验了“一机在手、登记无忧，人脸一扫、事情办完”的舒心与畅快。

“不见面”再升级 实现政务服务最大化

镜头三：买到二手房办完不动产登记就万事大吉了？有过类似经历的人都知道，您还得为水、电、气、网络、有线电视的过户不停奔波。这让人跑断腿儿的事，在常熟、太仓等地市已成历史。群众在江苏省政务服务网上办理不动产在线登记预审时，可同时提交在线办理水、电、气、网络、有线电视等过户申请，同时领到不动产权证和水、电、气等卡证。据江苏省国土资源厅不动产登记局相关负责人介绍，联动办理这项服务今年将在全省全面推广。

江苏不动产登记“不见面”服务的领域正在向更广更深拓展。

在南通、连云港、淮安、扬州等地，登记机构除了与银行合作外，还授权公积金管理部门，同时办理贷款审批和抵押登记。随之带来的问题是，“互联网 + 不动产抵押登记”如何防范风险，确保信息安全？

苏州建立了经公安部门认证的标准化、规范化电子证照模式，不动产登记证明电子证照和实体证书并行发放，并制定数据接口标准和数据服务标准，规范数据共享，实时向银行推送更新抵押登记、法院查封等信息，确保数据安全可控。宿迁等地与合作银行签署保密协议，约定保密责任和追责办法，在合作银行网点配备专业的录音、录像设备，办理业务时将影像资料及时报送登记机构。

徐州的办法是设置“双保险”。这不仅指在预审环节，银行和登记机构对抵押登记申请材料进行双重预审，在登记环节登记机构内部也进行双重审核。一是将内外网进行物理隔离，保障数据的安全性和独立性，二是在银行网点端设置限制权限，对银行各环节数据及操作过程全程留痕管理。

苏州则是通过畅通监督举报线上线下渠道，定期开展抽查检查，一旦发现金融机构存在违规行为，取消授权委托并依法追究相关人员责任。依托“互联网 +”的不见面审批，实现了全要素、全流程“闭环管理”。“从某种程度来说，‘不见面’比‘见面’安全系数更高！”苏州市不动产登记中心主任顾玉根表示。

在江苏，银行工作人员需要经过不动产登记机构专门培训、网点硬件设施具备条件后才能设立便民服务点。“登记、金融信息孤岛已被打破，正朝着开放的数据共享生态系统迈进。”徐臻认为，探索“互联网 + 不动产抵押登记”更重要的意义是，研究制定全国统一的不动产登记信息共享的数据标准、业务标准和服务标准，全国“一盘棋子”全面规范数据共享。

“遥看一色海天处，正是轻舟破浪时”。江苏省国土资源厅负责人向记者介绍，江苏的不动产统一登记工作从未停下创新的脚步。3 月 28 日，江苏国土资源厅与中国银行江苏省分行签订了合作协议，在全国率先开展省级层面不动产登记机构与金融机构的战略合作。协议明确梳理便民服务网点、加快推动不动产登记电子证明使用、加强信息共享和安全管理、建立银行共性材料查验备案制等。同时，在全省推广不动产登记与水、电、气、广电、网络等过户的联动办理。4 月 27 日，江苏正式启用全省统一的不动产登记服务热线“96510”，群众足不出户，直接拨打热线就可咨询不动产登记方面的问题并得到详细解答。

据悉，目前江苏全省各地不动产登记机构通过网站、微信、手机 APP 开通了预约受理、进度查询、权属查询、证书查验、线上登记等服务功能，通过数据共享、信息互通，实现了全域通办，并全部集群到江苏政务服务网省国土资源厅旗舰店，实现一网进入，该项工作已日益成为“互联网 + 国土资源政务服务”的一张“新名片”。

选自《中国自然资源报》2018 年 5 月 30 日第 1 版

浙江：把窗口建设成“最美名片”

李　倩

建立不动产统一登记制度，是党中央、国务院部署的一项重大改革任务。实施不动产统一登记以来，特别是2017年推进“最多跑一次”改革以来，浙江省以问题为导向、以群众需求为目标、以依法依规为前提，努力推进不动产登记各项改革，努力让群众获得感更多一点。日前，据浙江省政府相关部门组织的民意测评结果显示，全省不动产登记群众满意率达到94%以上。

“浙江过去的发展靠创新，浙江今后的发展也靠创新，我们将继续秉承浙江的创新精神，努力打造不动产登记‘最多跑一次’升级版，将不动产登记窗口建设为自然资源系统的‘最美名片’。”浙江省政协副主席、浙江省国土资源厅厅长陈铁雄表示。

应急措施“出招”，找到改革落地“通关卡”

2016年9月30日，浙江省全面实施不动产统一登记，同步实现职责机构人员整合、颁发新证停发旧证、启用新版信息平台、接入国家信息平台、电子档案资料移交五项“全覆盖”，全省不动产统一登记落地实施情况总体平稳。然而，统一登记实施一段时间后，各种问题也逐渐暴露出来。

“和全国很多地方一样，浙江省一些市县也出现了办理不动产登记排队取号、时限过长等现象，群众对此表示不满。”浙江省不动产登记局局长陈幸德坦言。

不动产交易与登记体制不顺的问题显现，影响了不动产登记效率；登记业务量急骤增加，超过了登记机构办理能力；分散登记的大量遗留问题逐渐暴露，相关政策支持严重滞后；数据整合、系统建设不够完善，不动产登记风险增加……针对这些问题，浙江省采取一系列紧急措施积极应对——

采取现场预约取号、凭身份证实名取号等方式迅速恢复窗口秩序，坚决防止凌晨排队、黄牛倒号等严重损害政府形象的情况发生；加强市域内登记人员的统筹调剂，支持业务量急骤增加的地方加快办理速度，防止办件严重积压情况的发生；加强对登记人员的教育和培训，牢固树立以人民为中心的思想，切实保障服务质量；加快纸质资料移交、历史数据整合、信息系统完善等相关基础工作，努力夯实不动产登记工作基础。

经过全省上下的共同努力，浙江省不动产登记工作很快趋于平稳，群众满意率也开始上升。但是，成效面前，浙江省依然保持着清醒的认识。

“上述措施只是应急举措，要想从根本上解决问题，必须继续深化改革。”陈幸德说。

实施“最多跑一次”，淬炼为民服务长效机制

2017年初，浙江省委省政府全面部署了“最多跑一次”改革。改革的目的，就是要倒逼政府部门进一步减政放权、提高效率、优化服务。由于不动产登记与群众生产生活密切相关，被列入“最多跑一次”改革的重点突破领域。浙江省紧紧抓住这一机遇，主动担当，积极作为，全面推进不动产登记各项改革。

建立综合窗口，实行一窗受理。针对实施统一登记时，住建、地税、国土分别对外开设窗口，群众需反复取号排队、重复提交材料的现象，浙江在全国率先建立综合受理窗口，将住建、地税对外开设的窗口整合到综合受理窗口。清理申报材料，凡是没有法律依据的一律取消，对法律规定的申报材料进行整合，形成统一的材料目录并对外公布，实行“一个窗口受理、一套材料申报”。通过这一改革举措，有效解决了群众反复取号排队、重复提交材料的问题。

实行并联办理，优化办事流程。在建立综合受理窗口的基础上，同步建立了后台并联办理的工作流程，即：综合受理窗口统一受理后，由住建、地税、国土 3 个部门进行并联办理，并在登记机构进行登簿前，将办理结果进行汇合，由登记机构依法办理登记。通过这一改革，全省不动产登记平均办理速度提高 50% 以上。

打破信息壁垒，实施一证通办。不动产登记时，群众需要提交的材料很多出自政府部门，为此，借助政府建立大数据平台的机遇，浙江省国土部门积极与政府相关部门建立数据互通共享机制。凡是政府部门有的资料，通过数据共享获取，不再要求申请人提供。目前，全省很多市县已经建立了与公安、民政、法院、住建、税务等部门的信息共享机制。

如今，浙江群众只需拿着一张身份证，简单填写相关申请表，便可办理相关登记业务。

加快数据整合，实现全域通办。所谓全域通办，是指跨越行政区域办理不动产登记业务，如杭州市实现了同城通办，衢州市实现了全市通办。实现全域通办的基础在于数据，一是登记数据必须准确可靠，二是登记数据必须跨区共享。2017 年浙江全面部署开展不动产登记存量数据整合工作，年内完成国有土地上的房地登记存量数据整合，2018 年上半年完成集体土地上的房地登记存量数据整合。通过整合，浙江省不动产登记数据越来越完善、可靠，为实现全域通办奠定了基础。

加强网络建设，实行网上服务。根据浙江省政府提出的实行数据归集、建立数据中心的要求，浙江厅与省政府政务服务网建立了数据实时交换机制。同时，在省政府政务服务网上设置了不动产登记服务端口，群众在任何地方登录省政府政务服务网，通过统一的身份认证后，点击“不动产登记”模块，即可办理全省的不动产登记预约申请、信息查询等业务。目前，浙江省不动产登记网上信息查询已经实现全地域、全天候的自助查询、自助下载、自助打印等功能，真正实现了“零跑路”的服务。同时，各地还自助开发了手机 APP，或者通过微信、支付宝等平台，积极推行网上咨询、网上预审、网上支付等互联网服务，努力发挥网上服务功能。

拓展服务边界，推行延伸服务。为了更好地服务群众，浙江将眼光放宽到县级以下、登记机构以外，把服务延伸到乡镇、延伸到其他部门。在地域方面，在乡镇建立了服务场所，就近受理广大农民的不动产登记申请，然后通过一网办理平台，由县级登记机构进行审核、登记、缮证，再将证书通过快递送达，或者由百姓到乡镇服务场所领取；在部门方面，在银行设立服务点，受理抵押登记相关申请，然后通过一网办理平台，由县级登记机构进行审核和登记。

2017 年，浙江厅与住建、广电、通信、电力等部门联合印发通知，积极推进不动产登记与水、电、煤、有视电视过户的联动服务，相关部门通过登记机构推送的信息即可直接办理水、电、煤、有视电视过户手续，避免了群众来回跑。据了解，目前，浙江省自然资源部门正在与省公积金中心协商，建立公积金审核与不动产登记的联动机制，以方便群众办理公积金贷款。

直面问题深化改革，将登记窗口打造为“最美名片”

“群众的认可是对全省不动产登记人员最大的鼓励，也是我们继续推进改革的最大动力。”在陈幸德看来，虽然改革取得了很大成绩，解决了一系列问题，但是仍然存在一些深层次的矛盾。

体制问题仍然没有从根本上解决。据了解，浙江全省除丽水市和其他部分县市将交易和登记职责同时整合到自然资源部门外，大多数市县仍然保持交易与登记分设不同部门的状况。“事实证明，交易与登记职责在一个部门，比分设不同部门的体制更顺、效率更高，虽然通过‘最多跑一次’改革，从机制上努力克服问题，但要从根本上解决问题仍然需要从体制入手。”陈兴德认为。

作风问题仍然在个别地方发生，存在服务意识不强、工作担当不够、问题解决不力等问题。陈幸德表示，“对于这些问题我们以坚决的态度，实行‘零容忍’政策，发现一起严肃处理一起，并作为警示教材教育广大登记人员。”

基础工作仍然有待进一步加强。从政策层面看，针对分散登记时造成的大量遗留问题，目前政策研究和政策支持还不够，基层登记人员存在很大履职风险；从管理层面看，不动产登记队伍是来自不同部门新组建的新生队伍，教育、管理、培训还不够，新的队伍亟须培育新的文化；从技术层面看，政府对不动产登记改革期望越来越高，但数据整合、系统完善、网络保障等技术支持还不够，亟须进一步加快信息化建设。

陈铁雄表示，下一步，浙江省不动产登记局将继续坚持以人民为中心的思想，以不动产登记窗口作风问题专项整治为契机，进一步查摆问题，转变作风，深入推进不动产登记“最多跑一次”改革，把浙江省不动产登记窗口建设成工作最规范、办事最方便、服务最周到、群众最满意的美丽名片。同时，将继续努力理顺体制，力争从源头上解决不动产登记存在的问题；加快地方立法进程，防范基层履职风险；认真组织窗口作风问题专项整治，与窗口创优活动相结合，既整治问题，又创立品牌；继续夯实工作基础，为不动产登记提供更加坚实的支撑；创新服务方式，建设更先进的信息平台，以技术创新改变工作方式，打造不需跑路、不需见面、不需人工的“智慧登记”。

选自《中国自然资源报》2018 年 9 月 3 日第 1 版

湖北：打造群众满意的窗口

胡　强

2014 年以来，湖北省委省政府深入贯彻党中央和国务院决策部署，稳步推进不动产统一登记工作。2015 年全域完成登记机构职能整合，2016 年 8 月全域提前实现“发新停旧”工作目标。目前，全省共颁发不动产权证书 98 万余本、不动产登记证明超过 105 万份；103 个县（市、区）中，42 个完成原有房屋、林地、草地等电子资料移交，27 个完成相关纸质资料移交，24 个完成电子和纸质资料全移交，51 个接入国土资源部信息平台。2017 年 8 月底前可实现全域接入，形成统一登记体系。

全面规范制度流程，推行标准服务

2014 年建立省级不动产登记厅际联席会议制度，2015 年省国土资源厅和省编办联合下发《关于市县不动产登记职责整合工作的指导意见》，2016 年省编办下发《关于整合不动产登记职责及设立不动产登记机构的通知》，全省逐步形成统一的不动产登记标准化流程。一是采取受理和扫描一并办结、只扫描规定提交要件、简化审核环节等措施压缩工作流程；二是细化不动产登记协税、权籍调查、行政管控、审批等内部衔接流程促进运转高效；三是通过联席会议制订方案，实现房屋交易与不动产登记业务流程无缝对接，减少群众往返次数。四是常态化开展上门服务、短信提醒和预约等服务，以服务承诺制缩减报件办结时间。

宜昌市选取 4 个具有代表性的村开展试点，推进农村宅基地、集体建设用地使用权和房屋所有权“三权”统一调查和确权登记，全面实行“统一窗口受理，统一系统办件，统一窗口发证”全封闭模式，实现“又快又好”发展。荆州市是全国 15 个不动产统一登记联系点之一，形成各级部门“意识整合”，登记机构、职能、人员、资金、资产、资料“六位一体”“系统整合”，流程再造“业务整合”，房地簿册一体“信息整合”，建立快速处理问题、部门协调联动、登记质量监管“政策整合”，得到部、省充分肯定，吸引25个省、90个市共125批次998人学习交流。荆门市公布报件流程和标准化申请材料，实行一次性申请和提交相关资料，优化初审、复核、核定程序，将土地使用权及房屋所有权首次登记和变更登记缩为15个工作日；抵押权、地役权首次登记和变更登记以及预告登记、更正登记、异议登记为10个工作日，转移登记为15个工作日，注销登记、查封登记为2个工作日；个别急办件实行即办即结。

倾力打造便民窗口，推行贴心服务

全省大部分县市不动产登记窗口设置在政务服务中心、“市民之家”等便民服务场所，或与土地用地审批窗口、房产交易等前置审批窗口、税务等窗口合并办公，让群众少跑路。部分地方通过设置预审窗口引导群众办理交易、纳税、登记业务，对其办件资料进行先行预审，缓解受理窗口压力。

黄石市整改升级后，办公场地扩至原来的8.3倍，达2500余平方米，可容纳500余人，增加座椅、饮水机等设施，为群众提供舒适的办证环境。整合市房产交易中心与市不动产登记中心共同办公，配备工作人员76名，设置服务窗口36个。其中，国土工作人员38名，不动产登记服务窗口24个，扩增为原来的3倍。取消限号，实行房产交易、不动产登记并联受理，将办证时限缩短8个工作日，所有登记业务均在20个工作日内完成。黄冈市开展优质服务示范窗口创建和优质服务标兵评比活动，设置叫号机、导询台、群众休息区、填单区等配套服务区域。下发通知，加强登记管理，实行首问责任制、首办责任制、一次性告知制、限时办结制和行为过错责任追究制，设置A、B角受理窗口，建立节假日值班制度。赤壁市以各地国土资源所为“前沿阵地”，开展宅基地使用权测量、信息咨询、档案查询、信访受理和政务公开等业务，建立15个基层不动产登记业务“便民服务点”。

积极应用大数据，推行创新服务

按照部相关要求，将不动产登记信息平台建设纳入信息化建设统筹部署，实现不动产登记信息平台与电子政务系统的有效衔接；着力开发一体化登记发证系统，实现登记审批流程信息全记录，即时标准打印登记表单、簿册和证书。

武汉市开发“微信公众号”之“不动产定位功能”，实现客户网上业务申请和窗口受理权籍调查前置有效衔接，避免群众排队和受理窗口拥塞窘境。鄂州市紧抓基础数据整合“牛鼻子”，大力推进信息化建设，原房产、林业等部门相关档案资料全部移交到位，实现国土、房产等部门审批、交易和登记信息互通共享。咸宁市与市人民检察院建立不动产物权查询协作机制，在符合法定用途前提下按相关审批程序向其开放查询权限，并将扩展至纪委、组织、公安、法院等部门。恩施州统一平台、统一标准、统一建设，采用最新1∶2000航空摄影遥感影像成果，与第二次土地调查城镇调查相结合，妥善处理城区跨越36度带和37度带测量难题，直观准确地确定宗地位置，减少外业测绘量，实现权籍调查系统内不动产登记单元快速落宗。十堰市推进土地管理“一张图”建设，不动产登记办理流程与“一张图”数据实时更新、互为服务，重点实施不动产登记与房屋交易流程、服务、档案、数据“四个对接”，促进全方位信息共享和“一体化”办公。

研究破解遗留问题，推行主动服务

建立全省工作进度月报和通报制度，召开全省不动产登记工作视频会，及时掌握分析各地不动产统一登记工作进展情况和疑难杂症，提出指导意见，敦促各地主动研究解决不动产登记历史遗留问题，妥善化解社会矛盾。

黄石市先后印发《关于积极稳妥解决市城区房屋不动产登记中有房产证无土地证历史遗留问题的处理意见》《关于妥善解决我市城区房屋不动产登记有关历史遗留问题的意见》，有效促进为民解忧和群众满意。鄂州市成立解决疑难问题专班，采取定期召开专题会议讨论、上报市局党组重点突破、请求市政府研究支持等方式化解登记难题。黄冈市开展全市大排查，针对铁塔公司、白莲河行政界线、龙感湖管理区不动产登记等问题，积极研究解决措施，并邀请14家中介机构座谈，利用电视、网络、报刊、公开信等方式宣传政策和做法。随州市主动向市政府争取政策支持，妥善解决老旧小区和房地用途不一致等不动产登记难题。天门市政府，国土、金融办、规划、房管四部门分别出台文件，解决房改房上市交易办证难题，明确已办理土地抵押、在建工程抵押的房地产项目办理预告、预抵登记程序，对划拨国有土地超占、转移及有偿出让等历史遗留问题提出具体解决办法。

今年，将围绕“人员划转、资料移交、数据整合、流程再造、窗口设置、平台建设”等六个方面，不断完善窗口建设规范化标准体系，开展“不动产登记便民利民示范窗口”创建活动，进一步加强窗口建设。坚持从细节入手、从标准入手、从服务入手，一点一滴落实到行动中，真正让群众在窗口办理不动产登记“高兴而来、满意而归”。

选自《中国国土资源报》2017年6月23日第8版

吉林：探路国有林区确权登记

张 强

按照国家统一部署，吉林省自2016年年底开始在延边朝鲜族自治州开展了自然资源统一确权登记试点工作。吉林省国土资源厅（以下简称“吉林厅”）和延边州国土资源局精心组织、科学实施，坚持“一二三四五”综合施策，即“理清一条思路，紧扣两块区域，落实三级责任，建立四个制度，强化五项保障”，全力推动试点各项工作，取得了预期成效。试点形成了《国有林区自然资源确权登记操作指引》等制度性成果，并邀请有关专家进行了评审论证，为全面实施国有林区自然资源确权登记工作奠定了基础。

凝聚共识，明确方向，理清一条思路

在延边州开展自然资源统一确权登记试点，是国家赋予吉林省的一项光荣任务，省委、省政府高度重视，省政府批示由吉林厅牵头会同有关部门抓好落实。吉林厅党组第一时间组织学习《自然资源统一确权登记办法（试行）》（以下简称《办法》），强调要强化组织领导、密切协同配合，主动担当改革责任，按国家要求按时完成任务。

同时，吉林厅组织召开座谈会，在充分听取相关部门、试点地区对开展试点工作意见、建议的基础上，确定了“统筹协调、坚持方向、科学实施、注重创新、按时完成”工作思路，以此指导方案编制、试点实施和总结评估等各阶段工作，在国家规定的改革框架内，大胆探索、积极实践，做到任务明确、程序合理、方法具体，充分体现改革创新的精神和前瞻性，力争取得可复制、可推广的自然资源统一确权登记经验。

突出重点，抓住核心，紧扣两块区域

吉林省试点的范围包括两块区域，分别是延边州区域内的国务院确定的国有重点林区（以下简称“重点林区”）和东北虎豹国家公园（以下简称“虎豹公园”），总调查面积 2.4 万平方千米，其中重点林区面积 2.24 万平方千米，虎豹公园面积 1.04 万平方千米。

由于虎豹公园 80% 的面积都与重点林区重合（与重点林区重叠面积为 0.82 万平方千米），因此，在开展试点时，这两块区域采取相同的技术路线和技术方法，即按照“全面准备—发布通告—调查测量—资料审核—记载登簿—信息系统建设—成果整理与归档”的顺序推进，重点林区的确权登记范围以林权证确定的界线范围为准。未颁发林权证的，以“林地一张图”数据库确定的界线为准。虎豹公园以东北虎豹国家公园管理机构提供的公园范围界线为准。

强化领导，协调联动，落实三级责任

坚持省、州、县上下联动，林业、水利等部门横向配合，合力推动试点任务实施。吉林厅专门成立了试点方案编制工作领导小组，组织业务骨干会同相关部门，科学编制了《吉林省自然资源统一确权登记试点工作实施方案》，厅领导带队参加并顺利通过部评审，获得部省联合批复。在吉林厅指导下，延边州政府自觉承担试点主体责任，依据《办法》和《吉林省自然资源统一确权登记试点实施方案》，精心编制了《延边州自然资源统一确权登记试点实施方案》，经州长办公会、州委深改组会议审议通过。延边州国土资源局会同有关技术单位在全面梳理相关法律法规、技术规范的基础上，紧密结合当地实际，编制了技术方案，明确了技术路线、质量标准和成果汇交要求，为试点工作中的质量控制管理提供了有效依据。

试点涉及的珲春、汪清等6个县（市），组织林业局、水利局、农业局和有关农村集体经济组织，按照确权登记通告要求指派专人出席现场指界，配合技术支撑单位制作权属界线协议书等调查资料，同时负责提供试点工作需要的基础材料。

攻坚克难，规范管理，建立四项制度

鉴于试点时间紧、任务重，不能走一步、看一步。为最大限度地避免失误，吉林省积极研究、完善试点的配套政策，明确所有试点事项都要先调查研究、制定规则，再实务操作，有序推进；每一项任务都要明确工作要求和完成时限，制定路线图、任务书、时间表，做到任务细化到项目、责任分解到部门、工作落实到每天。

在此基础上，吉林分别建立了督导督查制度、部门协同制度、进度日报制度、调查监理制度。吉林厅领导多次调度试点工作进展，听取情况汇报，并提出具体要求。同时，带队深入项目区督导工作，多次组织有关部门召开协调会，推动解决试点工作中的困难。延边州采取分组巡检、定点督查和集中巡检等方式开展检查指导和巡回督查，共出动检查人员288人次，巡回督导8轮次，累计督导66天，下达整改意见12份，出具检查意见8份。与此同时，要求作业单位每日9时前上报前一天工作进度，推动任务实施。

为规范程序，有效提高试点质量，公开招标选聘了监理单位，通过旁站监理、巡视监理、内业检查、外业抽查、实测验证等方式，对3个标段的作业成果进行全面监理，共召开监理会议15次、下达整改意见书27份，并对332个村、357个地块的测量成果进行了实地复核。

延边州地处北半球中温带，冬季寒冷漫长，而重点林区和虎豹公园大部分位于高寒山区，相比南方外业调查有效工作时间要少4个月。为获得详细的调查数据，作业单位“拧紧螺丝”，加速节奏抢时间、倒排工期赶进度，工作人员上高山、入农户、钻丛林、趟河流，连续三个月持续奋战，终于在大雪封山前全部完成了国有林业局的自然资源调查，为顺利推进试点工作夯实了基础。

全力推进，主动作为，强化五方面保障

为稳妥推进试点，吉林省在组织管理、工作经费、技术支持、培训教育和舆论宣传等方面加大保障力度。

经省政府同意，吉林厅牵头成立了试点工作协调小组，建立了专家指导组，强化对试点工作的工作领导和业务指导，帮助解决存在的问题。召开了试点工作动员大会，对试点工作进行安排部署。延边州委、州政府确定了“政府主导、国土牵头、部门联动、合力推进”的工作思路，成立试点工作领导小组，组织州财政和国土部门，依据承担的试点工作，在坚持合法依规、准确完整、统筹兼顾、确保重点的原则下，实事求是地编制了经费预算，将权籍调查、数据库建设、信息系统开发、监理、检查指导工作等各方面经费都纳入预算管理，妥善安排各阶段任务支出，总计1944万元。吉林省经济欠发达，延边州地处“老、少、边、穷”地区，并下辖汪清、安图、和龙3个国家级贫困县，试点经费压力较大。为保障试点顺利实施，延边州积极克服财政紧张的困难，筹措落实经费1024万元。为帮助试点地区解决经费不足的困难，吉林厅积极与省财政厅协调沟通，得到了省财政920万元资金补助支持。

为提高工作人员专业素质，吉林厅组织举办了培训班，培训技术人员125名。此外，积极加强舆论宣传，凝聚改革共识，争取社会广泛支持，创造良好的舆论氛围。

选自《中国不动产》第43期

山西：破解“办证难”

邢云鹏　李　阔　杨　莹

山西省全面实施不动产统一登记已有10个月。截至目前，全省已发放不动产权证书5.8万本，不动产登记证明6.9万份。随着统一登记的深入推进，不动产登记工作进入了改革“深水区”，出现了职责机构整合后的磨合期、房产交易的活跃期、分散登记的历史遗留问题集中爆发期叠加的局面。为提高办事效率、减少办事环节，让数据多跑路、群众少跑腿，山西省全面排查不动产统一登记“中梗阻”，破解“办证难”，推出了多项改革措施。

登记实现联合办理

6月6日16时，晋中市“市民之家”不动产登记联合办理大厅内，秩序井然，包含国土资源、地税、住建在内的20个联合办理窗口一字排开。13号、14号窗口是办理转移登记领证前的最后一站，冯啸尘和他的妻子正在办理不动产过户手续。窗口内，审核人员杨慧斌在审核材料，工作人员卜学敏和申请人一边填写信息，一边核对信息，不到10分钟，一份填有完整信息的“回执单”已经打印好。

和大多数市民一样，办证前冯啸尘心里没底，不知道跑多少次才能拿证。6月6日下午，他抱着试试看的态度和妻子请了一下午假来到“市民之家”。经过取号、问询，他们得知办证的准确流程为1号窗口权籍调查查询，14号窗口转移登记。登记过程中，由于他们的房产办理过夫妻加名手续，需要到房产部门开具证明。让他们感到轻松的是，大厅内的3号窗口即可办理该证明。不到两个小时，没出大厅，他们已经办完了全部手续。当日，不动产登记大厅受理量超过了130件。

6月5日起，晋中市市本级实现不动产转移登记和抵押登记联合办理，即晋中市榆次区和晋中经济技术开发区在办理国有土地上的不动产转移登记和抵押登记时，实行联合办理，一次排号，一站式办完。

为提高办理效率，晋中市政务大厅管理中心组织晋中市国土资源、住建、地税等部门，从5月份开始主动梳理工作环节，出台了转移登记和抵押登记联合办理办法，通过“取消前置，内部流转；合并事项，资料共享；限时办结，一口出证”，将这两项业务的联合办理全流程分别缩短至20个、10个工作日。

晋中市国土资源局相关负责人告诉记者，办证流程重新整合后，申请人只需在大厅取一次号，就可依次即时办理权籍调查查询、首套房查询、权利状况查询，存量房合同备案、税费缴纳、土地交易费和出让金缴纳、存量房交易后，申请人即可到转移登记窗口申请办理转移登记，完成受理后即出具受理通知书。

此外，据晋中市政务大厅管理中心主任卢贵斌介绍，联合办理在优化流程设置的基础上，还将重复审查的项目进行了合并，目前已简化了十余项。

一体化与规范化

为最大限度地降低不动产交易、登记分设可能给群众带来的不便，阳泉市在组建不动产登记中心时，将房地产交易、房屋登记职能及编制一并划入市国土资源部门，与阳泉市国土资源交易事务中心整合。

目前，接待房屋登记业务时，阳泉实现了一个窗口受理、一套资料内部传递、一次性收费、一个窗口发证。同时，税务、公证、维修资金、不动产测绘等相关单位进驻大厅，为办事群众提供“一条龙”服务。

晋城市则积极推进规范化试点。3月，晋城市不动产登记中心成为山西省首家规范化建设试点。根据试点要求，晋城市出台了试点实施方案，从四个方面确定了试点工作要达到的目标：一是规范运行程序以建立完善的制度体系和内部管理机制；二是通过示范窗口力争入选“全国百佳示范窗口”；三是提升业务素质以实现全域窗口平行受理；四是服务便利快捷，缩短办结时间，提高登记效率。

不动产登记随来随办

6月8日上午8点29分，太原市为民服务中心。西门，办理权籍调查的市民有序排队，队伍有9个人，没有超出安全警戒线围栏。南门，申请不动产登记的队伍排到台阶处，一共有37位市民，安保人员正在维持秩序。

8点半，不动产登记中心两个窗口6台自助取号机同时放号。在权籍调查窗口，两位工作人员分立两台自助取号机旁，先对申请人的材料进行初审，然后帮助申请人取号。记者看到，取号机上有普通号、绿色通道，还有预约取号。取号机上红色的告示明确，必须是申请人本人排号，每人每次只排一个号。

8点40分，位于西门的权籍调查取号口，排队的市民已经全部取完号。之后，是陆续来取号的市民，他们并不着急，有的还希望等等再取号，担心号轮到了人没到齐。市民高常青住在尖草坪，他告诉记者：“我今天8点40分过来的，人不算多。以前7点多过来，排队的人基本到了马路牙子上。现在好多了，有了短信通知，窗口也增加了，很快。”

不动产抵押登记窗口的王新标，当天是从抵押登记科临时抽调到窗口办证的。他们中午休息时间是中午12点到下午1点半，简单吃口饭，在桌子上趴会儿，就到了下午上班的时间。而下午，他们往往要加班到晚上七八点，将下午5点之前放的号全部办完，之后往往还有内部会议。这样的情形，从去年8月一直持续到现在。现在，他们每天的受理量达到了700多件。

太原市不动产登记局局长沈伟介绍说：“群众到太原市不动

产登记中心办证，来多少受理多少，什么时候来什么时候都有号，下午视情况延长服务时间，直到当天的叫号全部受理完毕。”太原市国土资源局副局长荆庆年则表示：“下一步，不动产统一登记在市委、市政府的领导下，将通过部门联动或者机构整合促进材料内转，让数据多跑路，群众少跑腿。”

年底实现“四统一”

据了解，山西今年年底将完成全省不动产登记信息管理平台建设，实现不动产登记“四统一”。

由于历史原因，不动产登记数据呈多维分布。数据分散、多元异构，造成了事实上的信息阻塞。将分散存放、格式不一、介质不同的不动产登记信息进行处理，目前还存在资料移交不畅、分散登记数据缺失、数据不完整、格式不规范等问题。

山西省国土资源厅副厅长武耀文表示，统一的信息平台主要有两方面的作用：一是为不动产登记机构依法登记提供信息基础，为不动产登记查询提供便利，为保障不动产交易安全、保护不动产权利人的合法财产权提供保障；二是向社会各界各部门共享交换数据，为宏观调控和其他社会治理提供数据支撑。

今年年底前，山西省将完成数据整合和信息平台建设。届时，将形成省、市、县的数据库独立又集中的格局，并建成看得见、摸得着、用得好的不动产登记指挥中心，让不动产登记的每一个环节都能在指挥中心一目了然，让每一个数据都能在平台上找到其运行轨迹。

选自《中国不动产》第32期

天津：创新海域使用权登记模式

吴　岗

天津市位于渤海湾湾底，海域管理范围3000平方公里，海洋功能区划确定的范围2146平方公里。自2006年滨海新区纳入国家发展战略以来，海洋经济快速发展，随着“双城双港”空间发展总体战略实施和规划提升，建设了天津港、临港经济区、南港工业区、中新生态城旅游区等几个大的重点功能区，对海域使用权的需求急速增长。2015年11月30日，天津市颁发了第一本海域使用权类型的不动产权证书，从此，全市范围内实现不动产统一登记全覆盖。

在国土资源部和天津市委、市政府的领导推动下，在天津市国土资源和房屋管理局（以下简称“天津国土房管局”）与天津市海洋局的大力支持下，天津市不动产登记中心（以下简称“天津登记中心”）强化“大局意识，看齐意识”，积极贯彻上级指示精神，工作中敢于担当，加强与相关部门的协作、沟通，主动对接，在全国率先实现海域使用权统一登记管理，有效衔接登记与海域管理工作，实现了登记机构、登记依据、登记簿册、信息平台“四统一”。

统一标准的登记系统

海域使用权纳入不动产统一登记后面临的首要任务是统一标准，有效衔接，天津国土房管局领导对此高度重视，多次指示要高标准完成任务。

为了全面贯彻国土资源部的要求，在仔细研究《不动产登记暂行条例》(以下简称《条例》)《不动产登记暂行条例实施细则》(以下简称《细则》）的基础上，天津国土房管局与市海洋局紧密配合，结合天津市不动产登记的实际情况，以创新性的思维、求真务实的态度，从细节入手，解决问题，达到了业务融合、标准统一、工作有效衔接的效果。天津登记中心在不动产登记系统中增设了海域使用权不动产登记子系统，将海域使用权登记平稳纳入不动产统一登记，提高了海域登记工作水平、速度和效率。

在工作推进过程中，天津登记中心坚持以思维创新破解难题，实现了海域登记工作规范化、高水平起步。由于管理方式和历史沿革原因，海域审批与土地登记工作在海域使用权坐标系设置、上图规则等环节存在诸多差异。用海审批阶段使用的海域测绘成果需要进行坐标转换后再进行登记，坐标转换过程中由于每个测绘单位掌握的技术和参数标准不尽相同，对于转换之后的坐标误差大小也参差不齐，导致登记面积与审批面积不一致，同时因坐标转换及反复调试也增加了申请人不必要的负担。为此，天津登记中心与相关部门仔细研究了海洋管理与登记工作的相关规则与要求，分析了技术方面的难点，根据实际情况，在满足各部门相关要求的基础上调整了登记系统，在海域审批和海域登记两项工作中实现了一次测绘成果共用，使登记信息直接导入测绘成果后自动生成宗海图，并根据测绘信息生成宗海面积，图形自动校核，基本做到审批面积与登记面积零误差，减轻申请人登记成本，降低了登记人员工作量，在全国率先实现海域使用权统一登记管理，有效衔接登记与海域管理工作，实现了登记机构、登记依据、登记簿册、信核平台“四统一”，实现了审批与登记部门的无缝衔接。

同时，突出不动产统一登记特色，加强代码管理。按照《条例》第 8 条“不动产以不动产单元为基本单位进行登记。不动产单元具有唯一编码”的规定，在开展海域使用权登记工作时，天津登记中心按照国土资源部发布的《不动产单元设定与代码编制规则》相关规则，为每宗海域编制不动产单元号及宗海号。新的海域使用权登记系统按照相关编制规则由登记系统自动生成不动产单元号及宗海号，不再由用海单位向登记部门申请并告知测绘单位后，由测绘单位写入测绘数据后再导入登记系统，简化了办事程序，节约了企业和登记部门的时间。

此外，通过信息共享，确保工作环节有效衔接，促进部门间各项工作开展。通过统一信息标准、集成信息系统、相应保障措施等方面研究，建立基于“互联网 +”的海域登记与信息共享一体化平台，实现了登记结果信息与海域审批交易信息部门间共享。通过信息实时传输共享，搭建起以宗海为单位的数据交换系统，能够及时反映宗海的权属状况、抵押、查封等情况，实现不动产统一登记与海域使用权审批无缝衔接，海域动态监测高效运转。对于市海洋局提供的共享信息中的电子数据，可以导入到新的海域使用权不动产登记系统直接形成登记信息。信息传输工作的自动化和规范化，使得部门间工作衔接“零误差”“零消耗”，确保了信息安全，降低了登记人员工作量，提高了工作效率。同时，为了保证海域动态监测管理的需要，在新的海域使用权登记系统中新增海域配号项，以便将海洋管理部门完成用海审批的每宗海域的配号通过共享系统提供给登记部门，由登记人员对应填写，进一步加强了审批与登记之间的动态关联。

科学规范的登记流程

海域使用权登记与海域管理两项工作之间连接紧密，相互影响，相互制约。国土房管、海洋等管理部门之间的密切配合，直接影响两项工作衔接配合与顺畅开展，也事关海域使用权利人的切身权益。为此，天津登记中心在市国土房管局、市海洋局的大力支持下，认真贯彻法律法规以及《细则》规定的基本原则和具体要求，对海域使用权登记需要与海域使用管理相互衔接的问题，分类研究处理，在保证依法、依规的同时，变通相关具体技术细节，系统地提出了海域登记流程，实现了登记工作安全、高效、便捷的工作目标。

为了实现海域使用权的规范化登记，天津登记中心在工作推进中坚持以不动产统一登记标准为依托。在充分征求市海洋局意见的基础上，按照不动产统一登记的相关规定明确了海域使用权登记要件，即用海单位持海洋管理部门的用海批准文件、海域使用金缴纳证明、宗海测绘成果等相关登记材料，向中心申请海域使用权登记。工作中严格贯彻不动产统一登记的有关要求，设计登记流程，安排登记要件，确定审核要点，实施信息共享。

根据海域登记工作中各项业务活动的实际需要，天津登记中心在登记流程设计上强调具备实用性与便捷性。

考虑到海域使用金与土地出让金的政策尺度不尽相同，在登记工作中，登记机构审核截至登记时点海域使用金是否已缴齐，并将海域使用金缴纳情况记载于不动产登记簿。对于分期缴纳海域使用金的，可依据海域使用权人申请，将分期缴纳情况在登记簿和不动产权证书附记栏中进行记载。这样免去了申请人反复申请注记出让金的环节，也减轻了登记负担。

登记证书配号是海洋部门对地方进行用海监管的一种方式，若按照不动产统一登记相关规定，在程序中无法设置这一前置环节。为了达到不动产统一登记为海洋管理服务和支撑的目的，同时不影响权利人合法权益，登记中心将证书配号更名为海洋管理配号，作为信息共享的一种关联方式，在完成用海审批后由海洋管理部门将配号提供给不动产登记机构，不动产登记机构将该配号记载在证书附记栏。这样做既没有给申请人增加登记环节，也不影响登记时限。

服务一流的登记窗口

海域使用权登记是不动产统一登记的重要组成部分，建设高效运转、服务优质、方便快捷的海域使用权登记窗口，直接关系到这项工作的顺利推进。自天津市开展海域使用权登记工作以来，天津登记中心按照标准化、规范化、信息化、制度化的要求，以努力建设一流服务窗口为抓手，全面提升服务水平。

在海域使用权登记窗口设置上，天津登记中心坚持以登记需求为引领。自承接海域使用权登记业务伊始，天津国土房管局和登记中心就以便民服务为原则，为了保证在不增加申请人负担的前提下办理登记业务，在保留天津市区登记大厅窗口的基础上，通过与市海洋局密切协作，克服人员少、时间紧等困难，在市海洋局增设海域使用权登记窗口，根据申请人预约安排登记人员受理登记业务，统一纳入天津市国土房管局综合管理。为了保证登记质量，新增设窗口与市区登记大厅窗口统一服务标准，统一办件流程，统一工作程序，统一监督管理。

为了建设一流的海域使用权登记窗口，更好地服务于企业，天津登记中心坚持倾听申请人的需求，以提供优质服务作为第一要务。2015 年以来，天津登记中心多次到天津市南港工业区开发公司、天津港远航矿石码头有限公司、天津港（集团）有限公司等用海单位调研，充分听取企业需求，并逐一解答疑问、回应相关诉求。在调研过程中，中心发现登记系统存在面积保留位数、系统用海年限、测绘标准等方面与企业需求方面存在不小差异后，第一时间组织人力梳理遇到的问题，并就最为急迫的问题多次与相关单位进行沟通，安排人员调整系统，及时解决了上述问题，满足了企业的需求。

目前，天津登记中心以及实现了登记要件、登记流程、工作时限全部公开，保证登记工作的公开透明。同时，主动公开业务咨询和投诉电话，为申请人提供便捷的业务咨询服务并接受监督检查，严格按照“登记类型相同、办理程序相同、办理标准相同、办理时限相同、解释口径相同”的要求办理登记业务。

此外，天津登记中心构建了微信平台便民服务预登记系统，逐步实现海域使用权登记的网上预约和申请，内部工作中实现在线办公和无纸化办公，提升了海域登记的信息化、智能化水平。

选自《中国不动产》第 28 期

四川：满足群众需求的模式创新

张　莉

四川省位于我国西部地区，地域辽阔，特产丰富，素有“天府之国”的美誉。随着全省经济社会的不断发展，人民群众的产权意识不断增强，权利诉求不断增多，不动产权利涉及千家万户，建立完善不动产统一登记制度，能够有效地保护不动产权利人的合法权益。全省各级不动产登记机构始终以高度的政治责任和改革担当，树立切实为群众办实事、办好事的工作意识，在优化便民利民措施、妥善处理历史遗留问题、创新服务举措等方面走出一条发展不平衡地区推进不动产登记工作的路子。

发挥泸州试点示范作用

四川省泸州市作为部确定的全国不动产统一登记示范建设城市和统一登记窗口工作联系点，自 2015 年 3 月 1 日颁发全国首批不动产权证书，为全国不动产统一登记工作开展提供了经验模式，同时也极大地推动了四川省不动产登记工作的全面落地。作为试点城市，泸州市始终发挥着先行示范的作用，坚持“依法、便民、高效、廉洁”的服务宗旨，以更多举措、更强力度深入推进不动产登记工作。

尤其是在信息化建设方面，积极开展“外网申请 + 内网受理”登记模式。实现新建商品房登记业务可由外网上传资料申请，内网接收到申请信息后，进行相应的登记业务办理；开通网上预约，申请人可以通过不动产登记的微信平台进行网上预约；开通网上查询，申请人可以通过不动产登记中心网站随时查询了解办理业务的进展情况；实现信息互通共享，采取信息集成模式，实现不动产登记与商品房交易数据的双向互通共享，与税务的单向互通共享，与法院实现双向互通共享。此外与公安、公积金中心、法院、银行等对接，制定互通共享目录清单，逐步实现互通共享。实现全市全域查询，自助打印查询结果功能。结合“互联网+”，统一数据格式等方式，积极协调全市各区县不动产登记机构，从7月2日起，实现了市本级和各区县均可查询到泸州市三县三区范围的不动产登记信息，打破了多年来因不动产登记属地化管理带来的信息壁垒，实现全城全域查询，降低社会管理成本、提高管理效率。

以成都为代表的经济较发达地区模式

四川省提出了“一干多支”发展战略，即做强成都这个“主干”，充分发挥引领辐射带动作用。成都市作为全省发展主干，经济活跃，不动产登记交易频繁，日均受理量达8000余件。成都市稳妥有序开展不动产登记工作，在信息化建设、一窗受理、历史遗留问题处理等方面都取得较好成效。

建立数据共享机制。与房屋交易部门实时推送新建楼盘表数据、商品房预售合同备案信息、存量房网签信息、维修资金缴存信息；与税务部门共享涉税业务的核税信息；与市法院建立了“点对点”不动产网络执行查控一体化机制，市法院通过网络信息化方式对被执行人名下不动产进行无纸化、自动化、高效率查控；陆续开通驻蓉30余家金融机构数据共享接口（目前已开通15家），实现抵押权登记业务的远程查询与快捷办理。

实现不动产登记“一窗受理，一站服务”。纯登记类业务由登记中心人员在不动产登记系统直接办理；二手房交易网上预约预审业务，由税务部门人员、“共用共管”人员在税务系统、交易系统“一窗式”受理，将审核结果推送到不动产登记系统登簿发证；涉房涉税类现场办理业务（主要是商品房、存量房买卖），由税务部门核税后，由“共用共管”人员、登记中心人员在交易系统完成受理后，将审核结果推送到不动产登记系统登簿发证。

妥善解决遗留问题。各不动产登记机构分别成立了遗留问题处理工作组，对不动产登记遗留问题进行集中摸底调查，确定优先类型，实行分类处理。严格遵循规划和土地用途管制原则，限定适用范围，锁定时间节点，强化督查督办，扎实稳妥强推遗留问题处理。市本级服务大厅专门设置遗留问题处理接待窗口，配置专门咨询电话，接受咨询和受理，并在登记系统增设“成都市不动产登记遗留问题处理系统”功能模块，实现了遗留问题处理全程网上签批流程。研究工业用地和政策性住房等遗留问题处理机制并上报市政府审议。制定《成都市不动产登记实务问题处理意见》（一）（二）（三）等业务规则，有效解决登记实务问题。

以凉山州为代表的发展较缓慢地区模式

位于四川西部的少数民族地区，经济发展较慢，不动产登记工作基础薄弱、信息化程度低，技术力量薄弱，经费保障乏力，但在此情况下，仍然坚持以人民为中心的发展思想，克服困难，解决问题，不断健全制度，不动产登记各方面建设取得显著成效。

充实力量，岗位联动。按照因岗配人，人岗相适原则，及时配齐领导班子，根据工作量充实登记人员队伍，并通过强化专业技术培训等措施，促进登记从业人员全面熟悉不动产登记法律法规规范，进一步规范服务态度和服务礼仪，确保登记人员政治合格、纪律严明、业务过硬。并由以前一人一岗的模式转变为一人多岗，建立“全员受理咨询，专人负责录入”的登记模式，既保证了不动产登记工作的专业性，也保证了全员参与性，提高工作效率。

整合资源、联合办公。由于受资金制约，各地因地制宜，充分利用现有场地，整合多部门联合办公。鼓励和支持有条件县市充分运用现代信息技术，创新工作举措，深入推进“互联网＋不动产登记”“微信公众号”，逐步实现申请环节信息化，领证环节便捷化，查询环节自助化、网络化。加强不动产登记信息管理基础平台建设，进一步提升服务能力和水平，提高服务质量和效率，多措并举打造便民利民的服务平台。

规范体系、完善制度。严格落实首问负责制、一次性告知制、限时办结制、AB 岗制等各项工作制度，优化办理流程，取消违法违规环节、消除“奇葩”证明，对办理流程、办理时限、收费标准等内容进行现场公示。建立历史遗留问题会商解决制，对于分散登记时期因相关管理环节不完善、不规范导致的历史遗留问题，通过报请县（市）人民政府及时研究出台政策、开展土地乱象整治等措施及时予以解决，满足群众正常办证需求。

不动产登记作为一项重大民生服务项目，在短短几年时间，经历了“从无到有、从有到全”的过程，不动产登记的完善和规范也在持续推进中。四川省经济发展不平衡，不动产登记面对的问题各有不同，但各地结合自身实际，因地制宜，探索出一条适合当地不动产登记的道路，实现了不动产统一登记这项改革任务的真正落地，更好地让广大群众在不动产登记中享有获得感、安全感、幸福感。

由四川省国土资源厅不动产登记局供稿

河北：不动产登记做好为人民服务

刘彦辉

河北省国土资源厅认真贯彻落实党中央、国务院重大决策部署，坚持以人民为中心的发展思想，秉承“优质高效、便民利民”服务宗旨，扎实推进不动产统一登记制度改革，优化业务流程，精简办事环节，登记能力不断增强，登记效率明显提高，办理时限大幅压缩，服务质量显著提升。截至2018年8月底，已累计为企业和群众核发不动产权属证书212.87万本、不动产登记证明139.70万份。

抓基础，促登记制度落地

建立和实施不动产统一登记制度，是党中央、国务院的重大改革部署。我们坚持把统一登记制度的落地实施作为落实党中央全面深化改革的实际行动，着力构建不动产统一登记便民利民新体制。一是打造不动产登记工作机构体系，把职责机构整合作为首要任务来抓，完成省市县三级登记职责机构整合，全省设立147个登记中心、183个办事大厅、1866个登记窗口，日均办理登记业务870余件。二是砸实不动产登记数据基础，完成土地、房屋、林地等各类不动产登记档案资料移交，推进已有房产分户图等房产测绘成果完整移交，清理整合各类存量数据，建立标准统一、关联准确、信息完整的不动产登记数据库，移交纸质档案663万卷，整合房地存量数据1394余万条，有效支撑不动产登记规范运行。三是建立统一的登记信息平台，依托国土资源“一张图”和综合平台监管建设，加快省市县三级信息平台建设，提升信息平台接入质量，所有市县全部接入国家级信息平台，144个县（市、区）实现了实时自动上报登记信息，已成功上报登记信息222万条。四是推进“房地一体”农村宅基地和集体建设用地房屋补充调查、内业资料整理和数据入库，完成房屋补充调查村庄 4.42 万个、占 93.25%，内业资料整理村庄 3.97 万个、占 83.76%，摸清农村不动产权籍底数，筑牢产权登记基础，维护群众合法权益。

抓规范，促登记效率提高

不动产登记工作与群众关系密切，登记服务质量高低，直接关系群众切身利益。我们从登记机构建设、信息平台接入、数据整合汇交、业务流程优化等 10 个方面入手，制定了 36 大项、92 小项具体标准，指导市县查漏补缺，加强规范化建设，促进工作上水平。一是优化登记流程，组织市县梳理各类不动产登记流程，明确审核要点和必要材料，取消没有法律法规依据的环节和程序，在门户网站和办公场所公示，让办事群众一目了然。二是精简申请材料，取消各类“奇葩证明”，登记中心自己能解决的，决不给群众增负担添麻烦，最大限度方便群众办理不动产登记。从 2018 年 6 月 30 日开始，只要求申请人提交身份证明材料原件，不再要求提交复印件；确需留存身份证明材料复印件的，不动产登记中心自己扫描打印或复印。三是发挥示范典型作用，推广石家庄市不动产登记中心等 8 家“全国百佳不动产登记便民利民示范窗口”候选单位经验，以点带面，带动全省登记窗口工作完善规范，提升便民利民服务水平。四是分类压缩办理时限，将一般登记业务办理时限全部压缩至 15 个工作日以内，抵押登记办理时限压缩至 10 个工作日以内，查封登记、异议登记即时办理；各设区市本级一般登记已压缩至 10 个工作日以内，抵押登记压缩至 5 个工作日以内。

抓关键，促登记难题破解

不动产统一登记实施初期，房屋土地分散登记历史遗留问题不断显现，群众广泛关注。我们坚持“群众满意、服务至上”工作理念，把解决历史遗留问题作为首要任务，急群众之所急，回应群众诉求，维护群众合法权益，千方百计帮助群众尽早实现办理不动产登记梦想。一是全面疏解“中梗阻”问题，采取增设窗口、预约分流、上门服务等措施，打破常规延长受理时间，全力以赴平息统一登记初期房地产市场“井喷”带来的登记压力，防止发生登记业务中断、登记秩序混乱，避免引发社会矛盾。二是指导市县梳理分散登记历史遗留问题，区分不同情况，制定解决政策，11 个市、130 个县先后出台了政策，变“不能”为“能”，为群众排忧解难办理产权登记，依法维护群众合法权益，及时解决了一大批历史遗留问题和发证难问题。石家庄市较早连续出台了两个政策性文件，解决了已办理过房屋所有权证但不能正常办理不动产统一登记业务等问题，平息了群众情绪，疏解了社会矛盾。三是坚持把登记发证与处理历史遗留问题分开，不让群众为其他方面造成的问题“买单”，只要权利人拥有合法权属证书，就及时为群众办理不动产登记。

抓创新，促服务能力提高

围绕群众需求，积极创新工作方法和手段，利用现代网络新技术，提高服务质量和水平。一是推进“一窗受理、并行办理”，推动设立交易、税务、登记综合受理窗口，减少部门掣肘，避免群众反复跑路。2018 年 2 月，邯郸市在全省率先实现不动产登记“一趟清”，群众只需到一个窗口、带一套资料就可办结交易、纳税和登记业务。二是推动“互联网 + 不动产登记”，指导各地探索建立网上登记服务大厅，逐步开通网上预约预审、网上查询等服务，尝试银行申报、信息互联、结果反馈“不见面”办理。截至 8 月底，全省有 6 个大厅实现互联网预约，40 个大厅实现微信预约，在银行、公积金网点设立抵押登记便民服务点 228 个，石家庄、承德、秦皇岛、沧州等市本级开启了抵押登记“不见面审批、最多跑一次”便民模式。三是推动不动产登记“最多跑一次”改革，8 月 17 日省政府办公厅印发了《关于推进不动产登记“最多跑一次”改革的指导意见》(〔2018〕-59号)，加强房屋交易、税收和登记业务协同，避免当事人多次排队、重复提交材料，实行资料一次收取、数据一次录入、业务一次办理、信息实时共享，最大限度方便企业和群众办理不动产登记。唐山市本级在办理二手房转移登记业务时，只要要件齐全、程序合法，90分钟即可现场领取不动产权证书。四是推广便民服务举措，减轻群众办事成本。截至8月底，全省有15个登记机构与电信部门联手，开通“领证短信通”；有32个登记机构与邮政、快递部门合作，推出证书证明便民邮寄服务，承德平泉市率先实行免费邮寄服务；有6个登记机构购置自助打证机10台，实现证书证明自助打印，保定市本级实现了全要素全自助打证。

抓作风，促登记队伍建设

不动产登记涉及千家万户，直接面向企业和群众，登记窗口工作人员作风和服务水平直接关系群众获得感和幸福感。我们突出“转作风、强能力、提效率、优服务”主线，加强登记队伍建设，锤炼工作作风，增强业务能力。一是深入开展登记窗口作风建设，集中开展整治活动，制定了《不动产登记窗口作风问题专项整治工作督导检查表》，聚焦作风、业务和廉政等方面的限号倒号、前置环节多等11个问题31种表现，分类建立台账，明确整改任务，细化整改措施，整风肃纪、改进作风，彻底解决“推绕拖”“事难办”等突出问题，严肃整治“微腐败”。截至9月7日，全省累计发现各类作风问题580个，已整改到位525个。二是多次组织研讨会、座谈会、培训会，开展不同层次岗前培训和技能培训，强化登记业务培训，统一登记实行以来，全省累计培训登记人员1.2万余人次，有效提高了工作人员业务素质和水平，改善了登记能力“上强下弱”现象。三是开展亮牌上岗活动。坚持“不忘初心，牢记使命”服务宗旨，统一着装、亮明身份，多渠道收集办事群众意见建议，主动接受群众监督。截至 8 月底，有 50 个登记机构工作人员统一着装，佩戴工号牌、党徽团徽，亮明身份，接受监督；37 个登记机构增设评价系统，群众办理完业务后可利用评价系统对工作人员服务质量打分评价，切实提高服务质量。

由河北省国土资源厅不动产登记局供稿

青海：统一登记制度全面落地

康维海

从 2015 年 9 月 30 日颁发藏区第一本不动产权证书，到 2016 年 10 月 28 日全省 46 个县、市、区、行委全部成立机构，全面完成“发新停旧”任务——作为地处青藏高原和民族地区、经济欠发达的青海省，克服点多面广人员少、基础工作薄弱、财政拮据等种种困难，提前完成了国土资源部确定的不动产登记“颁发新证、停发旧证”工作目标，实现了不动产统一登记制度的全面落地。

主动汇报沟通，强化组织保障

2013 年年底，青海省不动产统一登记工作正式启动。工作伊始，青海省国土资源厅（以下简称“青海厅”）便积极向省委、省政府领导汇报，并主动与相关部门和各地政府加强沟通交流，赢得了各级党委、政府和部门的高度重视。

青海省委、省政府将建立和实施不动产统一登记制度纳入全省重点改革任务清单，青海厅党委也连续三年将此项工作列为重点工作，主要领导亲自抓。通过近三年的常抓不懈，全省各地都深刻认识到了统一登记工作的重要性，扎实地推进各项工作。

据了解，为了更好地推动不动产登记制度改革，青海及时成立领导机构、提供组织保障，并建立健全了相关工作机制。

早在 2014 年 4 月，省政府成立了以常务副省长为组长，省国土资源厅等 10 部门为成员单位的全省不动产统一登记工作领导小组，并在省国土资源厅设立领导小组办公室，具体负责全省不动产统一登记各项工作。随后，各市（州）、县也相继成立了领导小组及办公室，为工作开展奠定了坚实的组织保障。

三个月后，经省政府批准在青海厅设立了省不动产登记局，负责指导监督全省土地登记、房屋登记、林地登记、草原登记等不动产登记工作。

2014 年 6 月，青海厅在广泛征求意见的基础上制订下发了《青海省构建不动产统一登记实施方案》，各市、州政府在指导思想、整合方法、机构设立、时间进度等方面的要求上做到了心中有数。

按照国土资源部要求，青海省于 2015 年 11 月全面完成省本级、8 个市（州）、46 个县（市、区、行委）的不动产登记职责机构整合任务。

2016 年 6 月，在国家规程规范的基础上，青海结合本省实际，制定印发了《全省不动产登记信息综合平台建设实施方案》和《青海省不动产登记信息平台建设技术规范》等 6 项业务标准，为各地平台建设提供了依据。

攻坚克难的勇气和坚持不懈的努力，终于换来了丰硕的成果。到 2016 年 10 月底，全省 46 个县（市、区）全部实现“发新停旧”，统一登记制度提前在青海实现了全面落地。

坚持统筹兼顾，确保平稳过渡

只有坚持统筹兼顾，才能实现从分散登记到统一登记的平稳过渡。

为此，青海厅积极做好多方面的工作：积极协调各级机构编制管理部门，确保职责、机构、人员三落实；积极争取各级财政的支持，共申请工作经费 1.01 亿元，目前已经到位 4080 万元；加强与各级住建、农牧、林业等相关部门的联系和沟通，得到兄弟部门的密切配合和支持。

加强督导也是青海推进工作的利器。2015 年 9 月，经省政府同意，青海厅会同省政府督查室组成 8 个督导调研组，由厅领导带队赴各市（州）、县重点督导不动产职责整合及机构建立工作，帮助协调解决各地工作中存在的困难和问题。2016 年 5 月，青海厅领导带队组成 4 个督导组赴各市（州）和部分重点县，采取分片包干的模式，对各地的不动产统一登记“发新停旧”工作进行调研督导，有力地推进了各地工作。

过渡期的业务培训是登记工作顺利开展的重要保障。近两年来，青海厅先后组织 7 个批次、共 45 名各级不动产登记机构业务骨干参加了国土资源部组织的不动产登记业务培训。2015 年 11 月，举办了全省不动产统一登记培训班，全省各级不动产登记机构负责人及业务骨干近 200 人参加了培训。2016 年，先后在四川、江西两省举办业务培训班，培训学员 91 名。

为做好农村不动产登记工作，青海厅编制下发了《加快全省农村地籍调查实施方案》《全省集体建设用地和宅基地（含住房）确权登记发证实施方案》，并积极落实补助经费，专项用于全省农村集体建设用地和宅基地确权登记发证工作。目前，已经落实省级补助经费 5600 余万元。

据悉，青海厅将进一步深入实地认真调研，加强督促指导，在已颁发新证的县（市），强调以规范化建设为核心，进一步优化业务流程，提高服务质量，提升业务能力，更好更优地做好工作。

加大资金投入，搭建信息平台

建立不动产登记信息管理平台是实施统一登记制度的重要支撑和基础。为此，青海省始终把各级平台建设作为推进不动产统一登记工作的主要任务来抓，早谋划、早部署，确定了在统一遵照国家和省规程规范、信息标准的基础上，由各地自行建设的总体思路。

2016 年 3 月，全省不动产登记信息综合平台建设工作布置会召开，会议从工作思路、目标任务、技术方法、资金筹措等方面做了安排和部署。据了解，目前，青海省级平台已搭建完成，正在开展各地数据的接入测试。市县级方面，西宁市本级及开发区、玉树、海晏、互助等 19 个县（市）建成了不动产登记信息平台，占全部县（市、区）的 41.3%，湟中、乐都、刚察等 10 个县的平台建设也正在积极推进中。

不动产统一登记的核心是便民利民。统一登记制度自实施以来，青海各地不动产登记部门合理设置流程，狠抓窗口建设。

在海东市互助县不动产登记大厅，入口处设置的全彩显示屏及时滚动播放不动产登记相关信息，帮助当地百姓明明白白办证，而科学设置的办事流程，旨在“让数据多跑路，让群众少跑路”。此外，大厅还放置了条椅、吧椅、条几、饮水机、纸杯及签字笔，并在显著位置摆放办事指南和便民手册，人性化的设施方便了办证，更拉近了登记部门与人民群众的心理距离。

选自《中国不动产》第 25 期

甘肃：打造不动产登记服务铁军

库运涛

自实施不动产统一登记以来，在自然资源部和省委、省政府的坚强领导下，甘肃省国土资源厅始终把群众的需求作为第一要务，全面贯彻落实“一窗办一网办简化办马上办”便民利民改革，强化不动产登记职责的履行和拓展，通过全省不动产登记窗口作风问题专项整治，在改进工作作风、提高业务效能、践行为民服务上取得了显著成效。

以机构整合为前提，筑牢不动产登记工作基础

甘肃省国土资源厅于2014年4月在厅机关组建不动产登记管理局，成立处级建制事业单位甘肃省不动产登记事务中心。14个市州、86个县市区均在国土资源局加挂了不动产登记管理局牌子，除甘肃矿区、兰州新区外14个市州均成立了正县级的不动产登记管理局、副县级的不动产登记事务中心，86个县市区均成立了正科或副科级建制的不动产登记事务中心。2015年9月成为全国第2个、西北第1个完成不动产统一登记工作职责、行政机构和经办机构整合“三到位”的省份。14个市州、86个县市区共划转1123名工作人员，业务骨干全部配备到位。不动产统一登记工作基础性要素全部落实到位，为不动产统一登记工作有序展开筑牢了坚实的基础。

以互通共享为核心，积极构建各级信息系统

按照全省不动产统一登记工作部署，为使各市州不动产登记信息管理基础平台的系统建设和升级改造更加规范，甘肃省先后出台《甘肃省不动产登记信息管理基础平台建设实施方案》、《甘肃省不动产登记信息系统建设指南》等规范性文件。全省于2016

年起克服种种困难，按照“以省级平台接入监管为主线、以市级平台汇交服务为枢纽、以县区整合登记为基础、以乡镇便民收件为延伸”的分级统建模式，建成运行省、市、县各级不动产登记信息管理基础平台 84 个。2017 年 12 月，省级信息平台建成并投入使用，14 个市级信息平台接入省级平台测试运行；2018 年初，省级信息平台正式接入国家级信息平台，实现了国家、省、市、县四级信息平台无缝对接。截至目前，各市州成功上传增量数据 101 万条。

以便民利民为目标，增强人民群众获得感

为了着力深化“放管服”改革，进一步转变职能，2018 年 2 月，甘肃省政府推行“一窗办一网办简化办马上办”（简称“四办”）改革，提出不动产登记“最多跑一次”目标。省国土资源厅编制了《甘肃省不动产统一登记便民利民改革实施方案》，经多次征求省住建、税务、编办、银监等部门和各市州政府、各级国土资源部门的意见，四次提交省政府“放管服”工作例会讨论修改，于 5 月份以省政府办公厅名义正式下发，方案中明确 6 月底前全面实现不动产交易、登记、税收“一窗受理，集成服务”；对申请人到场、申请材料齐全、权属合法、界址清楚、选择快递送证、受理后立即缴费、符合登记条件的 54 项常用不动产登记事项于 8 月底前全部实现“最多跑一次”；进一步优化办理流程，压缩办理时间，在保障登记质量的前提下，对资料齐全、符合法定受理条件的不动产登记申报事项，于 10 月底前实现 5 个工作日内办结。按照房屋交易、税收、不动产登记全过程“一窗受理、集成服务”的工作要求，各地将三个部门的窗口整合到不动产登记交易大厅，通过房管、税务、不动产登记等部门信息平台数据共享，变群众前台多次跑为部门后台数据跑，多部门串联审查为部门间并联办理，多头出具意见为统一出具办事结果，群众上门领证为自主选择领证方式。

在银行设立不动产登记便民服务点，受理抵押登记、融资贷款业务。兰州、天水、武威、平凉、白银、张掖、陇南等地区设立分中心、增加服务网点，实现多点布局、同城通办，并将不动产登记业务延伸至乡镇国土所，满足群众就近办证需求。

以作风问题为导向，促进不动产登记工作健康发展

为贯彻落实《中共自然资源部党组关于开展不动产登记窗口作风问题专项整治工作的通知》（自然资党发[2018]7号）和甘肃省“转变作风改善发展环境年”活动要求，从速从快、坚决彻底解决不动产登记窗口存在的“推绕拖”“办证难”等问题，推动全省不动产登记工作迈上新台阶，2018年6月，甘肃省国土资源厅党组成立甘肃省不动产登记窗口作风问题专项整治工作领导小组，印发《甘肃省不动产登记窗口作风问题专项整治整改工作方案》，要求各级国土资源部门要重点围绕不动产登记窗口作风、业务、廉政3个方面容易发生和存在的11类具体问题、32种具体表现和56项整改要求，按月开展排查整改并上报排查整改情况和整治整改台账。全省各地以群众利益为出发点和落脚点，以解决群众“办证难”问题为导向，全方位、多角度查摆不动产登记窗口存在的突出问题，达到了显著的效果。按照边查边改、立行立效的原则，列出整改清单，逐个销号，窗口作风得到全面改善。8个县市区不再收取落宗费，19个县区报请政府取消房屋测绘费，31个县市区出台了解决历史遗留问题有关政策文件，解决历史遗留问题57018件，占比74%。32个县市区取消交易合同备案环节，18个县市区取消强制网签环节，31个县市区不再以交易确认书、告知单作为登记依据。积极协调房管、税务部门入驻服务大厅，74个大厅实现了房屋交易、税收申报、不动产登记“一站式”办理，24个县市区新设置了“一窗受理”综合窗口，各登记大厅不动产登记业务日均受理量已由整治整改前的21.2件上升至38.9件，

登记业务能力大幅提升。通过设立举报电话、邮箱、现场评议等多种方式收集问题，充分发挥社会监督作用，专项整治工作启动以来，全省通过信访、电话、网络等方式共收到不动产登记工作投诉17件，已全部解决到位，投诉率同比下降93.1%。

以重点难点为突破，稳步推进自然资源统一确权登记试点工作

根据《自然资源统一确权登记办法（试行）的通知》，甘肃省湿地、疏勒河流域水流确权被纳入试点范围，主要完成“明确自然资源登记范围、梳理自然资源资产权利体系、开展自然资源统一确权登记、加强自然资源登记信息的管理和应用”等四项任务。2017年5月，甘肃省国土资源厅会同省林业厅依据相关要求联合编制上报《甘肃省自然资源统一确权登记（湿地产权确权）试点实施方案》，并于8月份由国土资源部、国家林业局、甘肃省人民政府联合批复。11月，甘肃省人民政府组织召开了全省试点工作推进会，对试点工作进行了全面安排部署，建立了省、市、县平行协调、上下联动的工作与管理机制。2018年2月底，甘肃省按时完成了前期试点区域统一确权登记试点工作。6月底，自然资源（湿地）统一确权登记试点工作各项任务全面完成。7月6日，自然资源部会同有关部门验收通过了甘肃省自然资源（湿地）统一确权登记试点工作。试点工作共划定登记单元16个，登记湿地面积8.99万公顷、全要素自然资源面积118.33万公顷。同时利用摄影测量和三维建模技术，对试点县区的部分区域构建了自然资源三维展示系统。充分利用现有土地调查成果和3S系统，采用内外业一体化的调查手段，获取自然资源的类型、面积、权属和分布信息，建立统一的自然资源登记数据库，总结完善自然资源统一确权登记（湿地产权确权）工作流程与技术规范，形成了《全要素自然资源统一确权登记技术指南》《一般湿地调查产权确权

登记技术指南》《重点湿地调查产权确权登记技术指南》《甘肃省自然资源统一确权登记（湿地产权确权）试点技术方案》等技术标准。

四年来，甘肃省不动产统一登记工作一步一个脚印、一年一个台阶，始终以存在问题为导向、以便民利民为目标、以依法依规为前提，使不动产登记“四统一”在全省真正落地生根，使群众的安全感与获得感显著提升。

由甘肃省国土资源厅不动产登记局供稿

台州："最多跑一次"进阶攻略

李　倩

"最多跑一次"，这场发轫于浙江的政务服务理念变革与实践创新，实施一年多来，"跑"进了政府工作报告，"跑"出了社会公众的好口碑。不动产登记作为"最多跑一次"改革的重点领域，成效尤为显著。伴随社会对不动产登记改革期望越来越高，一些盲点问题、痛点问题逐渐暴露。浙江省台州市秉承以人民为中心的服务理念，以问题为导向，充分发扬创新精神，倾力打造不动产登记"最多跑一次"升级版，登记服务水平再上新台阶。

拔掉材料"软钉子"，让"最多跑一次"跑得成

"最多跑一次"实施初期，有则刷屏的新闻：某市市长暗访行政服务窗口发现，多件承诺"最多跑一次"的事项都没办成。咋回事？不是政府"忽悠"，而是办事群众忘带、漏带、错带或者根本不清楚需要带啥材料。

想要只跑一次，真心不容易。台州市国土资源局局长黄伟军说，台州市在实施不动产登记"最多跑一次"中也遭遇了群众这样的抱怨。

不怕做不到，就怕想不到。"企业和群众急什么、盼什么、缺什么，不动产登记改革就要着力改什么。"据市国土资源局副局长黄璋介绍，为了拔掉材料这颗"软钉子"，提升申请材料一次性通过率，确保群众"最多跑一次"真能跑得成，台州下足了功夫。

服务做加法，让群众提交材料尽可能齐全。如果你在台州不动产微信公众号上预约了办证，办证前一天，你将收到来自不动产登记工作人员的温馨电话回访，提醒你带齐办证材料，详细了解受理清单和办事流程，耐心解答你的各种疑问。

"开发自己的 APP 本身是件好事，但对群众来说，下载、注

册相当繁琐，绑定式的‘硬推广’也容易引起公众反感，用过一次之后，很容易沦为僵尸APP，造成资源浪费。”黄璋说，台州的做法是“站在巨人的肩膀上”——在全国首家依托微信、支付宝这两个最为普及的APP，开发不动产登记“网上办件预审”。办证群众只要有这两个APP，即可用手机将有关资料拍照上传，不动产登记后台审核过程中，将及时向办证群众反馈资料是否完整、准确。

在台州，开发商、中介工作人员同时也是不动产登记的宣传员、预审员。商品房项目涉及面最广、和群众联系最密切。台州登记机构提前对接房地产开发企业，实行全流程跟踪服务。在预售阶段，群众签订合同时，就能拿到办理按揭贷款所需的预告登记资料清单；在新房交付阶段，群众可拿到办理一手房登记所需资料。登记机构与中介机构建立例会制度，对中介人员进行有关登记事项培训，由中介将二手房交易办证清单和表单范本提供给群众。

共享做减法，尽可能精简必需材料。台州市加快推进不动产登记数据整合，完善数据资料库，完成存量商品房权调数据关联，新建商品房项目权籍调查在项目用地复核验收一并实施，群众在申请商品房登记时不再提交权调资料。实施房屋交易、税务缴纳、不动产登记“一窗受理”，将原来的三份材料融合整合为一份资料，重新设计表单，减少需填写的表单数量，减少材料最多达15份。

疏通数据“经络”，让“最多跑一次”跑得正

快递行业翘楚顺丰，采用大数据全自动化分拣设备，1小时至少处理7.1万件。而按照传统人工分拣，1小时完成相同工作量，需要150个分拣员同时全力以赴。

数据质量是不动产登记工作的生命线。不动产登记数据犹如人体的经络，从根本上决定了登记的质量和效率。

通，则不痛。“打通分散登记时的海量数据经络痛点、堵点，才能确保‘最多跑一次’‘跑得正’。”据市不动产登记局局长郑扶军介绍，台州市采取多项措施推进数据整合。

一是保障资金，全面完成历史存量数据整合。全市投入3700万元资金，率先在浙江省全面完成房地存量数据整理，及时向自然资源部汇交。

二是质量优先，实行多方检查。建立作业单位自检、国土部门抽检和第三方检查的制度。对发现的问题，形成数据质量问题清单，逐条提出处理意见。投入300多万元资金，在全国较早采取公开招标的方式由第三方公司对数据整理质量进行抽查检验。

三是系统检查，提升数据质量。开发数据入库检查工具，利用系统对权籍调查成果审核；在信息系统中开发提醒功能，对历史数据整理中发现的问题实行登记前提醒。

实现房屋交易、税费缴纳、不动产登记“一窗受理”全覆盖，关键是信息互联共享。为此，台州加强不动产登记信息系统功能建设，开发合同网上签订功能。加快与税务系统的融合和数据共享。窗口受理人员在不动产登记系统录入税务缴纳所需数据，税务系统自动提取数据进行税费审核，由此整体办证时间缩短至两个工作日，商品房实现50分钟领证。

与银行、公积金等金融机构信息共享，将不动产信息查询、抵押贷款登记业务从政府部门的办事窗口延伸至合作银行的一线窗口。目前，全市200多个网点实现不动产抵押登记与贷款“不见面”服务，降低了银行信贷风险，提升了企业和群众抵押登记效率。

彰显细节“匠心”，让“最多跑一次”跑得快

卓越的创造精神、精益求精的品质精神、用户至上的服务精神……工匠精神，既是时代热词，更是时代的呼唤。

台州不动产登记人在一个个细节中独具匠心，让“最多跑一次”真正跑得快，跑到社会公众的“心坎上”。

小美、阿布（不）、阿栋（动）、阿灿（产），台州市不动产登记工作人员亲手设计的一个个漫画形象，以生动、简单、易懂的方式，引导公众熟悉办理不动产登记所需的申请材料清单和流程，确保群众看得懂、备得齐、不出错。

走进台州市不动产登记中心，群众排队取号时，就会有工作人员进行预审代办服务，确保群众办事资料递交“一次通过”。预审前移至等待取号阶段，既减少了各种“废号”，缩短了群众办事时间，又减轻了窗口压力。

在支付宝生活号实名认证后，点击“台州市不动产登记服务中心”，群众可足不出户办理“预约”“办件进度查询”“不动产查询”功能和“预申请业务”等四类业务。

2018年3月，由于税务政策调整，台州不动产登记业务量激增，办证群众的体验却是秩序井然。台州市“一盘棋”统筹全市不动产登记工作，全市各县（市、区）均建立了应急小分队。这一次，温岭市、玉环县不动产登记应急小分队成员紧急赶赴市中心进行支援，有效地缓解了市中心的办证压力。

全市统一标准，细化办事流程，打破乡镇域限制，实行同城通办、跨乡镇域办理。在中心镇、重点镇增设不动产登记服务窗口，方便群众办证“就近跑”。全面梳理不动产登记审批项目，能减即减、能放则放，将农房确权、变更、转移登记，商品房登记、抵押等审批权限有序下放至国土资源所。

淬炼人才“铁军”，让“最多跑一次”跑得远

6月2日～3日，台州市国土局办公楼内一场热闹的比赛，让人们忘记了这本是一个周末。

在这次不动产登记业务大比武中，10支参赛队伍真比真赛、贴近实战，经过礼仪、上机实务操作和理论三项竞技比拼，决出了先进团体和业务能手。

为政之要，惟在得人。淬炼一支人才“铁军”，才能确保“最多跑一次”行稳致远。像全国其他地方一样，台州市不动产登记工作人员来自多个部门，流动性大，业务素质参差不齐。如何落实“放管服”，进一步优化营商环境的要求？台州市局党委一直在思考，通过转变工作作风，持续提升服务质量。

据黄璋介绍，早在2017年初，台州市就注重培育以大局意识、协作意识、服务意识为核心的不动产登记文化，秉承“全心全意为办证对象服务”宗旨，系统谋划建设、业务建设、作风建设，打造一支团队和谐奋进、业务精湛娴熟、服务优质高效的“不动产登记铁军”。

抓强组织建设。针对青年人多、女性多的特点，高度重视“工青妇”等群团组织建设，市不动产登记中心先后荣获了省级青年文明号、巾帼文明岗等荣誉称号。重视各类文体组织，提高队伍凝聚力和向心力。前不久，市登记中心的何晓芬在全国青少年飞镖锦标赛中荣获女子组亚军。

抓精业务建设。完善“容错”和“试错”机制，激发人才创造性。推进“一专多能型”“复合型”“全能型”人才的培养，成立多个重点业务攻关小组。2017年，台州市不动产登记拟推行“人脸识别”，原本计划花费180万元采购人脸识别机器，且每年需支付一笔设备维护费。信息攻关小组经过攻关，提出了依托支付宝平台进行人脸识别的方案，每个窗口只购买一个100多元的摄像头，就解决了设备问题，节省了一大笔经费。

抓实作风建设。制定廉政教育、风险点排查、谈话、暗访等一整套有针对性的防控措施，邀请行风监督员暗访，对“四风”问题进行自查。截至目前，全市自查了67个问题，涉及限号、服务态度生硬、窗口设置不够、人员不足等问题，除人员编制不够外，其余问题已全部解决。

选自《中国自然资源报》2018年7月7日第1版

开封：不动产登记进入“智慧时代”

蔡　辉

不动产统一登记实施以来，开封市认真贯彻中央“放管服”改革要求和省委、省政府工作部署，市委主要领导亲自部署推动，始终坚持以人民为中心，坚持创新驱动发展，坚持从联系民生最紧密、服务群众最广泛的“受理、审核、登簿、缮证”等关键环节入手，蹄疾步稳推进不动产登记改革，探索打造了“交易登记一体、数据信息共享、一门统一办理、前台并联受理、后台限时办结、效能全网监察”的“开封模式”，受到上级领导和社会群众的充分肯定。

2018 年 4 月 27 日，原中央纪委驻自然资源部纪检组组长、部党组成员冯志礼到中心调研时，对开封不动产登记工作取得的成绩给予充分肯定，他说：“开封不动产登记工作真正体现了习近平总书记以人民为中心的发展思想理念，希望开封一如既往，再接再厉，勇创佳绩。”6 月 14 日，省长陈润儿、副省长徐光带领百城提质观摩团成员来到中心观摩不动产登记工作，对“进一门，见一面，一次办妥”“免费复印、免费邮寄，证书送到家”、高效快捷的办证效率和不动产登记与水、电、气、暖过户同步联办给予了高度的评价。年初，河南省委办公厅主办的《河南信息》明确指出开封不动产登记服务模式是“河南样板”。

交易登记一体，破解房屋交易管理与不动产登记衔接难题

2010 年 8 月，开封市委、市政府在充分调研论证的基础上，撤销开封市房地产产权产籍监理处、房地产交易管理处和城区房管所，将房屋权籍调查、房屋交易管理、房屋登记发证、房屋交易登记档案管理及信息查询服务等职能有机整合，组建开封市房屋交易登记中心。不动产统一登记制度实施后，为优化机构设置，

推进不动产登记提质增速，2017 年 5 月，市政府批准开封市房屋交易登记中心更名为开封市不动产交易登记中心，整体转隶至国土资源部门，实现了不动产交易登记一体化，彻底扭转不动产交易登记“分头管、分段批、多门办”的复杂局面。

创新工作模式，
依托互联网信息技术提升不动产登记服务水平

在完成不动产交易登记档案数据整合，建设完善不动产登记数据库的基础上，大力推行“互联网 + 不动产服务”，安装部署省不动产登记便民服务系统，将 45 项行政核查服务事项统一纳入“开封政务服务网”平台，研发商品房网签网备系统和存量房网签管理系统，推出免费发布“遗失公告”和“个人住房信息自助查询”业务。积极拓展不动产便民服务系统功能，开发开封市智慧不动产综合服务平台，于 2017 年 12 月 22 日正式启动，省国土资源厅杨士海副厅长、开封市委副书记、代市长高建军等领导出席启动仪式并讲话，新华社、河南人民广播电台、河南电视台、河南日报、大河报、国土资源报等新闻媒体多角度进行了报道，新华网、新浪网、腾讯网、凤凰网等网络媒体给予了高度关注。通过该平台，办事群众可实现房屋登记与水、电、气、暖一并过户、“一站式办结”；住建、国土、税务、司法、金融、电力、水务、燃气等多部门可“按需共享”相关数据信息，极大方便办事群众，提高政府服务效率，标志着我省不动产登记工作进入“智慧时代”。

“一门”统一办理，打破不动产登记部门间“隐形壁垒”

为彻底扭转群众办事“找人难、办事难”现象，开封市打破地域分割和科室界限，将原来分散在“三厅四点”（三个办事大厅，四个查档地点）和“受理申报、初始登记、转让登记、商品房登记、抵押登记、非权属登记”等 21 项不动产登记服务事项全部整合到

不动产登记服务大厅进行统一管理，群众办事实行“一窗进、一窗出”的“一门式”办理，实现了不动产交易登记业务的“一条龙”服务。在市编办大力协调下，税务、银行等部门进驻大厅联合办公，实现了不动产交易登记过程中“缴税、登记、审核、缴费、发证”等所有业务在“厅内”办理，避免了办事群众来回奔波。

前台并联受理，破除不动产登记“中梗阻”

打破以往业务平台各自为政、分类受理的界限，将原来依据登记业务类型各自设立的9个单项受理窗口整合扩充至16个“一站式”办理的并联综合受理窗口，办理环节由13个减少至5个，形成“预审→受理→审核→登簿→发证”新业务链，实施“前台任意一个并联综合受理窗口均可受理所有登记事项、后台相关业务科室同步审核后各自独立作出审核决定、受理科统一将审核结果反馈给当事人”的工作机制，有效缩短了办事群众等待时间。将原来“侧身受理”业务方式改为“面对面”人性化服务，拉近工作人员与办事群众的距离；开设“预审”和“立等可取”等特殊服务窗口，增设午休时段共产党员志愿岗，开通“网络和微信预约、办理进度提醒”服务；克服非税收入的电子化支付困难，新增微信、支付宝、POS机刷卡等缴费方式；推出“绿色通道”“预约服务”“上门服务”“延时服务”“电话语音查询服务”“短信告知服务”等专项服务，通过一系列措施，进一步提升登记效率和便民利民程度。

后台限时办结，打出不动产登记简政放权“组合拳”

按照便民、利民、高效、安全的原则，重新修订《办证服务指南》，增添“异议”“预告”“查封”等七个登记类型，全面清理各类审核服务事项，精简优化不动产登记流程，对凡没有法律法规依据和授权的“证明”和“盖章”环节一律取消。经过改革，不动产登记申请要件由206项压缩至94项，整体减少55%；对21

项不动产登记事项按照“即时办结事项”和“限时办结事项”两大类型重新分类梳理。其中，“即时办结事项”5 项，均实现了“立等可取”；“限时办结事项”16 项，办理时间由原来的 30 个工作日缩短至 3 个工作日，整体缩短了 90%。绝大部分业务一个至两个工作日内即可办结，办结效率在全省处于领先地位，满足了办事群众对不动产交易登记“安全、快捷”的需求。

行政效能全网监察，推进不动产登记业务事中事后监管创新

在不动产登记办证大厅成立效能办，安装行政效能电子监察系统和实时监控系统，实行主任带班、科长值班制度，带班主任和值班科长每天定时察看实时视频监控情况，随时了解每个窗口和每个工作环节的动态情况，第一时间处理解决出现的问题。在登记中心主要领导办公室、监察室和大厅办均配置监视器，确保对大厅受理办证进行全程有效监控。不动产办证服务大厅与市效能中心和市民之家联网，将效能电子监察数据进行实时传输，形成对各窗口多层次、全方位、立体式电子监察网络。在工作流程中，通过构建“即时纠错、承诺时限超时提醒、绩效评估、统计分析、廉政防控”等一体化管理，采取“效能告诫、通报批评、责任追究”等措施，及时查处违反效能规定方面的问题。结合工作实际，对大厅人员岗位进行了调整，重点保障服务一线工作力量。目前，窗口工作人员具有本科以上学历和拥有房屋登记官、登记员、土地登记代理人资格的共 96 人，上岗证持有率达 100%，实现了职工队伍的年轻化、知识化、专业化。

由河南省国土资源厅不动产登记局供稿

桂林：分类处理历史遗留问题

石　钖　李　刚　罗艳屏

从去年7月28日启动不动产登记业务以来，广西壮族自治区桂林市不动产登记中心制定业务办理提速方案，为特殊群众推出了绿色通道服务，破解历史遗留问题，建立部门联动防控机制，使不动产登记工作从堵到疏、从繁到简、从慢到快，极大提升了群众的满意度。

设置绿色通道，再造服务流程

为了提高办事效率和服务质量，桂林市近期推出不动产登记绿色通道服务。申请绿色通道业务应符合的条件有：桂林市辖区内重点招商引资或重点扶持项目需要进行融资的件；外地银行来桂林办理抵押业务的件；信访或投诉及社会影响较大的件；政府督办件、领导签批交办件；其他特殊原因需要加急的件，比如回国、出国、上学等。申请绿色通道业务需履行签批程序，办结时间不超过3个工作日。

据桂林市不动产登记中心受理发证科科长龙芳介绍，针对一些行动不便、年龄较大的群众，实行优先服务、上门服务。这些群众若能亲自来办理相关业务的，不用排队等候，有专门人员引导和受理；若不能直接到达现场的，派出工作人员前往住所现场指导他们填写相关资料，现场拍照，最终还将不动产权证送到家。据统计，绿色通道启动以来，桂林市不动产登记中心已为12名困难群众提供上门服务，深受群众好评。

为了方便群众、企业办理业务，桂林市不动产登记中心增加窗口设置，让群众少跑路。在市政务服务中心设立9个窗口，加上设在桂林市不动产登记中心和5个城区的窗口，市本级共设立了近30个窗口，方便群众就近办理不动产登记业务。其中，受理开发商批量登记业务窗口增加至4个，自2017年2月15日起，预购商品房预告登记、预购商品房抵押预告登记等批量件的相关资料由窗口受理人员自行扫描，且根据批量件的数量随时在窗口后台增加受理信息录入人员。不动产统一登记业务受理后，坚持“日清月结”，安排专人交接，实行内部流转，不让群众往返跑路。

围绕流程再造这一核心工作，该市不动产登记部门采取多项举措，促进不动产统一登记业务提质增效。如将预购商品房预告登记和抵押权预告登记合并办理，一次性收件，变二审为一审，省去群众交两次件的重复过程；对办理过不动产权登记，又申请办理抵押权登记的，不再要求提供房屋产权和交易确认材料，省去了到市住建（房产）部门进行信息查询的环节；对于办理商品房首次登记，与房产部门会商，双方各派两名同志驻守市政务中心专门对档案资料进行即时查询，提高了查询效率；在办理商品房首次登记业务上，解决了部分开发商存在的“白合同”问题，在不影响办理登记业务的前提下，明确了受理要件内容；在办理二手商品房不动产统一登记业务上，精减了房产完税的审核，简化了要件材料；与市住房公积金部门达成共识，陆续推出有关提高不动产抵押登记和发放贷款工作效率的多项便民举措，提高了办事效率。

今年3月，桂林市不动产登记中心根据具体登记业务类型调整办结时限，对外承诺办结时限由30个工作日调整为8～20个工作日，工作效率大为提速。

坚持分类处理，破解历史遗留问题

“对于不动产登记的历史遗留问题，桂林市不动产登记中心铆足了劲啃这块‘硬骨头’。”据桂林市国土资源局局长谢小明介绍，该市不动产登记中心尊重客观事实，有效破解业务难题。

针对不动产登记中存在的若干问题，桂林市国土资源局明确：对存在超用地红线、超容积率等违规行为，导致不动产权籍无法落幢落户，无法给群众办理不动产登记的问题，本着把群众办证和完善用地手续分离的原则，根据超出面积大小，给予分类处置。

桂林市电子科技大学早期一批教职工住房和公用房因未按要求施工或因基建档案丢失，无法通过竣工验收备案。其中，涉及教职工住房 183 套，公房项目 22 宗，均无法办理不动产权证。桂林市不动产登记中心为此组织专题会议研究并派出业务骨干，前往桂林电子科技大学现场办公，全方位了解学校困难，逐一核查相关审批材料，并详细列出要件清单，指导该校加快准备相关材料，推动解决历史遗留问题，赢得了校方赞赏。

为了严防违法违规建设的房屋入市给后续不动产登记工作带来不必要的麻烦，国土资源部门目前正在积极参与房屋预售、竣工验收环节的联合监管，坚决维护广大群众的合法权益。

“桂林市对企业存在的问题区别对待、分类处理，从前置审批环节做到与不动产登记业务有机衔接。这样一来，梳理研究的问题越来越多、越来越细致，业务办理就越来越顺畅。”谢小明透露。

部门联动防控，依法规范办证业务

5 月，桂林市不动登记中心驻桂林市政务服务中心窗口工作人员在受理不动产权证换证要件时，甄别发现一本业主提交的假不动产权证书并及时制止。这是该市开展不动产登记工作以来发现的第一本假不动产权证书。

办理过程中，工作人员通过认真核对真假不动产权证书的细节，并查询不动产统一登记系统得知，根本无该权利人及房屋的相关信息。随即，桂林市不动产登记中心就该事件向所有工作人员进行了通报，提醒大家以后在受理环节认真辨别权证真伪，及时查询不动产统一登记系统中的相关信息，切实将假证挡在受理关口。

为了进一步推进不动产登记工作规范开展，确保市不动产登记中心和各县（区）业务决策的科学性、合法性，桂林市不动产登记部门建立了三级会审制度。每周召开中心业务会，中心业务会解决不了的问题，提交市国土资源局不动产登记业务会审会，重点就不动产登记前因源头把关标准不一、竣工验收监管脱节等出现的各类历史遗留问题及疑难杂症进行专题研究，对症下药，拿出解决办法。市国土资源局不动产登记业务会审会层面解决不了的问题提交局长办公会确定。

同时，针对不动产登记工作职权、流程、衔接等方面的问题，桂林市形成了市政管办、市不动产登记部门和市住建（房产）部门三方会商机制，每周五定期召开协调会，不断推进不动产登记的整体规范。桂林市不动产登记中心采取多渠道、多措施、多手段，积极主动与各相关部门沟通对接，与法院、公证等部门建立直通防控机制，在尚未开通与公、检、法和公证等部门信息实时推送共享平台时，建立前期基础工作微信群，确保登记信息及时传送、共享。

该局还邀请专家在线视频授课，开设各县（区）分会场，通过解析相关法律法规、列举实际案例，减少错件、积压件，从而有效防范登记风险和民事纠纷。

此外，针对登记系统使用过程中发现的主要问题，例如一套房屋生成多个单元号、权籍系统可修改登簿信息等隐患问题，桂林市不动产登记中心，从技术层面寻求解决方案，以期实现下半年全市不动产登记工作提速 30% 的目标。

选自《中国国土资源报》2017 年 6 月 7 日第 5 版

武威：丝绸之路上埋头苦干

刘　梅

武威市位于甘肃省中部，河西走廊的东端，东接兰州、南靠西宁、北临银川和内蒙古、西通新疆，处于亚欧大陆桥的咽喉地位和西陇海兰新线经济带的中心地段。国土总面积3.3万平方公里，常住人口181.36万。境内名胜古迹众多，雪域高原、绿洲风光和大漠戈壁等自然景观与历史文化交相辉映。

近年来，武威市国土资源工作在甘肃省国土资源厅和武威市委、市政府的正确领导下，依法依规抓管理，立足实际促落实，因地制宜求突破，实事求是夯基础，资源保护稳步推进，保障发展成效明显。不动产登记工作启动以来，武威市高度重视，迅速开展机构组建、职责整合、资金落实、资料移交、权籍调查等工作，坚持"硬件建设"和"软件平台"两条腿走路，取得了显著成效。

领导高度重视、机构组建及时、职责整合科学、保障资金到位，为工作推进奠定了坚实基础。"纸上得来终觉浅，绝知此事要躬行。"武威市国土资源局局长丁煦说："不动产登记是一项新工作，机构组建、职责整合、资金保障是前置要素。省厅和市委、市政府高度重视，强化统筹，协调推进，为该项工作开好头、起好步奠定了基础。"2014年12月，全市不动产统一登记工作领导小组成立，并建立联席会议制度；2015年5月在全面摸底调查、科学论证的基础上制定了《关于不动产统一登记工作的实施意见》，从不动产统一登记职责整合、机构建立、资料移交、窗口设立、信息平台建设等方面提出了具体要求，明确了工作目标，确定了完成时限。同年8月，职责整合、机构组建工作全面完成，资料移交陆续到位，武威市首本不动产权证书发放，"停旧发新"全面开始。截至今年6月底，投入经费5000多万元，移交房屋、林业、草原等档案资料40.1万卷宗，累计颁发不动产权证2.1万余本。

细化确权网格、严格工作标准、开展权籍调查、整合矢量数据，为明晰产权筑牢了支撑要素。“雄关漫道真如铁，而今迈步从头越。”武威地形地貌复杂多样，民族习俗千差万别，语言文字各不相同，不动产数据采集难度、数据标准化、矢量整合极为复杂。武威市创新权籍调查及数据整合工作网格化管理办法，把全市划分为37个一级网格、118个二级网格，将工作责任等落到区块、落到单位、落到人头，挂图作业，紧盯时限，严格程序，制定了《农村房地一体调查确权登记发证工作实施方案》，进一步细化了农村房地一体调查工作。目前，已在25个乡镇开展工作，完成权籍调查8.95万宗，数据整合4.81万宗。

建设信息平台、优化完善流程、推进互联互通、实现数据汇交，为便民高效提供了技术支撑。“宝剑锋从磨砺出，梅花香自苦寒来。”武威市加快不动产统一登记信息平台建设，坚持以便民高效为原则，实行“日总结、周研究、月通报”工作落实机制，会同技术支撑单位北京天耀宏图科技有限公司蹲点驻守技术人员，从数据整合到流程再造，从受理窗口到技术更新，一项一项排查，一项一项完善。历经一年，圆满完成了不动产登记基础信息管理平台建设，创建了符合多民族文化特性的服务体系，全市各级不动产登记业务通过平台实现规范化、流程化办理。2016年11月，完成市本级及三县一区与国土资源部信息平台接入工作，实现数据直接汇交国土资源部信息平台，基本形成规划科学、标准统一、内容全面、相互关联、实时更新、互通共享的不动产登记数据库体系，形成了统一的不动产权籍“一张图”，基本达到了房屋、土地、林地、草地、农村土地承包经营权空间数据、登记业务数据、档案数据的一体化存储，实现了“图属档”一体化管理的应用目标。

笔者走访了武威市三县一区不动产登记服务大厅，各县区办事大厅服务指南、业务流程图及各种登记样表有序摆放，电子显示屏、语音提示、咨询台、等候座椅、饮用水、报刊杂志、wifi、空调等便民设施一应俱全，工作人员耐心热情，办事群众规范有序。据悉，为实现“群众少跑路”的目标，还将进一步开发手机 APP，让群众“拿起手机扫一扫，不再来回频繁跑，办理环节就知晓”。在凉州区不动产登记窗口，办事群众王海峰满意地说：“我是第一次来办代理业务的，感觉办事很方便、环境也挺好。”

选自《中国国土资源报》2017 年 8 月 1 日第 2 版

广安："中梗阻"这样打通

赵 蕾　田 丹

"您好！我们是不动产登记服务中心的工作人员，根据您的实际情况，今天我们特别为您提供上门服务。"日前，四川省广安市国土资源局副局长屠建明带领工作人员来到80岁的欧儒荣老人家中，为他颁发不动产权证书。就在几天前，欧儒荣老人的女儿还在为老人因身体原因无法到不动产登记服务中心窗口办理不动产权证书而焦急。"没想到不动产中心会上门办证，这真解决了我们的大问题。"老人的女儿说。

提前预约、上门报务，让有困难的群众足不出户就能享受到规范、优质、便捷的登记服务，这是广安市不动产中心执政为民理念的体现。

打牢不动产登记提速增效基础

去年8月，广安市开展不动产统一登记之初，曾面临工作任务繁重、人员少且相关业务知识储备不足等诸多问题，办事效率低下，造成大量的登记件积压。为了消化存量，在承诺时间内办结登记事项，每天下班后1小时的学习培训成为广安不动产登记中心的常态。通过学习培训，工作人员的业务水平和综合素质得到全面提升，为提速增效打下了坚实基础。

"需要清理整理的工作量大，任务艰巨。"广安市不动产登记中心档案馆负责人唐丽萍对档案资料整理工作深有感触。不动产登记相关职能整合需将原分散在房产、林业等部门的档案资料，全部整理移交到国土资源统一管理。据统计，广安市房产档案有20余万件需清理、3万余件需整理；地籍档案有0.7万余件需清理、1万余件需整理。不动产登记档案是不动产统一登记的重要基础资料，市不动产登记中心工作人员集中精力啃下了这块“硬骨头”，为不动产登记提供了基础保障。

与此同时，市不动产登记中心权籍调查人员走访各个乡镇、楼盘和住户家，认真细致地开展权籍调查工作，确保了不动产登记准确性，保障了不动产登记工作顺利开展。

调整优化职能分工特事特办

不动产登记审批环节过多也曾是不动产统一登记面临的难题之一。针对这一问题，广安市在符合法律法规、确保登记质量的前提下，将原来的“四审制”调整为“三审制”，调整相应科室职能职责，大幅提升了登记效率。

通过走访学习并结合实际，广安市进一步细化优化审批流程，将原来的“三审制”调整为“1+2+3审结制”，即查询、查封、解封和抵押权注销等即办登记业务由受理人完成；变更、转移、注销、更正、异议和预告等一般登记业务由审核岗审结；首次登记、用途变更登记和500万元以上的抵押登记等重要登记业务由市不动产登记中心分管登记业务的领导或窗口首席代表审结，极大地提升了办事效率。目前，市不动产登记中心已将各类不动产登记从国家规定的30个工作日办结，缩短至1～10个工作日办结。同时，加强质量抽检和责任追查，确保登记效率和质量。

今年6月，广安光前集团一笔抵押贷款即将到期，若不能及时续期，将给公司带来巨大损失。广安市不动产登记中心受理后，发现该笔抵押贷款的抵押物办理的是原来的房产证和土地证，若要继续办理抵押，需将房产和土地数据关联后办理新的不动产权证，才能办理他项权证明。但在数据关联时，房产和土地数据存在问题，无法关联。为了确保及时办理，不使企业权益受损，市不动产登记中心连夜召开专题业务会研究，积极与企业、银行沟通，工作人员加班至第二天凌晨3点，终于解决了相关问题，及时办理了抵押登记业务。

一年来，市不动产登记中心收到企业登记件10余次，中心工作人员本着特事特办原则，确保登记件及时办出，尽可能地维护权利人利益，全力服务地方经济发展。

再造流程全面提升办理效率

“都交房几年了，我们的房产证怎么还没办下来？”这曾是广安市不动产登记中心收到最多的投诉。按照规定，不动产登记办理要遵循申请登记原则，但由于开发商不及时申请办理分户登记，造成群众长时间拿不到产权证，群众心生怨气，向政府有关部门进行投诉，将矛盾转移至市不动产登记中心。

在收到投诉后，不动产登记中心及时联系投诉人，耐心解释，宣传政策法规，力争得到群众的谅解和支持，同时积极催促开发商尽快申请办理产权证。近一年来，市不动产登记中心共收到并及时办理“局长信箱”“市长信箱”留言17件，“12345”政府热线留言23件，四川厅“阳光政务”热线留言3件，其他各类群众投诉28件，化解了群众的怨气，并帮助部分业主尽快取得了不动产权证。

为妥善处理解决登记过程中出现的“疑难杂症”，广安市不动产登记中心还专门建立了业务会审制度，群策群力研究措施和解决办法。一年来，市不动产登记中心召开业务会审会30余次，有效地解决了登记过程中出现的各类问题。

截至7月25日，广安市本级共颁发不动产证书1.29万本，出具不动产权证明1.48万份；转移登记6881件；抵押登记4287件、变更登记4821件、注销登记414件、补证92件；受理查询4300余人次，查解封2600余件，不动产登记工作受到广泛好评。

选自《中国国土资源报》2017年8月4日第2版

温州：变“多次跑”为“一趟清”

周汉祥　章郁琼

浙江省温州市不动产登记中心通过部门整合、窗口改革等打出一套提质增效的组合拳，实现了抵押登记从“双方跑”到“单方跑”，证书从“现场领”到“快递送”，信息查询从“现场跑”到“零次跑”。自今年3月底顺利实现全部55项不动产登记业务“最多跑一次”的目标以来，该中心已经办理各类登记18652件，办理不动产登记信息查询证明12549份。

力促房屋登记档案移交

房屋登记档案移交不到位是影响效率的重要因素。目前温州全市仅洞头区完成了房屋登记档案移交工作，未移交地区的一些历史遗留问题件须与住建相关部门沟通后才能入库提取。

对此，温州市国土资源局积极通过不动产登记专项工作汇报，并借助人大、政协调研，反映这一问题，争取市政府主要领导以及各相关部门的理解和支持，争取在档案保管场地的问题解决后启动档案移交工作。对需要市民向住建部门调取不动产登记相关重要资料的，积极做好部门之间的沟通，建立工作机制，减少市民在两个部门之间来回跑路的情形发生。

从“一站式”到“一窗式”

在部门衔接贯通后，温州不动产登记中心变“三窗”为“一窗”，从“一站式”服务到“一窗式”服务。

以往办理不动产交易过户，需要跑住建、地税、国土3个部门窗口，分别取号、提交材料、受理。现在通过调整鹿城、龙湾、瓯海3个区现有房屋交易、不动产登记窗口，整合设立房屋交易与不动产登记综合窗口。办事市民只需在综合窗口一次取号，一次性提交申请，综合窗口工作人员一次性收取不动产登记和房屋交易、税收申报所需的全部材料，真正实现“统一放号、一窗服务、一次交件、一次受理”。

窗口统一受理后对申报材料进行分类，分别送达各个部门进行办理，交易、税务、登记部门后台办理从串联办理改为并联同步办理，互认办理结果。交易、税务部门完成交易、税款征收后，将结果及时反馈给登记部门。登记部门完成登记后，再将相关登记信息及时反馈给交易、税务。此外，交易、税务、登记部门按照信息共享相关规定，制定信息交换方法，升级改造各自信息系统，实现交易、税收、登记信息自动交换和实时共享。

改革前 3 个部门受理不动产交易大约需要 50 分钟。由“串联办理”变成“并联办理”后，受理时间大幅缩减到 25 分钟左右，办事效率明显提升。

减少市民跑路次数

抵押登记变债权债务“双方跑”为债权人“单方跑”。在风险可控的情况下，由原先需要抵押人和抵押权人同时到场，调整为只需要抵押权人单方带齐资料即可办理。同时，作为债权人，银行等机构可以通过提前预约，申请抵押注销的批量办理，由此可大大提高办理业务的效率。

不动产信息查询变“现场查”为“网上查”。全面开通网上信息查询，办事市民只需登录浙江政务网进行实名制注册，然后填写《房屋权属证明查询申请》即可申请不动产信息的查询。

不动产权证书变“现场领”为“快递送”。在网上办理完成不动产登记申请后，申请人可以自行到申请的机构领取不动产权证书，也可以邮寄送达，从而变“现场跑”为“零次跑”。

选自《中国国土资源报》2017 年 9 月 4 日第 5 版

沙坪坝：优质高效服务群众

谢必如　　白文起

2016年，重庆市沙坪坝不动产登记中心办理案件17.45万件。今年上半年，该中心持续平稳高效运行，办理案件11.96万件，发放不动产权证4.6764万个，发放不动产登记证明6.0088万份，完成收入2902.19万元，协征契税5.0481亿元，开创了不动产统一登记和房地产市场监管工作的新局面。该中心缘何创出这般佳绩？主任肖华给出了答案：夯实基础，依法行政，提升服务效能。

健全规章制度　夯实基础保障

重庆市沙坪坝不动产登记中心建立健全各项规章制度，夯实登记基础工作，将作风建设、绩效管理、劳动纪律、固定资产管理、宣传信息等装订成册，方便保存学习，便于查阅使用。

该中心以制度建设为抓手，夯实不动产统一登记基础工作。比如：在档案管理方面，为确保如期完成170万卷的档案清理工作，该中心健全了组织领导机制，制定档案归集管理、档案资料查阅利用等8项制度，并严格考核，集中优势力量强化业务培训。目前，已全面扫描清理、归档整理7000余卷。中心负责人表示，全面启动不动产档案扫描，系统梳理不动产数据，将为下一步开展网上查询、自动查询业务打下坚实基础。

同时，该中心加强基础建设，拓展政务信息渠道，优化设计了OA办公系统，新设业务、政务、党建群团等9大板块，引导干部职工及时学习各类文件，提高思想认识，加强对不动产统一登记政策法规的理解。不仅如此，该中心引进“钉钉”办公软件，引导工作人员运用移动智能办公新模式，提高不动产登记办事效率。为提升干部办事能力，该中心还调整管理岗位，实行中层干部竞聘上岗；为及时传递重要信息，该中心加强信息报送工作，

2016年累计报送信息40条、监控舆论信息60条。

此外，该中心进一步优化管理流程，规范不动产登记工作，夯实基础保障。中心负责人表示，2016年按照“先税后证”的原则，从服务企业发展的角度出发，该中心调整合同登记税费缴纳流程，累计打印不动产登记证明7.0963万份，缮发不动产权证7.3142万个；档案利用查询33万次，较2015年增加113%，出具查询结果6.5823万份。为方便群众查税查档，该中心在税务核税窗口增设人员，做到及时查档。2016年，自动查询机共出具查询结果6000余份，有效分流查档人员，满足了办事群众档案查询的需要。

加强市场监管 防范廉政风险

随着主城区房地产市场的持续升温，市场监管和价格管控任务繁重。为贯彻落实重庆市委、市政府和市国土房管局的调控要求，该中心采取多种措施确保辖区房地产市场平稳健康发展。

该中心加大宣传力度，落实房产税新政，在登记大厅LED显示屏滚动播出新政，在办公区域各楼层显著位置张贴《关于加强“三无人员”个人住房房产税征管工作的通知》，并制作了海报，将通知精神要点和住建部门的八条禁令张贴在各售房部显著位置。

为严控网签价上扬，该中心率先在全市开发网签数据实时交易展示平台，将每个销售项目当日签约的住宅交易价格，分别与5日前及2016年12月份的价格进行涨幅对比。对网签价格涨幅超过5%的项目，该中心立即约谈项目公司；对连续3天网签均价居高不下的项目，立即关闭系统，并责令项目公司整改。另外，中心还严格合同备案制度，坚持监控前移。凡合同价格高于办理预售许可证备案价格的，一律不予备案登记。

与此同时，为净化市场环境，该中心制定实施了《开展整顿房地产市场开发销售中介行为专项整治工作方案》，建立各部门联动机制，严格巡查，畅通投诉渠道。中心采取日常巡查、随机抽查、暗访检查等多种方式，重点加强节假日、房交会等节点排查，及时化解不稳定因素，确保房地产市场健康有序发展。据统计，2016 年该中心巡查楼盘 428 次，对预售资金系统数据进行全面清理与分析，及时发现报告涉嫌违规违法销售情节较重的案件 4 件。通过对辖区内房地产开发企业销售现场进行拉网式排查，该中心约谈违规销售企业，下发整改通知书 10 份。

今年上半年，沙坪坝区通过部门联动，对辖区内 15 家房地产开发企业和 18 家中介机构进行了 4 次联合检查，发现 9 家企业涉嫌哄抬房价、未取得预售许可收取订金、现场公示走样等情况。该中心及时约谈了销售负责人，要求依据有关规定整改。而且，中心对外公布了 24 小时投诉热线，设立信访举报投诉电话，安排专人接听记录，对违法违规行为进行收集、处置和上报。目前，受理各类投诉案件 100 件，处置完结 90 余件，并做好投诉的跟踪处理。

值得一提的是，为防范不动产登记廉政风险，该中心党支部开展“清单式”管理，制定了切实可行的 32 项党建工作清单。针对不动产登记各环节的廉政风险，该中心进行集中排查，共查出 13 处廉政风险点，逐一制定防控措施，确保登记安全。在此基础上，中心设立了法制事务科，2016 年完成 2683 件司法查封登记受理复审，并对 3819 件案件进行了专门检查。另外，中心加强法制教育，邀请专家开展各类业务培训 400 人次，提高工作人员依法行政、安全登记的意识，有效防范了风险。2016 年以来，该中心无行政复议案件，顺利完成行政诉讼 10 件，无败诉和行政赔偿案件。

整合登记业务 林权颁证先行

为加快推进不动产统一登记制度的实施，进一步贯彻和落实《重庆市国土房管局、市农委、市林业局关于做好不动产统一登记与管理工作衔接的指导意见》和《重庆市国土房管局关于做好不动产登记档案资料移交存储及利用管理工作的通知》等文件精神，该中心积极准备、主动作为。2016 年底，中心主任肖华带队参加区农委召集和主持的档案移交会和推进不动产登记有关工作协调会，明确必须按照“整理一批、规范一批、查验一批、移交一批”的原则开展档案移交工作，要求移交“数据不混乱，资料不遗漏，信息不泄露”。

该中心主动对接区农林、国土、财政等部门，全面落实不动产统一登记涉及的林权、土地承包经营权等职能职责移交。中心专门组织人员到农委学习林权登记，会同市勘测规划院商议林权的测绘、数据入库等细节，确保登记与管理工作的无缝对接。

按照《不动产登记暂行条例》《不动产登记暂行条例实施细则》的规定，中心逐步统一规范林权登记程序和收取要件等，探索了合理的权属调查方式。目前，中心受理林权首次登记 4 件。青木关一家煤矿企业通过划拨取得一宗国有林地，计划煤矿转产，成立重庆永荣青鹏水泥有限公司生产水泥。在进行资产清算时，该公司发现林地尚未确权，急如星火，申请办理通过划拨取得的国有林地使用权和林木所有权的首次登记。这是实施不动产统一登记以来，中心迎来的首宗林权登记，领导高度重视，指派专人负责办理。通过前期资料审核，中心会同区农委、土地房屋勘测站相关人员到现场实地查看，并将该宗林地相关数据入库后，于今年 4 月 28 日通过不动产统一登记系统成功为重庆永荣青鹏水泥有限公司颁发了主城区首本林权证，开了主城不动产林权登记先河。为感谢中心“急企业之所急，想企业之所想”，重庆永荣青鹏水泥公司特送来两面锦旗，表示感谢。

提升服务效能　让群众少跑腿

为给办事群众提供优质服务，该中心干部职工树立热心服务理念，不断提升服务质量。比如：他们在交易大厅窗口安装了捷易拍设备，方便群众打印登记材料、节约登记成本。该中心为兑现限时服务承诺，加快报件速度，简化“三并案”“二并案”中涉及的银行、身份证等重复登记资料。为帮助企业及时去库存，缓解回款压力，该中心调整收税流程，允许企业提前领件。同时，为缩短办事时限，该中心将二手房买卖取件由原本的 15 个工作日缩短为2个工作日，抵押类登记8小时办结，抵押注销立等可取。

万达文化旅游城项目落户沙坪坝区西部新城，总建筑面积550万平方米，总投资550亿元。为服务该重点项目，中心上门调研、现场办公、优化流程，为开发企业提供便捷高效的自助查询服务，受到好评。

为方便大学城地区群众、单位办理不动产登记相关业务，中心增设了西永办事处，并于今年6月26日正式运营，当日办理二手房过户、抵押登记等各类案件27件。更令办事群众满意的是，办事处环境舒适、设备齐全，窗口的捷易拍、扫描枪、身份证识别器，以及大厅的自助查询机、申报机、复印机、叫号机等，让群众的自助操作更加便捷，充分体现了办公自动化、业务高效化。不仅如此，该中心对窗口资源进行整合，实现了一个窗口受理、一个窗口查询，缴费、领证“一站式”服务，大大节省了人力成本，提高了办理效率。

在强化硬件设备的基础上，该中心也不忘修炼“内功”：坚持业务会审制，解决了150余个特殊疑难案件；定期制定培训计划，组织专题业务培训；制定《登记质量工作方案》，每月形成质量报告。另外，该中心将不动产附图手式粘贴方式改为打印方式出图，开通了微信预约登记服务业务，提高了工作效率。为简化内部流转环节，该中心调整首次登记流程，明确了初审职责，并于今年年初顺利完成不动产统一登记系统上线运行。

对于老弱病残孕等特殊群众，该中心开通绿色通道，建立工作台账，提供上门服务和预约服务。为避免群众楼上楼下往返跑路，中心与沙坪坝区税务局协商，将印花税缴纳调为由中心代收，将工作人员调整到四楼进行协税查档。中心还通过业务辅助申报系统、档案自动查询系统、证件扫描辅助系统等辅助工具，让办事群众快速办完业务。该中心优质便捷的服务，得到办事群众的普遍认可和赞许。

选自《中国国土资源报》2017年9月22日第7版

威海：打造“1113”新模式

李现文　张钦钦

自不动产统一登记实施以来，山东省威海市国土资源局在不动产登记工作中深化“放管服”改革，围绕“让群众最多跑一次”，致力于打造不动产登记“1113”服务新模式，即“跑1次腿，提交1次资料，1个窗口受理，交易、征税和登记3项业务并联办理”。

“多门多窗”变“一门一窗”

不动产涉及国土、住建、地税等多部门、多环节，以前的“多门”办理模式需要群众到地税、房管、国土等部门各自设立的办事大厅分别办理纳税、房产证和土地证等手续，造成群众在各部门间来回奔波。为此，威海市国土资源局在不动产统一登记制度实施初期就确立了“让群众少跑腿”的目标，在完成不动产登记机构和数据整合后，协调税务、住建等部门统一进驻不动产登记大厅集中办理业务，让群众在一个大厅即可办理所有与不动产登记相关的业务，完成了“多门”到“一门”办理模式的转变。

虽然“一门式”模式有效解决了群众在相关部门间来回跑的问题，但群众仍然需要在一个办事大厅内的住建、地税和国土3个部门窗口间来回跑腿、排队。为此，威海局在学习先进经验做法的基础上，通过“1113”模式倒逼部门之间的信息推送和共享，群众只需到业务联办窗口，把资料提交给窗口的国土和税务工作人员即可。原本需要1天时间办理的业务，在新模式下20分钟左右即可完成，实现了由“多窗”到“一窗”登记模式的转变。

“一个中心”变“多点通办”

威海市不动产登记中心自成立以来就一直集中在威胜大厦“一地”办公，存在着人员拥挤、业务量大、超负荷运转等问题。为消除一个办事大厅给市区群众带来的不便，威海局积极加快推进分中心设立步伐，利用半年时间，先后设立了市不动产登记中心高区、经区、临港区和环翠区 4 个分中心，构建了“一个中心、四个分中心”的不动产登记服务网络布局，初步实现了由“一地”到“多地”的转变。

在设立分中心的基础上，面对旧村改造、新建小区短时间内大流量办证、挤占不动产登记服务资源的实际，威海局进一步加快“一地”变“多地”步伐，力促不动产登记进社区、进家门。通过积极与旧村改造社区、大型新建小区及房地产企业沟通对接，上门设立不动产登记流动窗口，为不动产登记需求大、人数众多的社区提供上门服务，真正将登记大厅“搬进”百姓家门。

市区“一个中心四个分中心”的不动产登记服务网络布局完成后，各分中心主要负责各自辖区的不动产登记业务。但由于不能跨区域办理，给群众带来了不便。例如：高区的市民在滨海新城购买一套商品房，需要到经区分中心办理不动产登记，仍然形成“异地”办理的局面。

为解决这一问题，威海局不断完善不动产统一登记信息平台，加快房地数据整合，推行“互联网 + 不动产登记”的工作模式，让数据多跑腿，使群众的办证体验再优化。市区群众可以在不动产登记“一个中心四个分中心”任何一个登记大厅办理任何不动产登记业务，实现了“同城通办”目标。

借“互联网 +”优化流程

此外，威海局还着力在优化服务流程和提升“互联网 +”成效上下功夫。

首先按照“凡没有法律依据的证明材料一律取消”的要求，规范统一全市申请材料清单，制定了“明白纸”，明确了不动产登记要件，取消了证明资料 4 项。同时，将业务量大、相对简单的 4 项业务全部由“三审登簿”变为“二审登簿”，将“不动产转移与抵押一并登记”等并件办理业务扩展至 19 类，最大限度缩减审批流程和时限，业务办理完成后为群众提供邮政 EMS 快递业务，通过减证明、缩流程最大程度惠及群众。开通微信公众号、完善局政务网站内容，方便群众查询办证进度、业务指南等。

此外，通过与住建、法院、公积金等部门的信息有限共享系统，实现了网上“数据交换”。目前，司法部门已通过共享推送系统核查不动产信息 4.8 万余条，公积金中心查询个人贷款住房信息 2700 余条。

“1113”服务新模式助威海局实现了不动产登记服务的提档升级，为威海市不动产登记服务在山东省争当“排头兵”奠定了坚实基础。

选自《中国国土资源报》2017 年 11 月 15 日第 2 版

临沂：为民服务零距离

吴文峰

早有耳闻，山东省临沂市不动产登记中心的服务“便民、高效、贴心”。近日记者来到这里，仅半天时间，就亲历了不少发生在中心的温暖故事。

摸着石头过河

上午9时刚过，临沂市不动产登记中心长长的柜台前排满了人，柜台上方，霓虹灯字体显示着业务类别和正在办理的序号。随着叫号声响起，坐在联椅上等候的群众迅速走向柜台。中心副主任赵连栋介绍，现在大家的业务已经相当熟练了，一分钟不到就能完成一次受理。

去年8月刚搬进来时，中心还没有安上窗户，小风吹进来冷飕飕的。为了在预定时间开业，大伙儿加班加点熟悉业务。每周一早上的晨会，周五中午的“每周一课”学习制度，就是从那个时候开始并一直坚持下来的。后来还把“工作日加班，休息日上班”“每天下午提前半小时上班”“推后1小时下班”作为一项制度固定了下来。

作为一个新生事物，不动产登记万众瞩目。中心一开业，就成了政务服务大厅最忙碌的服务窗口。没有现成的路子可走，全国都在摸着石头过河，临沂不动产登记中心也摸索出了不少经验，譬如在房地关联上，由于一些老旧小区宗地信息短时间内无从查证，导致开业不久有1500多份此类申请材料积压。办还是不办？怎么办？向上级咨询，没有明确的答复。但是遗留问题总是要解决的，群众的需求就是工作的方向。

为此，通过一次次会审，最后中心提出了办理建议，实行“受理时可暂不关联，待宗地信息完善后在后台进行数据补录”的方法，既优先保障了群众的切身利益，又没有违反政策。

这项探索走在了全国前列。赵连栋指着挂在墙上刻有“工人先锋号”“三八红旗集体”的两块匾牌，“这就是市里对我们最大的肯定”。

“接地气”的服务

1号柜台旁边斜矗的一个印有临沂市不动产登记中心微信公众号及二维码的告示牌十分醒目。市民通过微信可以进行一周内的网上预约。中心权属调处科负责人刘海燕介绍，这是今年5月他们推出的一项便民措施。正说着，一个小伙子走来，拿出手机对着二维码扫了一下就匆匆离开了。记者打听得知，原来小伙子有一处老房子正在交易，由于临时有事要走，听说可以预约，就跑过来扫码了。

在二楼大厅的咨询服务台，值班长卞洪英正在解答群众的咨询。一个妇女掏出手机一边翻看一边问：“这事到那个窗口？”手机短信显示：“您申请的不动产登记已完成，请持有效身份证明及《不动产登记受理单》，到不动产登记中心领取有关证书。”她说昨天上午办证，下午就接到短信通知了。记者问感觉如何，她说：“服务太好了，太满意了。”

记者获悉，当天不动产登记信息系统成功发送短信数量346个。赵连栋介绍，对金融机构、开发企业和中介组织的部分业务，他们会通过微信群交流通知。他把记者拉到其中一个微信群，里面已有190余人。

写满感动的一面面锦旗

在登记中心综合科桌子上，记者看到了9月底编印好的《临沂市不动产统一登记制度汇编》。翻开一看，一张“办事群众送锦旗”的照片映入眼帘，可是放眼整个大厅，包括进入的办公室，记者却没有见到一面锦旗。对于这个疑问，综合科负责人胡祥国把记者领到了会议室，弯腰从橱子里一下子拿出来几十面锦旗。其中，有兰山区群众郑世红去年11月赠送的“为民服务百姓拥护，急人所急务实风范”，柳青苑学校王静今年2月20日赠的“热情忘我工作，真诚服务群众”，还有山东魏创地产张洪升赠中心24号窗口的“拾金不昧，品德高尚”“怕有自我表扬的嫌疑，我们没有往外挂。”胡祥国解释。

临沂市不动产登记工作也得到了政府的肯定。今年3月8日，中心接到市领导批示的一份报告，内容是关于临沂工程机械厂配件中心的办证问题。报告里说，在配件中心效益年年下滑的情况下，房屋的租赁费用成为配件中心维持运转和员工工资收入的重要来源。也就是说，如果无法确权，继续维持租赁，配件中心的员工就吃不上饭了。

中心本着“依法依规、尊重历史”的原则，积极协调有关单位，用一周时间解决了这一问题。临沂市委副书记、市长张术平在专题报告上批示：“国土部门立说立行，快速办理，为处理此类历史遗留问题提供了示范，市政务中心要推广这一做法。”

“多跑路”与“少跑腿”

在中心“批量受理”窗口，记者见到了坐小板凳的大个子管帅。考虑到便民，当时中心把柜台的高度全部设计为一米，里面的办公桌还低一点，为的是存放材料方便。这可苦了身高1.9米的管帅：电脑屏幕底座下垫上自制的木头小盒，可以抬高电脑，但由于腿长，长时间窝在桌子下面，腿麻腰弯，实在是不舒服。没办法，他自己去超市买了个塑料小板凳，椅子坐长了，就换上小板凳坐一会儿。

管帅是中心“进社区上门服务”工作的具体承办者，早八点半到晚六点半一直在外面，有时中午回不来，就买个面包啃啃。老百姓看到了，主动邀请到家里去吃饭，都被他婉言谢绝。“去社区还用带小板凳吗？”记者问道。一脸憨厚的管帅笑了笑，“不带，就是站一天心里也舒服，我们多跑点路，群众就少跑腿。”一年来，管帅受理的业务竟有1.5万宗。

临沂作为沂蒙革命老区的政府驻地，也是江北最大的小商品批发零售基地，房产交易业务量大，常常有在外地工作、在临沂的购房者，需要在工作地提取公积金。仅今年，中心就接到上海公积金中心三次来函，要求协助查询有关信息，每次中心都通过邮政快递，将对方所需材料发过去。为提高效率、节约成本、更加便民，目前中心正和邮政公司联系，打算长期合作，开通上门取件业务。

和其他地方的不动产登记不同，临沂市不动产登记中心大厅新设立了“土地二级市场”线上线下交易平台。线下土地二级市场提供建设用地使用权转让、出租、抵押的“交易＋登记”一体化服务。工作人员张山峰告诉记者，作为全国第一个“土地二级市场”线上线下一体启用的试点城市，自从8月30日揭牌以来，几乎天天都有人前来问询，有的已经达成了初步协议。

记者中午离开的时候，一楼大厅里正在举行《喜迎十九大，美丽看沂蒙——全市机关摄影作品大赛获奖作品展》，图片上青山绿水、硕果累累。出门回望，迎门处“为人民服务”几个大字耀眼闪亮。

选自《中国国土资源报》2017年11月21日第4版

遂宁：打通“神经末梢”

李军晶　赵　蕾

初冬时节，雨后初霁。在四川省遂宁市船山区北固乡不动产登记分中心，带着老人前来办理不动产登记的中介小刘对记者说：“不出乡镇就能办理不动产权证，确实很方便！”

在服务大厅里，记者看到有不少老人神态安详地坐在休息椅上等待叫号。分中心首席代表杨威告诉记者，他们尽量压缩等待时间，平均每件的受理时间只需 10 来分钟，一天能受理 40 ~ 60 件登记业务。

而这，只是遂宁市不动产登记服务基层群众的一个缩影。

一切为了群众

“我们不动产登记工作的出发点就是：一切为了群众，一切方便群众。”遂宁市国土资源局局长向莉表示。

为了方便群众，遂宁市局在每个环节上都细致考虑、狠抓落实。市不动产登记中心主任康晓辉告诉记者，他们把切实服务群众、便民利民的宗旨放在了首位。

“老百姓来办事，第一眼看到的就是导询台，第一句咨询也是在这里，这个第一感觉和首次交流很重要。”康晓辉说，他们把导询台放在醒目位置，并设专人专岗负责。同时，为了最大限度地发挥导询台的分流减压作用，登记中心还在咨询导办台增设档案查询服务，对以前办理的老证直接查档，不用再到档案科出具查询证明。

“提高工作效率、缩短办证时限”是遂宁登记中心的常规动作之一。据介绍，中心在压缩办理时限的基础上，积极优化登记流程，大幅缩短办理时限，在过去 5 个工作日内办结不动产登记的基础上，对于企业和群众关心的抵押登记业务，办理时限缩短至 48 小时；注销登记、更正登记、补换证登记等都可当时办结。

“为了让办事群众减负，我们想方设法优化环节，精简材料。”康晓辉介绍，中心将预购商品房预告登记与抵押权预告登记合并办理，一次性收件，这样就能减掉一个环节，少收一半材料。另外，已完成转移登记取得《房屋所有权证》而未办理《国有土地使用权证》的，实行内部查档，核实权属情况后，直接合并房、地信息并办理不动产权证书，大大提高了登记效率。

遂宁市局党委副书记裴军说：“只要是能方便群众而又在法律许可范围之内的事情，我们就会毫不犹豫地去实施。”

推出四项贴心服务

记者在遂宁登记中心采访时，服务大厅里的办事群众不算太多，窗口人员正在有条不紊地为办事群众办理业务。

康晓辉告诉记者，为有效应对办事群众档案查询业务量增加的情况，遂宁登记中心分别为每个档案查询窗口增设了 1 名高素质年轻干部，同时，根据档案查询业务量的实际情况采取“脉冲式”服务，即将档案整理人员按照群众办件的规律进行及时调配。也就是说，当办事群众增多时，档案整理人员马上调配到窗口办理查档事宜，加强窗口服务支撑；当办事群众减少时，他们又回归本职岗位，继续完善档案整理归档工作。这样一来，办事效率得到全面提高，排长队的现象大为减少。

“脉冲式”服务只是遂宁登记中心推出的 4 项贴心服务之一，其他 3 项分别是上门服务、延时服务和特办服务。

按照“想群众之所想，急群众之所急，帮群众之所需”的服务宗旨，窗口对因身体健康不佳等特殊情况不能到场办理登记事项的服务对象推出上门服务，以真情服务暖民心。

窗口还推行了延时服务，利用下班后或周末休息时间为一些有急需要求的服务对象办理登记事项，获得了一致赞誉。

特办服务，则是遂宁登记中心窗口主动作为，特事特办，对于群众和企业遇到的不动产登记难点问题和历史遗留问题等，主动提出意见报国土资源局研究，切实破解难题。同时，还设置了绿色通道，为重点项目、军人、老幼病残孕等提供优先服务。

“如果说优化流程、压缩时限、精简材料是规定动作，那么4项贴心服务就是我们的自选动作。”向莉表示，创建全国百佳示范窗口，既要做好规定动作，又要做精自选动作，还要做强延伸动作。

打通“神经末梢”

向莉所说的延伸动作，就是不动产登记服务向基层和乡镇延伸。她形象地将其比喻为打通“神经末梢”。

“党的十九大报告是指引我们前进的方向标，人民群众的需要则是鞭策我们创新的驱动力。”向莉告诉记者，农村不动产类型丰富、登记业务量大，而农民群众到城区办理不动产登记很不方便，要求改革和延伸服务的呼声很高。“推动不动产登记服务机制向乡镇延伸的深化改革箭在弦上，被动而为不如主动作为。”她说。

遂宁市本级也将服务“下沉”到了基层。遂宁登记中心除了在城区设立中心服务大厅外，还在城区3个片区设立登记分中心并设置了不动产登记窗口，将服务机制延伸到群众住地片区。“各分中心就是市不动产登记中心的延伸，所有窗口都代表国土资源部门的形象。各分中心人员也统一由市中心本部派驻，在业务培训和礼仪培训方面都统一安排，做到步调一致。”康晓辉表示。

在向莉看来，不动产登记服务机制向乡镇延伸必须抓好“机构、人员、流程、档案”等几个关键环节。一是下设工作机构，补齐服务短板，设立乡镇不动产登记机构实现农村登记服务全覆盖；二是充实工作人员，满足群众需要，为乡镇不动产登记服务站配置2～3名工作人员，负责不动产登记工作；三是优化办事流程，延伸服务范围，实现“让信息多跑路，群众少跑路”，群众只需到乡镇一次申请交件、一次缴费即可领证；四是严格档案移交，确保登记安全。

同时，遂宁市局还要求加强业务衔接，理清部门职责，在“进一个门，跑一次路、一窗受理、并行办理”的基础上，实行“登记机构一窗受理、收件信息网上推送、相关部门并行办理、结果实时互通参阅”的运行机制，进一步提升房屋交易与不动产登记的有效衔接。

而在遂宁下辖的大英县，记者见到了向基层延伸服务的“多合一”创新模式——乡镇国土资源服务所、乡镇农村产权交易服务站和乡镇不动产登记服务站机构、人员“三合一”。据了解，这在全国也尚属首例。

向莉介绍说，市政府已在10月11日召开工作推进会，决定在2017年年底前，遂宁全市5个县（区）107个乡镇将全域实现不动产登记服务的延伸，让改革红利更多地惠及基层群众。

选自《中国国土资源报》2017年12月1日第1版

营口：群众事，无小事

王 梅　刘艳秀　姜 旭

“习近平总书记在党的十九大报告中提到，要坚持把人民群众的小事当作自己的大事，我们不动产登记中心作为窗口单位，每天面对的就是人民群众，所以，我们要想尽一切办法，方便群众，帮助群众，用切实可行的服务方式把他们的小事办好，办妥当。”前不久，辽宁省营口市不动产登记中心召开会议学习党的十九大报告，大家纷纷表示。事实上，自营口市不动产登记中心成立以来，服务群众、方便群众，一直是该中心工作的出发点和落脚点。

2015 年 12 月，营口市不动产登记中心成立。为防止给群众办事造成不便，营口市国土资源局与住建委达成共识：房屋交易与抵押职能划归营口市不动产登记中心，交易、抵押与登记一并受理，实现交易、抵押与登记一个窗口受理，“一站式”办结，规范化服务。这给百姓带来了便利，原来跑多个部门才能办好的事现在可以“一站式”办结，原来一个多月才能发证缩短到现在 5 天发证，节省了人力成本和资金投入，让有限的社会资源发挥更大的作用。

急百姓所急，破解历史遗留难题

在数据整合过程中，营口市不动产登记中心发现，一些集体土地、工业用地，由于历史遗留问题，无法办理登记，积压件存量达到 1200 余件。

对此，营口市国土资源局成立攻坚小组，推进了土地、房屋历史遗留问题整改。同时成立调研小组，对疑难问题进行梳理分类，确定责任人与产权人分开，即登记与追责分开。

通过数据整合，营口市不动产登记中心加快了不动产登记档案在线归档，并开设查询窗口对外开展查询服务。同时，加快档案库房扩容扩建工程和不动产登记数字档案馆建设，窗口已办结档案移交工作提速，80 万卷档案的数字化完成率达到 100%。

营口花园小区和安居工程小区是上世纪 90 年代建造的房屋。不动产统一登记前，大部分业主已取得房屋所有权证。不动产统一登记后，两个住宅小区因原开发单位没有办理土地审批手续和以划拨方式取得土地使用权，百余户权利人持房屋所有权证却不能正常办理不动产转移登记，这给该小区居民房屋交易造成了很多不便。2016 年，营口市国土资源局提请市政府研究解决处理无土地审批手续的国有建设用地上房屋和转让、抵押以划拨方式取得土地使用权的房地产如何办理不动产登记问题，出台了《关于进一步规范登记工作的意见》，一方面解决了已办理过房屋所有权证但不能正常办理不动产统一登记业务的问题，另一方面解决了国有存量建设用地上已入住多年的住宅项目，由于无土地审批手续，一直不能办理产权登记问题。目前，已全面解决了老旧小区以划拨方式取得土地使用权的登记问题，涉及约 2000 余户。

想百姓所想，热情上门服务

营口市市民李长芬的母亲曾经患过脑溢血，行动不便。今年 8 月，不动产登记中心通过上门服务，为李长芬的母亲办理了不动产登记证。李长芬告诉记者："之前我还害怕年轻人没耐性，可是人家两个小伙儿，跟我母亲交流时慢声细语，服务热情周到。"

在日常生活中，百姓对办理房屋过户的手续和流程，经常理不出头绪。不动产登记中心将服务窗口前移，对老、弱、病、残、孕等开启绿色通道，实行上门服务，让工作人员多跑路、群众少跑路，截至目前累计上门服务 278 件。

此外，市不动产登记中心不断完善网上预约机制，升级服务方式，设立了门户网站、手机 APP、微信公众号，可提供网上预约、网上预受理、公示公告发布、政策法规咨询、在线答疑等便民利民服务，减少了"插队"的抱怨、"站队"的辛苦。

该中心还打破常规工作制，实行“午间延时服务”和“5+2轮班”制度，做到天天能办事、时时有接待；实行AB岗制度，以“零差错”为目标，互为把关审核，及时发现和整改问题，提高工作质量与效率；狠抓质量测评，从材料的合法性、完整性、真实性、准确性等方面进行全面检查，努力实现差错率、问责率、投诉率为零。

“直通车”服务企业，提高办事效率

五矿（营口）产业园发展有限公司通过派生分立设立了一个新的公司，根据已签署的分离协议，需要对协议中涉及的资产进行分离，需要对其中的一处不动产做不动产登记更名（或者转移）业务。

企业办事人员说：“产权科给了我一张所需材料清单，里面的大部分材料和流程我都没有概念，办理人员逐一给我讲解，并清楚地告知我相关注意事项，同时对我们启动了重点企业‘直通车’服务。”

该中心围绕放管服工作要求，简化办事程序，缩短办事时限，从原有法定30个工作日取证，缩短至5个工作日。同时针对省、市等重点企业项目，开通了“直通车”和容缺函诺等服务机制，积极为企业在办理不动产登记过程中提供优质、高效、便捷的服务环境。

营口市不动产登记中心成立以来，本着为百姓服务做“加法”，为百姓负担做“减法”的工作宗旨，简化工作程序，优化审批流程，搭建“云服务”平台，最终形成“人在干、数在转、云在算”的大数据格局，为当地企业、百姓开辟绿色通道、服务直通车，不断推进个性化服务，坚持以企业和群众需求为导向，及时为群众和企业解决难题。

选自《中国国土资源报》2017年12月2日第2版

南宁：不动产登记“进化”样本

李　倩

改革，从来不是轻轻松松、敲锣打鼓就能成功。翻读不动产统一登记改革日志，每一页都是在攻坚克难中坚韧前行。走进广西南宁，你将会看到不动产登记工作怎样践行以人民为中心的改革初心、拾级而上，不断“进化”的真实历程。

第一季——便民利民拒绝“过渡期”

南宁市园湖路 35 号房产大厦是一座有近 30 年年头的老建筑，很多年来，办理房屋产权的市民们在这里穿梭出入，排队奔波。

楼还是那个楼，但从 2016 年 7 月 4 日南宁开始实施不动产统一登记以来，前来办事的群众明显感觉到了不一样。在职责机构没有完全整合到位、数据资料没有完全移交的客观条件限制下，南宁采取“合署受理、业务联办”的过渡期工作模式，房产交易审核与不动产登记“一个窗口进、一个窗口出”。

各类登记业务融合非一日之功，有群众拍砖质疑：“为啥办不动产登记比以前办房产证的时间更长？”“全市每天受理 200 多宗现场或来电咨询，群众问得最多的是什么时候发证。”南宁市国土资源局局长赵志萍坦言。

困难面前最显担当。“老百姓的事情耽误不得！职责机构整合有过渡期，但便民利民拒绝‘过渡期’”，这成为南宁市国土资源人的共同信念。

把老百姓的事儿真正放在心坎上，办法总比困难多。据南宁局副局长马晓东介绍，登记信息系统无法独立进行房产交易信息核验，是制约办证效率的一大障碍。南宁市依托自身技术力量，在不动产登记数据库标准的基础上，建立了不动产登记交易一体化数据库，完成了房地现状数据整合及迁移，剔除了前置交易信息审核环节，为提高办证效率提供了翔实的数据基础。

为回应群众最关切的办证进度，南宁市推出了不动产登记业务办理进度查询平台，同时开通手机 APP 和微信公众号查询业务办理进度功能，市民通过手机就能轻松查询不动产登记办理情况。当不动产登记业务进入发证环节，系统会自动发送短信提醒，通知申请人到相应受理点领取不动产权证书。

担当才能激发创新动力。预购商品房抵押权首次预告、房屋一般抵押权首次登记、抵押权注销登记三类登记业务量最大，最易造成业务流量堵塞。为此，南宁局在全国首批打造了“不动产登记综合服务平台”，实现了不动产登记批量业务“网上申请、网上提交、网上审核、网上预约、现场领证”。群众足不出户便可完成不动产登记申请，也能与不动产登记工作人员即时沟通，及时补充或修改电子材料。

登记机构完成网络业务审核后，申请人可预约时间到现场递交纸质材料，经工作人员核对无误后可直接打印不动产权证书（证明），申请人交费后即可当场领取。

第二季——全面整合破除“中梗阻”

过渡期工作模式虽然保证了南宁市不动产改革启动初期的平稳过渡，但弊端逐步暴露。

让市不动产登记中心主任胡志海苦恼的是，房管、登记部门职责交叉重叠、权责不清、业务重复审核、多个系统难以保证数据的准确性。尤其是在国家提出不动产登记要进一步简化登记流程、压缩登记办理时限、切实便民利民的要求形势下，南宁已没有进一步提升不动产登记效能的空间。

“病根”在于职责机构整合。在国土资源部、国家土地督察广州局的指导督导下，今年 9 月底，南宁市不动产权职能整合取得重大突破。南宁市编委发文将房屋登记、抵押、交易审核职责，房屋测绘数据成果、楼盘表、档案等资料都划转、移交给不动产登记机构，原来从事不动产登记岗位的人员也实现整体划转。

“职责、人员、场地资产、档案资料全部移交给登记中心，彻底解决了不动产登记‘中梗阻’问题。”胡志海和他的同事们倍受鼓舞。

整合后，国土、住房两部门通过签订数据共享及保密协议，共同建立协同共享系统，测绘地理空间信息数据、不动产登记数据、住房审批信息、交易信息实现实时互通共享。在此基础上，剔除了房屋交易重复审核环节，将住房部门原房屋交易审核职责整合至不动产登记机构，实现房屋交易审核与不动产登记审核一体化，不动产登记职责更加完整。

市不动产登记局副局长罗俨表示，登记审核职能更加清晰、房屋测绘成果及楼盘表管理更加规范、业务流程更优化，最终带来的是不动产登记从根本上的提速增效——不动产登记业务流程从 12 个环节减少至 5 个，实现了真正意义上的“一个窗口收件、一套资料内部传递、一次性收费、一个窗口发证”。不动产登记业务现场办结事项实现突破，异议登记、抵押权注销登记、预告商品房注销登记 3 项简易登记业务现场办结。日均登簿量与受理量实现动态平衡，转移登记、抵押权登记再次提速 33.3%。网上办证、立等可取的批量业务增加到 4 类。

第三季——信息化引燃登记“加速度”

检验不动产登记工作的根本标准是“群众满意不满意、高兴不高兴、受益不受益”。在南宁国土资源人看来，改革永远在路上，不动产登记追求便民利民没有完成时。

“信息化建设是慢功、内功，成效不会立竿见影。我们从不吝啬对信息化建设的投入，相信厚积薄发会有时。”据马晓东介绍，南宁市注重以信息化驱动国土资源治理体系和治理能力现代化，经过整整20年持之以恒的建设，南宁市国土测绘地理信息中心成为一个具备强大自主研发能力的团队，入榜国家地理信息百强单位，拥有一百多项地理信息著作权。

由该团队自主研发的“南宁市不动产登记服务综合平台”项目成果荣获2017年国家地理信息科技进步二等奖。平台不仅在不动产统一登记落地初期派上了大用场，用技术创新最大限度弥补了体制缺陷，更让不动产登记步入规范化轨道后持续提质增效的后劲十足，助推不动产登记走进“数据共享为基础、一体审核为框架、自主研发为支撑、创新服务促改革”的新时代。

占全市不动产登记总业务量近一半的预购商品房预告登记等四项批量业务通过“不动产登记综合服务平台”实现网上办理、立等可取。据罗俨介绍，该平台自今年4月5日正式上线运行以来，累计受理业务1.3万宗。

登记信息网上查询功能不断拓展。在实现“不动产登记信息自助查询、自助打印登记信息服务基础上，通过与银行、房地产开发企业签订批量查档《委托协议》，开放查询权限，企业可足不出户查询不动产登记状况。同时，拓展二维码查验防伪功能，查询结果凭二维码即可识别真伪，方便机构和个人通过互联网自助下载、打印电子查询结果。今年10月9日～11月21日，登记中心共办理不动产登记查档业务4.5万宗，日均查档量约1500宗。

同时，搭建司法查控中心，建立点对点网络执行查询机制，方便司法部门查询房屋权属登记信息，破解法院执行难。

赵志萍表示，下一步，南宁将继续坚持以强化不动产登记信息化建设为抓手，以创建“互联网＋不动产登记”为着力点，推进网上业务类型全覆盖，推动与税务、教育、公安等职能部门进行数据共享，提升群众改革获得感；探索与金融机构共建窗口派驻模式，方便群众就近办理登记，切实释放不动产登记政策红利。

在记者采访前不久，南宁市民中心设置的不动产登记窗口正式“开张”。相较园湖路35号，这里不一样的是：登记窗口更多、服务设施更现代化；一样的是，办事群众都能感受到不动产登记人为民服务的初心。

选自《中国国土资源报》2017年12月12日第1版

襄阳：群众办证不再难

李倩　刘冬　杨安赟

近期，湖北省襄阳市2017年度“十大法治事件”评选活动揭晓，“不动产统一登记制度解决群众办证难”工作榜上有名。

“《物权法》确立我国实行不动产统一登记制度。不动产登记，登记的是权利，而不是权力。”襄阳市国土资源局局长王明强表示。襄阳市在深化“放管服”改革中，坚持问题导向和目标导向，以法治精神引领不动产登记，在依法行政中创新破解群众办证难题，有力维护了群众合法权益。

人民群众满意不满意、答应不答应、高兴不高兴，是评价不动产登记工作绩效的唯一标尺。用这把唯一的标尺倒逼，步入法治轨道的襄阳市不动产登记工作实现了诸多历史性突破：

实行“一窗式办证”，“二手房”交易群众办证只跑“一趟路”。改革之前，二手房交易程序是复杂的“四个四”——房屋买卖双方要分别跑房管、税务、国土、不动产登记四个部门的窗口，分别申请办理房屋交易网签备案、缴纳所得税契税、房改房土地出让手续、不动产登记，进行四次身份验证面签，四次重复提供资料。实行“一窗式办证”，整合房管、国土、税务、不动产登记四个部门的窗口、平台和流程，实行一个窗口受理，资料信息化传递，并联审核办理，取消了没有法律法规依据的二手房交易网签备案前置环节，由直接面向行政相对人的前置环节变为部门内部协同机制，实现“四个一”——交易、纳税和登记手续由不动产登记一个窗口受理，一次性收集资料，一次性面签，一小时快办结。目前，襄阳市二手房交易办证已由18个工作日压缩到3个工作日，急件一小时办结。

实行“上门办证”，新建商品房业主办证“零跑路”。改革新建商品房办证受理方式，将群众上门递交资料变为不动产登记人员到新建小区上门受理，将房屋从预告登记到首次转移登记办证所有需要的手续，由原来分次受理变为一次性合并受理、一次性面签完成，群众不需要到登记机构，在家门口就能办好所有手续。目前，襄阳市区所有新建商品房小区不动产登记都已实行上门办证，3 万多户业主从中受益。

妥善处理历史遗留问题，维护社会稳定。由于过去一些房地产开发项目违法用地、违法建设、违规抵押销售、拖欠税费等遗留问题，不动产统一登记改革之初，全市仅市区就有 40 多个小区、1.1 万多户业主存在“办证难”问题，群众不断上访，影响社会稳定。市不动产登记局直面问题、勇于担当，对市区办证遗留问题进行全面排查，深入剖析问题成因，与相关部门多次专题研究，上报市政府，经市政府常务会研究出台了解决房地产领域办证遗留问题的政策。坚持依法查处、查办分离、安全底线、如实登记四个原则，优先解决市房管部门已预售许可的 35 个小区，将处理违法违规历史遗留问题与为业主办证分离同步进行。先启动依法查处违法行为和追缴税费，不让违规企业“跑路”；依法处理后，登记机构同步为业主办理不动产权证，不让业主为违规企业“买单”。目前，经过多方协调努力，已有 10 个小区 4000 多户业主的办证遗留问题得以解决，维护了群众的合法权益。

解决企业融资难题，助力企业降本增效。2017 年 9 月，市国土资源局与市金融办、中国人民银行襄阳市中心支行、中国银行业监督管理委员会襄阳监管分局联合发布完善不动产抵押登记促进金融市场发展的政策制度，有效降低企业和个人融资时间、财务成本，提升企业和个人融资能力。

据市国土资源局副局长冯文慧介绍，该项政策释放了两大红利：一是联合市区银行营业网点设立不动产抵押登记便民服务窗口。将不动产登记受理场所延伸到各银行网点，登记系统与银行系统对接，实现相关信息共享。申请人将不动产贷款和抵押登记资料一并提交，银行在放款审核过程中，一并代为收集整理抵押登记资料，通过搭建的不动产登记信息平台传登记机构正式受理、审核和登簿发证。

二是全面推行抵押权变更登记。已抵押的房屋、土地等不动产到期后再续押时，常常面临抵押物“悬空”被查封限贷的风险。襄阳市规定，债权人无需办理抵押权注销登记，只需凭主债权合同的补充协议和续期的抵押合同及双方申请，直接由银、企申请，根据抵押物变更范围、抵押金额变更、债务履行期限变更等情况，办理不动产抵押权变更登记业务就可完成续贷，减少企业融资成本。例如，襄阳中豪公司3亿元的抵押续贷，通过办理不动产抵押变更登记，节省财务成本400万元。据统计，2017年以来，全市共发放不动产抵押登记证明6.69万份，协助企业发展和群众购房融资近300亿元，为促进实体经济发展和房地产市场去库存发挥了积极作用。

法治力擎，不动产登记制度在湖北襄阳落地开花，给广大群众带来实实在在的改革红利。

选自《中国国土资源报》2018年5月3日第2版

邢台："不能让群众坐冷板凳"

许光辉

6月26日，记者在河北省邢台市不动产登记中心登记大厅看到，虽已过中午12点，但工作人员仍在忙碌地办理业务。工作人员告诉记者，只要当天受理的业务没有办结，不论是否到下班时间，都不能关门，做到日清日结，不能让群众多跑路。

即时办理 日清日结

为方便企业和群众就近办理业务，邢台市不动产登记中心在市区设立了两处登记大厅，同时受理业务。

在位于桥东区的登记大厅，一名年轻女性正在办理业务。记者问她："现在办这个业务麻烦不麻烦，快不快？"她不假思索地说："一点也不麻烦，一会儿就能办完了。过去需要找地方复印身份证，现在都是由大厅负责复印，拿上身份证原件就可以了。"

邢台市不动产登记局局长李远志介绍，不动产登记业务法定办理时限为30个工作日，为最大限度提高工作效率，局里对办理时限一压再压。从去年7月起，已实现个人申请权籍调查，手续齐全的，1个工作日内即可办结；需进行外业测绘的，3个工作日内办结。首次登记，5个工作日内办结；变更登记和抵押权首次、变更、转移登记，3个工作日内办结；个人转移登记、变更登记、抵押权注销登记和补换证登记，1个工作日办结。查封登记、异议登记实现了"即时办理"。

优化服务环境 提升服务质量

在邢台市不动产登记大厅，等待区的铁制座椅上都放着坐垫。

李远志说："到这里办事，不能让群众坐冷板凳。"

记者了解到，邢台市不动产登记中心自成立以来，把热情办、马上办、主动办作为服务理念，积极推进"最多跑一次"改革，服务环境持续优化，服务质量不断提升。

针对二手房交易业务量较大的情况，中心与房产交易部门实行合署办公，有效解决群众在办理转移业务时出现的"跑腿多、事难办"问题。同时，积极协调税务、银行部门进驻登记大厅，逐步实现由"进一扇门，跑几个窗"到"一窗受理、并行办理"。

针对老、弱、病、残、孕及因司法限制人身自由的特殊人群，中心开辟绿色通道，实行预约申请和上门服务，全程代办手续。目前，绿色通道已受理业务 100 多起，开展上门服务 90 余次。

为帮助企业尽快办理国有建设用地使用权手续，中心变"坐等申请"为"上门服务"。在企业通过招拍挂拿到地后，主动与企业联系，提前开展权籍调查。

此外，近年来中心坚持为大企业、大项目、重点工种提供主动服务，到企事业单位、开发项目现场开展业务受理和业务咨询活动，目前已先后赴 86 家企业开展了现场对接服务。

选自《中国自然资源报》2018 年 7 月 5 日第 1 版

南通：试水责任保险制度

王旭雁　尚玉亮

4 月 28 日下午，江苏省南通市不动产登记中心与中国人民财产保险股份有限公司南通分公司正式签署合作协议。至此，南通创新性设立的不动产统一登记责任保险制度，正式进入实施阶段。

根据这份合作协议，保险公司将在保险期间以及追溯期间，为行政相对人办理的不动产登记行为或登记相关业务行为提供保险服务，承担该市不动产登记中心在办理登记业务过程中因过错、疏忽或过失导致的赔偿责任风险。其中，保险期为合同签订之日起 3 年，追溯期为 10 年；年度累计赔偿限额 800 万元，每人赔偿限额 60 万元。

不动产登记法律责任是不动产登记制度中不可忽视的重要一环，登记的准确性与权威性至关重要。《物权法》仅对不动产登记错误的赔偿责任作了原则性规定。而关于登记错误赔偿责任的性质，我国司法适用上还存在国家赔偿责任说与民事责任说的争议。

南通市不动产登记中心主任姜志清告诉记者，近年来，由不动产登记引发的行政案件在国内时有发生，不动产登记机构的赔偿风险逐渐增大。自去年 5 月 30 日南通市区实施不动产统一登记后，为厘清不动产登记法律责任、有效降低登记风险，该市不动产登记中心结合工作实际，着手研究如何建立不动产登记保险制度。

姜志清介绍说，统一登记前，国内已有个别房屋登记机构以购买登记责任险或设立登记赔偿基金的方式，探索过登记赔偿制度。南通市房管、国土部门也曾经考虑过登记赔偿制度，与财政部门、保险公司进行过一定的沟通，因为当时各项政策条件不成熟，最终没有付诸实施。其中的掣肘因素主要包括：登记行为是行政行为，登记行为过错产生的是国家赔偿而非民事赔偿，为国家赔偿购买责任险，尚无明确的法律依据；登记赔偿制度没有国家层面的设计、要求和安排，地方开展登记保险业务缺少政策依据；购买登记责任险的保费尚无明确的财政经费来源和支付渠道。

自 2016 年 5 月南通市开展不动产统一登记后，南通市不动产登记部门又将目光转向登记责任险，是出于以下一些考虑：

一是统一登记开展初期，因系统、业务、人员等还处在磨合阶段，数据、系统和登记簿等各种问题频频出现，虽然已经加强了质量管理，但无法确保完全没有遗漏。二是近年来当地败诉案件增加，赔偿风险加大。2013 年～2015 年，南通市区房屋登记败诉案件 9 例，其中赔偿案件为 1 例，经协商支付赔偿金额 15 万元。此外，从统一登记开展后的信访工作来看，因登记审查疏漏等原因导致的信访投诉仍普遍存在。三是历史遗留问题处理还存在漏洞，房地登记政策不一，房地统一登记政策还在逐渐完善中，登记人员政策掌握和处理历史遗留问题的能力等偏弱，产生登记错误的概率较大。

在上述种种情形下，尽快建立登记赔偿制度、有效降低登记风险，就显得尤为重要。为此，南通市不动产登记中心结合工作实际，进行了初步的制度设计。该中心借鉴安全责任险等有关险种政策，提出通过购买登记保险建立赔偿制度的设想。他们通过争取，将保费纳入了 2017 年南通市不动产登记中心财政预算；并在确保保险覆盖登记工作全流程的基础上，通过与多家保险公司洽谈，合理确定保险方案，尽量节省财政经费。

目前，江苏省不动产登记局已要求南通市不动产登记中心在实践的过程中注意总结分析，争取早日形成可借鉴、可复制的经验，为该省全面建立不动产登记保险制度奠定基础。

选自《中国国土资源报》2017 年 5 月 5 日第 5 版

安庆：以制度建设优化服务

洪曙光　胡小进

安徽省安庆市不动产统一登记改革工作全面深入推进，建立了权界清晰、分工合理、权责一致、运转高效的不动产统一登记体系，通过资源重组、整合科学、运行平稳、提质增效、制度完善、服务优化等各项措施，破解种种工作难题，得到企业和群众的点赞。

流程再造提效率

在统一登记之初，安庆市明确了不动产登记机构职责范围、划转人员、设置窗口，市编办、国土、住建等部门协同配合，累计划转市县两级不动产登记工作人员 221 名。

在实现登记簿册等资料由不动产登记机构管理的同时，根据市区不动产登记的需求情况，安庆市不动产登记服务中心（以下简称“安庆登记中心”）设置了咨询、登记、查询、发证等 24 个服务窗口，实现了登记机构、登记依据、登记簿册和信息平台“四统一”。

安庆登记中心对各类不动产登记业务流程进行梳理再造，细化了 8 大类 20 个子项不动产登记类型及事项，并根据已梳理的登记事项和流程，实现工业用地以幢为登记单元的登记办法，优化了继承公证的相关流程，合并不动登记相同业务环节等多项流程，进一步简化登记手续。同时，重新设置承诺时限，对“权证遗失补证”业务实行遗失公告、补发证两个流程合并办理，办理周期由 2 个月压缩至 15 天；对各类不动产登记从国家规定的 30 个工作日办结主动缩短为 15 个工作日办结。

破解难题助发展

安庆市不动产统一登记制度自落地以来，助力安庆发展“五大攻坚战”，紧扣企业转型升级、棚户区改造、精准脱贫等重要工作，积极做好服务，成绩斐然。

近期，安庆市全力推进棚户区改造、试行“房票”制度，时间紧、任务重，问题繁多，情况复杂，安庆登记中心虽没有直接参与其中，但为相关部门啃下“硬骨头”提供了强有力的支持。几乎每个征迁单位到安庆登记中心时，都是“急着要、快点拿”房屋确权依据。任务就是命令，没有推诿，没有怨言，安庆登记中心想方设法，合理调配人力，不分白天黑夜，不论工作日还是休息日，主动延时下班、主动利用节假日加班，第一时间为棚改房屋提供确权依据，助棚改攻坚一臂之力，打下攻坚战的漂亮一役。

2017 年，安庆市棚改工作向更深层次推进，截至 8 月 14 日，安庆登记中心累计为各区棚改工作提供查询结果证明如下：迎江区 5762 份，大观区 1736 份，宜秀区 1338 份，经开区 628 份，高新区 96 份。

安庆登记中心自成立以来，秉承“办好事、办实事、办成事、解难题”的服务宗旨，始终把群众摆在第一位，从群众最关心、最急需的问题入手，想群众所想，急群众之所急，受到群众的交口称赞。

在权籍调查方面，近一年来，安庆登记中心厘清了权籍调查工作过程中存在的房屋落宗跨界及压线问题，确定了东湖一品小区、国瑞花园小区的土地性质和用地范围，以及部分上访群众的土地权属登记问题。在抵押登记方面，顺利解决了多家企业工业用地换证并抵押以及其他融资抵押登记等问题。在档案方面，明确了因房屋拆迁或其他原因灭失、转让后档案信息注销问题。同时，为安庆市通信电缆有限责任公司 48 户职工和市第六塑料厂 61 户职工解决了公房购买的首次登记等问题。

制度建设促服务

为全面提升窗口服务质量和服务水平，安庆登记中心发挥示范窗口的引领作用，在采取 24 个窗口全部开放服务的基础上，强化一系列制度建设，以人为本提升服务。

针对申请办证群众人数众多的实际情况，确保办事群众的材料得到及时受理，安庆登记中心严格执行“十二不准”“首问负责”“一站式服务”“公开承诺”“一次性告知”等一系列规章制度；研究制定《安庆市不动产登记服务中心内设科室职责》《窗口管理制度》及办事流程和办事指南等10余项规章制度；中心全体干部职工一律挂牌上岗，亮明身份，积极做好引导服务、贴心服务。针对办事群众众多的实际情况，窗口工作人员经常性延迟下班时间，及时受理群众的办件申请；利用节假日时间加班加点，加紧审理各类办件，确保在承诺时限内办结；对工作中的疑难问题及时召开业务碰头会，进行集中会诊研究解决办法。

安庆登记中心坚持为老弱病残及社会特殊群体实行上门服务，全年累计上门服务次数达到200起。为特殊情况的人群和业主开通绿色通道，急事急办、特事特办；在新系统短信告知平台尚未及时启用的情况下，安庆登记中心工作人员利用双休日时间一户一户打电话通知业主领证时间；为开发单位和企业办理批量业务，从根本上将批量业务与零散业务区分开来，尽可能地为单位、企业和个人节省时间；推行房产查询与契税征缴分开办理，最大限度地将办事人群进行分流，确保大厅井然有序、不乱套、不拥挤、不争抢；为办理学区房过户的业主开通绿色通道，确保业主5个工作日内拿证，缩短办结时限。

安庆登记中心聚焦“便民、高效、廉洁、规范”的服务理念，鼓励中心各窗口争创“红旗窗口”，鼓励工作人员争当“服务之星”“优秀共产党员”及“优秀党员志愿者”，推进服务方式转变，优化服务环境，提高服务质量。同时，与全体干部职工签订了《廉政承诺书》，杜绝吃、拿、卡、要等不良现象发生。为此，中心成功获评2016年度安庆市政务中心“红旗窗口”，并在2017年连续两个季度被评为“红旗窗口”。

选自《中国不动产》第35期

保定：解决历史遗留问题的探索

刘　鹏　　李建新　　陈　英

随着不动产统一登记工作的深入开展，一些历史遗留问题逐渐显现。例如，在房、地分散登记期间，有部分房和地的权属、性质、坐落、用途不一致的房屋得以进行房屋登记、获得了房屋所有权证（以下简称“房本”）。在房、地分散登记时期，由于房屋登记对土地的相关信息兼顾不够，这些房屋可以顺利办理转移、抵押等业务。但不动产统一登记以后，这些已经颁发房本的房屋由于房、地权利信息不一致，不能进行不动产转移、抵押等登记，若不谨慎处理，将可能影响百姓切身利益，甚至造成百姓不满情绪，给各地政府尤其是不动产登记机构带来巨大压力。

在目前房价高涨的情况下，房屋作为百姓的重要资产，其合法权益理应得到保障，因历史遗留问题导致无法进行不动产登记的问题应尽快解决。对此，河北省保定市进行了一些探索。

历史遗留问题的主要类型

保定主城区范围内因历史遗留问题而无法办理不动产登记的情况主要有三类。

已颁发房本的房屋所占土地的登记资料、法律效力可能存在问题，在这些土地上建造并已颁发房本的房屋不能正常落宗，无法办理不动产登记。

已颁发房本的房屋所占土地没有国有土地使用证，留存的土地权属资料不齐全，导致该宗土地无法确定所有权人和使用权人，土地登记信息缺失而不能办理不动产登记。

已颁发房本的整幢房屋超出了原宗地界址，实际所占土地为两宗或两宗以上土地。由于不能明确房屋应落宗在哪一宗土地上、该如何分摊土地面积，因而不能办理不动产登记。

历史遗留问题的解决思路

对这些历史遗留问题，保定采取“尊重历史、正视现实，如实登记、选项填证，权籍调查、后续更正，整幢房屋所占土地为两宗或两宗以上，房屋权利人和所占各宗地权利人中任何一个均不为同一权利人的，若房屋所占各宗地的用途都相同，则将房屋落宗于面积比例较大的宗地上制定政策、依法办理”的原则，在符合政策的前提下因地制宜，开拓创新，敢于担当，创造性地开展工作、解决问题。

“尊重历史、正视现实”指的是尊重在房屋土地分开登记时期发生的房屋、土地登记信息不对等、沟通不及时的历史现象，正视因为十几年来积攒的大量房地登记信息不全，房屋无法正常落宗，土地性质、用途和房屋性质、用途不一致等问题而导致的不动产登记难题，进而引发百姓不满的客观现实。按照《不动产登记暂行条例》第 4 条“不动产登记遵循严格管理、稳定连续、方便群众的原则”的规定，对百姓依法取得的不动产进行登记。在现阶段，应充分采纳以前的登记成果并如实记载于登记簿上，非有证据证明以前登记成果有错误的不做改动。

“权籍调查、后续更正”指的是，在开展登记发证、解决百姓当务之急的同时，启动不动产权籍调查。权籍调查应以政府为主导，国土部门具体实施。通过权籍调查，对土地房屋信息不一致的宗地和地上建筑物形成权籍调查成果，按法定程序加以确定。不动产登记机构根据调查成果通知权利人申请更正或启动依职权更正，最终达到更正、完善不动产登记簿内容的目的。百姓手中持有的信息不完善的不动产权证书等到补、换证或发生转移等不动产权利变动时再在新证中予以添加。

“制定政策、依法办理”指的是，针对这些特殊情况，应按照文件出台程序，加快立法或政策调研，有条件的最好出台地方性法规，暂不具备条件的，也应出台当地政府规范性文件，明确解决措施，指导不动产登记机构依法办理。

具体解决办法

按照保定市已颁发房本的房屋的登记档案中土地权属来源和审批资料齐全、合法，则将该宗土地认定为国有土地。在办理不动产转移、抵押等各项登记业务时将房屋落宗于该宗地上，不动产登记簿中如实记载原有土地信息，土地面积分摊，不动产权证书上注明土地、房屋信息。

对于已颁发房本的房屋所占土地没有国有土地使用证，土地权属资料不齐全或没有土地权属资料的，由国土部门根据土地权属资料等相关信息核查、认定。

根据土地权属资料等相关信息核查、认定为国有土地、集体土地或土地权属未确定的，将房屋落宗，不动产登记簿中如实记载原有土地信息。属于国有土地的，按国有土地编制不动产单元代码，进行面积分摊，不动产权证书上注明土地、房屋信息。属于集体土地的，按集体土地编制不动产单元代码，土地面积不分摊。

此外，整幢房屋所占土地为两宗或两宗以上，房屋和所占各宗地的权利人均为同一权利人，各宗地用途相同但使用年期不同的，若权利人未将土地合为一宗，应将房屋落宗于使用期限最短的宗地上。房屋落宗后，不动产登记簿中应如实记载原有土地信息，土地面积分摊，不动产权证书上注明原有土地信息，其他宗地的不动产登记簿做好相应标识、注记，并与房屋信息关联。

整幢房屋所占土地为两宗或两宗以上，房屋权利人和所占各宗地权利人之一为同一权利人的，应将房屋落宗于房屋权利人和其中一宗土地权利人一致的宗地上。整幢房屋所占土地为两宗或两宗以上，房屋权利人和所占各宗地权利人中任何一个均不为同一权利人的，若房屋所占各宗地的用途都相同，则将房屋落宗于面积比例较大的宗地上；若房屋所占各宗地用途不同，则将房屋落宗于用途类型多的宗地上。房屋落宗后，不动产登记簿中如实记载原有土地信息，土地面积分摊，不动产权证书上不注明土地信息，其他宗地的不动产登记簿做好相应标识、注记，并与房屋信息关联。

选自《中国不动产》第32期

荆州：打好便民“持久战”

蔡　涛　肖洪海　雷光祥

窗口是不动产登记工作与广大企业群众面对面交流和近距离接触的平台，也是企业和群众了解政策、办理业务的重要渠道。因此，窗口服务质量的高低，直接影响不动产登记工作在老百姓心目中的形象。

如何提升登记窗口服务质量，将统一登记这件利国利民的好事做好？湖北省荆州市不动产登记交易中心（以下简称“中心”）在规范岗位设置、优化流程运转、提高登记效率的基础上，强调打好便民“持久战”，用做实事、做小事、注重细节的“笨办法”，巧妙地做好了一篇服务企业和社会的大文章。

处理历史遗留问题，着力为民排忧解难。不动产登记历史遗留问题存在政策关联性强、涉及相关职能部门多的特点，时间跨度大，成因比较复杂，关乎社会稳定，而矛盾往往集中到最后一个环节——登记办证环节。但群众的期盼就是登记工作的方向，荆州不动产登记部门怀着为民排忧解难的责任感和使命感，在整合原土地、房产资源的基础上，邀请市房产、规划、住建等部门，就不动产登记工作中的历史遗留问题进行研究。对达成共识的部分形成会议纪要，用于指导今后的工作。例如，对历史遗留登记案件中规划许可事项如何解决、施工许可、竣工验收等要件收取规则、不动产测绘面积与规划工程面积差异的解决办法等达成了一致意见。

创建“绿色通道”，助力企业发展。围绕“工业兴市”、招商引资，中心提速办证 300 多次，减免工业项目办证费用约 162 万元。2015 年 9 月，市城投公司申请华中农高区至岑河镇道路建设项目的土地初始登记，亟须办理不动产权证书。中心实行特事特办，多部门联动，集体介入，各环节一条龙联合办公，加班审批至深夜，完成不动产权证书发放，将原工作时限20个工作日缩短为1天办结。“绿色通道”的建立，为荆州市企业办理登记业务提供了一条便捷的“高速路”。为此，多家企业给中心送来锦旗和感谢信，并被《荆州日报》、荆州电视台、荆州广播电台等各媒体报道点赞。

设立老弱病残优先窗口，提供上门服务和预约服务。中心坚持以人为本，在办证大厅设立老弱病残优先窗口。同时，针对一些特殊群体，专门开展上门服务，目前共提供此类服务300多人次。此外，为了方便企业和群众，中心还提供电话、短信等多种预约服务，累计100多人次。

开辟流动窗口，主动为群众答疑解惑。在办证大厅的服务基础上，中心还创造性地设置了流动窗口，很好地拓展了窗口服务范围。流动窗口以中心志愿者为服务主体，并积极与电台、电视台等媒体联系沟通，更好地以专业知识和技能为广大群众解惑答疑。

坚持周六值班，开展延时服务。中心积极回应群众呼声，实施周六值班制度，让平时忙碌的“上班族”可以在周末办理不动产登记业务。同时，考虑到城区办证量大、业务案件在正常工作时间难以全部审批完结，中心开展延时服务，窗口工作人员经常“白加黑”，以无怨无悔的付出确保了不动产权证书、证明的及时办理发放。

选自《中国不动产》第19期

衢州："最多跑一次"启示录

李　倩

"南孔圣地，衢州有礼"。浙江省衢州市，这座历经1800多载岁月洗礼的历史文化名城，近来又赢得了一张亮丽的名片。2018年6月12日，全国不动产登记窗口作风问题专项整治工作动员部署会在衢州召开。来自全国各地的不动产登记从业人士实地观摩学习衢州市"联合办""延伸办""网上办""就近办""一证办"等不动产登记"最多跑一次"的鲜活经验。

"衢州是浙江省最早开展'最多跑一次'改革的地方，目前又创新'互联网＋智慧登记'，不断优化办事流程，实现了跨区办、网上办、延伸办。我们就是要倡导这种千方百计方便群众的做法，彰显不动产登记为民服务的理念和追求。"自然资源部副部长王广华对衢州不动产登记工作给予了高度评价。

从群众"痛点"、难点切入，创新服务方式

"企业和群众急什么、盼什么、缺什么，不动产登记改革就要着力改什么。"谈及衢州不动产登记工作始终走在前列的原因，市不动产登在银行网点设立不动产抵押登记窗口，实现了贷款和抵押登记的一窗办理；向乡镇基层延伸，在乡镇便民服务中心设立不动产登记受理点，打通便民服务"最后一公里"。

衢州还主动拥抱"互联网＋"，以互联网思维持续推进便民服务，实现不动产登记"网上办"。通过实现数据大集中，与有关部门共享户籍、婚姻、地名、购房合同等信息；推广不动产登记信息联网实时查询、网上预约预审、支付宝缴费等线上服务等。

为了便民利民，衢州全面开启"受办分离、全市通办"的无差别受理新模式，打破属地限制，群众和企业可就近、自主选择

全市范围内任何一个不动产登记服务大厅办理业务。“就近办”的推出，最根本的是冲破思想观念的障碍，突破利益固化的藩篱，坚持从群众最需要、最关心、最直接的利益出发，从群众办事的“痛点”、难点切入，找准重点领域，抓住重点环节改革创新工作。

2017 年 3 月，衢州市整合国土、住建、财税三部门窗口，实现“一窗综合受理，后台并联办理，统一窗口出件，证书快递送达，水电气联动过户”的不动产登记“最多跑一次”新模式。通过开展“联合办”，过去送三套材料、跑八个窗口，精简到送一套材料、跑一个窗口，一手房受理减少重复材料 16 件，二手房受理减少重复材料 20 件。

同时，衢州还开展了“延伸办”，整合水、电、气等过户，登记延伸至公共服务业务。立足便民利企，节省了申请人的时间和交通成本。

此外，衢州通过“一窗受理”平台调用省、市大数据中心信息，实现了“一证办”。商品房买卖只需递交身份证，就可以完成转移登记，当场拿到不动产权证书，群众不必再准备申请材料。

坚持“标准化 + 人性化”，不断提升服务水平

“作为‘最多跑一次’改革的先行者，不动产登记工作要秉承‘将改革进行到底’的态度和决心，持续推进政务服务，做到事事有着落，招招见实效。”衢州市国土资源局（以下简称“衢州市局”）副局长徐洪水表示。

依法依规是优化服务的底线。在不动产登记工作中，衢州注重完善窗口规章制度，规范工作流程、工作标准和工作纪律，强化登记工作人员的规则意识，将依法依规贯穿于窗口作风建设的全过程；同时，结合窗口工作实际，制定了《首问责任制》《一次性告知制度》《工作人员守则》《统一着装管理办法》《信息安全管理制度》等服务行为规范，对窗口人员的思想道德、法制

意识、行为举止、廉政自律等进行全方位管理。

标准化建设是夯实服务的基石。衢州以浙江政务服务网公布的权力清单和公共服务事项目录为基础，全面梳理不同登记类型实际办理环节和审核重点难点，以精简业务环节和审核内容为核心，分类建立统一的标准化工作模式。对外面向办事群众，制定《“一窗受理”事项标准化手册》，统一全市不动产登记事项名称、工作流程、收件要求、收费标准、办理时限，为群众办事提供清晰的指引，实现了“复杂的事、简单地办”。

在实现标准化的基础上，衢州推出一系列针对特殊群体的人性化服务，让群众体会到更加贴心的不动产登记服务。

在衢州市各个不动产登记大厅等候休息区内，糖果、座椅、饮水机、填单台、便民工具盒、书报架、老花境、急救箱等便民设施一应俱全，开辟专门区域，引进书吧、咖啡吧等休闲场所，营造温馨的氛围，体现了人性化关怀；设置投诉受理、疑难件处理窗口，建立主任、科长轮流坐班、遗留问题会商等制度，专门处理各类投诉和疑难问题，提供专业指导，专人协助，做好跟踪服务，妥善处理历史遗留问题，化解矛盾纠纷等，致力于为申请人提供专业化援助；制定《不动产特色服务办法》，推出午休服务、延时服务、预约服务、容缺受理、休息日值班备勤等多样化特色服务，为申请人提供及时、周到的保姆式服务。

建设人才铁军，强化监督问责

小窗口，大民生。不动产登记直接面向千家万户，工作作风和服务水平事关群众的获得感、幸福感和安全感。

为扎实做好不动产登记窗口作风专项整治，衢州市局全方位、多角度查摆不动产登记窗口存在的作风、业务、廉政等方面的突出问题，全面梳理不动产登记风险点，制定风险防范制度，切实做到准确查找问题，透彻分析原因。

为全面落实整改措施，确保整改成效，衢州建立了“三位一体”评价信息反馈渠道，确保监督无死角。据介绍，衢州建立行风监督员制度，聘请相关单位人员和群众担任监督员，充分发挥社会监督作用。同时，落实服务对象监督制度，设置实时评价系统，实行“一事一评”，通过意见薄、意见箱收集群众意见。此外，还落实定期回访制度，以电话回访形式，开展满意度调查，征求整改意见。在此基础上，公布 12345 监督投诉电话，畅通投诉渠道。

立足于长远，衢州把队伍建设作为一项常态化工作来抓。

改革需要担当，需要有履职尽责的铁军队伍。为打造一支优秀的不动产登记人员队伍，衢州采取了强化业务培训、注重思想教育等一系列措施。据了解，衢州通过开展业务质量督查、典型案例剖析、阶段性业务总结、登记理论研究等，采取业务骨干内部讲、外聘专家上门讲、组织赴外地参学、微信平台讨论等多形式、多途径学习，不断提升窗口整体业务技能。与此同时，还高度重视和组织开展政治思想教育活动，充分利用业余时间定期开展专题集中教育活动，认真学习十九大报告以及习近平同志系列重要讲话精神，开展批评与自我批评，发现问题及时纠正，边查边改、立行立改，激励每一位登记工作人员在新时代有新理念，在新征程有新作风，在新战斗中有新担当，不断创造新的业绩。

选自《中国不动产》第 44 期

赣州：完善档案管理工作

罗　明　　王华洋

不动产登记档案作为不动产物权归属的原始记载，具有客观真实性，反映了不动产物权的自然状况以及权利归属，是进行不动产物权公示最重要的文件资料。江西省赣州市着力研究与探讨如何发挥不动产登记档案的基础性作用，通过深入学习贯彻党的十九大精神，坚持以人民为中心，将便民利民的服务理念贯串到不动产档案管理全过程，为社会各界提供了便捷高效的优质服务。

率先成立不动产专业档案馆

在开展不动产统一登记工作之前，赣州市就着手不动产登记档案的调查与研究，深刻认识到不动产登记档案是依法开展不动产登记和信息查询的基础，充分意识到加强不动产档案的完善与管理对营造健康有序的市场秩序的重要性。为此，在制订赣州市不动产登记局主要职责、内设机构、人员编制方案时，赣州市国土资源局积极向市委、市政府建言献策，请求设立不动产专业档案馆。经过不懈努力，赣州市编办于 2015 年 5 月正式批复成立正科级的不动产权籍档案馆，承担不动产登记资料归档、保管、利用等工作，并配备 5 个人员编制，正科、副科各一名，从组织机构上保证了不动产登记工作的正常运行。赣州在不动产档案管理领域先行先试的做法，为其他地区的不动产登记档案工作树立了榜样。

探索档案移交的最佳路径

实施不动产统一登记制度是党中央国务院做出的重大决策部署，不仅有利于更好落实《物权法》的规定，保障不动产交易安全，保护不动产权利人的合法权益，还具有激活沉淀资产、撬动经济发展的杠杆功能，对推进国家治理体系和治理能力现代化具有重要意义。但在实践过程中，全国各地普遍面临着档案移交难的问题，制约了不动产统一登记工作的顺利开展。

赣州市大胆改革，勇于创新，探索出不动产档案移交最佳模式，创造性地提出了档案移交“五大方法”，即房产档案共享法、机构建立倒逼法、电子档案移交法、资料录入共享法、现场核查比对法，成功破解了档案移交难的问题，为不动产统一登记工作扫清了障碍。2016 年 6 月 20 日，赣州市不动产档案移交的经验在“规范实施不动产统一登记工作专题研究班”上得到了高度认可。

向全国最优档案馆迈进

不动产档案是所有行业档案最集中、数量最多的，为了做好档案管理工作，赣州市严格按照国家标准，三管齐下，向建设全国最优档案馆的目标迈进。

资金有保障。2016 年安排了 269 万元档案设备采购、场所改建经费及 75 万元档案整理、电子化扫描费用；2017 年财政一次性批复 2017 ～ 2019 年档案管理费用 300 万元。

场所有保障。立足赣州不动产登记工作业务实际需要，合理确定建设规模和水平，在市不动产登记局、不动产登记中心共建设了 650 平方米的标准化档案室，用于档案收集、整理、保管和利用。

人员有保障。一方面，安排足够的人员力量专门从事档案管理工作，建设了一支政治过硬、专业素养高、作风优良的档案管理队伍，目前不动产档案馆工作人员达到 20 名；另一方面，定期邀请专家对档案工作人员进行业务培训，提升文件管理、档案管理和保护等方面的专业素养与技能水平。

发挥档案的最佳效益

近年来，在创新驱动战略的引领下，赣州市加大科技投入，组织强大技术力量研发出批量业务查询、司法协助查询、领导干部信息核查、档案信息挂接、自助查询等软件，并与不动产登记系统无缝衔接，为实现电子化查档提供重要技术支撑。

两年来，赣州市完成了15万卷不动产档案信息化挂接工作，档案巨大的社会效益得以发挥，大大提高了不动产登记办事效率，登记业务办结时限由法定的30个工作日压缩至7个工作日，特别是工业企业的抵押登记压缩至3个工作日，有效促进资本快速运行，节省企业的财务成本。据不完全统计，科学利用档案，每年为社会节约财务成本达到5000万元。

2018年3月2日，《不动产登记资料查询暂行办法》公布实施，为不动产登记资料的管理、保护和利用提供了基本遵循。下一步，赣州将围绕便民高效的目标，继续深化档案管理改革，不断提升不动产档案信息收集、整理、查询和利用的现代化水平，更好地服务经济社会发展。

选自《中国不动产》第43期

鄂州：化解市民扎堆办证难题

肖　瑶　　张时威

4月下旬，湖北省鄂州市部分群众通过微信误传：5月1日之后，公有住房土地使用权划拨转出让的土地出让金会大幅上涨，一些社会房产中介机构为了自身利益也大势误导。这导致了4月23日至26日，鄂州出现市民扎堆办证，本来只能容纳800人的不动产登记大厅，每天涌入3000多人。长长的办证队伍从二楼一直延伸到一楼大门口。这些群众中，大多数是老弱病残人士，甚至不少人是被搀扶着、用轮椅推着来办理业务。在拥挤的人群中，稍有不慎，就可能发生事故。而且根据统计，涉及此类公有住房转出让手续的大约1万多套，每套都涉及两代人的资产。如果按每套最少4人计算，大约涉及4万多人的直接利益。很多前来办理业务的市民都认为，土地出让金收取费用调整就是为了多收钱。如果这种印象不消除，会极大影响政府形象，影响鄂州正在开展的全国文明城市创建工作，影响鄂州国际航空大都市的顺利建设。

面对市民扎堆办证的“危机”，鄂州市不动产登记中心（以下简称“鄂州登记中心”）“想群众之所想，急群众之所急”，主动作为，果断采取多种应对措施，成功化解危机，赢得了群众的肯定和赞誉，赢得了政府的满意。

及时应对，维护办证秩序

鄂州登记中心在不动产登记大厅一楼大门口张贴“温馨提示”，告知市民5月1日之后涨价是“谣传”；在不动产登记大厅电子显示屏不间断滚动播出通告，予以澄清，及时稳定群众的情绪，让群众放心安心。

鄂州登记中心工作人员共计60多人，除窗口工作人员外，全部到大厅维持秩序，全力疏导群众，引导市民有序办理，并做好解释工作，确保社会秩序。同时，迅速组织业务骨干，增设6个受理窗口，4个收费窗口，并组织协调建设银行增派7名收费人员，在同一个窗口开票、收费，不让群众多跑路，加快办理速度。

开展“最多跑一次”活动。设立了集不动产交易、缴税、登记为一体的综合受理窗口，制定并公布了统一的申报材料目录，实现了交易、缴税、登记事项一次取号排队、一次提交材料、一次进行初审、一次缴纳税费、一次完成受理的“五个一”工作模式

加班加点，延长办证时间。鄂州登记中心工作人员上午上班时间提前到早晨7:00，晚上下班时间延迟到20:30，并且中午不休息，保证群众随来随办。审核、登簿等工作均在晚上完成，以保证在5个工作日内完成登记业务。

内外联动，确保安全稳定

鄂州登记中心从保安公司临时聘请12名保安人员，并协调市公安局安排8名特警和4名片警，到登记大厅维持秩序；协调交警疏通道路交通；从医院聘请2名应急医务人员到现场，防止突发病情；协调市房管局，协助维持办证大厅大楼秩序；对老弱病残人员安排专人代为办理，并精心呵护，防止踩踏事件的发生。

鄂州登记中心还在鄂州电视台、鄂州日报、鄂州政府网、鄂州新闻网、云上鄂州、鄂州第一网等多家媒体发布消息，做好正确的解释和宣传工作。同时，联系通信运营商及时向广大市民发送提醒短信，消除误解、误传。

通过采取以上果断和行之有效的措施，鄂州登记中心确保了群众办证顺利，确保了办证群众安全，确保了社会稳定，消除了

群众对政府的误解，维护了政府的良好形象。4 月 23 日至 26 日，共办证 6000 户。27 日起，登记大厅恢复了平时的正常秩序。

以质为先，便民利民

这场市民扎堆办证“危机”也考验了鄂州登记中心的“服务质量”。该中心自 2017 年以来，以创建“全国百佳不动产登记便民利民示范窗口”为目标，践行全心全意为人民服务的宗旨，推出多项便民之举，成功接受了考验。

开展“最多跑一次”活动。设立了集不动产交易、缴税、登记为一体的综合受理窗口，制定并公布了统一的申报材料目录，实现了交易、缴税、登记事项一次取号排队、一次提交材料、一次进行初审、一次缴纳税费、一次完成受理的“五个一”工作模式。

推行“全天候”服务。工作人员加班加点，实现“三个不让”，即不让群众多跑路、不让群众多提供资料、不让群众多浪费时间。工作人员放弃双休日，为市民和企业办理不动产登记。

实行“智能服务”。将过去由人打证、盖章、发证、归档的功能，交给自助领证机来完成。市民轻点屏幕，智能机器 30 秒便可“吐出”不动产权证书和证明。同时，还研发了自助查询机，利用机器人开展查询业务，办事群众可快速自助打印查询资料。

打造“五零五心”服务品牌。即“零推诿”受理，让群众“省心”；“零距离”服务，让群众“舒心”；“零延误”承诺，让群众“安心”；“零差错”办结，让群众“放心”；“零投诉”目标，让群众“顺心”。截至目前，共办理不动产登记业务近 10 万件，颁发证书 4.7 万本，颁发证明 5.1 万份，没有出现一例差错、一次投诉，收到企业、市民送来的感谢信、锦旗 45 封（面）。

成为“全省学雷锋活动示范点”。成立学雷锋志愿服务队，为老弱病残等特殊人群上门服务，如到武汉等地为行动不便的老人办理不动产登记，到医院为生病住院的市民办理不动产登记抵押手续。服务队还积极参与公益活动，如义务植树、义务献血、为敬老院老人服务等。截至目前，为群众做好事130余件。

通过创新服务举措，打通了不动产登记“最后一公里”，转移登记时间最多只需5个工作日，抵押登记办证最多只需3个工作日，分别比国家规定的时间缩短了25天和27天，切实增强了群众和企业的获得感，也为成功化解这场市民扎堆办证“危机”打下了坚实基础。

选自《中国不动产》第43期

衡阳：创新服务解民忧

彭小林

湖南省衡阳市不动产登记中心（以下简称“衡阳登记中心”）结合工作重点、行业特点和民生焦点，认真贯彻落实党的十九大及十九届三中全会精神，切实贯彻落实党的群众路线，全面深化改革，勇于担当，努力奋斗，因地制宜，在投入少、基础差、人员少的情况下，苦干加巧干，创新思路、创新模式、创新举措，为广大办事群众排忧解难，树立了一面鲜艳的旗帜。

创新思路，为问题项目业主解忧

衡阳登记中心成立后，历史遗留问题项目的不动产登记被提上重要议程。在历时一年的扎实细致的市场摸底调查研究后，依据原国土资源部提出的“将登记发证与处理遗留问题分开”的要求，向市国土资源局提出了“只要群众的购房行为合法合规，就要保障群众的合法权益”的工作思路。这一思路得到了衡阳市国土资源局的大力肯定和支持，并出台了《衡阳市城区房地产开发建设问题项目不动产登记实施细则》，明确“在确定房地产项目已经预售许可，具备合法性、业主手续齐全和房款税款缴清的情况下，可为符合条件的业主办理不动产登记”，把因为政府和开发商造成的房产项目不能办理不动产登记的问题与群众的权益区分开来。至此，衡阳市鑫运综合安居小区居民在苦等18年之后，拿到了不动产权证书。

居民不动产不能办理登记这一历史遗留问题，对群众的生活影响非常重大，由于时间跨度大、牵涉面广、利益争执多、参与人员杂、办事程序长，处理这一问题极其复杂，因此，必须找到问题症结，对症下药。衡阳登记中心相关负责人介绍说：“我们实行‘登记与监管分离’的新思路，坚持‘以人民为中心’，站在维护群众合法权益的角度上，依法厘清房地产开发商、政府监管部门和业主三方的权责关系，以避免业主因为开发商违规欠税以及政府监管不到位而背‘黑锅’；在各相关部门的通力配合下，把这项工作作为民生实事全力以赴。”

目前，衡阳登记中心已经处置历史遗留问题项目 50 多个，为一万多名群众办理了业务。

创新服务，解除群众办证之苦

衡阳登记中心“简程序、优服务、勇解难”，把群众的诉求当作工作的目标，致力于打通了便民服务“最后一公里”。2017 年 10 月 16 日，衡阳登记中心办事大厅从政务中心的二楼搬迁至更为宽敞的一楼大厅，搬迁后总面积达到 2500 平方米。整个大厅设备设施齐备，共设对外窗口 112 个，布局为“三区六组”。为解决开发商批量申请办证难题，特别设置了双预告、期转现批量业务窗口，设置了 3 个导询台、1 个领导值班台，以做好对办事群众的引导、解释和答疑工作。同时，将缮证节点提前至收费节点，先打好证，避免市民在缴费窗口、打证窗口、领证窗口重复排队，缩短群众滞留时间。还设置了 7 个登记信息查询窗口，用于依法查询、出具不动产证明等。

为进一步实现服务职能“软着陆”，衡阳登记中心先后开展“三个一（一窗知晓所有流程，一厅办结所有手续，一次完成交易登记）”“三转变（转变作风，转变程序，转变意识）”等活动，充分激发工作热情，强化服务意识。拟定了《衡阳市不动产登记中心服务规范（暂行）》，明确了工作人员服务行为规范，实行岗位责任制、政务公开制、首问责任制、一次性告知制、限时办结制、上门服务制、延时服务制等窗口办事制度。

针对重点项目和军人、老幼病残等人群，衡阳登记中心通过设置“绿色通道”、开展上门服务、实施“一站式”服务制度等方式，努力做到“让服务多走一步，让群众少走一步”。多次利用节假日时间走进各大社区，让“进社区”活动成为一种工作“新常态”。通过宣讲政策、普及业务知识等公益活动，不仅搭建了不动产登记中心与社区、市民沟通的桥梁，更通过不动产登记相关知识的宣传和现场解答等方式，提升广大人民群众对不动产登记的认知度，也为不动产统一登记工作打下了良好的群众基础。

衡阳登记中心苦练“内功”，通过礼仪培训、军事拓展、每日晨训、岗前考核等多种方式，树立起服务“正规军”的形象。同时，成立了业务资料汇编小组，明确了 11 个科室、70 余个登记窗口的职能职责，厘清了业务边界；梳理了 52 种登记业务类型，明确了办事流程；设置了各业务类型超时预警机制，并邀请专家对全体员工开展设备操作、不动产登记法律法规等业务培训。

衡阳登记中心合并简化办事流程，在湖南省首创将权籍调查申请与登记申请一并受理并纳入办结时限，这比权籍调查前置让群众少跑两次路。群众查询登记信息开通了纸质档案查询通道，减少群众在档案馆与窗口来回奔波。开通了短信和微信平台大大方便了群众办事，市民通过该中心的微信公众号输入不动产登记受理编号就可以查询办证进度。

创新模式，助力企业发展

“一次工作的创新可以救活一家企业。”衡阳市不动产登记中心解企业之忧，以指导帮助企业化解在不动产登记证明办理中遇到的实际困难为抓手，坚持“体制机制创新、行政能效创新、办事程序创新、服务模式创新”，以“敢为人先”的魄力和担当，通过优化企业抵押登记手续等多种创新机制，积极为企业融资排忧，服务衡阳社会经济发展。

近期，各地关于地下车位的产权纠纷经常见诸媒体，商品房项目地下停车位的产权不明晰，使历时积压而成的庞大数量地下停车位不能销售，广大开发商资金吃紧，商品房市场羸弱不堪，政府财税收入流失。衡阳登记中心结合当地的地下空间建设和登记发证工作实际情况，报经市国土资源局同意，出台了《衡阳市城区国有建设用地地下建筑物及土地使用权确权登记实施细则》，对一些法律上物权归属明晰的商品房项目的地下停车位，明确可以进行不动产登记。

选自《中国不动产》第 43 期

桐城：让登记工作从有到优

李双应

安徽省桐城市不动产登记中心（以下简称“桐城登记中心”）自成立以来，坚持按照“四统一”的要求，不断强化登记制度建设、信息平台建设、便民服务建设，努力营造遵规守矩、运行顺畅、衔接高效的登记环境，在窗口设置、便民利民、业务办理流程、服务质量、内部管理、培训宣教以及档案库房、标准化机房等基础设施建设方面实现了“从无到有、从有到优”的突破，各项工作均上了新台阶。

完善制度体系，确保规范运行

制度建设是一项严谨细致的工作，桐城登记中心在学习借鉴周边市县好的做法和经验的基础上，结合自身实际，形成了涵盖学习培训、档案管理、考勤、投诉受理，办件管理、首问负责、一次性告知、AB岗制、限时办结、社会监督管理等一系列结构合理、配置科学、程序严密的制度体系。每一项制度出台后，都认真督促检查，并坚持客观性、全面性、目的性和经常性的原则，采取全面检查与重点抽查的方式，随时掌握制度执行的进程，通过不断健全制度体系，强化措施，严格考核，强力提升制度执行效果，切实做到以制度管人、管事、管权，全面提升规范不动产登记服务工作水平。不断强化对工作人员考核管理，要求窗口工作人员注重仪容仪表，保持良好的精神状态，坚持微笑服务。对来电、来访的办事群众，热情接待，耐心解答，积极引导，言行举止和善得体。

桐城登记中心严格遵守廉洁自律的相关规定，在登记办件过程中，坚持廉洁办公、公正审查，不徇私情，秉公办理，聘请社会监督员监督行业作风，查找自身存在的不足与廉政风险，坚决杜绝“吃、拿、卡、要”等不廉洁行为的发生。对于前来办事的群众，不论地位高低、关系亲疏，都能一视同仁，热情接待，认真办理，时刻牢记自己的言行代表着政府形象，使窗口工作始终保持“公平、阳光”，确保窗口工作无重大群体性事件、登记错误、登记信息泄露和违纪事件发生，实现窗口工作零投诉。2017 年，中心窗口被安庆市授予“优质服务窗口”和“学雷锋示范窗口”称号。

强化窗口建设，切实方便群众

桐城登记中心从便民利民的角度出发，建立办事环境明亮、舒适的服务大厅，认真做好人员配备、岗位设置等窗口建设工作，明确各个窗口职责分工，加强前台、后台业务衔接，工作人员统一着装，佩戴工号牌，用语规范，按照“一站式”“一条龙”服务原则，实现一个窗口收件、一套资料内部传递、一次性收费、一个窗口发证，保证不动产登记工作高效有序。

中心按照业务类型设置了标志规范清晰、位置醒目、标识准确的服务窗口，建立了有效的实时评价系统。在服务大厅合理设置业务办理区、等候休息区、宣传资料摆放区，配置了座椅、便民服务盒、饮水机、书报架、老花镜、急救箱等设施，按照登记事项建立合理的取号系统，设立自助查询机，自助打印查询结果，场所提供登记资料、身份证复印、扫描等服务。同时，还在大厅开设了导询台，合理安排申请表单填写区，接受办事人的咨询、指导填写相关表格、开展引导服务，切实方便办事群众。

此外，建设了不动产登记网站、开通了微信公众平台，开展“互联网 + 政务服务”平台建设，提供网络、微信预约服务，利用短信、微信提示登记业务办理进度，建立网上预处理平台，通过微信公众号等网上预约办理功能实现申请资料预审查、数据挂接预处理，建立不动产登记涉及信息互联互通机制，实现与相关部门数据互通共享。

健全培训机制，强化业务素质

桐城登记中心健全培训学习机制，结合日常业务办理，有针对性地开展不动产登记业务培训，提高工作人员对具体业务的熟练掌握程度，确保能够有效应对和处理各种复杂业务，促进不动产登记工作高效运转。

中心建立健全学习培训制度，将《不动产登记暂行条例》《不动产登记操作规范》等法律法规装订成册，中心工作人员人手一册，有效地提高工作人员对具体业务的熟练掌握程度。以内部会审为切入点，组织业务骨干为带头人，认真学习《物权法》《不动产登记暂行条例实施细则》等法律法规及操作规程，做到业务办理有法可依、有章可循。

同时，组织业务人员到省厅参加培训，到先进地区考察，邀请软件公司专家到中心讲解系统操作流程。通过学习，促进工作人员熟悉工作规范，掌握先进工作方法。

创新便民举措，实现高效服务

桐城登记中心依法设定登记机构各项权限、强化责任，恪守法定程序，细化登记流程，明确不动产登记申请、受理、审核、登簿、发证要求，对原有分散的房屋、土地登记业务重新进行梳理，归并形成 5 大项、32 小项不动产登记业务，逐项制定受理材料清单、登记流程和办事期限，统一规范制定了不动产登记相关的簿、册、表以及业务告知单，印制了服务指南明白卡。以房产交易、纳税、不动产登记业务一体化办理为目标，构建房产交易和不动产登记服务平台，同时依托该平台的数据库建设，实现与地税、金融等相关部门信息共享，达到交易登记并联审核。在办事大厅设立综合窗口，构建不动产登记全业务的房产交易、纳税一体化和一个窗口办结的服务全新模式。

建设窗口延伸服务体系，为切实方便办事人，真正做到“让信息多跑路、群众少跑路”，及时放开了土地测绘市场，协调组织具备资质的土地测绘机构进驻窗口开展工作，让办事人在窗口就能完成全部前期工作，真正实现一站式服务。

整合精简收件资料和办事流程，切实减轻服务群众负担，按照“单位围绕窗口转，窗口围绕群众转”的工作模式，以及“资料齐全马上办、资料不全指导办、紧急事项加班办”的工作原则，力求做到“资料发放一手清、业务咨询一口清”，力推“一次受理、内部流转、一次办结”，实现跑一个窗口一次性递交材料，最大限度缩短办理时限。针对实体经济抵押融资需求，开辟“绿色通道”，指定专门联络员，协同其他工作人员办公，只要资料齐全，即来即办，确保融资需求精准对接，提高企业不动产融资效率。

自 2017 年 1 月开始，桐城登记中心承诺，只要登记资料规范齐全，部分登记业务可以实现即来即办，复杂登记事项不超过 5 个工作日。通过与桐城市法律援助中心合作，中心在登记大厅专门设立不动产登记法律援助工作站，开展不动产登记法制宣传，对受援群众提供法律援助，针对老弱病残等特殊群体及时开展上门服务。

为让群众少走路、少跑腿，方便群众办理和查询不动产业务需求，桐城登记中心通过不动登记管理基础平台，将不动产登记窗口向各开发区和镇级延伸，已经在市经济技术开发区、市双新经济开发区以及全市 12 个镇设立了工作站，不动产登记业务受理、权属调查、业务审核、收费、发证实现同城通办，市域全覆盖。同时，为方便群众办理银行贷款抵押登记，在市农商银行、市建设银行等金融机构设立了不动产登记抵押业务受理点。

选自《中国不动产》第 43 期

徐州：这里，党旗飘扬别样红

叶　琼

坚持党旗领航、领导垂范、党员先行，实现了人员思想上合心、行动上合拍，促进了各项业务工作的全面发展。

江苏省徐州市不动产登记交易服务中心（以下简称“徐州登记中心”）成立以来，不断加强基层党组织建设，在团队建设中坚持党旗领航，在改革中强调履职尽责，在窗口服务中展现为民初心，赢得了社会各界的广泛认可和赞誉。

这里，党旗飘扬别样红

在团队建设中坚持党旗领航——这里的党组织生活与日常工作学习生活相结合，引导广大党员干部强化争先创优意识。

随着不动产统一登记制度在徐州市的建立和完善，以及登记职责机构人员整合到位，原属不同部门的人员现在拥有一个共同的身份——登记人。如何建设和管理好队伍，成为徐州登记中心面临的新形势、新挑战。

徐州登记中心党支部（以下简称“中心党支部”）成立后，展现了年轻而充满活力的特点。在徐州市国土资源局（以下简称“徐州市局”）党组、不动产登记局党委的正确领导下，坚持党旗领航、领导垂范、党员先行，实现了人员思想上合心、行动上合拍，促进了各项业务工作的全面发展。

一方面，中心党支部着力将党组织生活与日常工作学习生活相结合，依托“互联网＋党建”模式，不断拓展党建学习阵地，畅通沟通渠道，开展谈心谈话，促进支部42名党员之间增进了解、加深感情、消除隔阂、缩短距离，增强了党员的存在感、归属感、荣誉感。另一方面，引导广大党员干部强化争先创优意识。支部定期组织评选“党员服务标兵”“优秀共产党员”等评选活动，广大党员积极争当“四讲四有”合格党员，主动在登记服务中亮身份、展作为。同时，积极参与爱心募捐活动及文明交通志愿服务，累计为行动不便的特殊群体提供上门登记服务超过160余次，切实为群众办实事、解难题。

凭着一股韧劲，中心党支部真抓实干、开拓创新，充分发挥党员干部的先锋模范作用和基层党组织的战斗堡垒作用，带领全体工作人员奋力拼搏，开创了“一个支部、一座堡垒，一名党员、一面旗帜”的党建工作新格局，多次被表彰为“市级先进基层党组织”“先进党支部五好基层党组织”“五星级党支部”等荣誉称号。

在改革中强调履职尽责——这里的党员干部率先垂范，树立了敢于担当、有所作为的好榜样。

在中心党支部书记岳广余看来，徐州登记中心的每名党员就是一面旗帜，一个学习榜样，而旗帜就是引领，这种引领既要体现在思想觉悟上，更要体现在实际行动中，其中党员干部的率先垂范尤其重要。

作为徐州登记中心党支部副书记和中心主任，孙吉军为团队树立了敢于担当、有所作为的好榜样。机构整合完成后，孙吉军想方设法维护队伍团结稳定，带领着大家心往一处想、智往一处谋、劲往一处使。2015 ~ 2017年，他带领大家不断提高服务质量，提升服务效率，尤其是创新推出了线上登记、“不见面”档案查询、开通微信和支付宝支付等一系列便民举措。

这三年里，孙吉军不仅展现了爱琢磨、爱思考的特点，还把工作中“拼命”的作风展现得淋漓尽致。

2015年春节假期，孙吉军仅休息了一天，在办公室不分昼夜地为颁证流程、实施方案等忙碌，充分考虑各个环节和细节，为全国第一本不动产权证书的顺利颁发默默奉献。

2016年夏天，徐州登记中心在人力紧张的情况下，先后派出

5 名业务骨干支援西藏拉萨市不动产登记工作。这期间，孙吉军勇挑重担。即使生病，也只能晚上到医院治疗，而白天依然坚持工作，其间整个人瘦了20多斤。这一年，孙吉军被评为“徐州市劳动模范”。

2017 年下半年，为了做好“全国百佳不动产登记便民利民示范窗口”创建工作，孙吉军按照徐州市局党组部署，带领大家克服准备时间短、任务重、要求高等困难，从申报台账到创建视频，事无巨细、亲力亲为，常常和大家一起加班加点、熬夜奋战。其间，孙吉军的母亲因口腔肿瘤手术两次住院，父亲也因心脏病住院做手术。他只能白天在单位忙碌，晚上到医院照顾。

由于长期工作繁忙，孙吉军陪伴父母家人的时间太少，他的内心总有些愧疚。但他常说，共产党员要勇于担当，要负起责任，要在职责、组织需要的时候挺身而出。

功夫不负有心人，在全体人员的团结协作、共同努力下，徐州在江苏省国土资源厅组织的“百佳窗口”评审中成为了唯一一个取得“双百”佳绩的大市，以全省第一列入部推荐名单。

在窗口服务中展现为民初心——这里的年轻党员们，努力在窗口岗位上绽放青春的光彩。

伴随徐州市不动产登记事业的蓬勃发展，中心党组织建设日臻完善，党员队伍日益壮大。一个红彤彤的“党员先锋岗”桌面标识牌，在办证窗口的位置透出温暖；一枚小巧普通的党徽，在党员的胸前格外醒目。这里的每一名普通党员都在日常工作中发挥着先锋模范作用，更好地展现了为民服务的初心。

王明清就是这样一名工作在窗口一线的年轻党员。青春洋溢的笑容、干净整洁的着装、热情周到的服务，是她给人的第一印象。

推行“一窗受理、集成服务”模式之后，徐州登记中心窗口比以前更加忙碌，尤其办理综合登记的业务量较多，一个窗口每天的受理量最多时超过 100 件。王明清这样的窗口一线工作人员常常是连喝口水、上卫生间的时间都没有。但在王明清看来，每天面对不同的申请人，既平凡，也琐碎，但受理群众的登记申请是她的日常工作，也是本职所在。正是有一颗朴素的为民服务之心，王明清始终坚持耐心、热情地服务于每一位办事群众。

在了解她的同事心目中，王明清对工作的热爱、对自己要求的严格，在窗口发挥的党员示范带头作用，更是令人印象深刻。

2017 年，由于房地产市场持续火爆，徐州登记中心窗口人手紧缺、工作压力增大。面对这种情况，王明清在举行婚礼后第二天就返回了工作岗位，与同事们一同应对陡增的业务办理量。现在，王明清已经怀孕 7 个多月，但她仍然怀着对窗口工作的无尽热爱，克服身体的不适反应，工作在窗口一线。同时，王明清还利用工作之余认真学习不动产登记业务知识，积极要求参加全市的不动产登记业务知识竞赛，尽自己最大的可能来提高自身业务水平，努力为办证群众提供更加优质、高效、便捷的服务。

“三尺窗口无小事，一言一行总关情。”中心党支部还有许多和王明清一样的普通党员，他们辛勤工作在登记窗口这一小小的“三尺平台”上，用坚持、乐观和顽强在“3550”改革路途中奉献着自己的光和热，在服务群众的道路上实现人生的价值，展示出“自然人”全心全意为人民服务的良好形象。

选自《中国不动产》第 43 期

广州："全心登记，情暖万家"

傅兴宇

广东省广州市国土资源和规划委员会（以下简称"广州国规委"）依托国土、规划机构合并的有利条件，优化整合业务办理流程，试点"多测合办、成果共享"，让"信息多跑路、群众少跑腿"，推出邮寄权证到家，实现办理不动产登记业务只跑一次，不动产统一登记工作全面提速增效。

便民服务到实处

广州围绕擦亮"全心登记，情暖万家"服务品牌，深化改革，提升服务质效。

业务再提速。在房地产抵押权注销登记、异议登记及换证登记等业务立等可取基础上，广州印发了《关于启动不动产登记时间压缩专项工作的通知》，再次压缩不动产登记业务办理时间，整体提速率达 55%。

优化预约服务。试点推进不动产登记业务办理微信预约、室内 3D 导航，优化业务办理指引，缩短登记业务办理排队、等候时间。白云区试点"外网申请、内网审核"网上预申请服务，申请人可在家通过电脑互联网预申请不动产登记并上传相关资料，经不动产登记机构查验符合登记条件后再到服务窗口提交资料办理相关业务，既解决了因申请资料准备不齐导致的来回跑问题，又缩短了办理等候时间。

试点"三证合办"。增城区试点推出政府直接供地项目的建设用地规划许可证、建设用地批准书和不动产权证书"三证合办"，申请人在签订土地出让合同时，一次性提出建设用地规划许可证、建设用地批准书和不动产权证书 3 项业务的申请，部门之间对 3 项业务进行信息实时共享和并联办理。在申请人缴纳土地出让金后3个工作日内可以一次性领取上述三个证件。“三证合办”后，办理时限从原来的48天压缩到13天。

试点“多测合办、成果共享”。增城区试点“规划验收测量、人防验收测量、新建房屋不动产测绘”多测合办，申请材料、测绘成果、办理信息实行内部流转。申请人只需一个窗口递件，一次委托、一次进场测绘就可完成。办理时间从49个工作日缩短为24个工作日，提交资料由35项减少为27项，并确保在项目竣工备案通过之前，出具房屋测绘最终报告，实现与不动产登记办理的无缝衔接。同时，人防测量的地形测量费用、办理不动产测绘需要购买的规划验收测量成果电子文件费用都已相应取消，减少了申请人在办理测绘业务时的费用支出。番禺区试点“四门联动”，实行规划验收测量与不动产测绘同步进行，建设工程规划验收与不动产登记四门联动踏勘现场、共享数据。

深化“一站式”服务。登记大厅设网签、档案查询窗口，由登记机构实施交易登记一站式办理。衔接地税部门，全市推出“税务、登记一体化办理”，采取综合受理、数据共享、并联审核方式，综合办理存量房转移（二手房交易）纳税和登记两项业务，业务环节从6个压缩到3个，使原先纳税到申请登记2个小时缩短到30分钟。

延伸服务。推进窗口服务“走出去”，广州市不动产登记中心试点在公积金管理中心大厅设置不动产登记业务办理窗口，开展存量房抵押权注销登记、持证抵押等业务，实现从公积金贷、还款到不动产登记“一站式”服务，减少群众在公积金中心与登记机构之间往返奔波。

权证到家。陆续推出方便、快捷、安全的“门到门”权证书邮寄服务，申请人只需在办理业务时签署委托协议，即可实现EMS上门送证。

服务进社区。利用周末在全市各大社区陆续开展“全心登记，情暖万家”不动产登记机构进社区活动，向居民派发宣传资料，开展送证上门服务。

规范登记行为

广州制定和实施市不动产登记规程等规范性文件，明确登记业务的申请、受理、发证程序等，明确登记办理指引，多渠道公开登记依据、材料清单、办理时限。落实补正材料一次性告知制度。制定业务工作手册、窗口服务标准体系，强化精细化管理，减少自由裁量权。制定业务督导和质量管理规定，强化登记质量管控，建立日常巡查和通报机制。设立登记保险，与商业保险公司签订登记责任保险合同，开创性地将国家赔偿纳入商业承保范围，有效分散赔偿风险。

推进平台建设。广州国规委编制广州市登记数据库标准和不动产登记范例，规范业务填写规则。搭建统一的不动产权籍数据空间管理系统，制定全市不动产测绘数据汇交标准，为实现不动产权籍“一张图”管控奠定基础。建立不动产电子登记簿系统，对登记业务及成果实行集中规范管理，并与省级信息平台进行对接。组织开展不动产统一登记信息管理平台建设，逐步实现地、房、林、海等业务类型系统全覆盖。

推进数据整合。广州市并行推进增量和存量登记数据整理汇交，利用数据抽取、转换和解析技术，实现存量数据的批量规范转换和汇交。严格按省不动产监管软件要求，在业务核准前对登记业务数据填写规范性进行检查，检查通过后准确登簿，确保“登簿一件、上传一件、准确一件”。

稳妥化解历史问题。广州国规委针对因建设单位在国有土地开发建设中的违法建设、违规销售、欠缴国家税费等行为导致小业主办证难的问题，制定解决历史遗留的办理房地产证问题政策，梳理全市1339个涉及历史遗留办证难问题，截至目前已发证7万多宗，惠及市民20多万人。制定《关于解决我市公共服务设施土地、房屋确权登记历史遗留问题的若干意见（征求意见稿）》，分期分批解决市公共服务设施历史遗留登记问题。此外，还解决了广东省政府办公厅经营类事业单位转企改制工作中4家宾馆的土地房产确权问题。

提高能力，探索前沿

提高业务能力。广州国规委组织全市不动产登记业务和系统培训，强化案例分析点评，召开全市诉讼复议案例分析会，邀请法院、法制办围绕不动产登记疑难复杂问题深入讨论，为不动产登记机构准确理解适用法律、规范程序提供指引。开展创先争优，参加“全国百佳不动产登记便民利民示范窗口”创建活动。

党建引领登记工作。广州国规委开展党员窗口建设，党员亮牌上岗，发挥党员先锋模范作用，树立一批先进典型，带出一支素质过硬、业务能力强、作风优良的登记队伍。制定党风廉政建设责任清单，梳理登记廉政风险点，打造“114”党风廉政建设体系。在登记机构开展“联网、联动、四联防（公安、人才市场、行业协会、社会传媒）”专项行动。

探索登记工作前沿。广州市完成海珠湿地自然资源调查，制作海珠湿地自然资源专题图，形成湿地数据采集和测绘技术标准、制定登记实施规范，形成湿地自然资源调查“广州模式”。开展白云区农村不动产权籍调查全国试点工作，衔接与整合农村土地承包经营权和林权数据，建立农村不动产权籍调查数据库和动态更新机制，服务农村房地一体不动产登记工作。开展充电桩、轨道交通等新型登记类型研究，探索不动产三维空间确权方法等新手段，形成不动产三维空间权利确定方法和表达方式，起草登记管理办法及配套登记指引文件。

选自《中国不动产》第 42 期

海淀：一窗办理，全心服务

马　康

4 月 12 日，作为北京市“互联网 + 不动产登记”和“一窗办理”服务改革的组成部分，海淀区不动产登记“综合服务窗口”启动试运行。来此办事的群众最快可以在 1 小时内顺利完成缴税及不动产登记，并可于当天领取不动产权证书，这让他们连声叫好。“窗口合并后真方便，再也不用找来找去了！”有办事群众表示。

据了解，新成立的“一窗式”窗口将房屋网签窗口、缴税窗口、登记窗口“合三为一”，为企业和群众提供网签、缴税及登记服务。北京市海淀区不动产登记事务中心（以下简称“海淀登记中心”）主任程跃对记者表示，要全力做好登记工作，为进一步优化海淀区营商环境提供服务。

精简流程，三窗合一

海淀登记中心与地税、房管部门密切配合，优化业务流程，不动产登记“综合服务窗口”的启动成为了“一窗办理”服务全面落地的良好开端。

4 月 14 日，位于上地办公中心一层的海淀登记中心，在周末不办公的时间里，工作人员仍然坚守在岗位。据海淀登记中心工作人员介绍，为了确保该区不动产登记业务改革工作顺利实施，“一窗办理”的业务窗口由两天前试运行的 2 个窗口增加到 6 个，用于高效为企业办理缴税登记业务。此外，新设立了 4 个专门为企业开办的登记窗口，其中一个为企业服务综合窗口。“这段时间大家都在加班，包括窗口的配置布局，三部门办公网络信息的融合，‘一窗办理’工作人员的调配，办公设备配备，三合一办理标识和理流程图等。”海淀登记中心相关负责人边整理资料边介绍说，“目前，一切工作均已顺利开展。”

“综合服务窗口”通过实现数据在登记、地税和房管三部门之间的共享，确保企业和办事群众只面对一个窗口，交一次材料，就可让申请材料实现三部门共享流转完成三次业务操作，极大节约了办事成本。同时，登记业务办理时限也由之前的10个工作日压缩到1～5个工作日。

记者了解到，为进一步优化办事流程，缩减办理时间，海淀登记中心还于近日合并了收费、制证窗口。通过确定合并方案，统筹规划工作人员调配、场地设置、办公设备保障等方面。海淀登记中心总结经验，不断完善业务流程，加快度过磨合期，提高工作衔接水平，提升综合服务窗口服务速度与服务质量。

据介绍，为了让更多主体享受到本市优化营商环境的改革红利，目前，涉及税种较少的“企业房屋转移”类业务已经纳入一窗办理服务，其他业务种类也正在抓紧研究缴税等流程，将尽快将企业其他业务种类纳入一窗办理服务。

预约取号，一站式服务

海淀登记中心在率先开展不动产登记网上预约服务的基础上，又着力解决不动产登记预约系统与现场发号衔接问题，通过利用现有资源，实现了不动产登记系统、预约系统和排队管理系统互联互通，为办事群众预约取号提供一站式服务。

同时，海淀登记中心在登记大厅设置了6台自助取号机，涵盖了存量房过户、新建商品房、抵押和抵押注销共四大类业务，既减轻了咨询台工作压力，又方便了办事群众，提高了群众满意度。

“下一步，我们还将筹措经费，添置几台自助查询机，以方便群众查询登记资料，缓解窗口加班压力。”程跃表示。

打造电话咨询平台

据程跃介绍，自中心成立以来，由于人员设备紧张，仅能提供有限的电话咨询服务，导致电话咨询服务与办事群众咨询需求之间的矛盾突出。为了有效缓解矛盾，海淀登记中心建设了业务电话咨询平台，主要有事务受理、领导监督、统计查询、知识库管理等功能，接线员也从 1 人增加到 5 人，日接听电话量 400 个左右，既方便了办事群众咨询业务，也极大地宣传了登记法规和政策。

另据了解，海淀登记中心通过电话回访满意度情况，办事群众对客服人员的满意度评价超过 90%。

探索运用新技术

海淀登记中心积极与辖区内创新企业开展合作，已试点将人脸识别技术运用在窗口受理环节，提高对申请人身份审核的准确性。同时，引入“互联网 + 政务服务”系统，通过将房屋交易、缴税信息汇交至登记系统中，让数据多跑路，群众少跑腿。此外，还与海淀法院签订了合作框架协议，探索将执行数据与登记数据交汇，协助解决法院“执行难”的问题。

接下来，海淀登记中心将联合房管局、地税局等成员单位，共同推进“互联网 + 不动产登记”改革，结合数据整合形成的成果，积极推进登记业务网上办理、登记信息网上查询等工作，确保三部门“一窗办理”服务惠及更多企业和个人。

经过不懈的努力，海淀登记中心得到了服务对象的一致肯定，累计收到办事群众送来的锦旗 29 面、表扬信 70 余封。今年，海淀登记中心更是被部里列入“全国百佳不动产登记便民利民示范窗口”创建单位名单，服务自信心、服务综合能力进一步增强，更加坚定不移地向着海淀政务服务新风尚的目标迈进。

选自《中国不动产》第 42 期

西宁：打造高效能服务窗口

方黎明　　陈丽华

“只用了5个工作日，我就领到了期盼已久的不动产权证书，这里的办证窗口效率高、服务好。”3月13日上午，青海省西宁市不动产登记服务中心（以下简称“西宁登记中心”）熙熙攘攘，拿着红本本的市民王先生给这里的窗口服务竖起了大拇指。

西宁登记中心主任汪海峰告诉记者，工作日上午是窗口人流高峰，但因为统一登记制度实施后，不动产登记服务不断升级，服务效能稳步提升，特别是大幅压缩办证时限，让办事群众心中有了底。

记者从西宁登记中心获取的一份材料显示，迄今为止，西宁市区不动产登记办理时限已经历了3次压缩：第一次从法定的30个工作日压缩至15个工作日；第二次压缩至10个工作日；第三次压缩后，个人商品房买卖、存量房买卖、继承、赠与、产权兑换等12项登记类型时限缩短至5个工作日，国有建设用地使用权、国有建设用地使用权／房屋所有权等6项登记类型缩短至15个工作日，国有建设用地使用权抵押登记和在建工程抵押权登记缩短至10个工作日，不动产查询、注销登记为即时办结。

在保障登记质量的前提下打造高效能窗口，西宁靠的是不断完善规章制度、建立轮岗长效机制、实施业务流程再造、实行信息资源共享、聚焦解决民生问题等实实在在的举措。

不断完善规章制度

在汪海峰看来，窗口高效能，核心是制度。

据介绍，为强化内部管理，形成以制度管人、管事的良好氛围，西宁登记中心自觉做到有法可依、有章可询，依法登记、按章办事。

除制定《规范化管理规程标准》，进一步提升窗口规范化、标准化服务能力，切实做到“服务有标准、管理有标准、监督有标准”外，还进一步完善修订内部管理制度，使各项工作制度化、规范化。

此外，为确保中央、省、市和西宁市国土资源局党组决策部署落到实处，西宁登记中心按照市政府提高工作效能的要求，建立了专门的工作台账和工作机制，以有效提高工作效率，充分发挥窗口服务职能。建立轮岗长效机制做好登记工作，关键在于人。在加强登记队伍建设方面，西宁登记中心除加强业务学习培训外，还在 2017 年创新性地打破岗位终身制，建立职工交流轮岗长效机制，实行内部轮岗工作制度，加大轮岗工作力度，逐步实现轮岗常态化、制度化。

据统计，2017 年西宁登记中心部门间及部门内部人员轮岗 30 余人次，占全体职工人数的 1/4。通过内部轮岗，提升了职工综合素质和业务能力，促进了职工各部门间的交流和学习，相互借鉴经验做法，激发职工活力、潜力和创造性，为职工创造良好的成长机会，有效地培养出不动产登记业务的复合型工作人员。

实施业务流程再造

在合理压缩业务办理时限上，西宁登记中心将实施业务流程再造作为直接抓手。

据了解，为深入贯彻不动产登记制度改革和“放管服”改革任务要求，实现登记效率的大幅提高，解决老百姓办理不动产登记时核缴税费时间长、重复提交资料、多头跑路的问题，西宁登记中心对业务流程实施多次优化再造，目前已经形成了“申请（不动产查询）—受理（含核税）—审核—登簿—发证”的不动产登记业务新流程。

汪海峰告诉记者，新流程的实施，大大缩短了群众办事时间，确保了登记、税收数据的安全，极大地方便了群众。

实行信息资源共享

数据是基础。为了夯实登记业务办理基础，西宁登记中心积极开展数据整合汇交，利用原有房产和土地登记系统的基础数据，通过整合建立起各类数据之间的关联，形成房产和土地信息齐全、关联准确的不动产登记国有建设用地数据库。

为了真正做到便民利民、让群众少跑路，西宁加快推进不动产登记信息管理基础平台建设，确保不动产登记信息与省级、部级不动产登记信息无缝对接，逐步实现与住建、农业、林业、公安、民政、财政、税务、工商、金融、审计、统计等部门的信息互通共享。

据了解，经多次协调、召开专题会议，西宁登记中心与房产交易部门达成不动产登记信息系统与房屋交易系统相互授权开放，实现交易信息与登记信息实时互通共享、互通互查，确保不动产交易和登记安全、准确。同时，建立不动产登记税收信息共享平台，实现不动产登记与税务部门间信息互通共享，不动产登记系统与税收系统的数据信息对接，极大提高了工作效率，为群众带来了切实的便利。

此外，还积极与青海省高院共建不动产登记信息共享系统，实现了司法信息与登记信息实时互通共享、互通互查。

聚焦解决民生问题

不动产统一登记制度实施后，西宁登记中心明确坚持问题导向，做好民生问题梳理排查。

据介绍，对民生需求反映强烈、紧迫并急需解决的问题，西宁登记中心加大排查力度，进行逐一梳理，确定了“能自我协调解决的协调解决、对重大问题及时上报及时解决、对暂时不能解决的问题做好解释工作”的思路，保证民生问题及时解决和服务到位。同时，在不动产首次、转移、变更、抵押登记等业务中提供规范、高效、便捷的服务，促使民间资金高效运转。

历史遗留问题困扰各地登记机构。西宁登记中心本着“群众利益至上、群众利益无小事”的理念，以尊重历史、为民排忧解难、维护权利人合法权益的原则，根据西宁市人民政府办公厅印发的《关于西宁市解决历史遗留问题办理不动产登记指导意见的通知》要求，迅速重点安排部署，积极采取措施，逐项解决问题。数据显示，2017 年，西宁市共为不动产登记存在登记历史遗留问题的 198 家单位、2 万余户办理个人不动产权证书，回应了社会诉求。

选自《中国不动产》第 42 期

泸州：多措推进不动产统一登记

李　叙　何小平

四川省泸州市作为部确定的全国不动产统一登记示范建设城市和统一登记窗口工作联系点，自 2015 年 3 月 1 日颁发全国首批不动产权证书之后，按照不动产登记“四统一”的要求，坚持“依法、便民、高效、廉洁”的服务宗旨，以更多举措、更强力度深入推进不动产登记工作。

实现数据互通共享

在现有不动产统一登记管理平台系统的基础上，根据泸州市的实际情况，研发不动产信息化建设二期工作，实现数据互通共享。

外网申请内网办理。新建商品房开发企业可由外网上传资料申请办理业务，内网接收到申请信息后，进行相应的登记业务办理。

网上预约排号。针对个人业务办理，提供网上预约排号申请，泸州市设置专门的网上预约办理窗口，受理网上预约办件，并随时关注网上预约情况。

融合全市不动产登记数据。将原来各县区分散独立的数据库融合为一个数据库，以满足市本级、四县三区、各开发区、各园区实际工作需要，全市任一登记受理点（泸县除外），都可查询到市内的登记信息。

建设 B 级机房。按照《电子信息系统机房设计规范》建设标准中 B 级的要求完成空调、新风、配电、消防、监控等基础设施建设项目，配备高清无缝拼接显示屏、机器人自动巡检系统等设备。

全市登记数据与交易数据的实时互通共享。不动产登记机构、房屋交易机构双方通过“中间库”的方式，在各方需要时读取数据，满足不动产登记与房屋交易的业务需求，切实实现实时互通共享。

与地税部门开展“以地控税、以税节地”数据共享。泸州市国土资源局和地方税务局签订《保密协议》，向市地税部门提供宗地、楼幢权属范围等数据，市地税部门可通过窗口查询登记信息。

与法院系统实时互通共享。协助法院系统推进网络执行查控系统建设，通过法院查控系统与不动产登记平台的对接，实现全国法院系统对泸州市特定不动产登记信息的查询等操作。该查控系统的建设，已在 2016 年召开的全国法院系统执行工作会上作为典型向全国推广。

优化流程便民增效

泸州市简化办事流程，实现办结时限再挤压，首次登记的办理时限压缩到 12 个工作日以内，抵押登记的办证时限缩短到 3 个工作日以内，如已领取不动产登记证明的抵押登记办证时限缩短到 1 个工作日以内，抵押注销登记和查封登记当场办结。强化咨询台服务功能，实行资料预审。将业务能力强的工作人员安排在咨询台，在及时全面解答咨询的同时，通过电话答复告知、一次性书面告知等方式提前介入业务受理，提高一次性申请成功率，避免企业、办事人员往返跑，提高办事效率。

开通企业受理窗口。为大力支持企业发展，适应经济社会发展新形势，泸州开通了专门的企业受理窗口受理企业申请的登记业务，凡企业申请办理登记业务的可在专门的企业受理窗口办理。同时，为深入了解企业在办理不动产登记工作中存在的问题，切实帮助企业解决问题，泸州市登记机构多次召集泸州企业代表召开征求意见座谈会，听取企业在办理不动产登记过程中存在的困难和问题，对企业提出的疑难问题进行了深入浅出的剖析和明晰清楚的解答，对于不属于不动产登记机构职责范围内的工作，会后积极协调相关部门解决好进一步服务企业的问题。

泸州市深化“绿色通道”服务和上门服务，为残疾人、70 岁以上老人、住院病人等符合条件的申请人提供及时受理、急事特办和上门服务，为群众提供便利。

完善不动产交易登记协税机制，为进一步规范、完善泸州市不动产交易登记协税机制，密切部门配合，完善协税措施。

同时，优化办事环境。在办证大厅设置了休息区、电子大屏、多媒体电子触摸式信息查询机、液晶电视、饮水机、窗口服务 LED 指示牌、服务指南、便民免费小药箱、书报架、老花镜等立体式综合服务设施，营造舒适有序的办事环境，体现了“以人为本”的服务理念和对办事群众的人性化关怀。

创新登记业务

为支持企业发展，适应企业融资需求，泸州市对抵押权登记业务进行了积极探索和创新。一是放宽在建建筑物抵押权登记的办理，在建建筑物的抵押人和债务人不再限于同一人，可以为第三方提供抵押；开展在建建筑物顺位抵押登记业务。二是建立完善划拨建设用地使用权抵押机制，其抵押价值应根据划拨建设用地使用权权益价格设定。三是为促进房地产市场平稳健康发展，对土地已抵押贷款的项目，在抵押权人（银行）同意的前提下，可办理预购商品房抵押权预告登记。

泸州市还积极开展个人住房公积金贷款和商业贷款的组合贷款抵押登记。为解决目前住房公积金贷款额度难以满足借款人购买的实际资金需求问题，泸州市不动产登记中心与住房公积金中心研究，个人住房部分采用公积金部分采用商业借款的业务，可办理组合贷款抵押登记。

此外，泸州市还积极探索并开展不动产登记合并办理业务。在确保登记安全的前提下，在不动产登记系统原业务细类基础上增加了合并业务细类，如买卖的转移登记和地址变更登记合并、赠与和继承合并、转移登记与土地划拨转出让合并、转移登记与土地使用权续期合并等，优化了登记流程，缩短了办事时限，方便了办事群众。

加强登记宣传

泸州市积极利用网站、微信、广播、电视、报纸等新闻媒体和采取刊登楼宇电子广告、走进在线访谈等形式开展多元化宣传，进一步公开不动产登记业务类型、资料目录、办理时限、办事流程，让群众一看便知、一办就行。定期与不定期地组织企业和群众召开座谈会，采用走进社区，走进园区、走向企业等方式开展有针对性的宣传，使广大群众对不动产统一登记的相关政策有了更深的了解，获得广大群众对不动产统一登记工作的理解和支持，确保不动产登记政策深入人心。

选自《中国不动产》第 41 期

益阳：打造“五零五心”服务

胡能灿　舒庆红

湖南省益阳市不动产登记中心（以下简称“益阳登记中心”）自2016年6月25日成立以来，紧紧围绕“严格管理、稳定连续、方便群众”的原则，努力践行“规范、便民；廉洁、高效；团结、公道；敬业、创新”的益阳不动产登记精神，克服登记业务任务繁重等困难，坚持“五零”工作标准，推行“五心”服务模式，大大提升了窗口的办事效率和服务质量，精心打造群众满意的窗口和优质的服务品牌，被评为“2016—2018年全省依法办事示范窗口单位”。

“零推诿”受理，让群众“省心”

益阳登记中心将12种常办事项的申请材料、服务时间、咨询电话等印制成名片式的“一次性告知便民服务卡”，摆放在窗口显眼位置，供办事群众随时取用。服务卡包括“遗失补发证登记、更正登记、注销登记、个人现房抵押权登记、个人用户申请落宗、商品房买卖（转个人）以及出让土地上房屋买卖、赠与、继承、转移等内容。同时，引导工作人员牢固树立“窗口无小事”的责任意识，实行“谁接待、谁办理”的接待首问负责制。坚持做到“三个主动”：主动询问，帮助办事群众指明办事方向；主动联系，帮助办事群众解决遇到的困难和问题；主动协调，帮助办事群众解决前置部门审批等相关事宜。

“零距离”服务，让群众“舒心”

益阳登记中心的工作人员把登记窗口视为服务百姓的大舞台。出台了重大项目全程服务制、紧急事项延时服务制、特殊事项预约服务制、老弱病残上门服务制、办结事项短信告知制、疑难问题协调解决制的“六制便民”举措，激发了窗口工作人员为民服务的热情，最大限度地方便了广大群众办事。同时，在窗口全面推行AB岗无缺位服务，保证服务不断档，做到一岗多能、一事一清。

益阳登记中心设置了便民服务区、学雷锋服务站，放置了饮水机、老花镜、医药箱、报纸杂志等，为前来办事的群众提供优质贴心服务。设置了“导询服务台”，配备2名窗口引导员，变“坐等服务”为主动问询、迎宾式服务；对老、弱、病、残、孕等特殊人群开辟“绿色通道”，提供“管家式”全程服务；针对工作繁忙的上班族，推行午间值班制，如遇紧急办证情况，主动推迟下班时间。

“零延误”承诺，让群众“安心”

为满足广大市民的迫切需求，从2017年5月22日起，益阳登记中心进一步缩短六大类登记业务和测绘落宗业务的办理时限。这是该中心挂牌成立以来第三次进行全面业务办理提速，与成立之初相比，各项登记业务和测绘落宗用时大幅压缩，平均提速达70%以上。同时，对全中心网上审核情况进行网上督办，实行办理状态红绿灯警示。如果办理时限超期，系统将自动出示“黄牌”和“红牌”，“吃牌”者将被追责，确保各项业务的按时办结，也获得了办事群众的好评。

“零差错”办结，让群众“放心”

为了做到“零差错”办结，益阳登记中心对每个窗口工作人员提出了“政治过硬、业务过硬、责任过硬、作风过硬”的“四过硬”要求，创新服务方式，大力提高行政效能。

严抓思想教育，做到政治过硬。有针对性地组织干部职工学习思想政治理论及各项规章制度，转变思想和工作作风，从思想意识上树立“零差错”理念。

加强探讨交流，做到业务过硬。坚持周一晨会、周五例会制度，坚持业务研讨、业务培训常态化，充分利用中心微信群，将政策要求、热点焦点和先进做法发布到微信群，供工作人员讨论、揣摩、研究，不断提升业务水平，从业务技能上提升“零差错”水准。

强化责任意识，做到责任过硬。建立了考核体系，考核结果与窗口津补贴相挂钩的考核体系，强化窗口工作人员责任意识，将开展业务知识竞赛、建言献策演讲比赛和“创星评优”评选等一系列活动与考核工作有机结合起来，着力于以绩效考核激励人，从奖惩机制上强化“零差错”意识。

加强作风建设，做到作风过硬。在2017年年初开展了“中梗阻”式腐败问题专项治理工作，排查了32个廉政风险点，制定了作风巡查制度，通过主任巡视巡查、值班主任抽查、科长日常自查、政务中心检查、群众投诉调查、明察暗访追查等六种方式打造规范、高效、廉洁的服务窗口，促进登记事业发展，提高登记质量，从作风建设上守住“零差错”底线。

“零投诉”目标，让群众“顺心”

不动产登记与房地产市场紧密相连，重大节假日往往是房地产市场销售黄金期，节假日前后也是申办不动产登记手续的高峰期。为此，益阳登记中心制定了节假日期间登记工作应急预案，组织工作人员加班加点出证，努力做到让群众满意。对一些重点楼盘，在“五一”“十一”假日前后，组织人员加班加点及时出具不动产权证书（证明），没有出现一起群众投诉现象，也获得了开发商的称赞。

同时，益阳登记中心在抓窗口规范化建设方面下功夫、花力气，加强对不动产登记服务大厅工作人员的严格管理，严格杜绝服务“不作为、乱作为、慢作为”等阻碍发展的行为，制定了《不动产登记服务大厅工作人员考勤管理办法》《不动产登记服务大厅工作人员服务规范》等制度，从日常考勤、服务礼仪、业务办理等方面，对不动产登记服务大厅工作人员进行规范化管理。组织工作人员到兰溪镇金家堤支部旧址开展党员日活动，重温入党誓词；开展“不动产登记进企业、进社区宣传”活动；组织房地产企业家、人大代表、政协委员和社区群众召开座谈会进行探讨交流，每个季度开展“创星评优”评选活动，推出身边的典型。

如今，益阳不动产登记服务大厅窗口工作人员提前上班的多了，主动学习业务技能的多了，想事谋事的多了。窗口 45 名工作人员中，涌现出了“规范便民服务之星”“廉洁守纪服务之星”“高效办证服务之星”“创新管理服务之星”“后勤保障之星”以及“委屈哥”等一批先进典型。

选自《中国不动产》第 40 期

玉树：打造高效的不动产登记

康维海

青海省玉树藏族自治州建立及完善基于地籍调查、一张图建设等国土资源管理的基础和体系，整合玉树市各行业地理信息资源，顺利完成县级地理信息公共服务平台，该平台的诞生和运行标志着青海省首个县级地理信息公共服务平台正式上线运行，为青海省县级地理信息公共服务平台建设起到了典型的示范作用。

以权属调查推进登记

灾后重建以来，玉树州依托震前开展的全国第二次土地大调查的数据和资料，积极开展合法的土地、房产确权登记，开展灾后补偿，依托国家给予的土地权益优惠政策，置换土地、房产，并先后开展了多次土地市场秩序治理整顿工作。灾后重建中期，玉树州各市（县）城市建设重新进行了规划落位。玉树州在房屋基本灭失的情况下，借灾后重建工作之机，重新对全州地籍、房屋进行了测绘和确权登记。

在此基础上，将以往分散在国土、住建、林业和农牧等部门的不动产登记职能进行整合，国土部门负责全市土地、房屋、林地、草地登记等不动产登记发证工作。为了加快不动产登记发证工作进程，各市县均采用“边测绘、边确权、边数据整合和建库发证”的工作模式。2015 年 9 月 30 日，玉树市在全省率先建成不动产登记管理信息平台。

创立优秀窗口便民利民

玉树州各市（县）相继编制完成了不动产登记规程、业务流程和办事指南，并结合各市（县）实际开设了多个对外服务窗口，安装了触摸屏、LED 显示屏、叫号机、休息椅等，开通了打字、复印、传真、扫描全免费服务等便民措施；各市（县）均在中心大厅醒目位置张贴登记制度、服务承诺、服务项目、收费标准、业务流程及限时制度等内容的公示牌；玉树市在中心登记大厅推行岗位责任制、窗口服务承诺制、AB 岗工作制、限时办结制、责任追究制等制度，以规范化的管理促进各项工作的落实。同时，狠抓工作作风不放松，工作人员业务办理采取内部全程监督和外部投诉相结合的管理模式，防止损害群众利益的行为发生。中心大厅和各服务窗口都发放不动产登记服务指南，细化每一类登记的适用情形及申请材料，制定统一模板、式样，使群众在申请登记时有章可循。

玉树市还开通了服务“直通车”，积极开辟绿色通道，对有特殊需要的人群提供精准服务。对生病、常年卧床等行动不便、无法亲自到中心大厅办理的群众，及时启动上门服务，派出骨干力量上门办理；对不在本市的或者外地群众，推出预约办件业务，通过申请可在预约时段到窗口办理；对临下班赶来的群众实行延时服务。

减少办事环节提高效率

玉树市按照方便群众办事、提升管理效率的原则，在职责机构整合时，把房产交易职责整合到不动产登记服务中心，即房屋转让、抵押、租赁等完全在中心内部完成。

玉树州设立税务窗口，并与税务部门联合开发了不动产交易管理系统，实现信息互联互通，同时还设立金融部门代收费用。

玉树市在青海省率先建立了集不动产登记网上预约、网上审核及信息查询等功能为一体的不动产登记网上公共服务平台，权利人在网上可实现预约、审核及网上互动、解答等服务，即从申请、受理、审核、查询、声明公告、预约等一系列完整的流程完全在网上完成，进一步提高了办事效率。以前需要十几个工作日的业务，现在可以数小时、甚至数分钟之内就能办结。

搭建信息平台延伸服务

玉树州着力搭建以不动产登记平台、地理信息公共服务平台、三维精细化不动产权属管理平台等三个平台为主的信息平台，延伸各项服务，方便社会群众。

建设和完善不动产登记平台。为全面实施登记流程信息化，统一受理、集中审核、统一发证的一站式服务模式，玉树州本级及一市五县均建立了集不动产登记管理系统、不动产数据统一整合系统和不动产电子档案管理系统为一体的不动产登记管理信息平台。平台建成后，及时组织业务工作人员进行了操作系统的运行和培训，以不动产统一登记的业务流程再造、业务领域拓展、业务系统有序衔接等方面为重点加强人员培训，各市（县）不动产登记相关人员已全面掌握、熟练操作相关不动产登记信息管理基础平台和登记系统技术，在运行过程中逐步改进系统，确保不动产登记信息平台和系统稳定高效运行。

建设和完善地理信息公共服务平台。为全面贯彻落实全国国土资源信息化工作会议精神，按照《国土资源信息化“十三五”规划》要求，玉树州以不动产登记信息管理基础平台为依托，以玉树市为示范点，整合玉树市各行业地理信息资源，顺利完成县级地理信息公共服务平台，该平台的诞生和运行标志着青海省首个县级地理信息公共服务平台正式上线运行，为青海省县级地理信息公共服务平台建设起到了典型示范作用。

建设三维精细化不动产权属管理平台。通过整合不动产登记数据、基础地理信息数据、玉树市城市三维数据、影像数据、矢量数据，构建了玉树市三维精细化不动产权属管理平台，实现对三维数据上的宗地及房屋的定位，并能查看指定宗地或房屋涉及的不动产登记相关权利信息。同时，平台提供信息查询、空间信息量测（包括空间距离、水平距离、高度以及空间面积的量测四类功能）、空间数据分析（可视域分析、坡度分析、等高线分析）

等功能。三维数据的浏览方式多样化，依据实际及体验要求，平台支持环绕飞行、椭圆环绕、直线模式、弧形模式四类形式的数据浏览模式，用户可以自主选择体验，在不动产登记受理、查询等业务开展中，广大办事群众可以直接指认自己的房屋，并浏览确认细节。作为不动产权籍调查中不可缺少的宗地、房屋、户三类信息，平台在支持图形展现的基础上，也支持对应各类属性信息的展现，如宗地信息、房屋信息、证书证明信息、权利数据等。该平台为玉树市的不动产权管理提供一种跨平台、多用户、海量 3D 数据展示与检索的解决方案。三维信息的可视化有效地辅助去除目前普遍困扰不动产统一登记领域的“房找地难、房找地慢”的痛点，克服了“外业调查指认落宗耗时耗力、房屋落宗编号耗时长、即时业务办理不及时”等实际问题，为不动产各类决策提供强大辅助工具，有效地提高了不动产统一登记管理的质量和效率。

下一步，玉树市国土资源局将以市级地理信息公共服务平台和三维精细化不动产权属管理平台为依托，加载草原、森林、耕地、矿产资源、水系等基础信息数据，建立纵向联动、横向协同、互联互通的国土资源信息共享服务平台，为创新国土资源监管方式，提升服务民生能力提供有效支撑。

选自《中国不动产》第 40 期

葫芦岛：登记人的精气神

方黎明

“服务态度好，办事效率高。”2018 年 1 月 11 日上午，正在辽宁省葫芦岛市不动产登记中心（以下简称“葫芦岛登记中心”）办证大厅办理业务的李先生这样评价当地的不动产登记窗口。

如沐春风的微笑服务、快捷高效的业务办理、不断创新的服务模式——记者在葫芦岛登记中心大厅直观地感受到了这里登记人积极向上的精气神。

葫芦岛市国土资源局副局长傅立群告诉记者，自 2017 年 10 月原房屋交易中心人员全建制划入后，扩大后的葫芦岛登记中心在此前工作的基础上，从业务培训、作风和廉政建设、文化建设多方面着手锻造队伍，大力营造出“人人进取、全员争先、团结协作、比学赶帮”的良好氛围，服务水平、办事效率得到了显著提升。

据介绍，以队伍建设为基础，葫芦岛不动产登记实现了“一站式”便民服务体系、设立公积金分中心、结合“互联网 +”开展全城通办等系列创新，完成了业务办结的两次提速，得到了社会各界的广泛赞誉，延续了 2012 年获评全国“青年文明号”的荣光。

业务培训交流不停歇

以打造一支学习型队伍为目标，葫芦岛登记中心专门出台了职工教育培训方案，明确规定“月有部门学习，季有中心培训，员工持证上岗”，并以年度为周期进行考核评定。

为了夯实队伍建设基础，这里的日常业务培训和交流从未停歇。据葫芦岛登记中心副主任于晓丹介绍，每周五下午中心都会组织相关业务科室和一线窗口人员开展集中的业务培训，除登记业务和相关法律知识学习外，主要讨论业务办理中遇到的问题，形成解决问题的办法。此外，特别针对权籍调查基础差的实际开展专项培训，为补齐这方面短板奠定基础。

除去固定时间的业务培训，葫芦岛登记中心还建立了微信业务交流群，方便窗口一线、后台审核和技术支持的工作人员随时进行交流学习。

目前以“大学生公益岗位”身份在窗口工作的李莹、王福姣告诉记者，葫芦岛登记中心非常重视年轻人的业务能力培训，除了“老登记”的传帮带，她们也会利用碎片时间进行业务交流和学习，良性竞争、共同进步。

据了解，目前葫芦岛登记中心窗口的工作人员几乎清一色的是年轻人，其中绝大多数是近几年毕业的大学生。这些基础好的年轻人，在业务培训和个人成长方面也受到了中心的重点“关照”。李莹告诉记者，自己最看重的是中心给予的学习培训机会，她和身边的小伙伴们也都对登记窗口这份工作非常珍惜，力争每一天都有进步和收获。

窗口作风必须过得硬

一支队伍战斗力的强弱，很大程度上取决于作风。按照《辽宁省优化营商环境条例》的相关规定，葫芦岛登记中心将“窗口作风必须过得硬”作为基本要求。

大厅负责人谷荣亮告诉记者，葫芦岛是“关外第一市”，为了更好地打造营商环境，中心以“主动、协调、高效、廉洁”为指导思想，不断强化队伍的作风建设。为此，中心开展了服务行为“五个一”（说好每一句话、接好每一个电话、办好每一项业务、接待好每一个客户、做好每一天工作）、窗口形象“五统一”（统一工作着装、统一挂牌上岗、统一物品摆放、统一发型头饰、统一服务用语）、作风自律“五不让”（不让工作在我手中延误、不让业务在我手中积压、不让差错在我这里发生、不让客户在我面前受委屈、不让机关形象因我受影响）等系列活动，收到了良好效果。

王福姣告诉记者，在环境的熏陶和身边同事的感染下，具备良好的工作作风已经成为了每一个窗口人员的自觉意识。

据介绍，葫芦岛登记中心专门成立了行风建设工作小组，明确其职责是严格按国土资源部要求加强行风管理，及时解决群众反映的问题，确保投诉件的落实、无违法违纪行为发生。为此，葫芦岛登记中心采取了系列举措：建设3160000热线电话，完善群众咨询渠道；利用电子监察设备，实施电子检查举措；加强日常考核、巡检，及时纠正违规行为；依托“民心网”信息平台，以贴民意、体民情、解民忧、顺民心为宗旨，及时回应百姓的诉求。

谷荣亮表示，葫芦岛登记中心还创新建立聘请政风行风便民服务监督员制度，共聘请六名社会监督员，对中心工作人员依法行政、文明服务、政务公开、服务承诺、行业行为规范等方面进行监督。

文化建设形成感染力

为了发挥文化精神力量的作用，葫芦岛登记中心将文化建设作为锻造队伍能力的关键一环。

在中心办证大厅，以“严谨、宽容、维权、创新”为核心内容的“葫芦岛市不动产精神”张挂在显著位置。每日上班伊始，来到这里的工作人员都会自觉用它精神激励自己。

行走在葫芦岛登记中心各个楼层的走廊，悬挂着的30多幅书法绘画作品引人注目，其中既包括宣传党的十八大和十九大精神的内容，也有松竹梅荷等传统塑造个人品格的元素。在中心办公室主任吴锦峰看来，“走廊文化”是对直接开展思想政治学习和作风廉政教育的有益补充，可以通过塑造窗口的文化氛围，潜移默化地影响每一位职工，尤其是对年轻人可以形成感染力。

在中心的“职工之家”，文体活动设施一应俱全。据了解，业余时间前来锻炼的职工非常多。“开展文体活动，有利于培养大家的团队意识，形成积极向上的良好氛围。”吴锦峰表示。

除了用环境和氛围感染人，葫芦岛登记中心还特别注重以人感染人、以荣誉感染人。“通过评选年度先进个人，达到‘以好的领头羊，带动一个科室’的作用。”吴锦峰告诉记者，为了增强干部职工的荣誉感，葫芦岛登记中心还参加了从市直机关工委到全国共青团的各类评比，拥有全国“青年文明号”等数十项荣誉，这些沉甸甸的荣誉，让从领导到普通窗口人员、从“老登记”到新人的每一位员工都充满了自豪感、责任感和使命感，为中心的发展提供着源源不断的力量。

选自《中国不动产》第39期

武汉：不动产登记“八办”服务

刘　虹　　鞠登平

湖北省武汉市进一步理顺不动产登记职责及工作机制，大力完善不动产登记制度，夯实不动产权籍基础，加快完善不动产登记信息平台建设，加强不动产登记和地籍管理队伍建设，切实改进作风，着力推进不动产登记“统一办、共同办、会商办、网上办、马上办、一次办、省心办、廉洁办”，不断提升不动产登记服务质量水平。

强化领导，完善机制，全市不动产登记业务实现“统一办”

统一机构，实行垂直管理。实行管办分离，武汉市不动产登记局进行业务指导，不动产登记局（分局）负责业务管理，市区登记中心负责承办具体业务。

统一依据，建立全市统一的操作模式。制定了《武汉市不动产登记操作规范》（以下简称《规范》），逐步建立涵盖落宗、权籍调查、登记工作流程，档案、证书、窗口、信息查询、网站管理等 20 多项业务制度。

统一平台，建立不动产登记信息管理平台。武汉市以国土资源“一张图三大平台”为工作基础，开发登记发证系统、权籍系统，实现与房产、公积金、金融机构的数据交换共享，全市各不动产登记机构均在统一的业务平台办公。

统一考核标准，建立不动产登记工作综合考评机制。制定《武汉市不动产登记工作综合考评办法》，将全市 17 个不动产登记窗口作为考评对象。定期将各个窗口受理、办理不动产登记的情况进行统计分析，每月通报。

同心戮力，砥砺奋进，多个服务机构“共同办”

推进登记测绘业务“一个标准、一次测绘、一站服务”。武汉市不动产登记窗口借助区（分）局行政力量，引入登记中心、信息中心、土地测绘和房产测绘技术服务机构，全面实现资料内部流转，数据交互在平台。

交易登记业务共同实现“一窗受理，并联办理”。武汉市整合房产交易、不动产登记窗口，调整业务楼层设置，实现“取一次号，排一次队，交一次材料，受理一次完成”。

建立机制，破解难题，多个行政管理机构“会商办”

武汉市建立国土与房管、林业等部门的联席会议制度，研究不动产登记改革工作遇到的具体事项，明确解决问题和完善政策措施的意见；建立不动产（地籍）专题会制度和国土、房管处室级对接会，不定期研究具体疑难项目。按照部省关于对历史遗留问题的指导意见，经与房管部门对接，联合成立历史遗留问题处理领导小组和工作专班。

优化提升，改革创新，积极探索登记业务“网上办”

创新科技应用手段，拓展服务体验。武汉市开通微信网上落宗，结合“武汉不动产网”互联网申报功能建设，设立“办事指南”“登记服务”和“信息服务”，建设不动产微信公众号，搭建不动产登记微信平台；研发“互联网＋不动产申请”平台，构建全天候的不动产登记网上服务模式；正在研发武汉市不动产登记智能发证系统，实现产权证书、证明自助打印、自助发证。

实现“期转现”网上办。为更好地为商业银行批量办理抵押登记服务，按照自愿原则，简化“期转现”手续，实现“期转现”网上办，变“分次申请、分别登记”为“一并申请、自动办理、按需发证”，登记结果由商业银行通过查询系统获取。

实现银行抵押登记收件网上办。对于基础功能较完善的银行，开通专网，委托银行办理预告抵押、抵押初始登记业务收件，完善资料预审后，通过系统推送到不动产登记机构审核、登簿，分散窗口收件压力。

信息查询进入“刷脸”时代，不动产登记查询结果网上办。广泛收集银行、公检法等部门意见，梳理出5类权利主体的15种业务需求，推出不动产登记信息自助查询系统，组织研发不动产人脸识别自助查询机，“刷脸”2秒即可获得查询结果。

精简流程，集成服务，多措并举共推“一次办”

严格落实“一次性”告知制度，业务全口径实现一次办。在武汉市国土资源局建立的不动产登记网上申报大厅上，细分登记事项，编写146个登记子类办理指南，制作一次性告知宣传折页及桌牌，分发至全市不动产登记窗口。资料齐全的标准件全部实现一次办，非标准件容缺收件。

登记结果全市通查，信息查询实现跨区一次办。借助于全市统一的不动产登记信息平台，不动产登记信息结果查询实现跨区交叉互查，全市通查，一张身份证即可完成全市的不动产登记结果查询服务，方便百姓，选择就近的查询服务点进行查询。

依靠行政审批联办机制，实现交易、缴税、登记全流程一次办。武汉市调整窗口楼层设置，借助联办机制，有效整合交易、缴税、缴费、登记等业务流程，提升效率。

全面优化，提能增效，推进不动产登记“马上办”

减资料，减流程，业务提速马上办。全面实施《规范》，1个工作日办结的事项由4个增加至39个，明确4个登记事项为即办即取；三级审核由105项精简到7项，二级审核事项由41项调整到98项，一级审核由7项增加至48项；对预告、首次登记等环节提交过的申请材料，后续转移和抵押均不再重复提交。

补短板，强基础，大力推进数据清理整合。利用全市统一的地籍管理信息系统、登记档案、抵押清册等成果资料，对土地抵押和查封登记信息逐条进行查询分析，筛除无效记录和已注销记录，通过宗地号、土地坐落等与宗地进行关联。

提素质，强培训，提升马上办业务水平。先后开展不动产登记操作技能、业务能力训练，全方位提升登记操作业务人员综合素质。

开展特色服务，全面实现群众“省心办”

制度保障，特殊群众优先办。不动产登记改革以来，逐步建立有绿色通道、上门服务、廉洁自律、保密、员工行为规范等相关制度。

建立引导监督机制，群众放心办。各不动产登记窗口均设有“公共文明志愿引导员”，设有书报架、急救等、投诉监督举报信箱、电话、服务态度评议台、投票器。

推行邮寄服务、短信告知等便民措施，群众安心办。邀请邮政部门入驻政务服务窗口，为有需求的群众提供 EMS 邮寄服务，利用不动产登记平台免费推送告知短信，提醒群众不动产登记办理进度。

强化监督，确保不动产登记“廉洁办”

武汉市制定《市国土规划局关于进一步加强不动产登记政风建设工作的通知》《市国土规划局关于加强不动产登记廉政和安全保密工作的通知》，对全市不动产登记工作人员严明纪律，刊发《告市民朋友书》，接受社会监督。根据全市机关作风建设大会精神、市委第四巡察组关于市局“立行立改”问题的反馈意见以及省厅关于全面排查不动产登记“中梗阻”问题的通知，会同有关部门及各区（分）局，制订工作方案，开展排查，确保不动产登记相关问题得到妥善解决。

选自《中国不动产》第 38 期

芜湖：打造“四最”窗口

唐亚琳

安徽省芜湖市不动产登记中心（以下简称“芜湖登记中心”）不断创新登记模式，大力推进“互联网 +”便民利民服务，建设不动产登记“登记流程最优，登记效率最高，登记创新最多，群众获得感最强”的“四最”服务窗口，全面实现了不动产登记业务网上办、查询业务自助办、协同业务联动办。

人脸识别打破数据孤岛

2017 年，芜湖登记中心借助人脸识别技术推出了“刷脸政务”。前来办事的群众面对屏幕，几秒钟内，系统就能迅速检测拍照影像与身份证读卡器读取的身份证图片信息是否一致，提高了不动产登记的可靠性。芜湖登记中心还利用人脸动态识别和远程动作视频录制，在依法依规和风险可控的前提下，试行在线登记服务。

移动支付开启全新时代

芜湖登记中心积极回应群众呼声，2017 年 11 月开通了移动端支付功能，申请人在现场办理登记业务，需交纳登记费、工本费等相关费用时，可以使用手机扫一扫来付费。此项功能的推广不仅方便了广大申请人，也大大提高了芜湖登记中心的办事效率。

专线服务助推登记改革

从 11 月中旬起，芜湖的房地产开发企业、中介企业及金融机构等在申请不动产登记业务时，可持用户中心密钥通过互联网（开发企业、中介企业）、专线（金融机构）上传扫描申请材料发起网上预申请，芜湖登记中心根据上传材料在系统内进行预受理、预审查，对符合受理条件的登记业务，预约办理登记时间及窗口。对于银行来说，申请网上办理不动产抵押注销登记时可通过专线发起注销申请并上传扫描申请材料。对符合注销条件的登记业务，芜湖登记中心先办理注销登记并登簿，银行则只需在事后定期移交注销登记资料便可。

自助查询深挖服务潜力

11 月 30 日后，芜湖登记中心网站、微信公众号将正式开通自助查询板块，权利人通过实名认证后，即可查询本人在不动产登记信息系统中的相关登记信息。

针对目前不动产登记存量数据整合尚未全部完成，部分老旧小区及区划调整地区的房产尚未实现房地关联和生成不动产单元号的情况，即将开发完成的自助查询板块中还将设有“我的房产有身份代码吗”专题，查询申请人通过录入权利人姓名（单位名称）、权证号及查询申请人手机号码，系统经匹配权利人姓名（单位名称）与权证号一致后，不仅会将查询到的不动产登记信息实时推送给查询申请人，还会对未查询到不动产单元号信息的情况设为推送提醒短信，在 1 个工作日内推送给登记中心权籍科室。权籍科室会在之后的 5 个工作日内完成房地挂接，生成不动产单元号，并短信告知查询申请人。

与此同时，芜湖登记中心的网站、微信公众号中还开辟了“登记排队号查询”模块，办事群众只要使用该功能，就可实时查询市区同城通办“1 主 2 副”3 个中心的取号排队情况和等待人数，自主选择就近区域办理登记业务。

服务打包提升服务效能

服务是窗口工作的核心，因此要从根本上丰富服务的内涵，提升质量和效率。芜湖登记中心人性化的服务方式精于细节，重在实事，准确把握了群众需求，对多项服务进行“打包改进”，赢得了越来越多群众的信任与喜爱。

窗口前移多渠道。对老弱病残等弱势群体、服刑等特殊人群或其他因故难以到达不动产登记场所的登记申请人，中心采取登记窗口前移的形式，由两名工作人员去现场进行登记受理。

委托代理多形式。在登记风险可控的前提下，对特定登记类型，一是受让方委托转让方，二是抵押人委托抵押权人，三是当事人共同委托第三方，探索开展免公证登记的服务方式。

“邮寄上门”方式再扩展。在已有权证邮寄方式的基础上扩展邮寄权证服务方式，在远程预申请登记时，房地产开发、中介企业、金融机构可以接受权利人委托录入权利人指定的邮寄地址。

办事流程全掌握。办事群众只需通过微信“扫一扫”，即可查看登记中心制作的“不动产登记服务指南二维码海报”，浏览办理某项业务所需资料和相关提示，不动产登记信息从此“一手掌握”。

自助查询一次打印。在芜湖市区各个登记大厅部署不动产登记信息自助查询打印盖章一体机，查询用户使用本人二代身份证原件刷卡，即可查询本人相关不动产登记数据，查询机将直接输出盖有芜湖登记中心公章的信息查询结果。

业务协同打破服务壁垒

不动产统一登记是将分散在国土、住建、林业等部门的不动产登记职能整合到一个部门承担。从便民服务的角度来看，部门之间的协调衔接在不动产登记中显得尤为重要。为了让群众少跑路，芜湖登记中心强化部门衔接，不断加快与住建、税务、规划等部门的协同服务，打破服务壁垒，让群众少跑路，甚至不跑路。

建立数据协同共享机制。为保证登记安全和登记质量，与芜湖市有关部门建立数据协同共享机制：使用市信息办提供的服务，校验身份证原件有效性；使用市政务服务认证中心提供的实名认证用户，确保敏感数据安全不泄露；为政务外网相关部门办事提供不动产登记信息数据支持。

深化涉税登记业务协同。税务机关纳税时调阅不动产登记结果信息，纳税完成后返回完税相关信息；网上预申请涉税不动产登记业务时，对没有纳税的申请人通过链接指引其进行网上缴税；纳税人网上缴税后，税务系统再通过链接指引其进行不动产登记预约；房屋转移登记申请人完成纳税后，当天持本人身份证在本市不动产登记中心任意办理点上的自助取号机取号时，可以取到涉税业务办理号，该号码在指定窗口优先呼叫。

遗留问题协同处理常态化。加强国土、规划、住建三方联席会议制度；完善同司法机关协调机制；密切与财税机关的协调配合；沟通征收管理的过程衔接。

芜湖登记中心自 2016 年 1 月 6 日发放市本级第一本不动产权证书以来，截至 2017 年 11 月底，已累计受理各类不动产登记 22.9 万起，发放不动产权证书 38.2 万本。芜湖登记中心每天平均受理 500 余件业务，日均接待群众 2000 余人次，日均语音电话来访接听 200 余个，档案查询 900 余人次。

2016年，芜湖登记中心荣获市第六届“文明窗口”称号。2017年，中心再次荣膺第十一届“安徽省文明单位”称号。

选自《中国不动产》第 36 期

巴中：将群众利益放心上

赵 蕾 郑 洲

四川省巴中市不动产登记中心（以下简称“巴中登记中心”）通过加大投入建设平台，简化办事程序，实行“一站式”“零距离”服务，大步伐推进农村房地一体登记，以优质快捷的服务获得群众点赞。每一位工作人员都着装整洁，微笑布在脸上，认真地解读政策、耐心地指导填写、细心地录入资料——这，成为了巴中登记中心给办事群众的第一印象。

加大投入建设平台

巴中市委、市政府将不动产统一登记工作纳入市创新生态资源利用机制、健全完善自然资源产权制度的改革范围。按照“自愿申请，人随事走，编随人走”的原则，将具有登记官资格、从事档案管理和测绘资质专业的相关人员，按比例从住建、农业、林业等部门划转到不动产登记机构。全市不动产登记机构健全，职能职责整合全面到位。投入财政资金600万元，建成了巴中市不动产登记信息平台，不动产登记业务全部在登记信息平台上运行，保障了群众办事快捷和登记信息安全。2016年11月，巴中市不动产信息系统与国土资源部实现实时对接。2017年，又投入1300万元专项资金，开展不动产登记数据清理及整合建库工作，对市本级42万卷房产和18万卷土地权属登记档案资料进行清理、整合建库，进一步完善了不动产登记信息平台，建成了集业务办理、权籍调查、测绘测量、档案查询等多功能的大数据信息平台。

巴中登记中心将市本级不动产登记事项全部纳入“智慧政务”平台，现已累计在“智慧政务”平台上办理不动产登记事项2.2万件。同时，还启用网络和微信等平台，开通网上预约、网上预审、进度查询和微信预约、微信提醒等网上受办业务。

目前，巴中市不动产登记窗口累计为群众办理各类不动产登记9.15万件，发放各类不动产证书及证明9.12万本，协税护税11.21亿元，为企业和群众融资贷款281.8亿元，惠及25万多名群众，有效保障了群众合法权益。

创新服务模式

巴中登记中心坚持“法无授权不可为、法定职责必须为”的原则，简化程序，压缩时限，重新制定出台了全市统一的《不动产登记办事指南（试行）》，规范了城市不动产抵押、转移、注销、预告、查封、异议、更正登记等8大类业务的办理流程。2017年9月，按照深化“放管服”改革要求，将不动产登记83项行政确认类和2项公共服务类事项按照“马上办、网上办、一次办”类型重新整合优化，将行政确认类事项优化为“马上办”40项、占48.2%，“网上办”82项、占98.8%，“一次办”83项、占100%，公共服务类的2项全部优化为“一次办”、占100%，所有登记业务均在7个工作日内办结，不动产抵押、查封、注销、变更等登记业务实现立等可取，打造出不动产登记最优服务和最短路线。

巴中登记中心实行“一站式”“零距离”服务群众，设置15个登记窗口，对登记窗口内部岗位进行科学分工，明晰界定责任，设立AB岗，进行标准化管理，把相关科室入驻政务中心，保障了各项业务有序运行。2017年以来，中心窗口按照“一个窗口办成一件事情”的原则重新整合窗口，将政务服务中心的不动产登记、房产交易、住房公积金、司法公证、评估等窗口整合，以“不动产登记”一窗对外，在三个区分中心开启“同城通办”模式，实现房地档案查询、在建工程抵押、不动产交易登记等业务“一窗受理、联网运行、同步审查、限时办结”。同时，巴中登记中心还建立了集中学习制度，每周对全体工作人员开展业务培训两次，使每位工作人员在最短时间内熟悉政策法规和各项业务流程，能准确及时回答群众咨询，对登记资料错误或不齐的以及不符合受理条件的，均实行一次性告知申请人，让群众少跑路。华兴房地产开发公司销售主管杨涵潇表示，巴中不动产登记一窗受理、同城通办，大大缩短了办证周期，提高了办事效率，“办事非常方便快捷”。

巴中登记中心始终坚持把文明服务、温馨服务、人性化服务理念落实到每个服务环节，受到群众表扬200余次，企业授予锦旗30余面，中心窗口自入驻市政务服务中心后，连续6个季度在综合目标考核评定中获得市级第一名，被市政务服务中心评为“2016年度政务服务示范岗”，荣获“巴中市2016年度巾帼文明岗”等荣誉称号。

推进农村房地一体登记

按照国土资源部、中央编办等七部委联合出台的《自然资源统一确权登记办法》，结合2017年年初中央1号文件加快推进农村承包地确权登记颁证、全面关于加快“房地一体”的农村宅基地和集体建设用地确权登记颁证的工作要求，巴中市出台了《集体土地、农村土地承包经营权、林权等不动产登记办事指南》，明确了集体土地、农村土地承包经营权、林权等不动产登记办事流程。

巴中市启动了农村房地一体登记试点，成为全省第一个成建制、大规模推进农村房地一体登记的市（州）。巴中登记中心还探索出“三审确认权属、三维调查权籍、延伸服务便民、产权流转增效”的农村房地一体登记工作经验。

截至目前，全市累计颁发农村房地一体不动产权证书3588本，农户实现融资330万元，切实激活了农村集体资源，让群众沉睡的资产活起来，全力助推脱贫攻坚。

选自《中国不动产》第36期

日照：标准化建设的“模板”

李军晶　高荣唱　贾　蕾

“我们一切以群众利益为第一追求。”5月11日，山东省日照市国土资源局（以下简称“日照市局”）不动产登记管理科科长田金光为记者演示了网上预申请、不动产权证书在线查验等线上服务功能。他表示，这极大地方便了企业和群众办理不动产登记业务，减少了跑路和排队次数，节约了时间和精力，并且能在交易中及时查验不动产权证书的真伪，提高了交易安全系数。

据日照市局局长吴学伟介绍，日照市坚持“科技引领、服务为本”的理念，积极推进不动产统一登记制度的落地和规范化、标准化建设，取得了多个方面的成果和突破，便民利民的服务能力大幅提升。

“规范、标准，是我们的追求，也是我们的品牌。”吴学伟说。

制度建设，标准规范

在日照市不动产登记中心（以下简称“日照登记中心”），记者看到了他们的《不动产登记标准化建设方案》，还有日照市“政务服务标准化示范单位”铜牌。

日照市局党组成员、调研员贾陆兵告诉记者，他们实现了“组织领导、机构整合、宣传培训、资料交接、业务流程再造、系统建设、场所建设和服务便民”八到位，完成了不动产登记工作从落地到规范运行的进阶转变。

规范登记程序，明确机构和职责，这是不动产登记业务工作的起点。据了解，日照登记中心注重梳理业务流程，编印了《工作手册》、业务指南及群众办事明白纸，对各类登记业务的范围、申请材料以及审核要点做出了明确要求。在设置受理、审核、缮证、发证、权调等机构的同时，优化办理程序，实行“一审一核”或“两审一核”制度，将责任落实到每一个环节和每一个责任人。

为了让登记业务有标准可循，日照登记中心还出台了《不动产登记标准化建设实施意见（试行）》，从机构、制度、业务、技术和服务等五个方面提出了规范化建设要求。

“健全内部管理和会商制度，是我们强化规范建设的基础。”日照登记中心副主任田岩一见到记者，就热切地谈起了最近碰到的一些难题，比如“一家企业有房产证和土地证，但土地用途填写却不规范，该如何登记”等问题。田岩告诉记者，他们经常组织业务骨干对这类疑难问题和历史遗留问题进行会商，讨论对策。据悉，除内部业务研讨制外，他们还制定了工作人员服务规范、投诉处理制度、AB 角制度、一次性告知等制度，并已先后组织了 7 次业务会商会和 30 余次全市不动产登记业务专题研讨会，就工作中遇到的问题深入研究讨论，处理解决管理、业务、技术等问题 150 余起。“目前，我们正按市政府要求对各项历史遗留问题拿出分类解决方案。”田岩告诉记者。

据了解，建立部门联动机制也是日照市规范化建设的一个重要内容。自开展不动产统一登记工作以来，日照市局积极与房管、海洋、地税等部门加强沟通衔接。他们与房管部门不仅架设了数据专线，还在不定期召开双方协调会的同时，建立了业务联系单制度，对工作中需要对方配合的问题以书面的形式及时函告，有效地为群众减轻了业务办理负担。同时，还与市海洋与渔业局建立了联席会议制度，并联合印发了《关于海域使用权审批登记业务衔接的意见》，明确了两部门的业务衔接、信息共享、责任划分等内容。此外，针对涉税业务，日照市局还多次与市地税局协商，在不动产登记中心设置了 10 个地税窗口，实现登记与纳税“一站式”办理。

依托科技，拓展平台

日照登记中心工作人员为记者现场演示了在线查验证书技术。不动产相关权利人可以通过这一功能，按权利人姓名以及不动产权证书编号或不动产单元号其中之一的条件来查询相关证书的部分信息，确定证书的真伪，并能查看该不动产是否存在查封、抵押状态，非常便捷、有效。记者了解到，这只是日照登记中心依托科技拓展不动产登记信息平台诸多应用中的一个方面。

据介绍，日照登记中心不断优化不动产登记信息平台，及时完成了信息平台接入。他们实行“系统、业务问题提报单”，针对业务办理中遇到的系统问题，及时与技术单位进行深层次沟通交流，提出了包括虚拟配号查封、批量办理、海域使用权登记、整幢配号、金融信息数据库、短信猫等160余项需求，专人跟踪技术公司对系统各方面进行优化升级。目前已建成的数据库及管理系统、登记信息系统、查档系统、权籍调查系统、社会化信息查询系统及与房管部门的数据共享功能经过近两年的优化升级，已逐渐走向成熟稳定，有力地保证了日常登记工作的顺利开展。

按照“市级集中”的方案，日照在县市两级分别搭建不动产前置库和汇总库，于2016年9月在全省率先接入国土资源部不动产登记平台。据介绍，日照将不动产统一登记以来登簿完成后形成的完整业务报文信息，每天定时推送给市级前置库和汇总库，经监管系统校验、检测，筛选不符合规范的信息进行整改，确认数据准确无误后，由上报系统自动上报至国土资源部不动产登记统一接入系统。接入系统的业务类型涵盖了目前几乎所有业务类型。去年以来，已累计成功上传7.1万条业务信息，保证了接入的时效性。

“权籍调查十分关键，我们对这一工作也进行了严格的规范和审核把关。”田金光告诉记者，今年3月《日照市不动产权籍调查电子成果规范及检查细则(试行)》印发，对各不动产权籍调查（测绘）单位提供的电子成果格式提出了明确的要求，进一步规范了权籍调查成果的提交。“权籍调查工作的规范化，也是我们不动产登记相关制度规范化的一个重要组成部分。”田金光说，日照市按照权调前置的原则，根据“下载—整合—检查—更新入库”的作业方式，需要进行权籍调查的登记业务，由测绘单位按照要求进行测绘，测绘成果经市不动产登记中心审核无误后，导入不动产登记系统权籍数据库，前台登记系统可实时调取使用，实现了带图审批。

同时，日照登记中心还积极推进数据整合。据悉，他们对市本级 81.36 余万条历史土地登记信息和 255.17 余万条历史房屋登记信息进行了分析，论证了数据整合的技术路线，在全市范围内三个试点的基础上，去年 7 月份全面启动了房、地数据整合，预计今年 9 月全市可完成全部数据整合汇交工作。

创新服务，全能柜员

“我们以最大程度为办事群众提供方便为原则，创新服务方式，全面落实‘一站式’服务。”田金光告诉记者，他们一直奉行“资源有限，服务无限”的理念，并在服务大厅最醒目的地方都印上了这句话。

日照登记中心努力打造一支业务棒、服务好、政策通的队伍，定期开展内部业务学习，相互学习提高，全面落实了“全能柜员”制，大大提高了服务效能。同时出台办法，定期评选流动红旗窗口和服务之星，鼓励窗口服务人员文明服务、主动服务、延时服务、争先创优。“我们的保安小伙子都能熟练掌握许多业务知识，为办事群众导询服务。”田金光自豪地说。

登记窗口是直接面对办事群众的场所，十分重要。日照登记中心服务大厅在 2000 平方米的空间里设置了 20 个业务受理窗口和一个大宗业务办，全部平行受理不动产登记业务，并配备高标准硬件设备和便民设施，统一标识。大厅设置了咨询台、分类自助叫号机及群众休息等候区等，开通特殊群体绿色通道，设置包括打字复印、测绘评估、纳税等服务在内的社会服务区，提升服务外环境，按照标准化建设方案，规范了窗口、流程、要件和服务等事项。

“自助叫号机就是我们的业务‘晴雨表’。”田金光多次提及，在日照登记中心办事，群众一般等待不会超过30分钟。“因为一旦叫号机显示的排队业务超过20件，我们就会紧张起来，临时增加窗口和人手，加快办理和分流速度。”

开通多种信息公开查询渠道，办事群众通过网站专栏、微信公众号、二维码等平台，即可查询业务办理所需材料以及业务办理进度。同时，还设置了档案自助查询机，实现办事群众自助查询档案和打印材料功能。

据介绍，日照登记中心还实行了短信通知领证、证书快递到家、开发房企批量办理大宗业务预申请系统、流动窗口现场办理服务、预约上门服务、针对“报名上学季”提供预约延时服务、午值班制度等不同形式的便民措施。通过以上多种措施，他们将法定时限为30个工作日的业务，压缩为3～5个工作日办理完毕，提速80%～90%。不动产登记工作走在了全省前列。

2016年，日照登记中心被市政务服务中心授予“政务服务工作创新一等奖”“政务服务标准化示范单位”等荣誉。

截至记者采访当日，日照全市（含莒县、五莲）共办理不动产登记12.6万件。其中，发放不动产权证书3.33万本、不动产登记证明3.64万本、查封解封登记0.88万宗、注销登记1.8万件，查询登记信息7.22万余次。

贾陆兵对记者表示，下一步，日照登记中心将进一步加大科技投入，优化办事流程，加快数据整合，充分发挥“智慧云”和“互联网+”等技术手段，继续压缩办理时限，实现“让数据多跑腿，让群众少跑路”，最大程度实现便民利民。

选自《中国不动产》第30期

南平：全面推进林权类统一登记

吴其群

福建省南平市国土资源局从人员落实、职责履行、机构建设、资料移交、信息平台建设、窗口设置等多方面入手，于 2016 年 10 月底前在全省率先实现房、地、林整合发证全覆盖。截至 2017 年 4 月 5 日，累计发放不动产权证书 22345 本，其中林权类 1222 本；不动产登记证明 32894 份，其中林权类 334 份。

通力合作，稳妥过渡

南平市是我国南方重点林区，全市林业用地面积 3259 万亩，林业在全市经济中占有重要地位。林权登记关系着广大农民的切身利益，做好林权类不动产登记可谓意义重大。为此，市委、市政府多次召开专题会议，研究部署该项工作，制定了南平市不动产统一登记工作实施方案。同时，召开专题联席会议研究全市林权登记发证与不动产统一登记衔接工作。

南平市国土资源局为确保完成南平市委、市政府提出的目标任务，因地制宜、大胆探索、主动作为，在福建省国土资源厅的重视和支持下，确定建阳区作为全省林权类不动产登记发证的试点，进行先行先试。省、市分别抽调业务骨干驻点建阳区，协同建阳区和不动产登记系统技术支撑单位的技术人员，在无任何成熟经验可借鉴的情况下，采取“边实践、边完善、边探索”的方法，重点突破“资料移交、人员配置、系统创建、流程再造”等四个方面的难题，通过积极的探索，取得阶段性成果。建阳区于 2016 年 6 月 25 日“全国土地日”当天，率先颁发了全省第一本林权类不动产权证书。之后，在总结试点经验基础上，提出其余 9 个县（市、区）倒排时间节点，积极妥善处理疑难问题，按照“重点突破、由点到面、全面铺开”的工作思路，分批次逐步开展林权类不动产登记发证工作，光泽县于 2016 年 8 月 19 日成为全省首个实现房、地、林同时“停旧发新”的县级市，具备可借鉴、可推广、可复制、可持续的不动产统一登记发证经验。全市10个县（市、区）陆续于 2016 年 10 月 31 日前颁发新证，圆满完成福建省国土资源厅和南平市政府下达的目标任务。

明确职责，开展权籍调查

不动产登记是个系统工程，必须由各部门和全社会的协同配合来完成。然而，林权类权籍调查点多面广，不动产登记中心人员不足，林权调查工作图纸不兼容，林权权属实地界线和林权权利人情况复杂，这些问题严重影响了不动产登记中心林权类权籍调查的正常开展。有鉴于此，南平市由市政府牵头召开国土、林业两部门联席会议，研究解决涉及林权类不动产登记的具体问题。建阳区通过成立“林权类不动产登记工作协调小组”，明确由林业部门继续负责林权类不动产的权籍调查与实地查看工作，并对有关历史遗留问题的调查衔接与处理进行了职责分工。南平市国土资源局负责林权类不动产权籍调查的审核以及登记申请的受理、审核、登记、发证和登记材料归档等工作。南平市规范开展林权类不动产权籍调查的步骤，采用内外业核实和实地调查相结合的方法，按照“提出调查申请—收集相关资料—发放指界通知—开展权籍调查—成果审查及入库”等步骤进行林权类不动产权属调查，为建阳区顺利发放林权类不动产权证书提供了有力保障。

夯实人员基础，再造登记流程

人的因素是第一要素。全市林业部门共划转 32 人，其中市本级划转 3 人，县（市、区）划转 29 人。由林业部门划转到不动产登记中心的人员都是林权登记业务骨干，熟悉各类林权登记实务，是做好林权登记发证工作的保障。南平市本级和建阳区、光泽县林权登记专业技术人员结合前期试点工作经验和做法，积极参与《福建省国土资源厅关于进一步做好林权类不动产登记工作的通知》的起草制定。南平市组织房、地、林业务骨干深入研究不动产登记业务操作规范，与技术支撑单位人员全面梳理各类林权登记业务、流程，汲取各地不动产登记工作中总结出来的好经验、好做法，充分发挥不动产登记业务骨干对登记流程精通业务以及单位开发人员熟悉软件开发的优势，确定林权类不动产登记工作程序和步骤，再造登记流程。

数据难点，逐个击破

南平市重点分析原林权数据转换难点，并完成以下工作。

依据林地所有权、林地使用权、森林树木所有权、森林树木使用权，完成原林权权利类型与不动产权利类型转换；依据是否存在承包关系，完成权利类型与使用权期限关系分析及分类；依据原林权电子数据、档案数据，清理林地使用权人与森林、林木所有权人不一致情况，达到地木一体登记；开展证书信息分析，完成证书信息结构转换；开展林权宗地图形缺失补录工作，解决图形缺失及图数不一致问题；计算林权宗地质心位置，判断林权宗地质心所在子区，根据林权宗地质心位置预编不动产单元号；因比例尺不同原因，造成林权宗地与建设用地、集体土地所有权空间存在重叠等情况，罗列区域清单，由国土、林业部门共同解决。最终，形成图形数据、属性数据、档案数据三者一致的结果，实现一体化管理。

全力以赴，系统开发

为顺利完成林权登记发证工作，全市集中人力、财力、物力支持建阳区、光泽县做好林权类不动产登记发证工作，组织力量全力以赴进行系统开发。在确定全市不动产登记信息系统采用统一软件、服务器集中托管的基础上，要求技术支撑单位加大研发力度，开发适合南平市统一使用的登记发证系统。

做好档案移交，实现信息共享

为了做好不动产登记资料移交工作，南平市国土资源局积极协调住建、林业等部门，制订移交方案，确定移交清单，有序开展数据档案移交工作。针对已移交的登记数据进行严格规范管理，实行全程监控，确保资料不遗失、不损坏。同时，高度重视不动产登记基础数据资料保密工作，与技术支撑单位签订保密协议，明确信息安全责任。加强部门协调，搭建信息沟通渠道。建阳区和光泽县不动产登记中心与林业局建立健全信息共享机制，实现不动产登记有关信息与林业部门采伐审批等信息实时互通共享。要求林权抵押登记、查封登记应与林业主管部门的采伐审批、产权交易等环节衔接；林业主管部门也应将林地征收审批、林木采伐审批、生态公益林区划调整、小班因子变化等信息，及时推送给不动产登记机构。

选自《中国不动产》第 30 期

普洱：翻越“关山”砥砺前行

郭岸英　张　琳

“边陲地区，情况有点复杂，普洱是个山区，工作就像是翻山，一步一步走总能翻过去！不动产登记是一场硬仗，考验我们多方面的协调能力，同时也考验信息化建设的能力和成果。”云南省普洱市国土资源局局长李荣说。

普洱市位于滇西南，“一市连三国、一江通五邻”，全市10个县区中有9个是少数民族自治县。2016年3月18日，宁洱哈尼族彝族自治县发出的第一本不动产权证书，是普洱市不动产统一登记工作正式落地全面推进的标志。

宁洱这个少数民族县域的不动产登记中心在成立之初，就明确了“一站式”服务的窗口建设目标，不但将工商、税务、地产事务所、不动产测绘、房产交易、公证等部门融合在一个办事大厅，还将国土、住建、农科、林业的登记资料和房屋登记资料移交并整合，为其他县市登记工作的推进树立了榜样。

根据国土资源部相关要求，必须严格规范农村集体土地确权登记发证行为。开展农村“两权”发证工作，这一工作在启动之时着实有点难倒了普洱局。在普洱的偏远山区，有些地方连地图都没有，农村房地一体的不动产确权登记成了“难上难”。

就在记者采访时，一个怀抱男孩的少数民族母亲带着材料来为宁洱镇新塘村的一处农村宅基地办手续，这是该宅基地使用权的首次申请。“有了这个证心里踏实。”这个叫春兰的母亲笑着说道。

“不动产登记是一块硬骨头，不过我们依旧按时完成了任务。”普洱市国土资源局不动产登记局局长彭恒说，“现在各个县市的发证工作已经基本完成，正在进行全市的不动产数据整合。”

普洱市地处云贵高原西南边缘，山地面积占城市总面积的98.3%，地质环境脆弱，地灾隐患点多。2016年共计发生地质灾害104起，造成直接经济损失469.7万元。每年滑坡、泥石流等自然灾害之后，受灾老百姓重建房屋申请的不动产登记工作，不仅事关土地管理，更是登记机构的一项重任。

张宇是普洱市思茅区不动产登记中心负责实地测量的工作人员，每天都在外面跑，经常一个月在办公室也待不了几天。他最头疼的就是受灾房屋的重新测量——“位置可能会发生变化，即使原地重建的也会有差别，这给我们数据的动态更新带来了不小的困难。”

“每年大小各种地质灾害，老百姓受损的房屋多，重建的不动产只要符合条件，我们都会优先办理。”普洱市国土资源局副局长李双珍说。截至目前，普洱局房屋所有权初始登记（个人商品房）办结率达到78.28%，国有建设用地使用权及房屋所有权抵押初始登记办结率为84.09%。这一数字背后，是普洱国土人辛勤努力的成果。

据悉，普洱市的地籍管理系统正在建设和完善中。李荣告诉记者：“现在我们正在整合已确权登记的各类不动产登记数据，建设图属一致、城乡一体的不动产权籍数据库。这也便于我们明晰下一步的着力点，提升效率，降低行政成本。”

选自《中国不动产》第29期

宜春：服务到家凭真心

龙回仁　王　平

一年时间不到，已上门服务 112 次，收到服务对象送来锦旗 17 面、感谢信 8 封。江西省宜春市不动产登记中心（以下简称“中心”）本着特事特办的服务宗旨，不断完善便民利民爱民举措，树立了政府窗口的良好形象。

该中心目前共有工作人员 35 人，其中共产党员 21 名。中心以服务群众为己任，针对因病、残、老、孕等行动不便且不能亲自到大厅登记的办事群众，推出“延时办理、预约办理、上门办理、跟踪办理”的特色服务，让服务对象深切感受到了不动产登记工作人性化服务的温暖。

休息日上门为老人办证

“太感谢了，没想到你们周末还冒着大雨来上门服务，太暖人心了。”家住袁州区芦祝巷的乐连秀女士卧病在床，对于前来帮她办理过户手续的中心工作人员苏绍春和袁志鹏，她谢声连连。

乐女士病重多年，想在有生之年把自己名下的房产赠予其孙子黄先生。2016 年 4 月 8 日下午，黄先生急匆匆地来到中心窗口咨询不动产转移（赠予）业务，当听完工作人员介绍办事流程后，黄先生焦急万分，告诉工作人员老人已 80 多岁高龄，重病住院多年，靠氧气瓶呼吸，行动不便，根本不可能亲自前来办理手续。中心副主任袁升海得知这一情况，立即派人上门服务。

第二天上午是个周六，天下着暴雨，苏绍春和袁志鹏带上相关资料，冒雨前往乐女士家里上门服务。乐女士身体极度虚弱，还插着氧气管，她看到工作人员时很是激动。在核对完乐女士及其孙子黄先生的身份信息后，苏绍春搀扶着乐女士坐了起来，让她在不动产登记表格上签了名、并按上了手印，完成了不动产登记的前期手续。乐女士不禁热泪盈眶，一旁的黄先生也激动地感谢着。

在医院办理交易登记

8月17日，宜春市妇幼保健（第四人民）医院内。刚刚当上妈妈还躺在医院病床上休养的易卫凤女士，对上门服务的中心工作人员由衷地说："你们这种助人为乐、敬业奉献的精神实在让我钦佩！"

对于易女士来说，最近可谓喜事连连。易女士上周刚刚当上了母亲，而她购买的房子正好也可以办理不动产过户。

但是因为刚生完宝宝，无法亲自来中心办理手续，而易女士想早点拿到自己的不动产权证书，于是委托丈夫前来咨询可否上门服务。中心登记二科科长袁伙根了解这事情后，立即安排同事到医院帮助易女士和原房东进行面签。

当天气温高达40多摄氏度，两位工作人员从办公地点宜阳大厦出发，骑车30分钟后到达坐落在袁山大道上的宜春市妇幼保健医院。在8楼休息室里，工作人员详细查看了易女士和原房东的基本资料，然后把相关资料一一摆在病床上让买卖双方仔细阅读，并耐心地讲解相关政策和办事流程。穿着宽松孕妇装的易女士坐在病床上，原房主蹲在病床边，都在认真听着工作人员的讲解，并仔细询问着不明白的地方，最后双方愉快地在病床上签了字并办理了面签及过户手续。

看到登记手续完成后，易女士一边感谢登记工作人员，一边开心地抱着宝宝说："宝贝，你真是妈妈的福星，我们马上就有新房住了！"

用行动感动着八旬志愿者

2016年9月28日，中心工作人员周莹和袁志鹏从市里驱车半个多小时，赶到了地处郊区的怡兰花园欧阳财保老先生家中，为其补证。

因保管不善，欧阳先生的房产证遗失，一直想补办，但因残疾多年一直坐在轮椅上，不能亲自到登记窗口进行面签申请补证。在得知中心推出了上门登记的服务形式后，欧阳老先生便抱着试试看的态度，于 9 月 28 日拨打了中心的咨询电话，没想到中心当天就安排工作人员上门服务了。

欧阳老先生得知登记人员上门服务，非常感动，特意穿上他最引以为豪的义工志愿者服装。当工作人员周莹看到欧阳老先生用颤抖的双手握笔准备填写表格时，便弯着腰，站在他的身边对老先生说："老人家，您写字不方便，我先帮您填写表格，然后读给您听，你觉得没问题，就签一下你的名字。"周莹每填完一张表格，就一字一句地读给欧阳老先生听，确定他完全听明白以后，才让他在表格上签下了自己的名字，按下手印。最后欧阳老先生在两位工作人员的帮助下顺利完成了遗失补证的手续。

欧阳老先生的夫人尹女士也很感动，说："太感谢了，老头子原来就是义工志愿者，却因病重劳累坐上了轮椅，我本还一直抱怨他做自愿者，看到你们的服务既周到又快捷，觉得还真是好人有好报啊。"

记者问上门服务次数最多的袁志鹏和苏绍春，平均每月 10 次上门办证，会不会觉得很累？

苏绍春告诉记者，他原来在房管局窗口上班，那里也有上门服务，但都是先预约然后集中上门服务，一般都是一个星期安排一次，少的话就半个月一次。"调到这里后，要求不一样了，我们中心要求，群众提出的上门服务请求要尽早解决，当天实在没有时间的话，最迟第二天要安排工作人员上门服务。我们现在上门服务的次数更多、更辛苦、更累。"他说。

袁志鹏表示说实话确实比较累，但每当看见群众焦急的脸色、期盼的眼神、感激的目光，就会觉得，再苦再累都是值得的。他还表示，作为一名年轻的党员干部，更要发扬不怕苦不怕累的精神，把宜春国土人的优良作风传承下去。

中心副主任、行政服务科科长易香兰告诉记者，苏绍春和袁志鹏只是中心的优秀代表，其实中心的每一位同志都非常辛苦。这里的工作人员都养成了上班时间尽量少喝水的习惯，以减少上厕所的次数。来中心办事的群众非常多，有时要排长队，都比较急，如果有人起身，就要问你去干什么、要多久、什么时候回来。所以中心的工作人员都养成了上班前上好厕所、上班期间少喝水的习惯。

宜春市国土资源兼不动产登记局局长冷世民告诉记者，局党组要求，党员干部必须发挥模范带头作用，凡是有特殊需要的服务对象，党员干部都应积极主动上门服务。

面对日益剧增的业务量，中心采取节假日“不打烊”“延时办理、预约办理、上门办理、跟踪办理”的特色服务，确保了民众当天申请、当天受理完毕、承诺时限内办结。

自“新开旧停”以来，中心已受理业务 5 万余件，办结量达 4.8 万件，发放不动产权证书 1.2 万多本、不动产登记证明近 3 万份，平均每日受理业务就有 100 件之多，在办证高峰期，一天的受理量将近 1000 件。

选自《中国不动产》第 25 期

无锡："四大工程"，提升登记能力

李安国

2015 年 8 月，江苏省无锡市正式设立不动产登记局，全面完成职责整合和机构设置，自此拉开了统一登记新征程。一年多来，无锡从试行三级房地联办，到颁发第一本不动产权证书，从市区先行，到市域全覆盖。不动产登记服务离老百姓更近了，不动产登记队伍也在"四大工程"中得到了充分锻造和锤炼，成为不动产登记改革落地的又一生动注解。

目标工程

早在 2013 年，无锡市国土资源局（以下简称"无锡局"）就创建并实行以"全流程优化审批、全区域便民服务、全业务网上办理、全节点效能监管"为核心的"四全"服务模式。"四全"改革提出的"同城通接""就近办理""标准化服务""机关围着窗口转、窗口围着群众转"等核心理念也在土地登记业务中被贯彻得淋漓尽致。

无锡不动产登记改革注重再造流程、提升服务、规范窗口，着力锻造一支完全胜任"四全"模式运行需要的不动产登记队伍。

实施流程再造。无锡以整合后的房地登记业务为基础，初步形成不动产登记 7 大类 62 种类型的业务流程。全面梳理审批事项，除政策要求必须实行完整审核的土地权属登记、房地初始登记以及需要现场查看、需要公告等登记类型，其余一律采用简易审核程序。经论证，已陆续实现包括个人购买商品房、拆迁安置房转移登记、抵押注销登记、查（解）封登记、商品房预告登记、异议登记等 6 项业务的立等可取服务，登记立等可取类业务将达到总业务量的 60%，基本覆盖个人业务。无锡局还简化收件资料，将没有明文规定的收件一律取消，内部环节可产生的材料一律不要求群众重复提供。

建立服务标准。“四全”服务模式的另一核心经验，就是建立标准服务体系。2015 年 4 月，由多个业务部门共同攻关、组织汇编的《无锡国土“四全”服务窗口公共服务规范》正式发布实施；同年 9 月，更具操作性的《无锡国土“四全”服务标准化实务手册》出台；不动产登记收费事项和不动产登记文书材料也得到同步规范。无锡国土资源“四全”服务窗口公共服务标准成功获批成为国家第三批社会管理和公共服务综合标准化试点项目，并在为期两年的试点期间，持续完善，形成一套更加完整并涵盖不动产统一登记的国土“四全”窗口服务标准体系。

规范窗口建设。无锡市区原有国土资源“四全”窗口 41 个、房产服务窗口 5 个，几乎覆盖了所有板块，蓄积了良好的优势资源。在此基础上，无锡局实施了服务布点“三步走”计划：“房地合一”前，将原锡山、惠山、滨湖、新区和城区五个登记分中心服务窗口进行优化整合，引入公证、税务、评估、不动产测绘等综合配套服务部门进站设点；全面实施不动产登记制度后，首批开通 16 个登记服务网点，确保每个区至少有 2 个服务网点，受理登记业务；后又举全市之力增设不动产登记“四全”服务网点，陆续开通 A 类窗口（可办理全业务）7 个和 B 类窗口（办理普通商品房初始登记等个人常规业务）31 个，彻底打通区域限制，实现群众就近办理。自实施不动产登记以来，全市已受理不动产登记业务 32.12 万起，颁发不动产权证书 20.67 万本，业务量占全省办件量的 20%。

基础工程

在“房地合一”的改革进程中，无锡局首先要解决的就是人的整合、业务平台的整合、体制机制的整合。这些构成了不动产登记工作的基础，也是不动产登记人才建设的基础。

搭建组织架构。无锡明确将登记职责统一到国土部门，不动产登记局由市国土局原地籍处调整挂牌，正科级建制；市不动产登记中心为差额拨款事业单位，设18个内设机构，均相当于副科级建制，职责上完整保留了从受理到发证业务链条，明晰了与交易中心的职责边界。编制划转上，在充分尊重个人意愿的同时，严控划转总量，正式核定不动产登记中心编制169人。在人员划转到位、干部任命到位、资产处置到位、资料移交到位、场所明确到位“五到位”的基础上，无锡顺利实现了不动产登记队伍的平稳有序交接。

优化平台建设。无锡遵循“资源充分利用、技术路径最优、业务影响最小”原则，科学设计不动产登记信息系统架构，做细、做实系统建设需求分析工作，招标选择软件公司，组织开发科学实用、技术领先的不动产登记业务平台。并对接国土资源部《不动产权籍调查技术方案（试行）》，在滨湖区农房确权登记试点、锡山分局地籍GIS建设和原产监处房产GIS建库工作基础上，按照“地→楼→房”逻辑关系，将房屋产籍管理和地籍管理图形库及数据库进行嫁接与整合，建设图簿一体的不动产权籍中心数据库，并同步建立权籍变更动态调查和基础图修补测管理机制，确保图形数据的现势性。此外，还设计互通共融的不动产登记档案管理云平台，以不动产登记信息化建设成果为基础，通过有效的整合互联，设计涵盖互联网、业务网与内网三种模式，服务范围遍布市—县（区）—乡（街道）三个层面的“智慧云”平台，实现登记档案的异地查询申请和受理。

完善制度体系。按照国家、部、省最新动态和部署要求，无锡积极谋划形成了不动产登记相关制度和政策，包括《不动产统一登记工作方案》《不动产登记职责和架构方案》《不动产登记立法调研计划》《不动产登记窗口建设实施方案》等，为统筹推进市不动产登记工作提供制度保障。并由市不动产登记局牵头，设立由房产管理、土地管理、不动产测绘、民商法学等方面专业资深人士组成的不动产登记审核专家委员会，负责会审不动产登记重大疑难事项。通过制度体系的建设，为不动产登记人才建设提供有力的机制保障，使其逐步迈上规范化轨道。

培训工程

改革进入深水区，亟待一批具备不动产登记全业务的高素质人才到位，不动产登记培训显得尤为紧迫和重要。无锡局坚持把培训作为人才建设的主渠道，分析人员知识结构和岗位能力要求，以立体化的培训体系提升人才培训实效，为推动不动产登记改革发展提供坚强的人才保证。

夯实培训基础。一是改造教学场所。花费200余万元在无锡市土地交易市场大楼建设一个能容纳50人的电教化培训中心，长年为不动产登记干部职工、特别是在一线服务的干部职工，提供学习和轮训的机会。二是编写教学教材。已先后制定了7期《不动产登记内部指引》，对52项具体业务逐一进行明确。三是制订不让公务在我这里延误、不让差错在我这里发生、不让人民群众的不满情绪在我这里引起、不让党和政府的形象在我这里受损培训计划。年初即拟订全年的不动产登记培训计划，并先后组织了涵盖多个专题的培训。此外，培训除按照岗位因岗施教外，还按照培训对象层级如分管镇长、分局领导班子、国土所长、登记人员、国土管理等其他人员进行因人施教。

活跃培训方式。一是走出去、请进来：主动赴徐州、南京、常州等地学习考察，并利用开办“国土大讲堂”的机会，邀请知名教授学者授课。二是委托市委党校，每年定期举办不动产登记知识培训班，对全市不动产登记干部进行轮训；同时，让身边的业务骨干走上讲台授课，定期开展不动产登记业务培训，2016年已开办培训班9期，培训人次达400余次。三是在办公平台OA系统建立不动产登记论坛，在线咨询、答疑，并组织每半月一次的例会，实践中通过论坛和例会共解决疑难问题500多个。同时，通过在全系统组织“与法同行统一登记”知识竞赛，掀起不动产登记赛理论、比技能的高潮。滨湖分局还创造性地开发了不动产登记移动服务车，“进社区、现场教”，实现服务群众需要和提升队伍素质“双赢”。

经过培训的干部职工特别是一线的工作人员，业务技能更加娴熟，服务保障效能明显提速；原先商品房、房改房、经济适用房等办证需要半个月，现已压缩至一周左右。

融合工程

不动产统一登记实施后，原房管部门承担房屋登记和国土部门承担土地登记的人员面临整合，受原工作单位和环境的影响，必然会出现服务思想和理念上的碰撞。这些问题解决不好，将会直接影响改革的实际成效。

打牢思想基础，确保人员“合心”。无锡局积极倡导“四个不让”，即不让公务在我这里延误、不让差错在我这里发生、不让人民群众的不满情绪在我这里引起、不让党和政府的形象在我这里受损，凝练“敏思、笃行、担当”的精神，强化干部职工敬业奉献意识；同时，进一步提出“三个看齐”，即“班子向班长看齐、干部向班子看齐、群众向干部看齐”，为推行行政审批制度改革打下了良好的思想基础。此外，还组织登记中心干部职工聆听“中国好人”顾哲同志先进事迹报告会，并将《顾哲故事选》人手一本下发，激发干部职工开拓进取、忠诚担当的正能量。

化解对接矛盾，确保队伍“合力”。为确保平稳过渡，无锡局派出业务骨干，协助分中心做好衔接工作，扶上马、送一程，并抽调原国土服务窗口工作人员到分中心进行轮训，在学习提高业务能力的同时，分担分中心人员工作量，增进房屋、土地部门的相互了解，提升工作融合度。不动产登记涉及千家万户的利益，复议、诉讼等统一登记前就存在的问题，仅靠登记机构自身力量短时间内很难解决。为此，无锡局将房屋登记和土地登记两方面的法规力量予以整合，形成统一的“大法规”，统筹指导争议案件处理等相关法律业务，坚守法律底线。此外，无锡局还制订了不动产登记信息整合的方案，试点研究推进土地、房屋登记数据融合工作，先后在滨湖区、宜兴市开展农村住房和宅基地登记信息整合试点，在锡山区开展住宅小区房地数据整合试点，在新吴区开展工业厂房房地数据整合试点等。

优化体制机制，确保工作“合拍”。优质高效的不动产登记服务，离不开科学顺畅的体制机制。为此，无锡局审时度势、大胆提出了“搁置争议、聚焦服务”的思路。为激发干事创业的热情和动力，无锡局建立了统一、公平、科学的考核制度和优胜劣汰、奖勤罚懒的结果使用机制，将考核结果与干部使用、财政预算、绩效工资、评先树优、机构编制调整挂钩；开展季度窗口、窗口工作者评比活动，进行窗口视频监控抽查、窗口作风效能建设交叉检查、跨区域联合交叉检查，以健全的考核机制倒逼工作服务效能的全面提升，着力锻造不动产登记人才队伍。

选自《中国不动产》第22期

邵阳：无人机领飞新领域

高荣唱　李军晶　贺　正

“准备，发射！”6月2日上午10点40分，湖南省邵阳市郊一片开阔的工矿废弃地上，随着操作口令响起，一架白色的固定翼无人机弹射起飞。它即将进行1小时的低空航测，为邵阳市不动产登记中心（以下简称“中心”）提供空间影像数据资料。无人机直接辅助不动产登记，这在国内登记领域尚属罕见。

无人机飞进登记领域

“有了无人机，邵阳城区影像更新周期为6个月左右，可随时对指定区域进行航测。只要天气允许，能实行不间断飞行就行。”在起飞地点临时搭建的操作棚里，中心负责人夏春生边介绍边调整好笔记本电脑，向记者展示了无人机传回的实时数据。当天邵阳市下过小雨，能见度并不理想，但随着无人机的移动，机身内GPS定位的坐标数据随之变化，摄像机回传的不动产影像也清晰可见。

据介绍，2013年10月，中心的前身原邵阳市房产产权监理处成立GIST科室，专门负责无人机数据采集、处理、更新、共享。此后近3年，无人机立下了汗马功劳——飞行280余架次，累计处理3000平方千米以上航拍数据。

以此为基础建立的历史空间影像数据库，覆盖市辖3区及部分所属县，保存不同时期的遥感影像和房屋现状图片。这就丰富和完善了登记历史信息数据，降低了不动产登记领域测绘图形建库成本，缩短了建库周期。

“其实中心从2011年就开始尝试采用无人机辅助登记工作。”夏春生说。使用无人机并非中心拍脑袋、博眼球的决定，在最初，无人机甚至并非首选。

“当时卫星影像购买成本高，更新周期长，不能满足不动产登记领域的业务需求。”GIST 科室的技术人员说。为此，他们考虑过热气球、航模、多旋翼无人机等，几经分析摸索才最终决定自行购买锂电池固定翼无人机进行低空航测。

目前中心采用的无人机单次飞行时间可达 90 分钟，覆盖区域约 100 平方千米，60 平方千米区域 1∶2000 分辨率的影像数据可以 1 天出成果图，性能稳定，性价比较高。

据介绍，无人机作为登记人员实地勘查、审核等的辅助手段，一方面能使登记权籍调查更为精确，最大限度避免登记错误和风险；另一方面，结合无人机航测建立的 GIS 系统和数据直接用于不动产统一登记，累计能节省数据生产及整理费用 500 万元以上。

二维码背后的“金奖”

坐拥频繁更新的海量数据，如何使之服务于登记、服务于群众？带着这个疑问，记者来到了中心发证窗口。

工作人员选取了一本即将发放的不动产权证书，用手机扫描证书上打印的二维码，手机屏幕上立即显示出该不动产的权属情况、实物图片和地理坐标。

中心工作人员陈彦告诉记者，更别出心裁之处在于，二维码还与手机导航软件相连接，可在地图中快速定位不动产，行车路线、交通状况、周围设施一目了然。

从无人机到手机，中心用一个“金奖”实现了这个转换。邵阳市充分利用无人机采集的不动产数据，系统建立了全市统一的平台、数据库和业务服务，为将来不动产登记管理打下基础。去年，邵阳房产 GIS 系统项目从一众国家级、省市级项目中脱颖而出，一举荣获 2015 中国地理信息产业优秀工程金奖。

夏春生打开邵阳不动产登记系统，调出 2015 年 8 月的界面，影像画面中一幢大楼处在打地基的阶段。2015 年 9 月、10 月、11

月、12月……大楼“生长”过程重现。再定位到采访当天的某工地，工人施工的画面实时显示出来。

“得奖不是目的，能方便登记工作和群众办事的，才是好系统。”夏春生说，中心将GIS系统与不动产登记系统相结合，相关权利人可扫码获取不动产信息，查看实景图片，方便了权利人查询、核验，有助于保护其合法权益。这个系统的灵感来自于中心登山爱好者GPS导航的体验，本身就接地气、够生活。

而这种便利，还与中心档案管理数字化密切相关。

一分钟实现档案查询

在中心小红楼里，有一面展示墙，光绪二十八年老契纸、民国三十六年土地所有权状、1957年邵阳市人民委员会房地产所有权证……珍贵的历史档案呈现了邵阳市不动产权属证书变革历程。如今，中心以数字化档案为基础，建立“以图管不动产”的档案管理模式，被湖南省档案局评为档案工作规范化管理省特级。

目前，中心的档案查询、权属验证、出具证明和打印档案等业务实现了档案“一键查询”，随到随办。

统一登记开始推进时，为了实现房地登记档案的统一，中心转换整理房产登记数据55万条，档案1000余万页。同时，还购买了扫描仪、照相机、触摸屏和服务器存储等设备，以便将纸质档案电子化，并开发了不动产档案管理系统。这也响应了《国土资源部关于印发〈不动产登记操作规范（试行）〉的通知》中强调的，不动产登记机构要确保“电子登记资料和纸质登记资料原件按计划完整安全同步移交”的要求。

电子化的同时，中心也妥善保管纸质档案。在档案室，记者看到了排列整齐的移动密集档案柜。

“申请者只要提供不动产登记相关证书、证明号，只需一分钟时间，就可以查询到邵阳市任何一宗不动产登记的纸质档案。”中心办公室主任余光建介绍道。

而另一特色“以图管不动产”，简单来说，就是通过 GIS 图形可以直接查看登记档案、现状照片、限制状态和房屋楼盘表等不动产情况。

为此，中心付出了巨大的努力。仅在存量不动产数据整合建库阶段，就为已有的 1.5 万宗地、19 万房屋自然幢和 60 万户房屋数据建立了图形和属性的档案关联，并对查封和抵押等档案进行同步挂接。这也是无人机为不动产登记工作提供支撑的另一个特色应用。

除方便查询外，“以图管不动产”的档案管理模式能从真正意义上建立不动产的上下手流转关系，保证了档案资料的完整、准确，能有效减少登记误差，降低登记错误风险。

夏春生表示，以往常有房子已拆、证书还在的情况，“当事人一般不会主动注销，这就带来很大干扰。现在我们主动发现，进行标注，三个月一更新，有效地解决了这个问题。”

这一切努力的起点，是做好不动产登记工作、便民利民的初衷。“GIST，既是 GIST eam(GIS 团队) 的缩写，也是 Great Idea，Simple Target(宏大的构想，简单的目标) 的意思。”夏春生笑言，这也是 GIST 科室代表的整个邵阳市不动产登记中心的精神力所在。

选自《中国不动产》第 19 期

惠山：不动产登记“立等可取”

郭永彬

近日，江苏省无锡锦江花园酒店将一面写有“急企业所急，想群众所想”的锦旗，送到无锡市国土资源局惠山分局不动产登记中心窗口，对窗口为其快速办理了批量抵押业务表示感谢。

为加快推进房、地业务融合，实现不动产登记“立等可取”的目标，无锡市国土资源局惠山分局自开展不动产统一登记试点以来，不断改进审批流程和服务流程，受到企业和群众的一致好评。

精细化布局打基础

惠山分局坚持在精细化布局中筑牢不动产登记基础。首先，在网点设置上做到一步到位，在惠山不动产分中心挂牌的同时，为7个国土资源所窗口和分局办证窗口同步开通不动产统一登记业务，率先实现了不动产登记服务乡镇全覆盖。同时，着力抓好人员整合。在各窗口增派1～2名房管工作人员，选派中层骨干和业务能手赴基层所窗口工作。

同时，加快窗口技术升级改造。投入近百万元增配房产信息自主查询机、服务评价器、身份证读卡器等设备；分局信息中心人员做好系统权限下放开通和专线接通等保障工作；各窗口按照市局要求统一安装配备服务标志、窗口标识、便民工具箱等设施，并将服务流程与服务承诺上墙公布。

规范化管理增效益

“231套房地抵押业务，2个小时内完成受理到出证全部流程。”近日，江苏华广置业有限公司办事人员在办理不动产登记业务时，对惠山分局不动产登记中心高效的服务表示惊叹。

为推进原房产与土地有机融合，优化服务水平，惠山分局开展了“比技能，提升工作效能；比作风，提升服务水平；比奉献，提升国土形象”的“三比三提升”专项活动。惠山分局实行网上审核流转，将商品房转移登记、拆迁安置房转移登记、预购商品房及抵押预告登记、商品房预告登记转现房登记四项业务的审查权限下放至各服务窗口，让基层窗口直接受理、审查、发证，办证效率明显提高。在各窗口实行房管、土地登记人员轮岗制度，每次轮岗周期为2周，安排人员达40余人，实现了业务人员交流全覆盖。

惠山分局还积极组织窗口人员集中学习《不动产登记暂行条例》及其实施细则等相关政策规定，确保窗口人员业务能力始终符合服务标准。同时，积极向无锡市不动产中心提供案例，参与《无锡市不动产登记条例》立法工作。他们还成立不动产登记业务督导小组，定期赴各基层国土资源所窗口开展业务督查指导工作。针对督查和质检过程中发现的问题进行公开通报，提出整改要求，确保各项规定执行到位。

特色化服务创品牌

“在家就能领到不动产权证，真方便！”惠山区居民刘女士在收到了快递人员送达的不动产权证书时，发出了由衷地赞叹！

不动产权证书邮政快递服务是惠山分局继开展商品房转移、个人抵押等业务当场办结服务后，推出的又一便民举措。办事群众在窗口申请办理并委托快递服务后，不动产权证将在出证后两个工作日内快递到家，避免了群众来回跑。

“切实增强群众的获得感和满意感，才能让无锡‘四全’服务品牌深入人心。”惠山分局负责人说。

为叫响无锡市国土资源系统“四全”服务品牌，惠山分局围绕业务流程再造进行创新，在服务企业方面，改革共用宗批量抵押件登记业务办理流程，缩短批量抵押操作时间。在服务群众方面，实行宅基地房屋免费测量，设置“立等可取”窗口，实现8类业务当场办结。

同时，分局严格落实“首问负责、一次性告知、绿色通道”制度，推出“延时服务、预约服务、跟踪服务、上门服务”等特色服务。每年分局不动产登记科与基层国土资源所人员赴10个安置小区提供上门发证一条龙服务。

数据显示，惠山分局一年来受理企业批量抵押8次1900套不动产抵押，抵押金额达4.2亿元，企业累计所交不动产登记费仅4080元，节省登记成本98%。

选自《中国不动产》第19期

淳安：智慧不动产，细节见品质

廖梦婷　朱建明

“躺在床上这么多年，没想到平生还能享受到这待遇，感动啊……”家住浙江省淳安县枫树岭镇红光村的老汪，对上门服务的不动产登记工作人员说。前不久，淳安县国土资源局局长钱立华到办证窗口体验工作时，正好遇到安置户老汪因为高位截瘫，不能到场办理按份共有手续的情况，随即带着工作人员往返近4小时，到红光村为老汪办理了转移手续。

这是浙江省淳安县国土不动产窗口工作获得群众认可的一帧缩影。不动产统一登记在淳安落地整整一年，从“一站式”受理升级为“一窗式”受理，利用移动互联网推进智慧不动产建设，从固定窗口到为特需群众移动服务，以细节改善为切入点，用“实打实”服务与群众“心连心”。

截至8月1日，该县不动产窗口共办理登记业务约5.4万件，发放证书证明约2.74万本，办理注销5608件，查封解封1189件，查档约1.99万份，日均办理145件，连续多次获得该县“五星窗口”称号。

“一窗式”受理过户普遍缩短至一小时内

“托不动产统一登记的福，我们的中介工作也轻松了不少！原先帮客户办理过户，要在住建、地税、国土三个窗口来回跑，至少要排三次队，提交三次资料，总得三四个小时；现在只要拿齐办理材料，在一个窗口办理就行。”有15年二手房中介从业经验的鲍先生说。

以往，房屋交易、税收、登记职责分属不同的职能部门，而且是一个环环相扣、上下衔接的业务体系，多次排队耗费了群众的时间、精力，办事群众抱怨的情绪经常集中到最后一个环节——国土办证窗口。浙江省推行“最多跑一次”改革以来，淳安县不动产登记升级为“一窗式”受理，申请人只需叫一次号，一次性递交全部申报材料，即可办理不动产交易、缴税和登记业务。流程精简后，很多业务实现即办即走，房产过户的平均时间，从三四个小时普遍缩短至一小时以内。

智慧不动产数据多跑路，群众少跑腿

“感觉也就等了半分钟吧！比起以前窗口排队查询等结果，又方便又快。这个自助查询机是好东西，你们一定要好好宣传，让更多的人用起来！”拿着新打印出来的不动产登记信息查询记录，家住绿园新村的余先生连连感慨。

“快递房屋权属证明的服务太‘对味’了！昨天寄出，今天上午 10 点钟就送到了杭州市区，我们在外工作的淳安人，也实实在在享受到了家乡发展的成果！”淳安县第一位以快递方式拿到房屋权属证明的方先生这样表示。

“能用支付宝缴费，我们年轻人必须点赞支持！”刚刚前来为新房办证的医生徐先生，扫了二维码付款后对工作人员说，“我已经习惯了出门只带手机，一般用来日常消费，现在办不动产证这样的大事也能扫码支付，感觉对我们杭州这座移动之城来说，又是一个质的提升！”

从在杭州下辖区县中率先引进不动产自助查询机，到开启房屋权属证明网上申请、快递送达业务，再到实现支付宝、银联等无现金移动支付，淳安国土人正在运用“互联网 +”和大数据，推动实体办事窗口与政务服务信息平台融合发展，推进各领域信息的共享和利用，让数据多“跑路”，换取群众和企业少跑腿，甚至不跑腿。

订制菜单服务为特殊群体提供优质服务

“我们白马距离县里太远，有些年纪大的更是不方便去，幸亏窗口部门一起到村里来‘摆摊’服务，欢迎以后多来啊！”遇到到村里流动办公的窗口工作人员，白马村村民余大伯这样说。每个季度，不动产窗口都要联合其他部门下乡“摆摊”服务。

家住芙蓉苑的89岁老人余婆婆，握着国土窗口工作人员小余的手反复表示谢意：“我腿脚不利落，也不认识字，辛苦你们下雨天还来家里帮我办事。”一年来，淳安不动产窗口工作人员为在医院住院的病人、80岁以上老人和瘫痪在床的残疾人上门服务共计28次。

“经我公司和国土办证人员对接后，国土局给予了我公司极大的支持”，“我知道国土窗口平日里就很忙，一个月需要办理数千件业务，但为了尽早完成我公司的办证，周末两天及晚上，工作人员都连轴转加班加点，为我公司及时保质保量制作完成了530多本不动产权证书”，“特借此信表达我的感激之情。”一封来自某房产公司的感谢信如是说。

为行动不便的老人上门服务，为有需要的企业加急办理……一年来，淳安不动产窗口设身处地站在办事群众的立场，对特需群体实行订制菜单服务，着力打造有质量又有温情的贴心品牌，不少时候搭上了节假日。锦旗也好，感谢信也罢，抑或仅仅是群众不动产证到手时的一个笑容，或者余婆婆硬塞过来的苹果，对他们来说，已经是足够的肯定。

选自《中国国土资源报》2017年8月4日第2版

岐山：更快的速度 更优的服务

杨西民　韩启明

寒冬时节，走进陕西省岐山县不动产登记中心，几组数据让笔者印象深刻：

1.03 万件——自 2016 年 6 月 27 日正式挂牌运行以来，这个中心共办理各类登记业务 1.03 万件，为企业和个人办理抵押登记业务争取银行资金 10.82 亿元；

100%——短短一年多时间，土地存量登记数据 1500 宗，占比 100%；房产存量登记数据 3.7 万条，房地关联挂接 2.2 万户，数据整合工作率先完成；

两个率先——率先在全市完成试点镇农村房地一体宅基地和集体建设用地使用权颁证工作，率先完成不动产历史数据整合建库工作。

数字很简单，却很有说服力。它生动地告诉人们，在全国开展的建立和实施不动产统一登记制度工作中，先人一步、勇于开拓的岐山国土人，走在了全市乃至全省的前列。他们在上级有关部门的指导下，以最大的魄力、最优的服务、最快的速度，探索农业农村发展新机制，让岐山这片神奇而充满魅力的土地，焕发出了新的实力、活力和竞争力。

担使命，志存高远敢为“先”

岐山，有着悠久的历史和肥美的土地。早在商代后期，因不堪忍受游牧部落戎狄一族的侵逼，周人的先祖们就在首领古公亶父的率领下，跋山涉水，举族迁居。“周原朊朊，堇荼如饴”，就是最初来到这里的周人们，对这方热土发自内心的赞誉。

斗转星移，一晃 3000 多年过去了，人类社会发展的长河流淌到今天，这方诞生了一个伟大王朝乃至滋养了东方文明的热土，在农业农村现代化的进程中，在美丽乡村的开发和建设中，愈发显得不可多得、弥足珍贵。

土地是农民的命根子，土地管理也向来是国土资源管理的重头戏。然而，由于历史原因，多年来国土部门管理土地，住建部门登记房屋，矿产、森林资源也“各有其主”的多头管理、分散登记制度弊端凸显，不仅导致人们依法用地意识淡薄、农村宅基地及房屋手续不全，也导致农村、农民遇到的许多问题都与土地、林木、宅基地、房屋等不动产的权属模糊有关。

农村稳则天下安，农业兴则基础牢，农民富则国家盛。

近年来，随着国家一系列建立和实施不动产统一登记制度文件的出台，如何为集体经济发展提供更多的发展空间、如何激发农村发展活力、如何把改革和美丽乡村建设相结合，成为岐山县委、县政府以及岐山国土人思考最多的问题。

“周虽旧邦，其命维新。建立和实施不动产统一登记制度，是中华民族历史上的一件大事，是深化改革的一项重要内容，其基本思路就是加强耕地保护，明晰农村土地和房屋所有权、放活经营权、落实处置权，逐步建立‘归属清晰、权责明确、保护严格、流转顺畅’符合市场经济规律的现代农村产权制度。”岐山县委书记何宏年如此阐述改革的意义。

“开展这一工作，重点要推进简政放权、逐步实现一个窗口对外的有效举措；保护权利人合法财产权；最终目的是通过对农村土地确权发证并允许其流转，逐步实现城乡土地‘同地同权’，解决农村集体经济薄弱、土地流转不顺畅、农业经济碎片化等问题，促进城乡统筹发展。”县长吴维强多次提出这样的要求。正是基于这样的认识和要求，2016 年 6 月 27 日，岐山县不动产登记中心率先在全市挂牌运行。县委、县政府严格按照国家对不动产登记机构、职责整合的指导意见，从县国土资源、林业、住建等部门，将专门从事各类登记业务的骨干全部整合划转到中心，开展不动产统一登记工作。

整合历史数据、开展权籍调查、确权登记发证、创新服务理念、优化办事流程、创建全国百佳……中心成立以来，牢记宗旨，不辱使命，鼓励探索，积累经验，坚持问题导向持续推进工作开展，并在实践中敢先行、真先行、善先行。短短一年多时间，不但率先完成存量数据整合工作，正式接入国家信息平台，而且全面完成京当镇农村房地一体确权登记发证试点工作，让村民率先拿到全市首批农房不动产权证书，创造了可复制、可推广的“京当经验”“岐山样本”。

党的十九大报告中首次提出了乡村振兴战略，提出要坚持农业农村优先发展，按照“产业兴旺、生态宜居、乡风文明、治理有效、生活富裕”的总要求，建立健全城乡融合发展体制机制和政策体系，加快推进农业农村现代化。“今后我们的工作将严格贯彻落实这一要求，将不动产登记工作同美丽乡村建设、脱贫移民搬迁紧密结合，以加快城乡融合发展为重要实践载体，最大限度地利用土地资源去激活农村发展活力，把资源优势转化为农民致富源泉，实现国土开发方式从生产空间为主导向‘生产、生活、生态’空间协调发展的转变，推动美丽乡村建设从‘环境美”向“发展美’升级转型。”岐山县国土资源局局长兼不动产登记局局长陈小周对此信心满满。

重服务，便民利民追求“优”

这是一个真实故事。

坐落于蔡家坡的西北机器有限公司是一家大型企业。今年3月，企业一重大生产技改项目要实施，由于自有资金紧张，企业准备向银行申请贷款。银行贷款需要有资产抵押，这不难办，毕竟企业有不少厂房、机器设备和国有土地使用权等，都可作为抵押资产。问题是这些能够作为抵押的资产却偏偏没有不动产权证。

屋漏偏逢连阴雨。更令企业头疼的是，这一技改项目有时间要求，如果错过时间节点，企业将面临破产的危险。可是办理不动产权证需要申请、登记、测量、评估等许多环节，绝非短时间可以办好。一时间，企业领导的心都凉了。

县不动产登记中心闻讯，上到局长、下到具体办事人员，全都紧急行动起来，主动上门服务，深入现场办公，并主动协调银行，指导企业备齐各类登记所需资料。同时，为企业开启了登记“快车道”一对一服务。

一天时间，中心办结了不动产登记、抵押登记，从源头上解决了企业房屋所有权、国有土地使用权登记的问题，化解了企业融资贷款难题，确保了2亿元贷款资金按时到位，保证了企业重大生产建设项目如期实施。

像这样的故事，还有很多很多

岐山县不动产登记中心主任赵乃堂说，实行不动产统一登记的核心目的就是便民利民，要达到这个目的，就要机制上创新，观念上放权，服务上务实，操作上简便，速度上高效。而这一切，都要追求一个“优”字。围绕这个“优”字，他们坚持高效、便民、创新、全面的服务理念，不断拓展服务领域，不断优化办事流程，一年来的工作可谓精彩不断，亮点纷呈。

——压缩时限，提高效率。公开向社会承诺不动产登记办结时限，查封登记、异议登记、查询查档业务即时登记即时办结；预告登记、注销登记、抵押登记当日登记当日办结，真正做到“让电脑里的数据多跑路，让来办事的群众少跑腿”。对那些急需拿证的群众，中心提供延时服务，什么时候办好，什么时候下班。

——依法依规，高效运行。针对当前房地产市场出现的资金不足等问题，登记中心在办理首次登记时依法依规为开发企业按照不动产单元划分办理所有的不动产证书，企业拿到产权证后，就可将未依法出售的房产，向银行申请抵押贷款，这样既盘活了房地产市场，也为企业解决了资金运转问题，服务企业，回报社会。

——创新服务，上门办理。设置“绿色通道”，对重点企业、民生工程等，采取提前介入、跟踪服务；将受理批量业务与零散业务、单位业务与个人业务、即时办结业务与承诺时限办结业务区分开来，以精细化管理为群众节省时间。对有批量办证需要的小区，安排工作人员实行上门指导服务；对登记量大和业务集中的小区上门发证；对老、弱、病、残等特殊客户，安排专人受理。同时将登记业务受理前台延伸到小区、家庭、医院、厂区，用实际行动践行工作宗旨。全年共为特殊群体提供登记服务150人次。

——延伸下沉，方便群众。中心在经济发展重镇蔡家坡设置了便民登记大厅，各乡镇设不动产登记中心，各行政村村委会设立不动产登记收件窗口，负责权籍调查、现场查看、资料收集和政策解答，并完成受理、初审、发证工作，将登记窗口延伸到基层，方便群众就近办理。全县不动产登记业务同城通办。让群众足不出乡镇就能办理各类不动产登记业务，并在实践中探索出了一个“就近申请、属地受理、快速调查、统一录入、分级审核、高效缮领”的便民服务新模式。

——便民举措，精细贴心。办证大厅窗口服务是不动产登记整体形象。走进建筑面积1000平方米的办证大厅，便利温馨是所有前来办事群众的感受。自主信息查询、业务咨询、申请表单填表区、业务办理区、休息区五大功能分区布局合理，便民婴儿车、医用急救箱、工具箱、书报架、饮水机、残障人士专用卫生间等一应俱全，大厅内醒目位置设立的咨询台，提供专业周到的服务。这种“一个窗口”受理、“一站式”服务的工作模式，不但受到前来检查指导工作的省市领导的肯定，而且被广大群众亲切地称为“便民利民中心”。

破难题，确权登记突出“实”

建立和实施不动产统一登记制度，不仅是一个复杂系统的惠民工程，更是一场触及社会深层次矛盾的艰难改革。

回顾农村改革历程，实际上就是农民权益不断实化的过程。

上世纪80年代，农村实行家庭联产承包经营责任制，让农民有其“地”；进入新世纪，农村推行税费改革，免除了农业税，让农民得其“利”；现在进行的农村产权制度改革，实际上是让农民拥其“权”，有效地解决农村产权虚置问题，实现产权明晰、权益到人。

在这场以人民为中心的改革中，如何让农民拥其“权”、如何让闲置的房屋、土地等资源活起来，如何把改革和合理建设开发、耕地占补平衡以及脱贫移民安家等紧密结合起来，都是亟待解决的难题。

对此，岐山国土人的做法是，从最基础的工作入手，从群众最期盼的领域做起，从制约农村、农业发展最突出的问题改起，找准重点、突破难点，着力增强改革举措的针对性和实效性。

农村“房地一体”确权发证工作是群众最关心的问题，也是不动产统一登记之中的难中之最。土地边界不清、权属不明、矛盾纠纷错综复杂、历史遗留问题剪不断理还乱，甚至让一些参与这项工作的人望而却步。

北与麟游交界、东和扶风接壤的岐山县京当镇历史悠久，并以地处先周京城当中而得名。在推进宅基地和集体建设用地使用权确权登记发证工作中，京当镇被列为试点镇。面对诸多历史遗留问题，县委、县政府高度重视，制定了一系列工作方案，要求县不动产登记局破除惯性思维，以问题为导向，以尊重历史、尊重事实为原则，在农村土地确权登记发证工作中，始终坚持充分尊重群众意愿，切实保障农民群众的知情权、参与权和监督权，依法保障农民的合法利益，把各种矛盾解决在确权之前，切切实实把确权登记工作办好办实，不做“夹生饭”，不留后遗症。

为破解难题，确保确权登记发证工作落在实处，县上实行“三支队伍”同步推进，即由村组干部、村民代表组建的指界队伍，由国土资源部门和作业队伍抽调人员组成的权属调查队伍，以及相关技术单位组成的专业技术队伍同步开展工作；对土地权属纠纷调处，则坚持“预先排查、提前排查、及时调处”的原则，将矛盾化解于萌芽……

“整个工作遵循‘先地后房’‘房随地走’原则，做到房地权利主体一致。对于登记过程中形成的资料将进行整理、装订并完成扫描建库，形成‘一户一档’的数字化管理系统。”工作人员介绍说，这里的“地”是指宅基地，“房”是指住房。“房地一体”就是说房子与宅基地主体一致。

宝鸡金诚不动产评估咨询有限公司是负责京当镇村庄数字地籍调查项目测绘的单位。公司负责人介绍说，他们的任务就是查实宗地的权属、位置、界址及土地利用状况现场，这项工作的要求就一个字——“实”。如果有一点失误，损害的不仅是农民的利益，而且也会对国土部门带来信任危机。

为此，调查测绘人员每天都是走村入户，通过GNSS卫星定位系统、无人机航测、全站仪、数字水准仪、手持测距仪等仪器设备，对农村宅基地进行高精度大比例尺1∶500地形地籍测绘，并对宗地的地形地籍要素、权利人、坐落、面积、四至、界址、用途、地类信息等数据信息进行调查与收集整理，输入数据库。

在调查实测的基础上，还要通过召开村民大会、村民代表大会或村民议事会，将实测结果、人地矛盾突出等问题交给群众讨论，通过民主协商的办法解决历史遗留的土地权属难题。同时，对每家每户的实测结果进行公示，接受群众监督。“好在各级政府前期作了细致的宣传动员工作，试点镇的群众对于政府推动农村宅基地、房产证二证合一为不动产权证都很支持。”金诚公司的测绘人员说。

截至2017年12月，京当镇农村房地一体宅基地和集体建设用地使用权地籍调查工作涉及的地籍调查、权属界线测量、建立村庄地籍调查数据库、图件及表册成果、文档资料等各项工作已全部完成。其中，调查宅基地2928宗，调查率100%。村民率先拥有了与城镇居民一样的不动产权证。这样一来，村民们就能在金融机构办理抵押贷款业务，让农村“沉睡的资源”真正变成了“流动资本”，切实让农民财产权就“动”起来了。激活了农业农村内生发展动力，依法推进了农业供给侧结构性改革。

抓队伍，筑牢国土铁军“魂”

“五铁”精神，是岐山县不动产登记局抓队伍、强素质的一个标准，也是他们筑牢国土铁军的“魂”。

在抓登记队伍建设上，他们始终把政治上铁心向党；能力上铁肩担当；作风上铁胆敢为；业绩上铁意开拓；操守上铁志守纪的“五铁”精神抓实抓细。

不动产统一登记是一项政策性十分强的棘手活。没有“五铁”精神是干不好、干不成的。为此，全局坚持以“追赶超越”为引领，教育干部职工争当追赶超越示范军、尖刀连、排头兵。坚持以“三项机制”为保障，把从严管理与关心爱护相统一，鼓励创新与宽容失误相统一，充分调动干部职工干事创业的积极性、主动性、创造性。坚持以“问题导向”为起点，针对薄弱环节和突出短板，认真研究思考，抓住问题要害，精准施策发力，解决矛盾问题，增强干部职工执行力、创造力、战斗力。坚持以“优化服务”为重点，不断深化队伍建设，深化服务建设，深化业务能力建设。在全体工作人员的思想深处筑牢了国土铁军的军魂。

“当天睡当天起。”岐山县不动产登记中心小宋用这样一句话来说明他们从最基础工作入手时的艰辛和业绩上的铁意开拓。

过去，由于“九龙治水”，不同的数据档案保存在不同部门，受条件限制许多不动产的数据不够详实。中心成立后，先后接收各类不动产登记历史档案 4.1 万余卷。为完成这些数据整合工作，建立完整的不动产登记信息数据库，中心的工作人员真正是“5+2”的工作量、“白 + 黑”的工作时。

“工作到凌晨一两点才睡，早上七点就又起床了，你看是不是当天睡当天起。”档案管理员小崔自信地说，就是凭着这股干劲，他们建立起了省级 AA 级综合档案室，并用不到一年时间正式接入国家不动产登记信息平台，成为全市首个接入的县区；历史存量数据全部汇交国家数据库，自检合格率达到 100%。

不动产统一登记工作任重道远，要走的路还有很长。建立和实施不动产统一登记制度，不仅对方便企业和群众有重大意义，也是不动产登记实践工作者的“中国梦”。从这一点上说，岐山国土人的理想和未来，就在希望的田野上。

选自《中国国土资源报》2017 年 12 月 8 日第 1 版

沙湾：跑出不动产登记“加速度”

张　阳

11 月的新疆沙湾县千泉湖，湖底 3000 多个泉眼急速涌流，一如沙湾县不动产统一登记改革的风起浪涌，马不停蹄。

“原来 3 ～ 5 个工作日能办好的产权证，现在 1 ～ 2 个工作日就能办好，最快一个半小时。我们还启动了‘互联网 + 政务服务’平台，居民在家上网提交相关资料信息后，一个工作日内就能拿到产权证。”沙湾县不动产登记中心主任刘昊天洋溢着满脸的自豪告诉记者，“虽远在祖国西北边陲，可我们的改革却不比江浙地区落后。”

这就是沙湾县不动产登记中心成立一年来，不断换位思考、提高工作效率、提升服务群众水平和能力的真实写照。据了解，沙湾县是自治区国土资源厅确定的自治区级不动产统一登记“两权”抵押试点县市之一。县不动产登记中心自 2016 年 9 月成立以来，围绕便民利民创新开展工作，初步形成了“登记系统稳定，业务流程规范，登记速度高效，服务群众优质，队伍建设精良”的工作格局。

数据信息共享，同唱“一首歌”

县不动产登记中心就设在县行政大厅，与地税、房管、金融机构及住房公积金办公室合署办公。依托不动产登记和房产交易、地税服务部门的互嵌式办公窗口，沙湾率先在全疆实现了不动产交易登记“一窗受理，集成服务”。

“以往办理不动产交易手续，需要准备三套材料，前后跑多个部门五个窗口；现在办理同样的手续，只需要一套材料、一个窗口就能完成。”一位房产中介告诉记者。

此外，通过前期数据整合，中心已初步建立起全县的房产、土地、林地、耕地、草场等不动产数据库，合计 17 万条；同时，中心与房管、林业、农业、金融、地税等部门建立了共享交换系统，满足了各部门及机构对不动产登记信息的使用需求。

“建立不动产统一登记制度，理顺部门职责关系，将房屋、林地、草原、土地以及水域登记的职责整合由国土资源一个部门承担。虽然我们肩上的担子很重，但这可以大大减少政府行政成本，提高办事效率和政府公信力，是值得的。”县国土资源局党组书记武晓彦告诉记者。

让群众“少跑马路，多走网路”

“热合麦提（哈萨克语：感谢），你们为我老婆子办了这么好一件事，你们贾克斯（哈萨克语：真棒）。”沙湾县博尔通古乡哈萨克族的阿依夏老人因房屋存在权属纠纷，中心工作人员驱车 70 公里，主动上门服务，通过与县规划局等部门沟通，完善了相关手续，帮老人办理了不动产权证书。

困扰老人多年的心病终于解决了，她的感激之情溢于言表。据悉，截至目前，中心工作人员先后奔赴各乡镇以及石河子、乌鲁木齐、克拉玛依等地，为有需求的 167 名特殊申请人员提供了上门服务。

为了实现“不见面审批”，中心投入 80 余万元，与北京苍穹公司联合开发不动产登记网上申报软件，全面推行网上申报，让群众“少跑马路，多走网路”。针对农牧区线长、面广、人多的实际，在全县各乡镇场分别设立不动产登记站，由中心统一管理，乡镇指派专人就近就地登记，极大方便了农牧民群众。

与此同时，中心设立了不动产登记微信公众平台，设置了政策宣传、办证咨询、预约服务等栏目，并设置了服务热线，随时解答群众咨询。此外，中心主动实行数据前置或后置服务。前置服务是市民在办理不动产业务时，提前进行人像采集、填写申请表、询问笔录等，不让群众跑第二趟；后置服务是指在商品房转移登记业务时，中心可根据实际情况，前期由房地产开发企业提交资料、受理业务，购房者只在领取不动产权证时本人到场，进行人像采集。

建好平台，确保颁证“快和准”

“为了提高服务质量和效率，中心十几名工作人员不断提高自己的业务能力和服务水平，一年来已办理了1万多件不动产登记手续，最多的时候一天办理130多件，做到不压件。同时，建立不动产登记联席会议制度和业务会审制度，及时解决遗留问题和疑难问题。”刘昊天说。

自2016年9月20日颁发第一本不动产权证书以来，截至今年10月底，沙湾县已累计办理各类登记业务1.15万件，其中颁发不动产权证书5188本、不动产登记证明2914份，查封登记、注销登记、预告登记、信息查询等其他业务3431件，协税护税1.2亿元，协助收取土地价款0.68亿元，帮助企业、个人融资及贷款约33亿元。工作成效和服务质量得到群众充分肯定，社会反响良好。

光快不够，不动产登记更加突出一个“准”字。中心以高度负责的态度，整合国土资源部门“一张图”数据与房管部门移交的数据，建立不动产登记数据库信息基础平台，通过审查、利用4690件测绘成果等方式，确保“确实权、颁铁证”。

“一站式服务就是好，上门服务真周到，制度改革惠民生，百姓满意乐呵呵。”群众对沙湾县不动产登记点赞，正成为新疆沙湾县不动产登记改革取得突出成效的生动注脚。

选自《中国国土资源报》2017年12月9日第1版

天长：优质高效 服务至上

陶文龙

2015 年 7 月 29 日，安徽省天长市不动产登记中心与该省滁州市同步颁发了安徽省首批不动产权证书，全面实行了“停旧发新”，标志着天长市不动产统一登记工作在全省率先开展。

民之所需，政之所为。作为政府直接面对普通群众的服务性窗口岗位，天长市不动产登记中心自实施统一登记两年来，始终以“便民利民，服务至上”为服务宗旨，以“优质、高效、便捷”为目标，从完善机构、优化流程、强化制度、全面提速等多方面着手，全面提升了不动产登记窗口规范化、标准化、制度化、信息化水平。通过开展不动产交易与登记一体化特色服务、不动产登记全流程集成服务、延伸服务等多重举措，全力打造便民、利民、优质、高效的服务平台。

科学规范，窗口设置上求突破

不动产登记中心是面向群众和社会的窗口，直接为群众服务，直接受群众监督，直接反映公权单位的形象。天长市不动产登记中心在窗口设置上推陈出新，想方设法为群众提供优质服务。

功能“集成化”。登记中心服务大厅不但可以办理不动产交易登记业务，还可以办理登记信息查询、不动产测绘、住房专项维修资金缴纳、交易资金托管、交易税费申报、核实、征缴、开票等各类业务，真正实现不动产交易登记相关业务“一条龙”服务。

程序“便捷化”。不断调整优化业务流程，把过去的“三级办理”的业务分类别精简为“二级办理”或“一级办理”，提高工作效率；转移登记与抵押登记等多项业务实行合并办理。为方便群众，启用了“1+16 模式”，以登记中心为依托，在 16 个乡镇国土所（分局）设立了不动产登记受理点，办事群众可以选择就近申请。

环境“现代化”。以营造一流服务环境为目标，将面积1000余平方米的服务大厅合理划分投诉建议、咨询引导、预审、宣传资料摆放、等候休息、业务办理等功能区：21个服务窗口，有效满足群众办证需求；叫号机、身份证识别仪、人证识别仪、高拍仪、登记信息自助查询机、自助打印机等先进设备一应俱全；标志牌、指示牌、宣传牌，位置醒目方便识别，便于群众办事；配套的绿植四季常青，给群众创造了温馨的办事环境。

更新理念，服务创新上拓空间

不动产登记中心是简政放权和优化发展环境的新生事物，面对每天繁重的业务量，该中心始终秉持“便民、利民、优质、高效”的服务理念，创新服务举措，拓展服务空间。

大厅服务“人性化”。大厅配有报纸、老花镜、饮水机、急救箱、轮椅、填单台等便民设施，设有咨询台、引导台，配备专职引导员，提供咨询引导服务，各种表格和填写样表摆放整齐，公开办事流程收费标准和办结时限，设立预审台，减少排队等候时间等人性化服务。设立了投诉建议台，专人接受处理投诉和建议，确保反馈率100%。免费提供复印和材料扫描服务。

服务措施“便民化”。实行“五加二”“白加黑”加班制度；为老、弱、病、残、孕等困难群众上门服务；对招商引资、重点企事业单位开辟了绿色通道和上门服务，支持企业发展；为现役军人开辟了军人优先通道，开展了预约服务、延时服务等特色服务；在中心门户网站上公布了办事指南、流程、办结时限以及建立了网上申报、网上办事的链接。开通了办结领证手机短信提示、微信公众号办件进度查询服务，随时提供办件结果查询告知。与邮政部门共同推出了EMS快递送证上门服务。

强化管理，内部管理上夯基础

强化管理，创新为本。两年来，中心从完善制度机制入手，强本固基，不断加强内部管理，提高不动产登记办证实效，赢得了广大群众的一致好评。

健全完善各项管理制度。先后制定了首问负责制、一次性告知制、办事限时制、服务承诺制、预约服务制和现场查看制等规章制度，并出台了《天长市不动产登记中心窗口工作人员考核办法》，从上班进入岗位到下班离开岗位全方位对职工服务行为进行规范，从素质、形象、责任、请假、计算机使用等方面对职工提出要求，帮助职工把规范转变成习惯，把习惯变成自己的自觉行为。坚决杜绝“庸、懒、散、怠”的工作现象，要求窗口每位工作人员在受理办件时做到“站着迎、笑着看、双手接、快速办、收件清、告知明、不说不、指明路”，统一着装、挂牌上岗，达到了“以制度规范管理，以管理强化服务”的目的。同时不断完善和健全权属登记的质量保证体系，有效规避工作上的各种风险，建立了完善的错案追究制度；建立质量管理台帐，实行工效挂钩，使错件率控制在万分之一以下。

重视不动产登记信息系统建设和应用。按照不动产登记“四统一”的标准要求，中心投资100余万元建立了不动产登记信息平台。开发了不动产登记业务操作系统以及配套的权籍调查系统和楼盘管理系统，并以“一套操作系统”“多个应用”资源集成管理的模式，与不动产交易管理平台的商品房网签系统、存量房网签系统、交易资金托管系统等平台互通互联，相关业务数据实时相互推送，资源共享。所有登记业务全部在平台上办理，实时维护到数据库，及时更新相关数据，做到表、卡、册、图、属、档相互关联，提高了办件的质量和办事效率，保障了不动产交易安全。受理材料通过物理案卷电子化，运用办公网络对电子案卷进行流转、相关窗口和部门在网上承接和审批，实现了“让群众少跑路，让数据多跑腿”，登记产生的数据实时报省和国土资源部。大力推进“互联网＋不动产登记”深度融合，业务网上预约、网上申请、网上预审。加强与房产交易、税务、法院等部门的互联互通，实现部门数据互联共享，极大提升业务办理效能。

加大基础工作力度。近年来，中心先后投资300余万元对历史登记档案进行清理和整理、扫描、建库；投入130万元开展城镇地籍、房屋测绘的补测补录，存量房楼盘表补建等工作；投入200万元对不动产历史数据整合，并顺利通过质检，按时保质保量汇交省国土资源厅、国土资源部。2016年投资了800余万元在全国率先启动了农村集体土地所有权、农村集体建设用地使用权、宅基地使用权“三权”外业测量、权籍调查工作。农村“三权”的确权登记发证工作在今年底将全部完成。

上下求索，业务内容上重优化

为了优化服务环境，不断提高工作效率，更加快捷地方便群众，天长市不动产登记中心按照“依法登记、高效服务”的原则，健全不动产登记制度体系，不断改善和提高软硬件设施设备，优化办事流程，延伸业务范围，提高群众的满意度。

限时办结。中心最大限度精简办事程序，减少办事环节，缩短办理时限。持证抵押、查封、注销等登记和交易备案、维修资金缴纳等业务实现了即时办理；首次登记缩短为10个工作日；转移变更登记缩短为5个工作日；商品房批量按揭抵押登记缩短为3个工作日。把窗口由分类收件改为综合平行收件、并联审批，实现了“一站式”服务：一次申请，一个窗口收件、一套资料内部传递、一次性收费、一个窗口领证；进一个门，办全部事；对于部分业务办理实现了“立等可取”。

业务延伸。把中介市场的管理与交易登记系统相挂钩，通过全程监管二手房源的可靠性、中介公司及人员的诚信，存量房交易资金监管等方面的内容，促进不动产交易登记的规范化管理，进一步保障不动产交易安全。

科技应用。通过设置缮证时系统生成的二维码、证书防伪印刷、开放网络端口访问登记系统核查证书等技术减少“假证”的出现，通过二代身份证识别系统、人证识别仪等先进设备减少“假人”的出现；通过数码摄像头对申请人员和申请资料进行拍照，直接形成电子资料，在电子资料基础上进行业务审核办理，防止纸质档案毁损或丢失，最大程度上保证了办件质量和交易安全，多年来未发生一起相关诉讼。

心系群众，队伍建设上下功夫

为达到不动产登记人员知识化、年轻化和专业化这一目标，中心制定了长期人才培养规划，坚持和完善集中培训学习，每周定期学习半天，努力在真学、真懂、真信、真用上下功夫。通过学习培训，中心人员大专以上学历达100%，95%以上人员均取得《房地产产权产籍管理人员培训合格证书》或全部参加了2008年《房屋登记办法》培训；12名同志已通过了房屋登记官考试，取得了《房屋登记官》证书；90%的同志取得土地登记上岗证。中心党支部定期开展党的理论知识学习，全面提升了中心干部职工的综合素质和专业技术水平，为规范登记业务打下了坚实的基础。

心里装着群众、凡事想着群众，天长市不动产登记人诚心诚意为民办实事，尽心竭力为民解难题，真正把群众利益作为一切工作的出发点和落脚点。正如天长市国土资源和房产管理局局长张登科所说，服务工作只有起点没有终点。站在新的起点，天长市不动产登记人必将进一步完善不动产登记信息平台建设，深挖部门自身潜力，化外部办事程序为内部集成服务，实现不动产登记“最多跑一次”的目标，打通便民服务“最后一公里”，切实增强群众和企业对不动产登记改革的认同感和获得感，把智慧和力量凝聚到贯彻落实不动产统一登记制度改革上来，为助力全面建成小康社会提供支撑和保障！

选自《中国国土资源报》2017年12月16日第3版

高平："四化"助力 便民利民

晋平山

高平市位于山西省东南部，是中华民族人文始祖神农炎帝的故里，是历史上著名的长平之战的发生地，是太行太岳革命老区和闻名全国的"煤铁之乡""黄梨之乡""生猪之乡"和"上党梆子戏曲之乡"。全市总面积980平方公里，辖16个乡（镇、办事处），总人口49万。2017年4月，高平炎帝陵被中台办、国台办授予海峡两岸交流基地称号。

高平市不动产登记交易中心于2016年3月进行整合组建，中心设有综合股、权籍调查股、产权鉴证股、登记股、档案信息股5个股室。目前在岗人员23人，平均年龄30岁，是一支富有蓬勃朝气的团队。

中心自成立以来，在高平市市委、市政府、晋城市国土资源局和高平市国土资源局的坚强领导下，始终坚持以"以人为本，为民服务"的服务理念，以创建"全国百佳不动产登记便民利民示范窗口"为载体，积极探索，敢为人先，全力推进"窗口设置规范化、业务流程便捷化、便民服务多样化、数据平台信息化"，以创促建，实现了一个窗口收件、一套资料内部传递、一次性收费、一个窗口发证。

截至目前，该中心累计登记发证总量近5000余本（份），其中不动产权证书3200余本、不动产登记证明1700余份，基本做到了发得出、稳得住、可持续、无风险。2017年10月，在晋城召开的全省不动产统一登记规范化建设暨数据整合推进会上，高平市不动产登记交易中心作了典型经验交流。

窗口设置规范化

高平市不动产登记交易中心始终秉持"以服务人民群众为中心"，按照"全国百佳不动产登记便民利民示范窗口"创建标准，不断完善硬件设施，为辖区百姓提供更加便捷周到的服务。

科学布局。中心目前共设置对外服务窗口 15 个，后台办公室 8 间。登记窗口位于高平市政务服务中心二楼中间环岛位置，办公区环境宽敞、简洁适用。登记窗口分类合理，设有申请表单填写区、业务办理区、等候休息区、宣传资料摆放区等功能区，申请表单填写区公示了申请表等材料的填写样例。按照业务类型和流量设置了综合受理、二手房交易、纳税等不同数量的窗口。每个服务窗口均配置服务评价器，方便群众随时对窗口服务质量进行评价。

周到便民。中心人性化设立了等候休息区，配备座椅、填单台、便民工具盒、饮水机、手机充电站、书报架、老花镜等设施，提供查询、打印、复印、扫描等服务；开设绿色通道服务，为重点项目、军人、老幼病残孕等提供优先服务；在醒目位置设立了咨询台，方便群众现场咨询答疑；在门户网站、服务窗口设置了公告栏，制作了办事服务指南手册，公示了办事流程、承诺时限，公开了收费依据、收费标准，制作了一次性告知单，公布了服务热线及投诉监督电话。设立自助查询机，自助打印查询结果；采用人脸识别等身份验证手段，提高验证准确率。

设备高端。每个办事窗口都配置了电脑、打印机、扫描仪、高拍仪、查询机、叫号机、LED 显示屏等硬件设备及系统运行所需的数据服务器和应用服务器，专人负责管理，极大地提高了工作效率。

贴心服务。大力规范窗口工作人员着装、仪表和文明用语，统一佩戴工号牌上岗，做到着装整齐、仪容得体、注重礼仪、态度和蔼，使用文明用语，杜绝文明忌语，微笑接待，耐心解答。

业务流程便捷化

为深化“放管服效”改革，实现“六最”营商目标，提高办证速度，中心积极学习借鉴外地兄弟县市先进经验，大胆改革，勇于探索，优化审核流程，逐步摸索出了一套符合本市实际的审核流程，极大提升了登记效率，受到办事群众好评。

在审核形式上实行“两签合一”。将原来纸质资料手签审核与电子审核两签制，核减为电子审核一签制，办理时间平均缩减7个工作日。

创新“1+2+3”的审批流程。具体为：“1”即查封、异议登记等即办事项，实行受审一体，一级审查即时办结；“2”指预告、和抵押权预告登记等一般性事项，实行初审、复审两审办结；“3”即首登、转移和大额抵押等重要事项，实行初审、复审、中心负责人审定三级审核流程。

便民服务多样化

“一窗受理”优化服务增效率。为实现“数据多跑路，群众少跑腿”，高平市不动产登记交易中心结合实际推行“登记＋交易＋税务”一窗受理服务。一个登记事项以前跑交易、税务、登记3个部门，准备3套资料，来回多趟跑路，改变为现在的只跑一个部门、一个窗口、提交一套资料，即可快捷办结。

流动网点实现服务“零距离”。除了和税务部门联合设立纳税窗口这一便民举措外，中心还与农行联合在银行设立了不动产登记流动网点。群众只需按照不动产登记要求提供相应的申请材料并接受相关询问后，即可办理相应抵押登记业务，无须再次前往不动产登记机构办公场所进行申请，缩短了登记事项的申请时间，提高了工作效率，又方便了办事群众，可谓是一举多得。

无缝对接倾情服务解难题。面对登记中遇到的房屋落宗、宗地合并、土地使用年限及容积率不一致等历史遗留的“中梗阻”问题，中心“想他人之所想，急他人之所急”，一方面积极与上级国土部门争取政策支持；另一方面会同国土、住建局等有关部门商讨，达成一致意见后，形成会议纪要进行登记；此外，属于国土局内部研究办理事项，按照《集体会审制度》的要求，将疑难问题提请局务会研究，最终形成会议纪要，作为不动产登记的执行依据。迄今为止，形成的各类专题会议纪要，先后为全市北部限价房、锦盛苑、蓝色港湾等多个项目捋顺了手续，为2000余户居民办证扫清了障碍。

与时俱进特色服务暖人心。一是针对急办事项、特办事项采取延时服务；二是针对特殊群体，提供节假日预约服务和上门服务；三是开展多种方式的取证服务，根据申请人的约定，提供窗口直接取证、电话微信告知取证、快递送证等多种模式；四是利用网络、微信等新媒体手段开展宣传服务和预约服务。

数据整合信息化

完成了存量数据整合汇交。目前已将目标阶段市区范围内500余宗国有建设用地使用权登记的存量数据以及6600余套次现房、2万余套次期房的房产存量数据，全部通过录入、抽取、映射、补录、信息转入等方式转入不动产数据库，按时上报上级部门，完成了数据整合阶段性任务。

完成了信息平台建设。经过与晋城市局、高平市政府信息中心对接，完成了高平市不动产登记交易中心与省国土资源厅、晋城市国土资源局和9个不动产登记交易分中心网络建设，实现了省厅、市局、高平局、基层所四级不动产信息网络的互联互通，成功接入了国家级信息平台。

完成了档案移交和扫描。中心将国土部门移交的土地登记档案、住建部门移交的房产登记档案及时进行了扫描入库，加快了不动产登记数据整合进程，为不动产登记信息化奠定了坚实基础。

选自《中国国土资源报》2017年12月13日第4版

金坛：打造“最美窗口”

徐金广

5 月的江苏省金坛市，不冷不热，气候宜人。记者来到位于滨湖新城政务服务中心二楼的常州市不动产登记交易中心金坛分中心服务窗口，只见前来办事的群众络绎不绝，但一切井然有序，忙而不乱。

“不动产登记窗口是自然资源部门为普通群众和企业提供服务的重要窗口，是展现政府部门与不动产登记机构管理能力和队伍形象的重要平台，我们要用心做好服务工作。”常州市国土资源局金坛分局局长黄克洪深有感触地说，“窗口服务无小事，两年来，我们坚持以不动产登记促进国土资源管理工作提升，不断创新服务形式，朝着打造最美不动产登记窗口的目标迈进。”

服务送到家，20 年烦心事儿一朝解

“20 年了，没想到在我有生之年，还能领到不动产权证。谢谢你们！”多年瘫痪在床的袁志俊流下了感动的泪水。

袁志俊是金城镇长竹埂村村民。因历史原因，自家房产证和土地证登记的权利人不一致：房产证登记在自己名下，土地证登记在其父名下，而且权利证书上的名字与实际姓名也存在出入。从 1997 年开始，袁志俊就为此事奔走于有关部门，申请办理登记手续。后来因一场大病，袁志俊瘫痪在床，多年奔跑无果，让他对此事伤透脑筋。2017 年 7 月，袁志俊听闻金坛分中心成立，抱着试试看的心态前去咨询。

金坛分中心接到咨询后，积极回应，调取相关档案，走访袁志俊本人。经专人实地查勘，并与当地镇政府会商论证后，认定袁志俊所反映问题属实，符合发证要求。

“短短一个月不到，我们就把不动产登记证送到了袁志俊手中。并且考虑到袁志俊的身体情况，所有登记工作都由工作人员上门服务。”金坛分中心副主任徐月生告诉记者。“虽然多跑了几趟，但是很值得！”上门服务人员包文超笑着说。

据了解，金坛分中心对全区重点项目和企业、老幼病残孕和军人等特殊服务对象，设置绿色通道，提供优先服务；并且设立上门服务预约电话及服务小组，随时提供上门服务。

据统计，2016 年 6 月至今，该中心共为孤寡老人、老弱病残等特殊服务对象开展各类上门服务 62 处 130 余人次。

“过去，老百姓把到政府办事，称‘上’来办事，或叫‘进衙门’。如今，在服务理念指导下，政府部门不仅要放下架子，诚心诚意地把事办好，还要把服务送出去，撒开来，做到家，让群众满意。”黄克洪表示。

打通“孤岛”，让群众少跑路少折腾

不动产统一登记主要是为了克服之前不动产分散登记的弊端，保护不动产权利人合法权益，提高政府行政效率和水平，保证交易安全，尤其是方便企业与群众。

从 2017 年 9 月 25 日起，在原先的土地、房产等交易和登记业务已经统一到不动产登记窗口的基础上，金坛分中心又与金坛地税局联合设立了 4 个“不动产登记交易 + 税务综合窗口”，正式统一受理纳税、不动产交易和登记业务。对按规定所需群众提供的材料和填报的表格，双方统一制作了申报材料目录和申请表，确保所需材料不缺、不漏、不重复。目前，金坛分中心所有受理的资料全部做到扫描前置，所有登记业务均实行网上受理、传送、审核，缮证、发证，做到“一个窗口收件，一套资料内传，一个窗口收费，一个窗口发证”。为进一步实现不动产登记提质增效的目标，金坛分中心进行第四次提速，所有业务办结时限由 5 个工作日压缩至 4 个工作日。

“我们非常注重群众与企业在不动产登记办事过程中的体验感与获得感，着眼于少排队、少跑路、少交材料，将交易、登记和税务三个环节整合在一个窗口受理，不重复折腾。”徐月生介绍，从整合窗口到创新服务，不动产统一登记工作突破了部门之间相互掣肘的“囚徒困境”或“信息孤岛”，倒逼相关部门为了一个共同目标——便民利民而携手合作。

以便民利民为目标，创新特色服务

为进一步方便群众，实现所有业务和服务无缝对接，金坛分中心还创新开展了“及时服务、延时服务、限时服务、随时服务”四时式服务等特色服务。

什么是限时服务？“针对一些企业或个人急需领取不动产权证的情况，金坛分中心为其开辟绿色通道，限定时间完成任务，满足群众要求。”徐月生讲了一个小故事。

2016 年 8 月的一天上午，窗口工作人员小沙接到一位讲着闽南语先生的电话，咨询商品房登记事项。原来这是一位在金坛投资的台湾商人，在本地买了一幢别墅，准备办理商品房首次登记。因闽南方言比较难懂，小沙在电话中一边耐心倾听，一边将所需材料详细告知对方。过了两天，这位台湾商人来到窗口，在小沙的指导下很快交验所需材料，小沙打出收件单并再三叮嘱 20 个工作日以后再来取证。这时，小沙发现这位台湾商人面露难色，于是主动询问，原来他与家人第二天就要回台湾了，非常希望在回去之前把不动产权证办妥。

针对此，小沙及时将情况报告领导，相关科室经研究为其开辟绿色通道，使他在当天就拿到了不动产权证书。离开登记大厅时，这位台湾商人非常感激地说：“没想到大陆现在的服务态度这么好，办事效率这么高！”

为方便群众，金坛分中心提出：只要还有一位群众在窗口办事，即使到了下班时间，也要主动延长工作时间，尽量满足群众需求。目前，延时服务、加班加点已成为金坛分中心全体工作人员的惯例，据统计，各服务窗口每月平均延时服务和加班加点时间累计达460小时。

“服务是无形的，但是可以被感知的。”黄克洪说，窗口是政府部门与老百姓直接交流和接触的平台，是其了解政策和认知政府的重要渠道，窗口服务质量的好坏直接影响到政府部门在老百姓心目中的形象。

“服务是门艺术，艺无止境；服务是门学问，力争做深做透。”黄克洪说。

不动产登记“不见面”服务，正在让江苏百姓与国土资源部门的心越贴越近…

选自《中国自然资源报》2018年6月4日第2版

福清：农房调查的“3251”

李晓媌　齐　政

编者按：按照福建省政府要求，福清市从2014年起开展农村地籍与房屋调查工作，调查、测量面积350平方公里，占市域总面积18.4%，涉及24个镇街、443个行政村，调查、测量面积位居全省第一。在福建省国土资源厅、福州市国土资源局的有力指导下，福清市紧扣农村地籍房屋调查关键环节，大力探索和创新，创出有自身特色、可复制、可推广的“3251”工作法。该工作法实现三级联动、突出两个重点、抓好五个环节、强化一个成果应用，使农村地籍与房屋调查工作取得喜人成果。截至2017年12月底，福清市共开展270个行政村农村地籍与房屋外业调查工作，已完成244个行政村调查任务，目前已有32个行政村的地籍与房屋调查工作通过市级验收，为宅基地和集体建设用地使用权确权登记发证打下了坚实基础。2017年，福建省国土资源厅在福清市召开全省农村地籍房屋调查确权登记发证工作现场推进会，在全省推广福清市“3251”工作法。

精心谋划，突出两个重点

福建省福清市农村地籍与房屋调查工作以满足农村宅基地和房屋确权登记发证为出发点和主线，突出地籍房屋调查和确权登记发证两个重点。

重点完善权属调查方法。采用“四类法”开展农村地籍与房屋调查。一是对于已登记发证且实地调查无变化的宗地和房屋，因历史条件限制，造成面积精度误差或门牌坐落变动等，实地核查宗地权属状况，补充调查完善宗地信息，为不动产变更（更正）登记提供基础数据。二是对于已登记发证，但实地调查发现存在改建、翻建、扩建或者拆除等情况的宗地和房屋，详细调查宗地权属的历史变化沿革及改建、扩建、翻建的审批情况等信息，做到“查现状、溯权源”。三是对于未登记发证但符合政策要求的宗地和房屋，现场收集权源材料，并调查宗地权属信息和房屋情况，指界和出具调查结果，按照初始地籍调查的要求填写不动产权籍调查表。四是对于不符合登记发证要求的宗地和房屋，实地调查宗地和房屋使用人、土地房屋状况等基本信息，为对违法占地、违法建设的分类处置提供条件。

衔接做好确权登记发证工作。一是对已登记发证的权利人涉及姓名、坐落、面积等变更的，业主只须提供变更所需的证明材料，市国土资源局直接根据调查成果和申请材料办理变更（更正）登记，颁发“房地一体”的不动产权证书。二是对有建房审批手续（含改、扩、翻建）的，业主可利用调查成果，申请办理房屋验收手续，之后凭借审批材料向市国土资源局申请确权发证，市国土资源局根据调查成果给予办理相关手续，颁发“房地一体”的不动产权证书。三是对未登记的1982年前老宅和1982～1987年不超过2层砖、木、土结构房屋，根据调查成果，进行公告后无异议的即可办理“房地一体”的不动产权证书。四是对没有建房审批手续的，拟经过“两违”分类处置，符合条件的补办相关手续后，办理“房地一体”的不动产权证书。

强化统筹，实现三级联动

党委政府统筹调度。福清市委、市政府高度重视农村地籍与房屋调查工作，市委、市政府主要领导多次作出指示、批示，要求市国土资源局主动对接上级主管部门，综合施策做好调查工作。市政府把农村地籍与房屋调查列入全市“国土城建系统重点工作”，每月听取工作进展情况汇报，及时掌握最新动态。建立农村宅基地和集体建设用地使用权确权登记发证工作联席会议制度，由市政府分管领导任召集人，国土、住建、发改、农业、林业和海洋渔业等部门为成员单位，并将联席会议办公室设在市国土资源局。

2015 年 8 月，市政府下发了《福清市人民政府办公室关于印发福清市加快推进宅基地和集体建设用地使用权确权登记工作实施方案的通知》，要求在全市规范开展宅基地和集体建设用地使用权确权登记工作。市政府决定从新增建设用地土地有偿使用费、国有土地使用权有偿出让等土地收益中列支 1.1 亿元，保障全市农村地籍与房屋调查工作的顺利开展。工作经费纳入市本级每年度财政预算，由市财政予以经费保障，确保按进度拨付到位。

国土资源部门牵头抓总。福清市国土资源局作为全市农村地籍与房屋调查工作主体责任单位，一把手亲自抓、分管领导具体抓、相关科室共同参与。在工作中，实行“两周一例会”制度，由分管副局长召集作业单位、监理单位以及地籍科、测绘队、不动产登记中心等相关科室对阶段工作及时进行总结、调度，发现问题及时解决。

镇街一级通力协作。为做好全市农村地籍与房屋调查工作，各镇（街）领导负责对村“两委”进行宣传教育，分村包片，明确各村作业负责人和调查进度，层层压紧压实责任。村“两委”及时召开村民小组会议，宣讲农村地籍与房屋调查工作的意义，并发放《福清市农村宅基地和集体建设用地使用权确权登记地籍房屋调查工作宣传图》《开展农村地籍与房屋调查的通知》《致全市农民朋友的一封信》等宣传材料，充分调动村民参与农村地籍与房屋调查的积极性。同时，各基层国土所组织村“两委”干部挨家挨户走访调查，及时解决调查中存在的争议和纠纷。各作业单位积极配合，形成“多方参与、各司其职、相互配合”的工作机制，为推进农村地籍与房屋调查工作提供强有力的组织保障。

稳步推进，抓好五个环节

农村地籍与房屋调查是一项全新的工作，福清市坚持边实践、边摸索、边完善，紧盯五个环节。

确定作业单位。福清将全市农村地籍房屋调查在全国公开招投标，选择具有不动产测绘甲级（地籍测绘、房产测绘）、工程测量甲级、地理信息系统工程资质乙级以上（含乙级）且在省内外有调查工作经验的专业队伍作为承担单位。目前，全市443个行政村地籍房屋调查项目招投标工作已全部完成。

加强组织宣传。为充分调动农民参与地籍房屋调查的积极性，福清市通过广泛宣传、深入沟通、真诚服务，着力在打开农民的“房门”和“心门”上下功夫。一是通过召开村民大会，发放宣传材料，在电视台、报纸及各种微信公众号宣传相关政策等多种方式，向农民宣传地籍与房屋调查的重要意义，使农民明白调查是发证的基础，登记发证是保障权益实现权能的条件。二是在首批两个行政村通过福州市级验收后，市国土资源局第一时间送证入户，让农民看到实实在在的成效。经过一年的努力，有的村民态度发生了巨大转变，从最开始的疑惑甚至拒绝调查，转变为如今的主动咨询何时入户。

开展入户调查。由村“两委”提前进行宣传动员，各基层国土所和作业单位进村入户调查，对于权利人没有变化的，核实权利人信息、权属信息；对于权利人发生变化的，重新采集权利人信息，权属信息，并一次性完成权属来源材料收集及地籍与房屋调查工作，最大程度保证便民利民。作业单位采用全野外数字化测量方法对权属界址进行调查，测量房屋相对边长，测算房屋面积，同时采用“四类法”对不同类型的宗地开展权属调查，保障绝对精度和相对精度，满足“房地一体”的不动产登记发证需要。

数据整理建库。为解决农村地籍与房屋调查数据生产在海量数据兼容、转换、合并及入库方面的技术难题，高效推进地籍房屋调查生产建库一体化。福清市国土资源局组织作业单位——福州市勘测院，在结合大量实践经验和调查工作的基础上，自主研发了不动产权籍调查建库一体化软件。软件高效、稳定、国标化生产，在海量数据兼容、转换、合并及入库方面取得重大突破。其采用面向对象的设计方式，保证了地籍宗地、房屋及权利人三者的关联和一致性，解决了房屋落宗、房地一体的难题。福清市采用软件平台对数据进行生产建库，通过已登记发证宗地图形转绘和信息录入，现状宗地界址范围确认和权属信息录入、自然幢图形构面及信息录入，户信息关联管理等流程进行生产，同时一键化进行地籍图编绘输出、房产分户图面积计算和图形输出、分类统计汇总，并严格对生产数据进行监理检查、一键建库，实现高效有序的数据生产建库。同时，与全市不动产登记发证平台进行对接，在平台中导入福清市农村地籍与房屋调查数据库，直接复制宗地与房屋图层，关联宗地和房屋空间信息，即可进入不动产登记发证数据库，实现权属调查与历史数据整理“两步合一步走”，为实现“历史现状一张图”的农村房地一体化管理奠定了坚实基础。

强化质量管理。福清市国土资源局对工期和质量实施严格管控，定期进行检查，并实行例会制度。要求作业单位按照《福建省农村地籍房屋调查成果检查验收办法（试行）》要求，建立全过程的质量监控制度，对每一道工序进行严格的质量管控，只有在上一道工序质量达到要求后，才能开展下一道工序的工作。项目成果质量由作业单位实施事前、事中、事后控制，实行“二级检查一级预验收”制度，按照《测绘产品检查验收规定》要求，质量检查由作业组自检和作业组之间互检相结合，并贯穿整个作业过程。同时，将检查意见填写在《福清市农村地籍与房屋调查检查记录表》上，检查意见的处理情况由处理者填在相应栏内，检查者对处理情况复查。最终检查由福州市勘测院福清分院负责组织实施，终检结束后编写《质量检查报告》，随资料上交福州市勘测院实施预验收，通过验收后提交福清市国土资源局申请验收。由于各级检查工序完整、措施到位、严格把关，确保了调查成果的准确性和可靠性。

为了提高调查成果质量，福清市国土资源局实行监理单位公开招投标，要求监理单位按工序、分阶段对成果质量严格监控，采用“内业检查、实地核查”的方法对调查成果进行检查，确保质量合格。内业采用图面检查、上机检查的方法，对主要要素错漏、数学精度及表示方法等内容做全面检查。外业检查采用实地巡视、精度检测相结合的方法。对抽查的图幅进行巡视检查、精度检测，对发现的问题记录在质量检查表上，要求作业单位及时整改。对重复发现质量问题的地方进行重点跟踪检查。

注重实效，强化调查成果应用

一是将地籍与房屋调查标准化数据与不动产登记发证系统无缝对接。在不动产登记发证平台内能够直接调用调查成果数据，经过不动产登记人员现场核实，权籍调查成果准确无误后可直接应用于发证。截至目前，福清市采取此方法，已发放农村“房地一体”的不动产权证书 268 本。

二是将调查成果广泛应用于农村村民建房审批、“两违”分类处置摸底及不动产数据库整合工作。

三是通过调查掌握了全市历史遗留未确权发证土地房屋数量，并提出针对 1982 年前老宅、1982 ～ 1987 年不超过两层砖、木、土结构房屋及个人建房超占审批用地面积等历史遗留问题的解决办法。

据悉，今年以来，福清市正按计划有序推进农村地籍与房屋调查工作，计划累计完成全市 80% 的农村地籍与房屋调查工作和 133 个行政村调查成果市级验收，为全面实施农村不动产统一登记、推动农村土地制度改革打下坚实基础。

选自《中国自然资源报》2018 年 6 月 28 日第 8 版

定海：办证不出岛 一次不用跑

李　倩　陈天辉　戴　磊

6 月 14 日，端午节前夕，徐伯渠和同事一大早来到浙江省舟山市海丰码头，搭乘前往长白岛的轮渡，为岛上群众送去一份特殊的节日礼物。

徐伯渠是舟山市定海区白泉国土资源所不动产登记受理点工作人员。自 2018 年年初舟山推出不动产登记延伸服务以来，从舟山本岛到零落分布在茫茫东海上的 19 个有人居住岛屿，像这样乘海风、踏海浪的航程，小徐和同事们已数不清跑了多少次。

长白岛交通不便，岛上群众出门办事靠摆渡。岛上的长春里新村是拆迁安置小区，107 户村民急需办理不动产权证书。今年 72 岁的村民柴庆芳，就是其中一户。听说城里办事都是“最多跑一次”，柴大伯心里盘算，这样的好事啥时能来到长白岛？没成想，安置房一交付，白泉不动产登记点的工作人员就提供上岛服务。前方，两名登记人员在岛上不分昼夜的工作了一个星期，受理完全部不动产登记申请。后方，定海区不动产登记中心加紧完成审核缮证后，工作人员再次上岛逐户为群众颁发证书。

打这儿之后，柴大伯常和城里的亲戚朋友念叨：“办证不出岛，一次不用跑！咱这岛上比城里办事还方便！”

作为我国第一大群岛，舟山群岛岛礁众多，一百多万人口分散居住在 103 个大小岛屿上。据舟山市国土资源局定海分局局长陈杰介绍，目前居住在定海区 19 个小岛上的群众基本都是老年人，且不说台风一来几天出不了岛，就是平时风平浪静，岛上居民也面临出岛难、办事难。

针对这种情况，定海区推进不动产登记“最多跑一次”，创新工作方式，拓展服务边界，向海岛延伸服务，为群众办证提供实打实的便利。

三约“上门式”服务。登记机构与街道、镇、社区行政（便民）服务中心相对接，在各基层便民服务中心公布热线，根据小岛群众需求，及时开展下基层、上小岛的预约权调测绘服务、预约上门受理服务和预约集中登记服务的“三约服务”。原则上，登记人员每周集中安排一次以上上岛服务，对特急需求提供特殊服务。允许容缺受理，对于登记非实质性要件，可以在受理后采取手机拍照等方式完善补充资料。

代办、代联“店小二式”服务。采用“网格化管理、组团式服务”的工作模式，在没有便民服务中心的偏远小岛和渔村，街道、社区确定网格工作人员成为不动产登记的义务代办、代联人员，提供免费代办服务。定海区对代办、代联人员进行定期培训，指导提升“店小二”的服务能力和工作效率。

增设登记受理点“直通车式”服务。在居民众多、办证需求强烈的岛屿，定海区专设不动产登记点。位于舟山群岛西南部的金塘岛，与舟山本岛仅一水之隔，但岛上居民前往本岛定海办事，需要坐轮渡 45 分钟。虽然现在已开通跨海大桥，但要缴纳过桥费 70 元，对于普通群众来说是笔不小的支出。

“完全不用出岛，节约了办事时间，为我们企业发展赢得了良机。”舟山市金基物资有限公司负责人告诉记者。前不久，这家企业急需融资，欲将公司位于金塘岛西堠工业区的不动产抵押给定海海洋农村商业银行，公司和银行均位于金塘岛，双方直接前往金塘登记点办理抵押登记，手续很快就办完了。

据了解，截至目前，定海区 19 个住人岛屿中的 14 个已实现群众办证不出岛。自实施不动产登记“最多跑一次”改革以来，工作人员已上岛服务近 200 余人次，共为小岛群众颁发不动产权证书近 2000 本。

“‘最多跑一次’最终惠及的是群众，如何增加服务受众面是考验改革成果的重要指标。”浙江省不动产登记局局长陈幸德表示，为了更好地服务群众，浙江省将服务延伸到乡镇、延伸到其他部门。舟山根据自身地域特色实施“办证不出岛”，打通不动产登记服务群众“最后一公里”，是对“最多跑一次”的创新升级。

选自《中国自然资源报》2018年7月2日第4版

龙江：“打通最后一公里”

齐　昕

近年来，黑龙江省齐齐哈尔市龙江县秉承服务发展理念，贯彻落实“放管服”有关要求，大胆探索不动产登记中心工作，优化营商环境，持续优化不动产登记办理方式和流程，积极推进不动产登记改革，继续打造不动产登记为民服务升级版，“一次收件、一口收费、不出乡镇、异地通办”以及证书邮寄、领证短信提醒、微信支付宝缴费等做法得到了上级认可，提高了不动产登记便民利民水平，为推动全市不动产登记改革打造了样板。

职能整合　打破藩篱　办事流程更加便民

为了解决百姓“逐一跑、反复报、一件四交、一款三存”办事烦琐这一“痛点”，龙江县不动产登记中心打破部门藩篱，转变部门思想观念，大力推进机构集成模式建设。

归并同类环节，整合交易职能。龙江县国土资源局坚持问题导向，多次汇报、反复争取，由县政府组织国土、编办、房产局、税务局到先进地区学习考察的基础上，县委、县政府主要领导坚持群众利益至上、百姓感受至上，顶住来自各方面的压力果断决策，通过编委会会议研究，将房产交易的职责和人员统一整合到不动产登记机构中，为进一步不动产办理提高效率、精简要件、整合流程奠定了体制基础。在操作层面上，将过去由两套人马办理的交易、登记环节变更为一套人马进行受理、审核和推送，对不动产登记流程进行修改，将房产交易审核流程与不动产转移登记流程合并融合为一个流程，将工作流程名称由“房产交易流程和不动产转移登记流程”变更为“不动产交易及转移登记”，将两个办理周期整合为一个周期，实现了房产交易登记功能的真正整合。

统一进驻大厅，房地税一体化。为了解决税务、查档、登记需要到不同场所办理、群众来回折腾的问题，龙江县国土资源局在整合房产交易职能、人员全部进驻政务中心的基础上，国土和税务部门多次协商，两家单位的主要领导两次会上研究，破解专用网络、人员队伍、分局管理体制等多方面困难，仅用了半个月时间，地税部门的核税部门就整建制迁入县政务中心，破解了群众往返部门的问题。同时，经积极协调县政务服务中心，在政务大厅窗口十分紧张的情况下，调整了交警、残联、通信等多家部门，在一楼为不动产登记、税务登记腾出 10 个窗口，开辟了专门的咨询等候区域，百姓一进门就能找到不动产办理窗口，极大地方便了群众办事。

移交档案数据，方便群众查询。档案是不动产管理基础中的基础，为了实现平稳过渡、避免档案移交过程中影响群众办事，经与房产、林业、畜牧部门进行沟通协商，龙江县国土资源局利用最短的时间，完成了纸质档案和电子档案的交接工作，全部登记造册、交接全程留痕。同时将房产局档案馆全体人员整体划转进入不动产登记中心，在不动产登记中心下设了正股级的信息股，加挂县国土资源局档案馆的牌子，由房产局原股长担任国土局档案馆馆长，并配备了 7 名骨干力量，增加了档案扫描和信息化设备，在县政务中心开设了查档服务窗口，实现了百姓查询不动产档案全部内网运行，有效提高了服务质效。

一套流程 一窗受理 统一服务网络更优

按照省委省政府“深化作风整顿、优化营商环境”的部署，龙江县不动产登记中心在流程模式优化上下功夫，努力提高办理效率、减轻群众负担，最大限度压缩办理环节和时间。

整合操作流程，一套软件运行。为了改变受理材料纸质传递的不便，龙江县不动产登记中心为税务核税窗口、房产房屋维修基金窗口全部配备了统一的不动产登记软件，开放了相应权限的端口，在受理窗口进行要件核对与扫描后，税务、房产部门均使用同一套操作系统进行操作，税务、房产均通过不动产的软件查阅、浏览群众提交的各类要件扫描件，有效节约了审核时间。目前，房屋交易、契税缴纳、不动产登记的所有要件资料，全部由不动产受理窗口一次性收取，原来 3 个部门收件总数达到 30 份以上，现已缩减了 2/3。

实施授权代审，理顺受理环节。为了避免统一受理新模式后要件审核标准不统一、真实性难以保证的风险，县地税局通过向市地税局汇报争取，赢得上级认可，同意授权不动产登记人员进行原件与扫描件一致性的审核工作，并签订了授权委托书。在群众向不动产登记窗口交件后，不动产人员代为审核，税务部门不再查看核对原件、群众不再面对面向税务部门交资料，一切办理均依托不动产登记软件网上流转和审批，实现了“不见面审批”。

同步并联代办，一个窗口交费。在不动产、房产和税务部门统一应用一套软件的基础上，龙江县不动产登记中心为税务部门开设了契税填写栏目、为房产部门开设了房屋维修基金填写栏目、为信用社窗口开设了收费核对栏目，建立完善了土地年租金数据库并逐步与不动产登记软件相挂接，从而实现了税务部门、房产部门算出税费率直接网上推送金额数据，与国土部门的年租金、登记费、工本费一并进行累加打印，五种费用打印在一张单子上，群众在信用社窗口一次性缴纳办理不动产登记所需的全部费用，由信用社按各单位账户进行分别划账，解决了群众在一个大厅要到多个窗口多次排队、多次缴费问题。

便民服务　上门办理　“打通最后一公里”

实现不动产办理不出乡镇。龙江县共有 14 个乡镇，但仅有 5 个房产所，而且按照税务部门的规定，县以下不允许设立契税收缴机构和窗口，全县 14 个乡镇的群众办理不动产业务，要先到本乡镇之外的房产部门、再到县城的税务部门、最后到乡镇国土部门，极不便民。为了改变这一局面，龙江县国土资源局大力推进不动产登记不出乡镇改革，通过县编办研究，在 14 个乡镇均设立了不动产登记分中心，各分中心与县中心通过内网传输要件，群众在本乡镇邮储银行存款，县中心收费人员刷卡完税的模式，解决了群众奔波于县乡之间的问题，减轻了群众负担，真正做到了不动产登记的所有业务不出乡镇即可办结。

探索“最多跑一次”改革。龙江县不动产登记中心根据各部门需要提供的所有要件，进行重新要件和流程梳理，合并了同类要件、剔除不必要的证明、编制了统一的收件清单和一次性告知单，利用最大公约数的理念一次性收齐要件，采取情景模拟的方式，由局领导、中心领导班子模拟各类不动产办理过程，对于互为前置、内容重复、衔接不畅的流程进行整合、压缩、精简，每个环节以小时、分钟为单位进行压力测试，力求找到各个环节的最长周期和最短周期，进而进行逐条优化。目前，抵押登记、查封登记、注销登记所有要件一次性提交后，可全部当日办结，有的可以立等可取，达到了“最多跑一次”目标。转移（交易）登记压缩到 3 个工作日，即避免群众多次跑腿，也通过办理时限的可预期和透明化，进一步压缩了权力寻租的空间。近期，县国土资源局又与邮政部门沟通，开展了不动产登记证邮寄业务，进一步方便群众办事，减少群众往返次数。

统一标准化模板。龙江县国土资源局组织全县所有的房地产开发企业、金融机构召开了不动产登记业务培训会，印发了培训材料和不动产登记申请表填写模板，下发了关于规范不动产登记业务的通知，在门户网站和龙江县不动产登记中心微信公众号上传和电子版资料，目前群众在购买商品房办理转移登记或到银行贷款申请办理抵押登记时，都由开发企业和银行打印出规范的不动产登记申请表，加盖印章后由群众连同其他要件一次性提供给不动产登记中心，有效避免了群众因为不懂业务，对表格内容无法理解而填写错误，多次返回开发企业和银行重新填表的麻烦。

关口前移 延伸触角 打造“1+3”升级版

推行村级代办。借助龙江县“1+3”群众工作法，龙江县国土资源局对全县158个行政村的村级代办员进行不动产登记业务培训，由村代办员负责本村不动产登记工作前期宣传引导和告知。考虑到农村百姓办理不动产首先要到村里开证明的实际情况，把村会计作为服务的前哨员，全县统一制定了村集体不动产专用证明模板和要件清单，并下发到村，证明信背面印刷了工作人员联系方式，群众办证既可以咨询村代办员。也可以打电话给乡镇中心的人员，详细咨询需要提交的要件，不用到乡镇窗口咨询就能得到满意答复，来一次就可以带齐材料，避免了群众重复跑路。

推行标准化分中心。龙江县加大资金投入力度，购置了42台电脑、打印机、14套高拍仪和摄影设备、14套身份证识别系统，解决了乡镇设备不足问题；购置了4台专用车辆，解决了乡镇分中心现场踏查的交通难题；对每个乡镇不动产分中心都配备了至少3名同志，并与国土所合署办公，切实充实了基层办件力量；依托贯通各国土所的内网视频会议系统开展晨学，定期组织不动产人员情景模拟培训和上机操作考核，进一步提升了不动产队伍的整体素质，也同步实现了“小局大所、强乡扩权改革”。目前，各乡镇房屋登记档案全部移交到国土所管理，每个乡镇不动产登记分中心都可通过房产内网查询本乡镇的电子档案资料，改变了群众必须到房产所才能查档的模式，减少了群众负担，节省了时间和路费。

推行县域通办。龙江县国土资源局在人员队伍、硬件配备、档案移交的基础上，通过不动产登记信息网络建设、分中心档案系统建设，实现了县中心、14个乡镇中心之间的信息共享、数据通联，乡下的群众不必回到户籍所在乡镇才能提交要件，在全县任一个乡镇或县中心都可提交不动产登记申请，都可以在提交申请的窗口领取不动产证书，实现了全县范围内的异地通办。

“些小吾曹州县吏，一枝一叶总关情。”龙江县国土资源局在上级部门和龙江县委县政府的领导下，不断深化作风整顿优化营商环境，进一步提高服务工作效率，实现审批流程最简、办证时间最短、服务效率最高目标，以热情的服务，如春风细雨，滋润了服务对象的心田，打通了服务群众最后一公里，赢得了群众满意和社会的广泛赞誉。

选自《中国自然资源报》2018 年 7 月 2 日第 4 版

永春：夯实农地登记发证基础

吕志坦　齐培松

福建省永春县国土资源局致力于强化地籍服务水平，不断加强地籍管理能力，先后完成了农村地籍调查试点、数字永春地理空间框架、地籍档案信息化建设等工作，顺利通过福建省国土资源厅地籍规范化建设验收。截至2016年6月，全县城镇土地登记发证覆盖率达98%，农村土地登记发证覆盖率达90%以上。

健全组织机构，配强专业人员

永春县国土资源局（以下简称“永春县局”）成立了集体土地所有权发证领导小组，各乡镇也相应成立发证领导小组，负责协调农村集体土地所有权登记发证工作。永春县局制订了发证工作实施方案，成立土地测量队，同时成立土地登记站，专项负责土地登记发证工作。永春县在泉州市范围内率先成立县测绘管理站和国土与基础地理信息中心，为有效加强土地确权登记发证工作提供机构保证。目前，该局共有测绘专业技术人员7名，定期、不定期组织参加国家、省市组织的测绘和再教育培训。统一整合不动产登记职责，设立不动产登记股和不动产登记中心，共核定编制15名，专项负责不动产登记。

加大经费投入，升级硬件设施

永春县局加大测量硬件设备投入，目前，共配备1套RTK系统、2台全站仪、1台绘图仪、3台喷墨彩色打印机、50多万元的移动密集架以及20多万元的电子显示屏等，配置了正版软件。2015年7月，数字永春地理空间框架项目建设完成并顺利通过福建省测绘局验收，项目累计投资700万元，永春成为福建省首批数字城市地理空间框架建设示范县；共建成政务版与公众版两个版本地理信息公共平台，以及永春县领导工作用图系统、美丽乡村服务网、三维决策支持系统、国土资源“一张图”系统、城镇地籍信息管理系统等 5 个典型应用。2015 年 9 月，建设完成了地籍档案信息化系统并通过省国土资源厅验收，项目共计投资 117.9 万元。项目完成全县地籍档案的扫描、录入和分类归档，以土地证号为外部检索字段，实现了地籍档案的模糊查询；系统同时接入数字永春平台，实现了与县住建、公检法系统等的信息共享，提高了资源利用效率。在县行政服务中心设立外部查询终端，群众可通过二代身份证感应、手动录入等自主查询土地权属及办证情况。

完善工作机制，提高办事效率

永春县局在土地确权登记发证过程中，严格实施《土地登记规则》和《土地登记办法》，尤其是对关键环节，实行“严上加严”的制度化规范管理。申请受理方面，设专门的土地登记窗口，由专人负责办理；地籍调查方面，对每宗地必须现场调查、现场踏勘，实地核实、记录；权属审核方面，要求谁调查、谁审核、谁负责；退出登录登记方面，建立起校对制度，确保每宗地的登记发证“权属合法、界址清楚、面积准确”。为进一步提高土地登记办事效率，重点在规范办事环节上下功夫。首先由群众向基层国土所提交预申请，各基层所进行预先规范性登记，在镇村的配合下，土地登记站每月派人到乡镇对宅基地进行地籍调查，当场收取当事人提供的齐全登记材料，对受理的土地登记申请当天进行审查，再报县人民政府批准土地登记，待批准后再进行登记造册，核发土地证书。

开展地籍试点，推进工作创新

2011 年，永春县局在大羽村开展了省级村庄地籍调查试点工作，成立大羽村村庄地籍调查工作领导小组，抽调多名相关股室、乡镇、村的业务骨干，同时聘请福建省地质测绘院作为专业技术支撑。为确保试点工作试出亮点、试出成果，永春县国土资源局结合实际认真制定了《永春县村庄地籍调查技术设计书》。领导小组先后组织6次学习培训会、召开10余次工作研讨会（碰头会）。

永春县局对工作进行科学合理的分工，由村委会负责逐户调查，重点核实宗地界址是否改变，宗地权利人是否变更；国土资源局负责处理出现的政策性或业务性问题；省地质测绘院负责外业核实中出现的技术性问题。明确了指界确权，举行权属界线指界签字仪式，邀请大羽村委会、各村民小组，以及与该村存在权属边界的各村代表参加；对个别代表提出异议的界线进行实地核实，组织代表在大羽村各小组集体土地调查表上签字，形成集体土地所有权宗地草图。试点工作高质量完成了村庄地籍测量（包括控制测量、1∶1000地形测量）、村庄宅基地及集体建设用地权属核查、村庄集体土地所有权调查、村庄土地利用调查、建立村庄地籍调查数据库等5个预定目标。在此前基础上，永春县局进一步实施了大羽村农村房屋调查省级试点工作，为全面推进不动产统一登记探索经验、奠定基础。目前，已与福建省地质测绘院签订项目测绘合同。

选自《中国不动产》第19期

长兴：试点自然资源统一确权登记

方 勇　崔 丽

2017年4月以来，浙江省长兴县按照国家发展改革委等六部门对《浙江省湖州市生态文明先行示范区建设方案》的意见以及国土资源部等七部门《自然资源统一确权登记办法（试行）》（以下简称为《办法》）的要求，以湖州市生态文明先行示范区建设为平台，紧紧围绕自然资源产权保护和自然生态空间管制，全方位搭建登记体系，多渠道破解登记难点，重实效强化管理应用，自然资源统一确权登记（全要素）试点工作取得扎实成果。

规范标准先行，系统形成登记模式。在国家顶层设计基础上，长兴首先紧盯试点应该形成怎样的规范标准框架这一关键，明确工作分类、单元划界、指标体系、簿册结构、图件主题是其核心内容，在反复研究顶层设计、《办法》以及已有相关标准规范的基础上，形成确权登记标准规范编制大纲，系统性形成了自然资源统一确权登记模式。

以资源空间禀赋关系，破题分类困扰。按照自然生态空间还是按照资源物质形态来分类登记自然资源，是试点工作首先要突破的问题。长兴基于自然空间与自然资源的定着关系，分别对自然空间和自然资源进行分类。将“水流、森林、山岭、草原、荒地、滩涂、矿产”定位为七类自然空间，对赋存在七类自然空间中的自然资源，基于物质形态形成水资源、林木资源、山岭资源（几乎没有植被、水体覆盖，以岩石和石砾为主）、草地资源、荒地、滩地、矿产等自然资源类型；将山岭、荒地、滩涂资源归类为几乎无定着物的土地自然资源进行登记；自然保护区、地质遗迹公园、湿地公园、森林公园等统称为自然保护地，自然保护地是自然资源的一种特殊复合类型。

坚持生态空间完整，突破现行登记规则。长兴突破现行不动产登记规则，以生态空间为首要，按照生态功能区划界线、事权等级界线、权属界线、地类界线、行政界线的优先顺序确定登记单元的各段界线，并进一步明确该县具有的自然保护地、水流、森林和矿产4类登记单元的划界办法。自然保护地类登记单元，原则上以审批范围线作为登记单元边界。实操中，长兴还通过审批范围线、生态功能区界线、单一资源管理线叠加方式来划定自然保护地类登记单元边界，以体现生态保护功能完整性；水流登记单元以水库或河道管理线作为边界，缺失管理线的，以二十年一遇最高洪水位线作为边界；森林登记单元主要为集中连片的公益林，以生态公益林范围作为边界；矿产登记单元暂以探矿权范围作为登记单元界线。

登记单元边界如果在空间上存在重叠（如水流穿越自然保护区、湿地公园等）的，重叠部分划入管制要求更严的登记单元，在其他登记簿上对重叠部分进行关联记载。

统筹指标体系，落实生态文明建设支撑点。自然资源登记簿是自然资源确权登记工作的最重要成果。长兴统筹规划了自然资源等级的数量、质量、生态指标体系，丰富了《办法》所附登记簿的内容。在数量方面，除“占地面积”作为共同的指标外，水流以“河流径流量”或“水库库容”、森林以“林木蓄积量”、矿产以“矿产储量”作为数量指标；在质量方面，水流以“水质等级”、森林以“单位面积林木蓄积量”、荒地和滩涂以“土壤质量”、固体矿产以“矿物占比”、油气矿产质量指标为“甲烷占比”、地热以“出水温度”分别作为指标；在生态方面，水流以“水功能区类型”和分布、森林以“亚林种”表明单元内各区域的生态功能定位，以“生态功能指数”和“健康等级”表征森林单元的生态质量。

提出“资源区块”，拓展试点工作深度。在试点工作中，长兴不满足于登记簿按类型类别记载自然资源数量和质量，提出“资源区块”概念实体，拓展试点工作深度。本着自然资源统一确权登记的生态保护和归属清晰的双重导向，按照“资源同种连片、特征相似、质量趋同、用途管制协调”的原则，对将被登记的国有自然资源，在空间上细分出资源区块。与此相对应，在登记簿基础上扩展了“资源区块”子层，形成“登记单元＋资源区块”两级结构的登记簿框架，“资源区块”子层包括土地、森林、水流、矿产四个子层。在各层的登记项选择上，主要选取能反映生态价值、资产价值、管制要求的自然资源属性内容。

引入“功能斑块”，凸显生态功能。与引入“资源区块”层细化自然资源物质形态相对应，长兴在现行登记簿结构中引入产出生态产品的“功能斑块”层，对登记单元内那些发挥湿地、水源涵养、水土保持、防风固沙、生物多样性维系等生态功能的区域予以明确定位。如在扬子鳄自然保护区、仙山湖国家湿地公园、太湖湿地等登记单元的“功能斑块”中，依据湿地资源调查数据，记载湿地动植物资源的数量、质量、保护级别、优势物种、植被类型以及保护管理状况等信息。

设置“管制分区”，集结管制要求。以支撑自然生态空间管制“上图落地”和有效衔接现行自然资源管理体制为目的，长兴在推进试点工作时，与相关资源管理部门和自然保护地管理机构在自然资源统一确权登记政策认知和功能定位方面深度对接，收集并整合各类空间管制数据。在登簿上设置“管制分区”，记载登记单元范围所覆盖的生态保护红线、土地规划“三界四区”（规模／扩展／禁建边界、允许／限制／有条件／禁止建设区）、自然保护区“三区”（核心区、缓冲区、实验区）、水流“四线”（岸线、堤线、管理线、保护线）、环境功能区划等范围及属性，实现自然资源的管护、管控信息“一张图”。

登记“立地权属类型”，明晰权属问题。引入“立地权属类型”，厘清自然资源土地国有、集体权属状况。按照《办法》，自然资源登记是对登记单元内全部国家所有的自然资源所有权进行登记。水资源、森林资源是以土地为载体的，国家试点方案虽然要求“以土地为基础，确定土地及其承载的各类自然资源所有权及其边界”，但《办法》并未明确土地与地上自然资源的国家所有权是分开登记还是一体登记。土地与地上自然资源都应属于国有的情况，一体登记无论对于国家权益保护还是生态监管而言将更为有利，但现实是存在集体林地上有国有林木、集体土地上有国有水资源等地与地上自然资源所有权主体不一致的情况。为此，长兴以土地所有权权属为基础，按将地与地上自然资源的国家所有权分开登记的思路，在“资源区块”层要素中引入“立地权属类型”登记项，区分国有自然资源所在土地的“国有”“集体所有”“未定”三种现状情况。“立地权属类型”的引入，将已登记为集体所有的土地所有权进行记载，针对目前现状制定分类施策的管理措施，以便于今后理顺权属问题。

选自《中国不动产》第41期

睢宁："工匠精神"创一流窗口

王萃萃

睢宁县是国土资源部15个不动产登记窗口联系点之一，也是江苏省不动产统一登记和农房农宅统一登记试点县。三年来，睢宁县不动产登记交易服务中心（以下简称"睢宁登记中心"）秉持精益求精、臻于至善的"工匠精神"深耕细作，推出"十大特色服务"以最大限度地便民利民，以智能化手段不断提质增效，全力打造一流服务窗口。

凭借优质、高效、便捷的服务，睢宁不动产登记窗口赢得了社会各界的普遍认可。三年来，累计有20多个省、100多个市县的800余人次来睢宁登记中心考察交流，中心先后获得"江苏省国土资源系统先进集体""徐州市国土资源局先进集体"，以及徐州市"金牌服务岗""青年文明号"等荣誉称号。

推出"十大特色服务"

睢宁县开展不动产统一登记工作以来，始终把维护群众权益、方便群众办事作为出发点和落脚点，以"工匠精神"坚持做好、做细、做到位。

深化"3550"工程。按照江苏省推行"3550"改革的意见，不断整合流程、简化要件、压缩环节，将办理时限分解到各科室、各环节跟踪考核。从2017年5月起，所有业务办结时限均缩减在5个工作日内。

开设抵押登记便民点。在睢宁农商行、建行等开设抵押登记便民点，相关抵押登记可在便民店办理，材料在银行和睢宁登记中心内部流转，大大节约了群众的办事时间。

一窗受理，集成服务。实现登记、交易、纳税"一个窗口办理"，群众只需要在一个窗口提交一次材料并一次缴费即可，避免了重复排队、重复提交材料。

首问负责，协办服务。在登记大厅入口设立导服台，提供受理咨询、材料预审等服务，设立“群众办事零障碍协办岗”，全程协办、负责到底。

数据跑腿，自助服务。在自助服务区，群众可自助缴费、自助查询、自助打证，有效疏导了窗口排队的压力。

线上登记，只跑一次。开通“睢宁不动产官微”，实现“外网申请、内网审核、当面查验”，最多20分钟领取证书，让群众最多只跑一趟。

同城通办，就近服务。在各国土资源所设立便民服务窗口，负责辖区内农房和宅基地登记的受理、权调及发证工作，群众可自主选择就近到任一窗口办理，大大方便了各镇农民群众办证。

容缺受理，延时服务。对于手续不齐全的，先行受理后期补件。当日申请当日内全部受理，做到办事群众不离开，登记窗口不下班，不限号、不限流，确保业务受理日日清。

“四全”服务，高效廉洁。以“一张图”为基础，建立完善“四全”服务模式，实现全流程优化审批、全区域便民服务、全业务网上办理、全节点效能监管。

特事特办，上门服务。为老弱病残等特殊群体提供预约服务和上门服务，开通绿色通道和EMS快递送证上门服务。

人民群众的感受，是服务质量的“试金石”。据统计，来睢宁登记中心的办事群众满意率达95%以上。

在简化流程、优化服务、提升效率的同时，睢宁登记中心以智能化、信息化措施不断提升登记质量。

为防止冒用他人身份证办理不动产登记的现象，睢宁登记中心专门配备了16台人证识别仪，提高对不动产登记申请人身份审查的严谨性和准确性，确保登记准确无误。

同时，设立并新建300平方米档案室，统一存放登记资料，全部安装密集架，建立完善不动产登记档案归档、调取、使用、变更等制度，切实保障档案信息安全。

为加强数据之间关联挂接，奠定不动产登记质量提升的基础，睢宁不断完善数据处理，加快推进不动产登记信息与相关部门实时互通和共享。

具备“工匠精神”的队伍

建立一支爱岗敬业、业务精湛、团结务实、廉洁高效、为民服务的队伍，是登记工作顺利开展的重要保障。为了让来自不同部门的人员拧成一股绳、增强归属感，睢宁登记中心下了一番功夫。

人岗匹配实现“人尽其才”。充分考虑划转人员的原有岗位、业务能力、专业特长等因素，将技术水平高、业务能力强、工作经验丰富的人员，配置到较为重要的岗位上，使其尽快成为中坚力量。同时，鼓励“传帮带”，培养更多的业务能手，形成相互学习、比学赶超、共同提高的工作氛围。

定期培训，提升能力素质。制订年度业务培训方案，排定培训计划表，开展理论基础、实际操作、能力拓展等方面的培训。通过集中授课、业务竞赛等方式，帮助工作人员熟练掌握《不动产登记暂行条例》《不动产登记操作规范（试行）》等相关政策法规，不断提升人员能力素质。

严格考核，强化正向激励。出台个人绩效考核办法，综合办件数量、办件质量、办结时限、服务评价等，科学评价工作绩效，实行“一服务一评价”，建立科学的激励和约束机制。

狠抓作风建设，树立良好形象。认真梳理受理、审核等关键岗位的廉政风险点，持续加大党风廉政和作风建设力度，持之以恒正风肃纪，确保不动产登记队伍清正廉洁、作风过硬。

选自《中国不动产》第 41 期

玉环：办登记不用再跑城里了

李　风　方　烨　王忆宁

新居建好，浙江省玉环市清港镇下凡村村民汪云琴要申请办理农房不动产登记。与过去不一样的是，办证不用再跑到市区不动产登记窗口，不出镇就能办成事。为啥？这回她把材料交给村便民服务中心代办员，代办员预审后，把材料递送到乡镇（街道）便民服务中心不动产登记窗口，汪云琴只需申请签字“跑一次”，办结后，乡镇便民服务中心会将证件直接快递给她。“这样办证既方便，又舒心。”汪云琴说。

汪云琴的经历，是玉环乡村群众便捷办理不动产登记的一个缩影。截至 8 月底，玉环全市农房确权登记已办理近 7 万件。

“就近跑”，乡镇便民服务中心设立不动产登记窗口，不动产登记部分业务可到任何乡镇办理。

9 月 1 日，龙溪镇便民服务中心 3 个不动产登记柜台前，几名群众正在办事。

“大的乡镇配置 7 ~ 8 人，小的乡镇配置 5 ~ 6 人，”玉环市国土资源局（以下简称“玉环市局”）不动产登记局局长吕尖勇表示，将繁重的不动产登记业务从市行政服务中心分流到各乡镇（街道）便民服务中心，极大地提升了工作效率，全市不动产登记业务办理实现“三无两即”：无须预约，无须取号，无须排队，即到即办。

“不动产登记政策性强，涉及面广，是进驻乡镇中心服务项目中办件数量最多的事项，服务质量的好差，直接关系社会稳定，也影响政府形象。”龙溪镇党委书记张国力说，该镇将不动产登记工作作为镇便民服务体系建设的重要组成部分，在设施上予以保障，工作上积极支持。

“在不动产登记就近跑改革的过程中，将碰到的困难和问题及时与国土部门对接沟通，促使国土部门强化制度规范、优化服务流程。”张国力表示，龙溪镇通过建立预审制、班长制、特事特办制等，便利群众、提高效率。

据吕尖勇介绍，各乡镇（街道）便民服务中心不动产登记窗口，将不动产交易、税收与登记等业务整合，实行“一窗受理，集成服务”。在材料齐全的情况下，群众最快在1个半小时内通过1个窗口便可领取不动产权证书。

此外，玉环还加快不动产登记资源整合，在全市11个乡镇（街道）推行“同市通办”。群众在申请办理不动产登记部分业务时，可以选择到全市任何一个乡镇（街道）便民服务中心不动产登记窗口办理，不再需要“多跑腿”，形成“同市通办、多点可办、一次办成”的服务新格局。

村级便民服务中心设立不动产登记业务代办点，打通便民服务“最后一公里”。

与此同时，玉环还将不动产登记服务延伸到行政村，依托村级土地民主管理平台，连通基层国土资源所（分局）与村级便民中心，将不动产登记预审、发证业务进驻村级便民服务中心，实现业务对应、服务对接，打通便民服务“最后一公里”。

清港镇依托村级便民服务中心，在全镇40个行政村、2个居委会都设立了代办点；龙溪镇建立专人负责制，拓宽村级代办点的服务范围，实行AB岗，明确专人负责、办理不动产登记事项，让群众在家门口就能得到咨询服务。

下凡村便民服务中心代办员蒋林聪告诉记者，村民办理的不动产登记业务，主要涉及农房首次登记及农房转移、变更登记等事项。办理前，村民会向他咨询，材料送来后进行形式审查，材料齐全了，就送到镇便民服务中心。“今年4月村里建立不动产登记代办点以来，已有30多户办理了农房登记。”蒋林聪介绍道。

提供登记政策、数据、中介服务、人员培训等基础保障，确保“跑得好”。

不仅“就近跑”“跑一次”“跑得快”，更要“跑得好”。

玉环市局相关负责人介绍，在这方面，玉环着力提供政策、数据、人员培训等基础保障。

出台《玉环市人民政府关于不动产登记的若干意见》，以妥善解决房、地仅办一证或两证不一致等 11 种情形的历史遗留问题。

做好数据整合，已完成全市 106 个商品房住宅小区和 7000 幢居民自建房的数据整理，权籍调查结果全部审核入库。以此为基础，借助“互联网 +”，开通微信预约、扫码支付、快递送达等服务，变“群众跑”为“数据跑”，同时推行“不动产权属证明”网上申请，实现信息查询“不用跑”。

组织乡镇（街道）便民服务中心工作人员与村级代办员开展业务培训，通过理论知识和案例指导相结合，以最短的时间让镇、村干部掌握不动产登记业务。

据介绍，仅今年以来，玉环就多次组织人员参加《不动产登记操作规范（试行）》、《台州市不动产登记操作指南》、窗口服务规范化、《玉环市人民政府关于不动产登记的若干意见》、全程办事流程、《玉环市不动产登记中介服务机构管理办法（试行）》等学习培训，累计参训 1000 余人次。

公开服务机构，规定收费标准，加强日常监管，严格规范不动产登记中介服务市场。

企业或群众办理不动产登记事项，需要中介机构提供服务时，如何能找到放心的中介机构？

记者了解到，在玉环市每个乡镇（街道）便民服务中心不动产登记窗口，全市 6 家有资质、已备案的不动产登记中介服务机构公示牌都置放在醒目处，可以让有需求的企业或群众自行选择，并规定收费标准不得超过市国土资源局和物价局商定的收费标准，下浮不得低于 80%。

为了加强对不动产权籍调查等中介服务机构的监督管理，2017 年 8 月，玉环市局出台了《玉环市不动产登记中介服务机构管理办法（试行）》《玉环市不动产登记中介服务机构服务质量评价办法》，严格规范不动产登记中介机构在地籍测绘、房产测绘、权籍调查、登记代理等方面的业务办理。同时，在玉环市局设立中介管理办公室，负责中介机构的日常管理工作，具体包括中介机构的信息备案登记、信息公布与更新、中介机构的业务指导、服务规范制定、服务合同履约监督、服务质量评价以及其他日常监督等工作。

按照规定，各国土资源所（分局）配合中介管理办公室组织对中介机构的成果质量进行随机抽查，每月 1 次，并实地核对测量成果的准确性，记录抽查结果。对存在连续两年服务质量评价结果为差、一年内因承诺服务时限超期被委托方投诉 5 次以上等 11 类情形的中介机构，在年度考核中实行一票否决，要求其直接退出信息登记，且 2 年内不得再申请。

选自《中国不动产》第 35 期

大榭：海域使用权登记的探索

赵西山　梁诗博

把海域这一空间资源确定为不动产，是对传统民法中“物”的概念的延伸与发展，不仅顺应了发展潮流，而且符合我国的国情和海洋管理的实际需要。

2013 年《浙江省海域使用管理条例》的出台，标志着浙江省海域使用权的取得方式由单一审批走向了审批与市场并存的模式。今年，宁波大榭岛出让范围外的国有海域大榭 1# 区块海域通过挂牌正式出让。大榭岛位于宁波北仑区东北部，经过 20 多年的开发建设，已建成各类泊位 40 余座，建成了国内规模最大的 45 万吨原油码头和 10 万吨级集装箱泊位，2015 年年吞吐量 8551 万吨。出让范围内已登记发证用海项目 35 宗，其中由大榭管委会审批发证的项目 23 宗，由宁波市政府审批发证的项目 8 宗，由国家海洋局审批发证的项目 4 宗。

今年 2 月 17 日，宁波大榭开发区信源码头有限公司拍得大榭 1# 区块海域使用权，拟建设中油二期油品码头工程项目，总投资 29230 万元，规划建设 10 万吨级、5 万吨级、5 千吨级油气化工泊位各 1 个，使用岸线长 810 米。大榭 1# 区块海域位于大榭岛东北侧大、小田湾之间岸段，宗海面积 32.2882 公顷，出让年限 20 年，用海类型为交通运输用海中的港口用海，用海方式为透水构筑物、港池。

实现数据汇交，海陆分界不留白

宁波市海洋部门统一使用国家海洋局开发的登记系统，测绘数据在前期海域论证时便导入系统，后期凭浙江省海洋登记系统产生的登记编号，在国家级登记系统中获取证书号、颁发证书，国家海域动态监视监测管理系统可以对海域使用权审批、发证全过程进行监管。

由于海域使用权审批分级原则，根据用海规模的不同，国务院、省、县（市）、区均有审批权限，一个行政区的海域登记审批、发证部门可能有多个层级，由县（市）、区国土部门开展数据与档案移交，其完整性难以保障。

2016 年 11 月，国家海洋局向国土资源部移交了 2002 年《海域使用管理法》实施以来至 2015 年 9 月 30 日共计 706 宗国务院批准的项目用海登记现状数据，包含约 4.7 万条数据和 3200 个扫描件，确权用海面积约 8.5 万公顷。这部分数据下发至各省，结合省级审批数据再逐步整合、逐级下发，将会打通层级审批带来的数据断层，为海域与土地数据有效衔接、摸清海域利用家底奠定良好基础。

在网络与数据未完全实现互联互通的情况下，可以参照天津的做法，海洋管理部门完成用海审批后将国家系统中的配号提供给不动产登记机构，不动产登记机构将该配号记载在证书附记栏，从而打通登记与监管的链路。

严格登记程序，提升规范

权籍调查。按照相关规定，海籍区可以不划分海籍子区。鉴于大榭开发区行政区划属于宁波北仑区，以前 6 位行政区划代码不足以同区划内其他功能区进行区分，不动产单元第 7 至 12 位采用邻宗地地籍区扩展至海域范围的方式，借用邻宗地地籍区、地籍子区编码。这是由于宁波市地籍区、地籍子区代码编制已全面完成，而海洋部门没有启动海籍区代码编制工作，将地籍区延伸至海面，可以有效解决宗海代码唯一性问题。

此外，在宁波市国土资源局信息中心的技术支撑下，权调入库前的坐标系转换难题也被顺利攻克，宗海图形已经导入权籍调查系统，出让范围与陆域边界无重叠，坐标精度及转换后的数据质量均达到了入库要求。

登记材料。《不动产登记暂行条例实施细则》（以下简称《细则》）《海域使用权登记办法》与《不动产登记操作规范（试行）》中规定了海域使用权首次登记申请材料，包括：不动产登记申请书；申请人身份证明（营业执照、法人及委托人身份证明等）；项目用海批准文件或者海域使用权出让合同；宗海图（宗海位置图、界址图）以及界址点坐标；海域使用金缴纳或者减免凭证；法律、行政法规以及《细则》规定的其他材料。

海域使用权首次登记收件材料相对简单，审核中需要区分用海取得方式，以便确定权利性质和项目性质。公益性用海一般为审批取得，需要权利人提供海洋部门出具的用海批准文件，一般为决定书；经营性用海一般为出让取得，需要权利人提供出让合同。

区别于土地用途，海域使用权需要注明海域使用类型和用海方式两个层级，具体可参照《海域使用分类体系》。海域使用权以公顷为计量单位，要求保留四位小数，这也与房地不动产登记有所区别。

公告。根据《海域使用管理法》，颁发海域使用权证书，应当向社会公告。《细则》第 17 条第 5 款“法律、行政法规规定的其他情形”应当公告，因此海域使用权登记应当进行公告。

《浙江省海域使用管理条例》规定海域使用权“自登记之日起三十日内向社会公告”，与《细则》“不动产登记机构应当在登记事项记载于登记簿前进行公告”存在不一致，考虑到审慎、从新原则，笔者认为，首次登记的海域使用权应在登簿前对拟予登记的权利人、坐落、面积、用途、权利类型等进行公告，公告期 15 个工作日。

收费。《海域使用管理法》规定，颁发海域使用权证书，除依法收取海域使用金外，不得收取其他费用。《关于不动产登记收费标准等有关问题的通知》规定不动产登记按件收费，同时明确了海域等非住宅类不动产首次登记收费标准为每件 550 元。

把握服务导向，创新理念

首先是狠抓服务。海域使用权的审批与建设项目紧密相连，与土地审批和土地市场在形式上相似，但是所花费的时间成本大有不同。以大榭1# 区块海域使用权为例，项目建设从立项、论证到出让审批历经了六七年的时间。不动产登记机构作为物权确认的最后“一公里”，要以创新性的思维和求真务实的态度，提供最好的服务。

其次是开拓创新。海域使用权不仅包括海域还包含海上建筑物与构筑物，对于海上构筑物的定义、测绘和登记范畴等目前缺乏统一的标准，针对单独构筑物（地表构筑物、海上构筑物）的登记未有先例。近期，自然资源统一确权登记已被提上日程，这些都是对不动产登记人员业务水平的考验，同时也为开拓创新提供了新的机遇。

为了厘清职责边界，有效协调不越位，笔者建议审批及招拍挂职责由海洋部门保留，使用金、出让金等继续由海洋部门按照有关规定测算与收取；海洋部门整理档案资料，将登记资料从项目审批档案中梳理出来，形成移交清单并及时移交给国土部门，同时厘清本区域内各级政府审批、各级海洋部门登记发证的用海项目情况，对于上级审批发证的无法提供档案资料的应予以说明；海域使用权登记后监管、竣工验收（非填海项目）仍由海洋部门组织实施，竣工验收后是否需要变更登记，由海洋部门出具验收意见及联系单，国土部门依据企业提供的登记材料及海洋部门联系单予以登记。

选自《中国不动产》第28期

六合：农村房地登记“二合一”

李军晶　倪　婷　周　樯

“这是我们不得不啃的一块硬骨头。”江苏省南京市国土资源局六合区分局副局长徐从庆对《中国不动产》杂志记者说，农房与宅基地情况复杂，开展不动产统一登记要克服许多难以想象的困难。

据介绍，自2014年10月被省里确定为农村宅基地、农房统一发证试点之后，南京六合区很快就落实了横梁街道黄中社区为试点地区。2016年2月，省国土资源厅又明确六合区为宅基地和农房统一登记发证扩大试点区，随后六合又增加了四个村居扩大试点。

“南京六合试点的一个最重要的成果是，他们对各种复杂情况分门别类、梳理总结，并创新出台了具有可操作性的政策措施，有较强的可借鉴性。”江苏省国土资源厅不动产登记局副局长谭静如此评价。

一个个问题梳理

11月11日午休时分，阳光静静洒在南京市六合区横梁街道便民服务中心的外墙上，整个大厅等候区里阒无一人，显得十分静谧，与网络上轰轰烈烈的“双十一”购物节大促销形成鲜明的反差。

“黄中社区一共制作发出了1220本不动产权证书，现在绝大部分都已发到了权利人手中，只剩下大概30来本，因为申请人在外打工，暂时还没有领走。”六合区不动产登记中心工程师任良金告诉记者，黄中社区总户数为1716户，申请并符合发证条件的1220户，占总户数的71.1%。“我们做到了应发尽发。”任良金说。

应该说，这1220本证书发得并不容易。“光调查现状、梳理问题、研究对策，我们就花了将近7个月的时间。”对此，徐从庆很有感触。

磨刀不误砍柴工，他认为，正是这 7 个月的潜心调研，才为后来的顺利发证打下了坚实的基础。

“我们不追求速度，先摸清问题。”徐从庆说。

问题一个接着一个，最具典型性的问题就是面积普遍严重超标。“这不仅是六合农村的问题，也是全中国农村宅基地和农房中普遍存在的问题。”徐从庆说，他们把黄中社区涉及面积的情况分为4种：一是宅基地与主房建筑面积均不超标，二是宅基地超标而主房建筑面积不超标，三是宅基地不超标而主房建筑面积超标，四是宅基地和主房建筑面积均超标。这里占比最多的是第二类，占到近一半。

权证手续不全，也是一大痼疾。这其中也分为 4 种情况：一是仅有房产权源，二是仅有土地权源，三是两证全无，四是两证都有。其中也是第二种情况占比较多，占四成多比例。

把第一类面积问题与第二类权证问题叠加，就一共产生了 16 种情况。记者了解到，这其中，占比较多的是两证全有但宅基地面积超标的，占 21.6%。其次就是仅有土地权源且宅基地面积超标的，正好占两成。

户及分户界定同样难。“户口问题很关键。法律规定一户一宅，这个户，与户口本上的户，是否一致？这个必须搞清楚。”徐从庆说，调查时，黄中社区有 70 户提出分户需求，但既有真实需求，也有其他目的，需要厘清。因为根据现行政策，分户需符合单独申请宅基地条件，并经批准后方可办理登记，程序复杂。

此外，还有权利人主体界定困难、规划与管理矛盾突出、家庭矛盾处理及纠错难等问题。

一连串新招应对

“调查的问题不解决就无法登记，而审批和管理的缺位是问题产生的主因。”徐从庆说，这是他们详细调查后得出的结论。因此，解决问题的办法要与历史上政策规定和做法相关联，与征地拆迁补偿对无证房屋认定相关联，与未来的管理政策衔接，同时还要能推进村庄布局规划的完善。

2015 年 9 月，六合区政府以文件形式下发了一个对黄中社区宅基地和房屋统一登记试点工作相关问题的处理意见，对确权登记的必备条件、不予确权登记的情形、面积认定、集体经济组织成员认定以及确认程序等进行了详细规定。徐从庆称其为 103 号文，全称是“六政发 [2015]103 号”文，这正也是谭静所说的“政策措施成果”。

按照文件，确权登记的必备条件包括 4 种情况：一是一户一宅，因继承房屋形成的“一户多宅”除外；二是建房、购房时为本集体经济组织成员且符合宅基地申请条件，或虽非本集体经济组织成员，但经过有权机关批准建房的；三是房屋占地在 2014 年度土地利用现状变更调查成果为非农用地；四是房屋在 2015 年 3 月 1 日前已经实际建成。

而不予确权登记的也有 4 种情形：一是非法出售房屋后再建的；二是因征地、土地综合整治等原因已享受过拆（搬）迁安置的；三是权属存在争议的；四是法律法规规定的其他情形。

对于面积的认定，六合区则区分了 6 种情况，其中最突出的就是采取了宅基地和房屋面积双控制。

记者了解到，在确权登记过程中，六合区有两大创新做法值得重视——“三级确认”和“司法调解”。

“三级确认”简化了权源手续不全的农户的确权手续。对于无审批手续或审批手续不全的农户，如果按现行规定补办批准手续，涉及部门多、工作面广量大、农民配合和政策把握难度大。为便民利民、维护农民利益，六合区以组、村、街道“三级确认”的方法，确认宅基地使用权和房屋所有权、申请人身份、房屋建筑年代、登记面积以及分户等，并经公示无异议后，成果作为登记的依据。

“通过‘三级确认’，农户的权属来源就基本清晰了，保障了其财产权利，促进了他们的申请积极性，提高了办事效率，减少了矛盾，同时也加强了监督，一举多得。”据徐从庆介绍，六合区坚持“保登记，限权利”的原则，以明确主体为前提、量化面积为核心、厘清年代为手段，执行“三级确认”，作为不动产统一登记的依据，避免了老问题无法适用新规矩、农户基本信息难以认定以及补办相关手续操作性不强等弊端。

谭静认为，“三级确认”的好处有三：一是确保无权源农户及规划点外农户的基本权益，达到应发尽发的目的；二是在登记面积认定上与现行审批管理政策相衔接，在现行政策框架内最大限度保障农户的财产权；三是在操作上符合村民自治原则，简化程序、缩短周期。

六合区的另一大创新就是“司法调解”。主要是对家庭内部因房产处置、分家析产和遗产继承等情况导致权利人不明的，在区司法部门组织下，通过基层组织调解、协商一致、签订协议的方式，解决权利人主体问题。

按照规定，房地权利人不一致，将无法进行不动产统一登记。村民朱兵就通过“司法调解”为自己争取到了一份权利。他的父亲朱庆祥于1999年在黄中村朱家岗建有273.96平方米的二层砖混楼房，该房屋所有权人为朱庆祥，土地使用权人为朱兵，两证权利人不一致。朱兵要求将房屋所有权过户到自己名下，但朱庆祥一共有两个儿子和一个女儿。通过人民调解方式，其他共有权人放弃了权利，并在人民调解协议书上签字摁上了红手印。朱兵也因此成为房屋所有权和土地使用权人，顺利地申请到了不动产权证书。

用基层的方式解决基层的实际问题，六合的创新实践得到了各方的一致认可。六合区不动产登记中心副主任朱晓东说，做到这一切，既离不开区政府的支持、各部门的配合，也离不开街道和村组各级干部的积极参与发动。

一系列细化措施配套

有了原则性的创新应对之策，还并不足以解决农村不动产登记的全部问题。

“农村的问题十分复杂，许多问题既有共性，又有个性，因此需要一系列细化措施配套。”徐从庆说，由此，六合在操作细则中规定了6种不予受理的情形，包括一户多宅却不愿按一户登记等，基本涵盖了农村不动产登记中不合法合规的全部现象。“这6种情况，即使按照三级确认和司法调解，也都不能受理。”徐从庆说，这堵住了前面所说的以不合理“分户”超占超建的漏洞，既维护了法律法规的尊严，也尊重了乡村风俗和民情民意。“尤其是房屋占地面积超过批准宅基地面积的，无论如何都不能登记，否则其他村民都不会答应。”他说。

而对于各种复杂问题的简要处理，六合区也归纳出9种情形的处理方式，登记人员在办理时只需要“对号入座”就可以了。

记者了解到，黄中社区总户数1716户，除开已完成制证和发证1220户以外，还有496户未制证发证。六合区也将其细分成了5类情况。一是权利人未申请的有187户，主要原因有不符合发证条件、权利人无法通知到或权利人不愿意申请、占用农用地等；二是须进行司法调解的有33户，须其家庭内部达成一致并签订调解协议书、确定权利人后，再申请办理权证；三是须申请人提供并补充相关材料重新申请的有38户；四是属于撤组转为国有土地暂未办理的有55户，下一步可按国有土地使用权办理；五是已申请但暂不符合登记条件的183户，这又可细分为材料不齐全、家庭内部矛盾未协商好、邻宗之间矛盾等20种类型。

2016年扩大试点范围后，六合区积极开展工作，目前已完成四个村约5100户外业调查工作，内业数据处理也临近尾声，即将进入登记发证阶段。调查反映的相关问题与黄中社区的基本一致，主要有房地面积超标、持证率低、农户分户意愿强烈、附属房屋普遍存在和现势性不强等问题。据统计，四个村超过宅基地和房屋面积规定标准的农户占总户数约 74% 和 27%，特别是农村宅基地超标具有普遍性，各家房前屋后均有所谓的出场地，有的将这些出场地圈占，形成封闭的院落。

“对此，我们已提请区政府同意，将继续执行 103 号文件内容，形成阶段性成果。”徐从庆说。

对于这一成果的可复制性，徐从庆表示出谨慎的乐观。他说，这其中最关键的因素一是顶层设计的支撑，二是资金的落实配套。他给记者算了一笔账，目前六合全区实有宅基地总数 15.3 万宗，已登记发放宅基地使用证 11.1 万本，农村房屋所有权证 7.1 万本。要全面开展农村不动产统一登记，包括权调测绘和协调等在内，全区 13 万农户按每户 250 元计，就需要 3000 多万元的资金投入。

农房宅基地登记“二合一”，仍有很长的一段路要走。

选自《中国不动产》第 24 期

歙县：“问诊”历史遗留问题

汪仕军　王　侠

在不动产登记工作中，历史遗留问题是最常见的“堵点”“痛点”，如何有效解决它们，始终是一个热门话题。

实际上，各地不动产登记机构多多少少都已经根据地方实际，出台过相应的处理意见，重点聚焦具体案例，希望举一反三，推动解决所有问题。但历史遗留问题种类繁多、情况复杂，能直接套用的案例总是有限。能不能找到一种通用的遗留问题解决模型呢？安徽省歙县不动产登记中心创新工作方法，探索尝试以“问诊式”服务，撬开个性化特点鲜明的遗留问题的“硬壳”，取得了明显的效果。

“问诊式”服务的由来

所谓“问诊式”服务，是歙县参照医院专家门诊模式，在非窗口办公室与咨询人沟通交流，梳理其所能提供的材料，通过5个W（咨询目的why、登记类型what、房地坐落where、时间节点when和人物关系who）和1个H(具体问题how)的“六何”分析法，找出问题症结，明确登记类型，并向咨询人提供书面系统解决方案的一种不动产登记服务。

探索采用“问诊式”服务，是因为歙县在开展不动产登记工作时看到了历史遗留问题的特点，明晰了制度上的短板，同时学习了医院的经验。

看到了遗留问题的特点。一是“病程十分漫长，渐渐变成心病”。历史遗留问题大多存在时间长，跨度动辄以数十年计。二是“哪里痛苦清楚，为啥痛不清楚”。即便申请人自己一般都不能准确描述其不能办理不动产登记的原因，且普遍有跑过多个部门后问题依旧悬而未决的痛苦经历。三是“小病拖成痼疾，出现并发症状”。在谋求问题解决过程中，发生继承、拆改建、交易等情形，问题堆积甚至朝不可控的方向发展。

明晰了制度上的短板。建立单纯的限时办结制度，对遗留问题的解决没有可操作性，有时反而会形成乱作为的土壤；实施首问负责制，虽然可以有效地引导当事人找到接手部门，却不能有效精准传导问题和压力；至于一次性告知制度，可以告诉申请人缺少哪些材料，却不能解决这些材料在哪里取得、找谁取得、可不可以取得的问题。

学习了医院的经验。登记机构和医院都属于服务机构，虽然在服务的对象上存在差异，但是在服务理念上相似。目前，一些登记机构已经推广的导询挂号、绿色通道是医院的基本服务；至于“一窗受理，集成服务”，医院早就用“急诊 + 全科医生 + 留观”的类似方式服务急诊病人。而医院用“专家门诊 + 住院会诊”的方式解决疑难杂症，登记机构正好可以套用来解决历史遗留问题。

“问诊式”服务的具体做法

“问诊”，顾名思义就是要有问有诊，其中“问”是输入，是了解问题的过程；“诊”是输出，是解决问题的过程。

问题输入——“一茶一问一扫描”。所谓“一茶”，即和咨询人谈话前准备一杯茶水，这样既可以向焦虑的咨询人表明态度和诚意，拉近交流距离，又可以迅速稳定其情绪，借机引导正确的心理预期：一是不要急着下结论，重点在于了解情况；二是把问题理清楚，能办的话怎么办，不能办的话问题在哪，一定给咨询人一个“心里敞亮”。

所谓“一问”，是要问清咨询目的（越简洁越好，最好一句话说明白）、不动产的坐落地址等自然状况和问题来龙去脉以及与不动产相关人员的人物关系和咨询人的联系方式。

所谓“一扫描”，即扫描保存咨询人出示的其自认为与不动产登记有关的资料，让咨询人免交复印资料，此举可以进一步拉近交流距离，同步询问其对资料的证据意图，更全面地了解问题真相。

问题输出——“两梳两会两张图”。所谓“两梳”，即先梳理问题，后梳理对策。其中，问题要明确涉及哪些具体的登记类型，每一种类型对应的产权人，每一种类型缺少哪些要件，这些要件来源自哪些机构部门；对策要有法律法规依据，要讲清难点、给足渠道，要尽量多个角度将关键环节一次性告知清楚，结论明晰。

所谓“两会”，即两个层级的会议。其中，一个层级在不动产登记中心，会集业务骨干对梳理出来的问题及对策集体“找茬”，最终形成统一意见。如果问题不能够解决，出现多渠道选项，则进入第二层次会议，视问题重要程度分别采用工作例会、局务会议解决。通过不断总结，将来能形成规模类型的问题还可以在此基础上精准地报县不动产联席会议解决。

所谓“两张图”，一张是能够引导落宗定位基于天地图 DOM 制作的位置示意图，有了此图，问题就能变得具象，在和其他业务部门交流时，描述更加准确方便；另一张是问诊式服务的“药方”，即采用“六何”工作法框架制作的思维导图，将 5 个“W”和 1 个“H”逻辑地联系在一起，形成最终的系统书面化的解决方案。咨询人拿着这张图走遍相关部门，即使不能解决问题，至少能做到问得明白，而且能节省其他部门解决问题的上手时间。其中，咨询目的要求记录原话，精炼成一句即可；登记类型要求按照《不动产登记规范（试行）》厘清；房地坐落以直观为要，依照咨询人介绍记录同地异地名的关联信息；时间节点上，应将所有咨询人提供的资料分类型扫描制作成 PDF 格式文件，规范命名，并全部拖入时间节点形成时间轴；人物关系上，可以将复杂的人物关系简单直观地用图表展现。此外，具体问题以三个为限，工作人员要将自己以律师身份代入，点出症结，疏堵结合，力求针对性强、依据充分、合理合法。

“问诊式”服务功效显著

一是利人。首先，问题得以有效推动解决。不动产登记机构给出的书面方案具有足够深度，能起到专业化引导的作用。其次，潜在信访能够前置化解。把咨询人的事当成自己的事来办，至少要达到即使办不成也让咨询人明白为什么办不成的效果。最后，可以帮助当事人省一笔律师费——深度的书面系统解决方案一般只有律师才能提供，而“问诊式”服务免费。

二是利己。其一，可以形成丰富案例，用于教案学习，提高整体业务素养。其二，可以发现专业短板。以“问诊式”服务为镜子，能把登记机构的业务不足暴露得干干净净，避免“总以为自己业务好，什么都知道”的盲目自信。其三，可以培植“济世”情怀。医生是“悬壶济世、医者仁心”，不动产登记工作人员也要有“始于群众需求，成于群众满意”的工作导向，也要有“以人民为中心”的情怀，每一宗遗留问题的解决都会伴随成就感的生长。

三是利工作。深度咨询不宜挤占有限的窗口资源，开展专门的“问诊式”服务，有利于疏导窗口堵塞。同时，“问诊式”服务能够沟通上下环节。由于所有涉及历史遗留问题解决的部门都会因为思维导图方案的存在而迅速上手，省去冗长的问题梳理时间，解决问题的思路在大框架下留有足够的解释和处理空间，没有僭越式的引导。有理有据的专业答复能够有效倒逼其他部门的工作开展，使原有的堵点慢慢得以化解。此外，历史遗留问题的解决还能很好地维护政府形象。

选自《中国不动产》第 46 期

下篇：实务

不动产统一登记工作是一个全新的事业。我们推进这个事业的过程，其实就是一个不断提出问题，继而解决问题的过程。

住房买卖合同网签备案易发问题

季　峰

随着不动产统一登记的全面落实，不动产登记与交易管理的衔接问题逐渐暴露。实践中突出的是“网签备案”与不动产登记制度功能高度重合，程序衔接不畅，造成群众“多跑路”和“办事难”。《住房销售管理条例》（征求意见稿）在强化房地产市场秩序管理的同时，又提出房屋销售合同备案的问题，值得我们高度关注和深入研究，并积极主动应对。

一、房屋买卖合同网签备案的产生和发展

商品房预售合同登记备案。我国的商品房预售合同登记备案制度创设于 1994 年 7 月 5 日颁布的《城市房地产管理法》第 44 条第 2 款规定：“商品房预售人应当按照国家有关规定将预售合同报县级以上人民政府房地产主管部门和土地主管部门登记备案。”在此基础上，1994 年 11 月 15 日建设部颁布的《城市商品房预售管理办法》第 10 条进一步明确规定：“商品房预售，开发企业应当与承购人签订商品房预售合同。预售人应当在签约之日起 30 日内持商品房预售合同向县级以上人民政府房地产管理部门和土地管理部门办理登记备案手续。”2001 年 6 月 1 日施行的《商品房销售管理办法》第 24 条重述了上述规定，还在第 23 条规定了消费者知情权的保障：“房地产开发企业应当在订立商品房买卖合同之前向买受人明示《商品房销售管理办法》和《商品房买卖合同示范文本》；预售商品房的，还必须明示《城市商品房预售管理办法》。”2002 年，建设部、国家计委、国家经贸委、财政部、国土资源部、国家工商行政管理总局、监察部《关于整顿和规范房地产市场秩序的通知》发布，要求“各级房地产管理部门要将各种办事程序、审查要件、办事时限、收费标准以及商品房预售

许可、预售合同备案等内容在网上公示，接受社会监督。”2004年7月20日，建设部《关于修改〈城市商品房预售管理办法〉的决定》发布，在全国范围内号召“房地产管理部门应当应用网络信息技术”，逐步推行商品房预售合同网上登记备案制度。此后，各地纷纷响应，商品房预售合同网签备案由此全面推行。

北京市较早响应了这一要求。2005年3月15日，北京市开通了预售合同网上签约和预售信息网上公示系统。此后，《关于北京市商品房现房买卖合同实行网上签约的通知》发布，根据该通知，北京自2006年1月1日全面实施商品房和现房的网上签约制度。

存量房买卖合同“网签备案”。2004年，建设部办公厅发布《关于加快房地产市场信息系统和预警预报体系建设的通知》，指示各省住建部门“以城市为单位，通过一定的信息平台，依托房地产管理的各业务系统，将分散于房地产开发、交易、租赁登记备案、权属登记等管理环节的市场信息有机整合起来，同时纳入与房地产市场发展相关的土地、金融等其他信息，形成全面客观地反映各地房地产市场运行状况的分类、分区域、分结构的房地产市场信息系统”，“存量房市场数据来集主要通过房地产交易登记管理和房屋租赁备案管理等业务系统进行，包括成交面积、户型、用途、成交价格或租金水平、成交时间等，并自动生成分类汇总数据”。按此要求，各市不仅要建立存量房买卖合同的登记备案制度，更要将这一制度与信息化手段结合起来。

2006年，建设部、中国人民银行发布《关于加强房地产经纪管理、规范交易结算资金账户管理有关问题的通知》，不仅要求有条件的地方建立网上签约系统，更要求将网上签约系统与房地产经纪合同管理、存量房交易资金管理制度结合起来，形成完整的存量房交易监管体系。此后全国各地方先后建立起了存量房买卖合同网上签约的制度，并在一定程度上实现了信息互联和全国信息的集中化。

2010年，国务院办公厅发布《关于促进房地产市场平稳健康发展的通知》，要求国家行政机关进一步建立健全商品房、存量房交易合同网上备案制度，加大交易资金的管理力度。2016 年，住建部要求网签全覆盖。到目前为止，全国共有 280 个地级行政区划单位开展了存量房网上签约业务，覆盖全国超过 84% 的地级行政单位。

二、房屋买卖合同网签备案的目的

及时掌握市场信息。商品房预售制度使得一般商品房从签订合同到办理登记时间较长。通过网签备案，可以及时掌握市场信息，便于政府进行统计分析，研究调控政策。房地产市场在各种复杂因素的影响下，出现了较大的价格波动，为了对房地产市场进行监测分析，制定和落实相关调控措施，主管部门也需要一个窗口。

规制市场交易行为。随着住房市场迅猛发展，房地产开发企业及经纪机构的不规范经营现象频频发生，如发布虚假房源信息、隐瞒房屋存在抵押的信息、强制代办收费、吃差价、侵占或挪用交易资金，甚至直接卷款潜逃，造成了极为恶劣的社会影响。网签成为主管部门一个可以着力的重要抓手。

保护债权人的权利。在房屋买卖或者预售过程中，从买受人的角度来看，签订买卖合同的目的，不仅是要取得以房屋为标的债权，而是希望最终可以获得房屋的所有权，但房屋在建过程及转移过程中，该目的能否实现存在诸多风险，如出卖人一房多卖或抵押给他人等。在预告登记制度产生前，网签备案制度化解了这些风险。

三、房屋买卖合同网签备案的优势和弊端

（一）优势

1. 避免“阴阳合同”。经备案合同的房价信息还被提供给税务机关，成为确定税基的依据。同时，网签备案系统又与银行房贷系统互联互通，在买受人贷款买房的情况下，网签备案的合同能显示出买受人的贷款信息，大大压缩了买卖双方通过低报房价来逃税的空间。故而网签系统、税务系统、信贷系统的互联互通，

成为反映真实房价、防范金融风险、调控交易市场、依法征缴税收的重要制度和技术保障。

2. 保障交易安全。买受人在买卖中面临的主要风险是出卖人一房二卖，一旦发生，买受人只能请求出卖人承担违约责任。一旦网签备案，出卖人不能就同一住房再通过网签备案机制与他人订立住房买卖合同。而就出卖人而言，其面临的主要风险是无法获得买受人支付的价金。针对出卖人控制风险的需求，网签备案制度结合资金监管服务，保障了交易资金的安全。

3. 方式快捷简便。商品房预售合同登记备案制度办理流程快捷简便，无需申请人双方到现场提供材料，网上合同签订完成后，大部分城市在网上即时完成备案，少部分城市需要到窗口加盖备案章。存量房买卖合同登记备案与网签同时进行，不注销网签备案，同一房屋无法进行第二次网签，也无法办理转移登记。相比较网签之后，双方需至登记机构申请预告登记，更加快捷简便。

（二）弊端

买卖合同网签制度虽然存在着保护交易安全与降低交易成本的价值，但其局限性也相当明显。主要表现在法律效力存疑、对不动产统一登记制度形成冲击、增加办事环节，浪费行政资源、对民事主体的合同自由造成了制约等方面。

1. 不具备民法上的法律效力。预售商品房买卖合同的登记备案制度，其法律依据在于《城市房地产管理法》第44条第2款，原则上备案只是行政管理的需要，既不是合同的成立要件，也不是生效要件，网签备案并不成为合同额外的对抗效力或者优先效力。而存量房买卖合同的登记备案制度虽比照预售商品房买卖合同登记备案制度而设立，但其依据文件的法律位阶均不足以支撑登记备案程序成为不动产权属移转制度的前置条件。

2. 强化网签备案对不动产统一登记制度形成了冲击。不动产统一登记的内通在于不动产登记机构、登记簿册、登记依据以及登记平台的“四统一”。住建部门制定《导则》以及《住房销售管理条例》，通过强化网签备案，搭建并实时更新楼盘表，实际上建立了第二个“登记簿”。由两部门分管两个“登记薄”，双方各自受理业务，所接受的登记申请的时间先后顺序势必难以理清，这就导致各种权利的顺位先后出现模糊。一物之上存在数个担保物权和预告登记，又存在网签备案时，如果该物的价值不足以清偿全部债务，则权利顺位高低对于债务能否最终得到清偿将起到至关重要的作用。权利关系不明使得权利人的权利难以自证，就使不法之徒故意利用法律漏洞成为可能。

3. 增加办事环节，浪费行政资源。就存量房而言，按照正常程序，买卖双方自行签订合同后，就可以向登记机构申请登记。网签备案如作为不动产登记的前置审批材料，就会严重扰乱不动产统一登记流程，导致程序复杂，群众办理登记时间冗长。同时，存量房买卖网签合同备案审查内容及材料与不动产登记高度一致，当事人在申请网签时需要到场提交一次材料，申请登记时又要到场提交一份材料，有些地方还对当事人身份、材料等进行重复核验，无疑增加了群众负担，浪费了大量的行政资源。实际上，交易手续费取消后经费本身难以保障，还要承担大量的重复劳动，地方交易管理机构也有微词。

4. 对民事主体的合同自由造成了制约。对于开发公司、中介公司，政府可以用网签的行政手投进行强化管理，但对于双方自行成交的当事人甚至是家庭成员之间的交易，以及拍卖活动等强行网签，则侵害了民事主体的权利，政府不应当干预个体的自由交易。

四、作为交易过程的保障措施，预告登记制度与网签备案制度的分析比较

预告登记是《物权法》第 20 条明确规定的制度，网签是规范性法律文件规定的制度，从法律位阶上看，预告登记远高于网签。预告登记属于不动产物权登记制度中的一种，目的在于保障将来物权的实现。预告登记依申请进行，一旦登记，买受人能够获得

类似物权的保护，在条件具备时顺利办理所有权转移登记，从而取得不动产的所有权，登记后未经权利人同意不发生处分的效力。预告登记在法定期限内具有物权公示效力。

网签备案制度不同于物权意义上的登记，它的法律价值只在于通过行政管理的手段，来保护交易的安全，最大限度地促使房屋买卖合同的实现。通过备案公示的是一个特定的债权债务关系，这个公示当然不具有物权的公示效力。备案与否不仅对买卖合同的效力没有影响，而且更不会对合同之外第三方产生物权公示效力。对于一个没有法律依据的网签备案，相关规则也不明确，一旦网签，任何时候不能转让给他人，也不能设定抵押，显然这样的制度设计是不合法理、不合逻辑的。

五、对策建议

造成当前不动产登记与交易管理重登混乱局面的根本原因，是两种治理思维和管理方式的碰撞。一种是通过构建规范有序的不动产登记制度体系，为当事人提供高效便捷的服务，保障物权，保护交易安全；另一种是以政府的直接介入，强化规制管理，把关交易的每个流程环节，来维护房地产市场秩序。

从学理上说，我国物权法确立了不动产物权变动登记生效的原则。在具体构造上，通说是由“债权行为”加“公示”来完成，债权行为就是房屋不动产买卖合同行为，公示就是指登记，两者的紧密结合，才能完成整个物权变动。从法理上说，交易是民事行为，应当由平等民事主体自行处理，在市场不失灵的情况下政府不应主动介入。所谓的“交易”，准确表述应为市场监管，是制定交易规则并监督执行，是事后监督，而不是过程管理；更多的是宏观管理，而不是微观介入。从情理上说，应当坚持执政为民的理念，服务企业群众是政府的首要职责，部门利益必须服从于首要职责。登记交易一体化推行十多年，现在由于登记职能的划转，再回过头来强调交易登记分开于理不通。登记处于基本建设管理链条的最后一环，通过登记来把关落实管理责任，不是解决问题，而是回避问题的思路。

具体建议有以下几个方面 ：

一是坚持不动产统一登记改革初衷，必须强化登记是不动产物权变动唯一公示形式。网签制度的核心局限性在于肩负了不该有的登记公示功能。网签制度的改革方向，应该是消解其物权公示功能，明确只是行政管理手段和技术措施。物权公示只能由登记制度来实现。不动产物权的静态和动态保护，应当一律以不动产登记簿的记载和变动为准，由不动产登记机构统一对外查询利用。

二是避免制度层面长期纠缠纷争，寻求不动产统一登记体制机制上突破与完善，推行登记交易一体化。房屋交易与不动产登记是权利人取得权利的两个密切相关的环节，交易与登记存在者互为依托、互为前提和互为依据的关系。有序的登记需以合法的交易为前提；合法的交易必须以准确的登记信息为基础；两者之间是完成整个物权公示的不可分割的环节，所以交易管理和登记密不可分。如果两个环节被割裂，则交易和登记的安全都会遭到极大的破坏，当事人的权利无法得到保证。

在宏观层面，交易政策制定、监督执行与登记管理职能可以分设，但到地方具体实务办事层面，则难以拆分。具体而言，交易管理是对房屋交易行为进行规制，如买卖的不动产是否是经济适用住房、房改房、解困房、廉租房等政策性房屋，政策性房屋是否可以上市或者是否符合上市条件等，商品房是否取得预售许可，商品房预售合同是否备案，这些工作与登记紧密相关，并不复杂。登记过程中，登记机构依法审查登记材料，对前置交易行为是否合法已经做了审查，无需再行设立专门机构进行审查。反之，即使通过了交易机构的审查，如不符合法律规定，依法仍然不能给予登记，得不到物权保护。另外，存量房网签、交易资金监管只是具体的管理措施，《导则》中存量房转让管理、房屋抵押管理是直接干预市场主体的行为，并无法律上的依据，实践中各地交易部门也难以执行和落实。

在我国当前的法律架构和社会治理体制下，不动产登记和交易管理之间应当是一种各有侧重、相互配合的工作机制。不动产登记是交易结果的记载和公示，是市场经济制度的基本保障，主要是依当事人的申请而启动，属于规范的程序性行政行为。交易管理是针对交易过程的监管，更多的体现政府监管的主动性，侧重点应该是开发企业、中介机构的监管。按照“同一件事由一个部门负责”的改革思路，结合本轮政府机构改革，大力推行登记交易一体化，将与不动产登记密切相关的交易备案职能划转不动产登记机构，相关信息数据与住建部门共享，减少环节，减少重复审查，方便企业群众，减少行政资源浪费，提高办事效率。

三是在体制机制不健全的情况下，做好房屋交易与不动产登记的配合衔接。

1. 可以倡导存量房网签，但不应强制全覆盖。存量房买卖，中介成交的必须在政府监管平台上网签或者与监管平台实时联网，自行成交的应当尊循自愿原则开展网签。存量房买卖，当事人达成合意后就很快会申请办理转移登记，可以通过登记保障自已的权益。同时，登记数据和住建部门互通共享后，所获取的信息完全可以用于市场分析，强制进行合同网签备案也没有必要。同时，要消解网签与金融信贷、税收征管的捆绑，不得强制作为必收要件。

2. 存量房网签应当简化程序。应当参照商品房网签模式主要由中介机构承担，操作要更加简捷便利。合同网签，政府通过网络获取信息即可，无需设定“备案”审查环节，更不能以窗口服务的方式收取材料，按照过去房屋登记的方式进行审查。在互联网＋和大数据的时代，不见面的审批（服务）已是大势所趋，很多地方实现了交易监管机构完全退居后台，只需要通过搭建完善的网络信息平台，即可提供相关服务，并获取监管相关的所有数据。针对不限购、限售城市，申请人可以在手机或者网络终端申请买卖合同网签，填写相关信息后，生成不动产买卖网签合同，申请人签署电子签名后完成买卖合同的网签。对限购、限售城市，申请人可以在手机或者网络申请买卖合同网签，填写相关信息后，生成不动产买卖网签合同，申请人签署电子签名后由系统自动审核，审核通过即完成买卖合同的网签。

3. 做好预告登记与网签的衔接工作。加大宣传力度，让群众了解预告登记，主动申请预告登记。来取多种途径简化预告登记办理，促进群众自发申请登记保护交易安全。在网签合同模版中增加自动办理预告登记的约定，供群众选择。推行不见面服务，买卖双方通过远程身份认证的，可以在网上申请办理预告登记，不动产登记机构通过信息共享获取数据，无需提供材料。可以不填写登记证明，以登记簿记载为准，并提供线上查询。同时，协调银监部门加强金融风险监管，加大对商品房按揭贷款发放过程中资金担保手续完善的检查监督。

4. 搭建综合平台，加强信息共享。开发综合受理平台，将网签、纳税、登记、金融系统全部接入。买卖双方成交后，登录综合受理平台，录入签约、纳税、登记相关数据，扫描上传证件资料，税务部门核税或者组织评估，确定纳税数额发送给申请人，申请人可以网上缴税，也可在登记时一并数税。金融机构发放贷款后，网上传递抵押登记材料。登记机构后台预审通过后，通知群众到窗口现场办理。窗口核实申请人身份以及材料原件无误后，直接调取数据办理登记，发放证书。

在难以协调一致的情况下，可以考虑按照《城市房地产管理法》的规定，土地管理部门也可以依法履职，开展商品房合同备案工作，弱化住房合同登记备案的唯一性。事实上，商品房合同登记备案职责由不动产登记与交易管理一体化的机构办理更为合适。《城市房地产管理法》明确房产、土地部门都要备案，实践中国土备案已被边缘化。虽然从强化土地权利备案，但会被质疑行政重复，但从法理上说，本来我国的房地物权关系就是一致的，只不过过去房地管理机构分设，存在分开办理的局面，现在不动产统一登记了，交易的标的、登记的标的都应该是房地一体的“不动产”，而非“房屋”，故备案也应由了解掌握不动产诸方面信息数据的机构办理更为合适。

不忘初心，牢记使命，不动产是家庭和社会的最大财富，要统一思想认识，坚持以依法行政、便民利民为宗旨，形成权责清晰、互通共享、相互配合、管理有序的体制，更有利于政府职能转变，有利于简政放权，有利于服务工作便民高效。要淡化基层经办机构的体制归属，注重各部门管理职责落实，淡化部门利益存在，注重改善服务效能，淡化过多的行政管理色彩，注重社会诚信体系的建立和群众物权保护意识的树立。以问题为导向，从制度建设、体制机制的根本上解决问题，求大同，存小异，全面推行交易登记一体化，整合机构人员，把有限的人员资金整合起来，更好地做好管理与服务工作。

选自《不动产统一登记工作专刊》第180期

关于自然资源确权登记的思考

欧阳志军

2016年12月，经中央全面深化改革领导小组和国务院审定，国土资源部等七部门印发《自然资源统一确权登记办法（试行）》，在12个省（区）部署开展自然资源统一确权登记试点工作。但各方对自然资源统一确权登记的一些基本问题认识并不一致。笔者结合试点工作的体会，谈谈个人的一些看法。

一、把握自然资源确权登记的本质

什么是自然资源确权登记，谁来确权登记，确权登记什么，怎么确权登记，是开展自然资源确权登记必须解决的基本问题。而正确把握自然资源确权登记的性质是解决所有问题的根本。有的认为，自然资源确权登记是解决自然资源的权属问题；有的认为是为了摸清自然资源家底；有的认为是为了加强自然资源的保护与利用。这些说法各有其道理。但从根本来说，自然资源确权登记是自然资源的所有权登记，本质上就是不动产登记。为什么这么说？

其一，自然资源确权登记的对象属于不动产。《物权法》第二条第二款规定："本法所称物，包括不动产和动产。"虽然《物权法》没有列举不动产的范围，但在《不动产登记》一节中，其第九条第二款规定："依法属于国家所有的自然资源，所有权可以不登记"。这就明确告诉我们，国家所有的自然资源属于不动产，只是其所有权可以不登记。

其二，自然资源确权登记的内容是自然资源的所有权。《自然资源统一确权登记办法（试行）》第三条规定："对水流、森林、山岭、草原、荒地、滩涂以及探明储量的矿产资源的所有权统一进行确权登记，界定全部国土空间各类自然资源的所有权主体，划清全民所有和集体所有之间的边界，划清全民所有、不同层级政府行使所有权的边界，划清不同集体所有者的边界，适用本办法。”第四条进一步明确规定，“自然资源确权登记以不动产登记为基础，已经纳入《不动产登记暂行条例》的不动产权利，按照不动产登记的有关规定办理，不再重复登记。”这两条明确了自然资源登记的内容是自然资源所有权，而且是目前暂未纳入不动产统一登记的国家所有自然资源的所有权。有的同志从自然资源没有纳入不动产统一登记，没有作为《不动产登记暂行条例》的调整对象，认为自然资源确权登记有别于不动产登记，而需要另外建立一套独立的规则、程序和制度。这显然是不恰当的。只有把握了自然资源确权登记也是不动产物权登记这一本质属性，并以此为起点，研究建立适合自然资源特点的物权登记程序、规则和规范，才是唯一正确的方向。

其三，自然资源确权登记的目的是明晰产权，建立归属清晰、权责明确、监管有效的自然资源资产产权制度。长期以来，我国自然资源管理中存在自然资源所有者不到位、所有权边界模糊等问题。这是导致资源保护不够、利用不合理、资源破坏严重的重要原因。党的十八届三中全会作出《中共中央关于全面深化改革若干重大问题的决定》，要求“健全自然资源资产产权制度”，“对水流、森林、山岭、草原、荒地、滩涂等自然生态空间实行统一确权登记，形成归属清晰、权贵明确、监管有效的自然资源资产产权制度”。2015 年 9 月，中共中央政治局审议通过了《生态文明体制改革总体方案》，要求建立统一的确权登记系统，坚持资源公有、物权法定，清晰界定全部国土空间各类自然资源资产的产权主体。

因此，尽管目前没有将国家所有的自然资源纳入不动产统一登记，但自然资源确权登记属于不动产物权登记的本质没有变，属于物权公示方式的性质没有变，其明晰产权、保护权利人合法权益的目的没有变。在自然资源确权登记程序与规则的设计上，应尽可能与不动产登记保持一致，促进两者的有机融合。

二、把握自然资源确权登记的基础

在试点工作中，各地普遍反映由于各主管部门对自然资源的分类标准不同，导致自然资源类型难以认定，不同自然资源的边界难以区分，取得的调查确权成果相关部门难以认同，导致登记工作难以完成。要解决这一问题，关键在于把握自然资源确权登记的基础即土地所有权登记。总体而言，自然资源所有权与其所依附的土地所有权是一致的，国有土地上的森林、草原一般属于国家所有，集体土地上的森林、草原一般也属于集体所有。当然，也有因为开发利用国有或者集体土地，导致森林、草原与土地所有权主体不一致的情形。这种少数而例外的情形可以通过调查确权单独予以解决。某一块地是草地还是林地，是荒地还是滩涂，既没有明显的边界，也是动态变化的。在难以区分某一块资源到底是林地、草地、荒地、滩涂的情况下，弄清楚这一块资源到底是国家所有还是集体所有才是最重要也是最根本的。坚持以土地登记作为自然资源登记的基础，有利于更好地划清所有权的主体、范围和边界。

首先，从森林、山岭、草原、荒地、滩涂而言，本来就是土地及其定着物登记，将集体土地所有权确权登记、国有土地使用权确权登记和土地利用现状图相叠加，就可以找出国家所有森林、山岭、草原、荒地、滩涂的范围。其次，水流资源属于国家所有，但水流资源的边界在哪里，有人提出应以划定的河湖管理范围线作为水流资源范围，这显然是不合适的。河湖管理范围线可以作为水流资源登记单元的范围线，但河湖管理范围内的集体土地仍归集体所有。因此，要明确水流资源范围和边界，很大程度就是划清集体土地与水流资源的边界。再次，探明储量的矿产资源属于国家所有，但矿产资源确权登记离不开特定的地理信息，其登记信息必然建立在特定的土地空间之上，其登记结果势必与土地所有权甚至使用权的登记相关联。最后，国家公园、自然保护区、湿地作为特定的自然生态空间，被赋予特殊的生态功能。在一定意义上说，是对特定土地所承载的自然生态空间的用途管制登记，就是将一块土地及其定着物进行登记，在划清内部不同所有者的界线，明确资源类型、范围和面积基础上，明确生态空间用途管制等特殊保护要求。

把握了自然资源确权登记是以土地登记为基础，抓住划清不同所有权界线这一核心，就不会再纠结于自然资源类型的划分和自然资源边界的划定。在现阶段各资源主管部门不同资源分类标准并存的情况下，登记本身并不解决各主管部门对资源分类的差异，应以土地利用现状调查成果为基础，重点在于划清权属界线，然后在数据库中用不同的图层记载和描述各主管部门依法定程序认定的调查成果，求同存异，既完成确权登记，又有利于支撑各主管部门的管理活动。

三、把握自然资源确权登记的特性

自然资源确权登记尽管从本质而言是不动产登记，但仍有其自身的特性。一是实施主体具有单一性。由于自然资源确权登记是对国家所有的自然资源所有权进行的全面登记。因此自然资源调查、确权、登记工作是由各级人民政府组织实施的，这与不动产登记由申请人提出，依申请登记是完全不同。《自然资源统一确权办法（试行）》第五条规定：省级以上人民政府负责自然资源统一确权登记工作的组织，各级不动产登记机构具体负责自然资源登记。第十四条规定：自然资源首次登记的，县级以上人民政府应该成立自然资源统一确权登记领导小组，组织相关资源管理部门制定登记工作方案，并预划登记单元，向社会发布首次登记通告。第十五条规定：自然资源的调查工作由所在地的县级以上人民政府统一组织，国土资源主管部门会同相关资源主管部门，通过实地调查，形成自然资源调查图件调查成果。这些规定体现了自然资源确权登记由各级人民政府主动实施的特点。二是工作目标具有多样性。基于自然资源资产的公有性质、自然价值和生态效益，自然资源确权登记立足于建立系统完整的生态文明制度体系，通过摸清自然资源家底，明晰自然资源产权，为国土空间开发保护、资源管理与节约利用、资源有偿使用、自然资源资产负债表编制与生态文明绩效考核评估提供基础支撑，对于推进生态文明领域国家治理体系和治理能力现代化具有基础性作用。三是登记内容具有管理性。中央要求，健全国土空间用途管制制度，确定农业空间、城镇空间和生态空间，划定永久基本农田、城市开发边界和生态保护红线，将用途管制扩大到所有自然生态空间。自然资源确权登记应该在明晰产权的基础上，将空间规划、生态红线、用途管制、特殊保护等相关要求加以记载，从而明确自然资源的保护性、限制性、禁止性条件，为自然资源科学保护与合理开发利用提供依据。

总之，自然资源确权登记本质上属于不动产登记，在制度构建上要加快推动自然资源确权登记与不动产登记的有机融合，而不是另起炉灶，否则会造成“两张皮”的后果，加大行政成本和登记信息共享应用的难度。为此，提出以下建议：

(1) 在自然资源登记单元的划分上，应以权属界线相对封闭的空间作为基本的自然资源登记单元。可以将集中连片的固有森林、山岭、草原、荒地、滩涂划为一个自然资源登记单元；可以将一条河流划为一个登记单元；可以将一个矿区内探明储量的矿产资源划为一个登记单元。对于具有特定生态功能的自然生态空间，如国家公园、自然保护区、湿地等，可以按管理范围线划定登记单元，对于管理范围线切割了权属界线的，扩大至权属范围外围线划定登记单元。

(2) 在自然资源登记单元编码上，应考虑与不动产登记单元编码规则的衔接。自然资源离不开特定的地理空间信息，因此编码中应有行政区、地籍区、地籍子区、宗地等基本信息，在此基础上再考虑全民或集体所有权、所有权行使代表、自然资源特征码、顺序号等。既与不动产单元编码相衔接，又体现自然资源的特点。

(3) 在自然资源登记管辖上，应以属地管辖为原则、特殊管辖为例外。考虑自然资源量大面广，权属关系复杂，必须依靠基层和群众才可能完成确权登记工作。因此，大量的自然资源应由县市登记机构负责登记。只有水流、国家公园、自然保护区、湿地以及探明储量的矿产资源可以由省市登记机构负责登记。基于全民所有自然资源所有权将主要由国务院和省级人民政府代表行使，因此，无论是属地管辖还是特殊管辖，登记之前的自然资源调查确权工作，都应由县市组织实施，省市逐级审核确认。

（4）在自然资源调查确权上，坚持权属调查为基础，兼顾自然状况调查和公共管制调查。在权属边界的划分上，充分利用已有的集体土地所有权、固有土地使用权确权登记成果，通过内业研判，外业核实，相关方共同指界等方式加以认定。对于自然状况，在资源分类标准尚未统一之前，直接引用土地调查、森林资源调查、水利普查等依法公布的调查成果，对于资源类型认定存在分歧的，用不同图层加以记载。公共管制调查直接获取各主管部门的规划、红线、特殊保护要求等成果，对于存在多种管制且范围不同的，用多个图层加以记载。

（5）在自然资源登记簿和数据库建设上，与不动产登记簿和数据库相衔接，在内容上进行拓展。除自然资源自然状况、权属状况外，增加自然资源用途管制、生态保护红线、公共管制及特殊保护要求等限制内容。为实现与不动产登记的有效衔接，可以直接在不动产登记系统中增设自然资源登记模块，在不动产登记数据库中扩充自然资源数据库内容。这样，随着确权登记工作的推进，将在国土资源一张图上，完整清晰准确地看到每一宗不动产（含自然资源）的位置、分布、范围、面积、权属以及公共管制的要求，从而建立起覆盖所有不动产类型（含自然资源）的登记信息数据库，为明晰产权，保护权益人合法权益，提高政府治理能力提供有效支撑。

选自《不动产统一登记工作专刊》第163期

如何架构高效的权籍调查机制

陈　艳

国土资源部《关于做好不动产权籍调查工作的通知》要求，为切实提高办事效率，保证登记成果质量，在开展不动产统一登记时采用权籍调查工作前置的做法。笔者以江苏省无锡市为例，探索建立房、地一体化不动产权籍调查工作机制的具体路径。

调整工作架构

按照不动产登记制度改革后的新要求，无锡适时调整了权籍调查的工作架构。

明确队伍资质。为提高工作效率，无锡明确一宗地的不动产权籍调查必须由一个测绘机构独立完成。为此，鼓励市域范围各类测绘单位积极申报地籍和房产测量资质，组织学习原先不熟知专业领域的知识，全面掌握不动产权籍调查技能。目前，全市同时具有地籍和房产测量资质的测绘机构 12 家，且都已在测绘主管部门完成了备案手续。

划分工作范围。分散登记时代，无锡市区范围每个区均有一个固定的房产和土地测量单位承担测量和权籍调查工作，这些单位是房产和国土管理部门的下属事业单位或改制后的企业，具有经验丰富、沟通协调方便等优势。考虑到工作的延续性，同时又针对当前测量和权属调查工作效率不高的现状，除了引导原测量队伍完善资质、提高技能以外，引入市场竞争机制，为每个行政区另外招聘一支外来不动产测量队伍。规定每个区范围内，三家测绘单位循环承接不动产权籍调查工作。按照工作效率优先原则，先完成委托任务的单位具备承接新任务的优先权。为了保证市场份额，测量队伍的工作效率得到大幅提升。

同时，明确不动产权属调查和测量由当事人委托测绘机构完成，登记机构承担权属审核的责任，各区的登记中心、分中心受国土资源局委托负责辖区内不动产的权属审核工作。

建立工作流程。从日常工作任务分配，到成果提交，再到质量管控，无锡建立了不动产权籍调查的完整流程。其中，不动产登记局负责不动产权籍调查项目的管理协调和政策制定工作。日常工作中，由不动产登记窗口向申请人收集不动产权属来源，从数据库中提取或权籍调查成果质量直接关系登记发证的质量，无锡不断加强对权籍调查工作的管理，确保调查质量衔接不动产所在辖区的国土分局收集历史房产和土地测量成果、地籍调查成果以及房产、土地抵押、查封信息等，将相关资料移交测绘机构；测绘机构会同权利人和指界人开展权属调查，相关权利人签字后，将权籍调查成果发放给申请人，并将权属调查成果提交不动产登记窗口审核；不动产登记中心、分中心对权属调查成果审核，除了要确认调查机构的资质、落实质量管理措施外，重点对调查内容的完备性进行审查，对不动产单元进行统一编码，将成果汇交给信息中心整理入库，完成不动产登记发证；国土局信息中心定期对权籍调查成果进行质量检查（包括电子成果数据检查、纸质成果资料检查、实地复测和指界人核查，规定实地复测和指界人核查比例不低于全部项目的10%)，将不动产单元周边所涉的界址、宗地、不动产单元成果进行共享，并定期对不动产数据库成果进行整理和备份。

制定操作细则

在多部门、多单位相关联的不动产权籍调查体制下，为提高工作衔接效率，建立一套切合地方部门实际的权籍调查工作标准十分必要。为此，无锡制定了《不动产权属调查操作细则》，对相关操作细则予以明确。

权属调查和权属审核的职责。明确权属调查、权属测量由当事人委托测量单位实施，不动产登记机构负责对权属调查和测量成果的审核。不动产未开展过权籍调查，或不动产发生变化需要重新进行权籍调查的，申请人应委托有资质的测绘单位开展相关工作。测绘单位应当按照有关规定与委托人签订不动产权籍调查合同或协议。工作完成后，应当将有关成果提交给委托人。

是否需要开展实地调查。明确以下几种类型不需要实地调查：一是抵押权、地役权等权利的首次登记；二是不涉及界址变化的不动产转移登记、变更登记、注销登记、更正登记、异议登记、预告登记、查封登记等（当事人提出界址发生变化申请的变更登记、更正登记、异议登记除外）；三是已经有其他证明材料的，如国有建设用地使用权的首次登记，相关出让合同或者划拨决定书中已经列明了不动产的四至界限以及坐标等信息。上述情形之外，原则上均须先实地进行权籍调查，编制不动产单元号，再予以登记受理。

权籍调查的具体内容。明确不动产权籍调查的内容，是以宗地为单位，查清宗地及其房屋等定着物组成的不动产单元状况。就土地信息而言，应当查清宗地的权利人、权利类型、权利性质、土地用途、四至、面积等；就房屋等构（建）筑物信息而言，应当查清房屋权利人、坐落、项目名称、房屋性质、构（建）筑物类型、共有情况、用途、规划用途、幢号、户号、总套数、总层数、所在层次、建筑结构、建成年份、建筑面积、专有建筑面积、分摊建筑面积等。针对宗地内的建筑物区分所有权的共有部分，还应查清其权利人、构（建）筑物名称、构（建）筑物数量或者面积、分摊土地面积等。

历史数据利用和数据更新的要求。在机构职责整合完成后，首要工作就是做好房地数据的整合工作，构建新的不动产权籍调查数据库。在日常登记工作中，只要原来办理过登记或者通过预售许可等可以取得相关数据的，无论变更、分割、抵押、查封、转移、更正、补证等，都应充分利用已有房屋、土地调查数据库成果，不再进行权籍调查，直接办理登记手续。不动产登记涉及权籍调查的，要求首先调用原来各部门的数据库成果，开展房地一体化权籍调查。在成果经过审查后，将成果及时提交信息中心，更新权籍调查数据库，保持其现势性。

权籍调查的政策供应。建立不动产登记历史遗留问题协调机制，各登记窗口、分局将日常权属调查遇到的疑难问题逐一归纳，定期报市不动产登记局。市不动产登记局组织法规、利用、规划等相关部门会商后提出政策建议，报局务会或市政府同意后，逐条归纳，以《不动产登记内部指引》的方式下发，从政策供应上提高了不动产登记的效率，指导各地工作。

确保调查质量

权籍调查成果质量直接关系登记发证的质量，无锡不断加强对权籍调查工作的管理，确保调查质量。

严格成果质检。日常工作中，市不动产登记中心对不动产权籍调查单位的资格、调查成果的适用性、面积测算的依据与方法等内容进行审核；市国土局信息中心定期对全市不动产调查成果进行质检，对错误率高的企业，降低其信用等级，甚至报测绘行政主管部门取消其资质备案。

预防造假行为。为了防止当事人弄虚作假行为（如虚假指界签章等）发生，规定权属调查成果需要登记机构工作人员认真审核，必要的时候可以实地查看，并充分利用不动产公告制度。同时，明确造假的法律责任，要求当事人在不动产权利申请书中对所提交材料的真实性做出承诺。此外，利用人脸识别系统降低造假概率，震慑造假行为。

加强机构管理。从调查机构的资质、人员资格、调查成果、调查程序等方面，抓好调查机构的监督管理。对于调查机构出具的成果质量较差或有弄虚作假等行为的，给予自查整改、停止从事相关工作一个月到半年，同时函告测绘行业主管部门建议给予调查处理。对于现资质不全的调查机构，给予一定时间的过渡期，督促其尽快完善测绘资质。

重视队伍建设。为大力培养。专业技术人员和骨干，无锡举办了30多期业务培训，培训人数达3000余人次。各国土分局、国土所还选派技术骨干，定期到市不动产登记中心学习参与业务。

强化市场管理。为防止不动产测绘市场无序竞争，权籍调查队伍一律采取公开招标选取。对在市内开展日常权籍调查的单位采用备案制，只签订1～2年的合同，到期根据考核结果决定合同的续签。对公开招聘的区域性权籍调查单位，按合同不定期检查从业人员的身份、社保等，加强对从业人员的资格管理，防止项目转包。

提高人员素质。权籍调查对从业人员的专业素质、技术水平、责任意识等有很高的要求，无锡定期组织不动产测绘企业参加和开展各种技能型的培训和竞赛，组织不动产测绘企业的从业人员进行法律意识、社会责任等的研讨活动，培养具有法律意识、测绘技能、信息管理的复合型专业人才。

不断提高效率

权籍调查直接影响到登记发证效率，无锡通过启动成片的、区域性的权籍调查和建库，为日常登记打下了良好基础。

全面、系统地开展农村不动产权籍调查。无锡城镇和农村地籍调查基础较好，除了一调、二调以外，近年来还组织了全市域的大比例尺城乡一体化地籍调查，全面查清了国有土地、集体土地权属状况，并全面颁发国有、集体土地使用证以及集体土地所有权证，发证率95%以上，而城镇房屋产权登记规范化程度和登记发证率也较高。鉴于农村房屋所有权发证率只有50%左右，无锡以滨湖区集体土地纳入不动产统一登记试点为契机，在各行政区选择一个乡镇级（街道）开展集体土地上的不动产登记试点，并推广到全市。系统性、全区域的权籍调查，不仅为全面颁发不动产权证书做好准备，还集中查清了历史上房屋和土地登记之间的各种矛盾，分类研究了解决办法。

完善、整合不动产登记历史数据库。为提高不动产登记效率，无锡组织了房地数据整合建库工作。目前，已经完成 70% 的房、地登记数据自动匹配和建库。在此基础上，无锡计划用 3 年时间，按照统一登记要求和现行测绘技术标准将房产和土地登记数据库加以整合，建立完整的不动产登记数据库。同时，对早期不动产登记权籍调查不正规甚至没有调查，而原登记档案也没有测绘成果，或者测绘成果精度不高、没有坐标，无法直接利用的情况，通过实地复核、重新测量、坐标转换等方式，完善权籍调查数据库。

选自《中国不动产》第 33 期

存量数据整合的难点及思路

张翠兰

不动产存量数据主要包括存量土地登记及地籍调查数据、存量房产登记数据及房产测绘数据。开展存量数据整合，是不动产登记的重要基础性工作。2017 年 7 月，江苏省张家港市进行了存量数据整合试点，笔者结合试点情况，对这项工作的必要性和难点进行分析，并提出具体的整合思路。

整合的必要性

提高不动产办件效率，提升政府公众形象。各地在不动产统一登记工作推进过程中，有不少都出现过窗口限号、老百姓连夜排队、工作人员加班加点、不动产办件周期长等状况。办件效率低的主要原因，是房地数据未进行整合，需要耗费大量的精力进行房地数据匹配及房屋落宗工作。不动产存量数据整合工作的开展，可以提前落宗、匹配，极大地提高不动产登记业务的办理效率。

提升不动产数据共享服务能力，促进国土资源大数据建设。不动产统一登记之前，《土地管理法实施条例》《土地登记规则》等已明确了土地登记公开查询的法律依据及规则。

由于土地登记电子数据的准确率不高，相关部门查询时均需到土地登记窗口，由工作人员通过电子数据及纸质档案的查阅，确定数据无误后方可提供给查询方，无法做到数据通过网络实时互通有无。《不动产登记暂行条例》设专章对登记信息共享与保护做了规定，包括不动产登记数据的纵向（国家、省、市、县四级登记信息的实时共享）与横向（住建、公安、民政、财政、税务、工商、金融、审计、统计等部门不动产登记有关信息的互通共享）两方面数据共享的要求。信息共享的基础是数据，只有提高不动产数据的准确性，不动产登记机构才能也才敢开放其信息共享服务。

面临的主要难点

由于土地、房产等存量数据来源不一，质量参差不齐，数据标准不一，数据规范性差，部分数据缺失较多等原因，存量数据整合面临不少难点。

专业人手少。不动产统一登记时间尚短，其数据属于跨行业数据，大部分专业工作人员对业务的全面理解仍需要时间适应，具有丰富登记经验的工作人员大多忙于日常登记而无法参与数据整合。而第三方机构从业人员存在水平参差不齐、相关登记业务知识缺乏等问题，很难对数据进行正确的分析判读，整合后的数据往往无法达到预期效果。

整合周期长。存量数据整合是一个长期不断递进的过程，不可能一蹴而就，也不可能等数据全部整合完成后再颁发新证，一般都是边整合边发证。因此，日常登记业务就面临数据问题带来的业务风险。必须制定一整套应对措施与处理机制，确保登记业务正确无误，防范风险于未然。

技术要求高。不动产登记数据包含大量的属性信息、空间图形信息，且房地数据横向匹配关系和纵向历史关系复杂，数据量大。此外，由于房产单位面积的价值高且涉及权利的限制和提示信息，所有信息都关乎权利人切身利益，对整合工作提出了很高的技术要求。

具体的整合思路

根据张家港存量数据试点整合情况，综合分析实际工作需求及不动产存量数据整合要求，在具体工作中可以从以下五个方面着手。

历史数据转换。主要目的是通过对土地、房产等已有的存量登记数据、档案数据、图形数据等，按照现行的数据标准和技术规范进行数据转换，形成符合相关技术标准的数据集。首先，需要对已有的数据源分析，参照《不动产登记数据库标准》，明确需要转换的源数据，对数据逻辑关系进行分析从而确定对应的目标数据，建立数据清单对照表。其次，由熟悉登记业务及数据库的工作人员共同建立房地数据关系对照表，这是数据整合的关键。在此基础上，根据转换方案设计房地数据转换系统，系统可以根据房地数据关系对照表实现历史数据的转换。针对没有房地数据转换系统的，至少保证对每条转换记录形成规范的转换语句，避免后期数据转换人员因为多次转换方式不一样导致数据转换不准确。

历史关系梳理。通过抽查方式检验完成房地数据转换后的数据，判读在数据转换时历史关系是否梳理到位。同时，考虑到原土地及房产本身的历史关系有可能不准确，在后期数据查漏补缺时，可根据纸质档案检查房地数据历史关系是否有误。

房地数据匹配。通过空间关联、属性关联，实现对自然幢、各类构（建）筑物的落宗及房地登记属性数据关联；并按照不动产单元编码要求，对各类不动产单元进行不动产单元编码。不动产单元落宗的整体思路，应采取先易后难方式，先商品房后工业用地厂房。进行房地登记数据关联时，可利用土地登记数据中的房产证号、权利人、土地坐落等属性信息，模糊匹配房产登记数据中的房产证号、权利人、房屋坐落等信息，建立房产、土地登记数据之间的关联关系。通过人工核对，逐一匹配关联房地登记数据。开展历史档案数字化，宜将土地登记卡纸质档案数字化，形成土地登记证照库，并与土地登记数据建立关联关系。针对房屋历史档案中未完成图像扫描的纸质档案数字化，补扫档案必须达到成品品质要求。扫描完成后根据不动产统一登记的数据结构标准和数据关联需要制定统一的录入规范，参照已扫描完成的档案图像，使用录入工具软件进行数据录入，从而保证数据的完整性。

存量数据查漏补缺。对于未进入不动产登记数据库的，需要根据不动产登记的要求录入到数据库中，以方便该部分登记发证信息的查询和使用，主要是之前的纸质房产登记档案；对于已经转换升级至新系统中的数据，则要结合纸质档案进行逐卷宗的检查和补充完善。数据补录核对成果录入完成后，需要对成果进行检查。检查内容主要包括与纸质档案资料的一致性检查、必填信息检查、权利之间关系检查等。

数据入库。按照《不动产登记数据库标准（试行）》，对各类不动产单元数据、权利数据、权利人数据、登记业务数据等，进行数据抽取、规范化和入库，建立集空间数据、非空间数据关联，历史和现状信息清晰完整的不动产登记数据库，确保数据库属性数据、图形数据、图像数据的准确关联和内容一致；对数据的完整性进行检查，确保清理整合后的数据能满足不动产统一登记的需求；对数据的唯一性进行检查，确保土地与房屋的唯一关联；对数据库的准确性进行检查，确保清理后数据的准确。

选自《中国不动产》第36期

如何做好农村不动产权籍调查

徐志红

2016 年，国土资源部下发《关于进一步加快宅基地和集体建设用地确权登记发证有关问题的通知》，要求因地制宜开展房地一体的权籍调查，颁发统一的不动产权证书，并给出了分阶段依法处理宅基地历史遗留问题的意见。考虑到农房不动产权籍调查尚未有相关标准规范，国土资源部不动产登记局和中国土地勘测规划院在浙江和山东两省组织开展了农村不动产权籍调查示范点工作。笔者结合浙江示范点实际工作，对农村不动产权籍调查工作提出一些建议。

确定调查原则和技术路线

浙江省农村不动产权籍调查具备较好的基础。一是实现了宅基地调查基本全覆盖。目前，全省累计完成城镇村庄数字地籍调查面积超 9000 平方公里，占应调查面积的 90% 以上。二是宅基地发证覆盖率高。截至 2015 年年底，全省符合条件农户的宅基地使用权登记发证率已达 94%。三是农房发证正在全省铺开。四是示范点条件较好。丽水市高度重视莲都区丽新乡和青田县高市乡两个示范点建设，成立领导小组督导推进示范点建设，出台政策措施，强化资金保障，加强宣传动员，目前已经顺利完成了农村不动产权籍调查示范点建设。

在具体实施过程中，示范点确定了充分利用已有资料、房地一体化调查、城乡一体化管理、信息化管理运作的调查原则，并形成了相关技术路线。即，应用现代信息技术，以反映现状且符合要求的地形图、航空 DOM（数字正射影像图）、地籍图作为调查底图，进行房地一体权属调查和不动产测量，建立城乡一体化的不动产权籍调查数据，获取调查范围内的不动产权属、用途、位置、界线、数量、质量等信息，并与不动产登记发证系统进行关联，实现数据的互通共享。

一是针对已有地籍调查成果的地区，以地籍调查成果为基础，在修补测的基础上，开展房地一体的调查，形成不动产权籍调查成果。该方法适用于地籍调查基础较好的地区、宅基地农房发证精度要求较高的地区，浙江大部分地区采用该方法进行1∶500的调查测量。二是尚未形成地籍调查成果的地区，以地形图、低空数码航拍（航拍比例尺约为1∶8000）DOM、无人机DOM、国家下发的米级遥感影像DOM等为基础，开展房地一体的调查测量，形成调查成果。该方法适用于缺乏地籍调查成果，但宅基地精度要求不高，适宜开展1∶2000权籍调查测量的地区。对于需要开展1∶500的地区，需要以此为基础进行权籍调查，在此基础上，布设控制网，开展1∶500的数字地面测量。三是对于偏远的落后地区，宅基地农房价值不高、百姓没有诉求的地区，可采用实地丈量或者全图解法进行不动产权籍调查和测量，形成不动产权籍调查成果。

明确解决问题的路径

为了解决遇到的问题，示范点明确了相关路径。

一是标准的适用。《地籍调查规程》明确适用于城乡地籍调查，《房产测量规范》明确适用于城市、建制镇的建成区和建成区以外的工矿企事业单位及其毗连居民点的房产测量。其他地区的房地产测量可参加执行。针对农村居民点的农房尚未有相关的测量规范。实操中，基本参照《房产测量规范》，在具体细节要求上进行了细微对接和调整。

二是不动产单元的划分。农村普遍存在手续不齐全、超占（包含辅房）、移位建设等情况。在不动产单元的划分过程中，按照国家、省以及各地的确权文件，对能区分开的，按照合法的设立不动产单元，对无法区分的，按照整体设立不动产单元，但在登记时备注其中的合法确认面积。同时，严格区分房屋和辅房，分别计算相应的面积。

三是精度的取舍。考虑到《房产测量规范》中房产界址点（以下简称“界址点”）的精度和《地籍调查规程》要求的差距较大，严格按照房产测量精度要求的成果无法与宗地成果套合，实操中针对农房放宽房产测量的距离误差要求，以彼此适应的精度进行成果套合。

四是权利面积计算。农村住房中很大部分为独立成幢房屋，可直接依据房屋四面墙体外测计算产权面积。对于兄弟联建、共建等情况，墙体外测可明确区分界线的，可参照独立成幢房屋计算面积，不可明确区分的，参照城市商品房的计算方法进行计算。

试点成果及相关建议

示范点建设取得了一系列成果：全面完成试点区域不动产权籍调查，建立了相应的数据库，发放农村不动产权证书520本；出台了相关政策，为推进全省的农村不动产权籍调查和发证奠定了基础，如《青田县农村宅基地使用权和房屋所有权登记发证实施细则》、莲都区《关于农村房屋产权登记相关问题的处理意见》、省政府办公厅《关于做好农村宅基地及住房确权登记发证工作的通知》等；开展技术探索，如在基础数据上创新采用“三维立体”的方式测绘，并绘制三维立体测绘影像图100多幅；创新工作方式，如抢抓春节和村委换届契机集中组织、结合农房抵押试点提升百姓参与度、落实基层乡镇国土所开展免费代办服务等。

结合示范地建设，笔者提出以下建议

一是因地制宜选取调查方法。综合考虑调查区域的经济发展状况和基础数据情况以及农村不动产确权发证的应用场景，分别采取不同的精度、不同的调查底图开展权籍调查。对于边远、高山等要求更低的地区，可在低空数码正射影像的基础上采取图解法进行不动产权籍调查。二是农村权籍调查宜区别对待。对于可以区分的单独权利人的农房，宜简不宜繁，可按照房屋外墙计算产权面积，并简化分层分户图要求。对于一套房屋按间或按层区分所有权的农房，建议参照城镇房屋测量方法，划分不动产单元，计算房屋产权面积、绘制分层分户图。三是统一房地一体化调查的标准要求。《地籍调查规程》《房产测量规范》有很多标准适用、精度等不一致的地方，建议以《地籍调查规程》的体系为纲，统一房产测量相关要求，对界址点可增设级别，以满足不同地区经济发展的需要。四是用信息化手段进行权籍调查成果的管理。权籍调查成果必须建库，并与不动产登记系统建立实时关联，不动产登簿信息必须实时推送回不动产权籍调查数据库，保持调查库的法定和完整。此外，以动态更新机制确保数据现势性。五是出台相关确权政策解决历史遗留问题。对土地和房屋分别按照相关法律法规要求出台历史遗留问题确权规范性文件，是推动农村不动产权籍调查的前提。六是发挥农村不动产权证书的效能，增强百姓申领意愿，进而推动农村不动产权籍调查。

选自《中国不动产》第 35 期

历史遗留三大问题的破解之道

张永红

宁夏回族自治区采用省级大集中模式，布设覆盖全区的不动产登记系统，并针对发证中的突出问题，及时指导，开展培训，按计划实现了不动产统一登记制度在基层落地。

在诸多成绩背后，依然存在亟须解决的问题。本文结合宁夏关于不动产登记工作有关问题的指导意见，就不动产统一登记中如何处理历史遗留问题，提出了破解思路，供同行参考。

有房产证无土地证，如何登记

不动产登记机构要遵循房地“权利主体一致”和“不变不换”原则，主动解决问题，办理不动产登记。

一是房改房、单位集资合作建房、经适房等上市交易，需要个人缴纳土地出让金的情况。可依据《关于已购公有住房和经济适用住房上市出售补交土地出让金和收益分配管理的若干规定》《关于已购公有住房和经济适用住房上市出售中有关土地问题的通知》和《关于印发〈经济适用住房管理办法〉的通知》中的相关规定，将当地此类问题的基本情况、法律依据等收集汇总，报请当地政府研究批准，尽快制定缴纳标准。

由于历史原因原开发单位未取得土地使用权证，但业主领取了房产证的，国土部门要主动查找用地手续。有手续的，根据当时的批准文件确认取得土地使用权的方式，凭用地手续和房产证办理不动产登记；无用地手续的，组织进行权籍调查，经当地市县政府批准，补办划拨用地手续后，土地的首次登记可以办理在原开发单位，也可以直接办理在所有业主名下；同时按照《不动产登记操作规范（试行）》中“划拨国有建设用地使用权及房屋所有权转移的，应当提交有批准权的人民政府的批准文件；依法需要补交土地出让价款、缴纳税费的，应当提交土地出让价款缴纳凭证、税费缴纳凭证”的规定办理相应登记。

二是开发商取得土地使用权进行房地产开发后，将房屋出售给业主，业主领取了房屋所有权证，但土地使用权仍登记在开发商名下的情况。未办理转移或注销登记的，要按照“地随房走”的原则，督促开发商交回原土地使用权证书，有抵押的通知抵押双方尽快解除抵押（暂时无法解除抵押的，由抵押权人出具书面同意书），将土地使用权转移登记在各个业主名下；因原开发商倒闭解散等原因确实无法收回土地使用证的，在登记机构门户网站公告废止。

三是涉及开发企业补交出让金的情况。登记机构要主动提请当地政府部门专门开展追缴出让金工作，同时收回企业的土地使用权证书。登记机构应当受理业主的不动产登记申请，登记时依据一体登记原则，在转移、抵押登记时，土地使用权和房屋所有权应同时转移、抵押。

四是开发企业的建设工程只有部分工程竣工，后续工程尚未开发的情况。对已竣工的楼幢可凭验收合格报告办理转移登记，各不动产单元的土地使用权面积以建筑物基底面积分摊，并在登记簿注记栏注明。

宗地登记与实占面积不符咋办

宗地的发证面积与实际占用面积不一致、建筑物跨界址线、跨两个以上宗地的，要分析原因分类处理。

如果是测量误差引起的界址线平移、宗地图形变形，但宗地面积基本一致的（误差在5%以内），对界址线和图形进行纠正；如果原界址线有错误，国土资源管理部门要会同规划部门调整宗地，如果原土地权属证书包含了公共设施用地的，建议按照实际缴纳土地出让金的面积，重新调整界址线；如果是因为分批次供地引起的建筑物跨宗地，按照“同一幢建筑的所有不动产单元土地用地期限一致”的原则处理；如果发现涉嫌违法违规或涉及补缴退还土地出让金的，及时报请政府依法处理。

涉及分割、合并不动产的。按照《不动产登记暂行条例实施细则》第 26 条“同一权利人分割或合并不动产的”可以办理变更登记；同时根据国土资源部 2012 年 134 号文件“原则上宗地一经确定，不得随意调整”要求，同一权利人（工厂，单位）要求办理多个不动产权证书时，可以采取划分多个具有独立使用功能的不动产单元的方式办理，但是要重新出具测绘报告，编制不动产单元号，并且在注记栏注记新单元号和老单元号的关系。

划拨用地使用权可否设定抵押

划拨的国有建设用地使用权，由于是无偿取得并且没有使用年限的限制，因此，我国的法律法规对其设定抵押有一个从禁止到适当限制的过程。

《城镇国有土地使用权出让和转让暂行条例》规定，划拨土地使用权除非满足第 45 条的条件，否则不得转让、出租、抵押。其中，第 45 条规定，向当地市、县人民政府补交土地使用权出让金或者以转让、出租、抵押所获收益抵交土地使用权出让金。1992 年原国家土地管理局发布的《划拨土地使用权管理暂行办法》，重申了前述条例规定的内容。这意味着划拨的国有建设用地使用权只有经主管部门批准、签订出让合同、补交出让金，转为出让的国有建设用地使用权后，才能设定抵押。

但 1994 年颁布的《城市房地产管理法》对此有不同规定。该法第 48 条规定，依法取得的房屋所有权连同该房屋占用范围内土地使用权，可以设定抵押权，这里并未明确土地使用权类型，即没有将划拨土地使用权排除在外；第 51 条规定，设定房地产抵押权的土地使用权是以划拨方式取得的，依法拍卖该房地产后，应当从拍卖所得的价款中缴纳相当于应缴纳的土地使用权出让金的款额后，抵押权人方可优先受偿。《担保法》第56条也有相同的规定。据此，法律并未禁止划拨的土地使用权直接设立抵押，仅要求在抵押权实现时，扣缴土地使用权出让金。

2004年国土资源部颁布的《关于国有划拨土地使用权抵押登记有关问题的通知》规定，以国有划拨土地使用权为标的物设定抵押，土地行政管理部门依法办理抵押登记手续，即视同已经具有审批权限的土地行政管理部门批准，不必再另行办理土地使用权抵押的审批手续。这里特别注意，学校、幼儿园、医院等以公益为目的的事业单位、社会团体的教育设施、医疗卫生设施和其他社会公益设施，不得抵押，这些单位的划拨土地使用权是法律禁止抵押的不动产。

选自《中国不动产》第26期

统一登记视野下的错误赔偿

张　伟　高宗文

不动产物权作为最基础和重要的财产权，是民事主体从事各种经济或社会活动、创造财富的重要基础。不动产统一登记一方面深入贯彻了便民高效的行政管理原则，另一方面也有利于登记机关落实登记工作，减少登记错误。

《物权法》第21条规定："当事人提供虚假材料申请登记，给他人造成损害的，应当承担赔偿责任。因登记错误，给他人造成损害的，登记机构应当承担赔偿责任。登记机构赔偿后，可以向造成登记错误的人追偿。"该条文对登记错误赔偿作出了一般性规定，但仍较为笼统，实务界和学术界一直对此存有争议。《最高人民法院关于适用〈中华人民共和国物权法〉若干问题的司法解释（一）》列举了人民法院民事审判不动产物权登记的受案范围，同时明确部分案件从原因行为和基础关系进行审查。但对登记错误赔偿责任的归责原则依然没有给出明确答案。

分析登记错误赔偿法理基础

探究不动产登记机构赔偿责任制度的构建，需要分析登记错误赔偿的法理基础，解决不动产"静"的安全和交易安全的价值冲突与平衡，法的公平正义价值与经济上追求的效率目的的冲突选择。

登记错误产生原因。登记错误指登记簿上记载内容与不动产真实权利不一致。有专家学者将不动产登记错误的事项分为三类：没有正确登记，包括物的所有权人、用益物权人、担保物权人的错误，此外还包括物权内容错误登记，如不动产抵押面积、抵押时间的错误等；遗漏登记，通常容易出现在不动产上设定了权利负担时，如遗漏抵押权的登记等；不应登记而进行了登记，包括登记不存在的物权、物权权利负担，如用益物权、担保物权等。

若按照登记错误的原因不同可分为：登记机构的过错，即登记申请人提供的材料齐全且真实，但由于登记机构没有尽到应尽的审查义务，致使登记的权利内容与真实权利内容不相符；登记申请人的过错，指登记申请人提供虚假登记材料，即使登记机构进行了实质审查，也不一定会发现材料虚假；登记机构和登记申请人的共同过错，登记机构工作人员与登记申请人合谋，导致登记错误发生。

登记错误的损害后果。一是导致交易目的落空。由于我国采取登记生效主义，不动产物权的变动需要经过登记，如果不动产物权变动在登记时发生错误，那么交易当事人的物权变动就可能因为没有登记或登记错误而不发生效力，无法获得物的所有权或无法实现物上权利负担，最终导致交易目的落空。二是致使真实权利人权利的丧失。不动产登记错误可能导致真实权利人丧失其物权。在我国，不动产适用善意取得制度，当第三人信赖登记权利外观而为交易支付正常的市场价格且在交易时为善意，便可以获得该不动产物权。三是引起不动产市场秩序的混乱。鲍尔·施蒂尔纳在《德国物权法》中提出，不动产登记是保障民事主体财产权利、维护社会财产流转秩序的一项重要制度，涉及的利害关系人众多，包括登记申请人和因信赖登记具有公信力而参与不动产物权交易的所有人。因此登记错误会导致不动产市场秩序的混乱。

登记公信力补救与权责相统一。在登记生效主义物权变动模式下，不动产登记具有国家公信力。当登记的权利外观并不是真实权利时，登记具有的公信力在保护善意第三人的同时，却牺牲了真实权利人的权利，对其造成了损害。因此，对真实权利人给予赔偿更能体现公平，发挥登记公信力的效果。

我国的登记制度赋予了登记内容公信力，登记机构理应承担保证登记内容真实的义务。法律规定了登记机构的审查义务，列举了审查事项，要求登记机构在受理登记事务时，应当尽到应尽的审查义务与岗位职责，保证登记内容的正确性，如果登记机构违反了谨慎注意义务，则应承担与其过失相当的赔偿责任，这也是现代法治中权责相统一原则的必然要求。

明确登记错误赔偿归责原则

《国家赔偿法》对国家赔偿采用的是违法赔偿原则，也即结果归责原则，只要登记机关进行错误登记造成权利人损失，即应该承担赔偿责任。目前大多数国家的国家赔偿归责原则采用的则是过错责任原则。若依照该原则，则在不动产登记中，只有当登记机关因过错造成他人损害时，才应承担责任。《物权法》并未对此说明，因此在理论界和实务界关于不动产错误登记是过错归责原则还是无过错归责原则存在不少争论。

无过错责任原则说主要理由

实践中造成登记错误的原因很多，无法一一列举，只要登记错误并造成损害，就应当承担赔偿责任；登记错误的受害人处于相对弱势的地位，通过确立登记机关的无过错赔偿责任，可以为受害人提供更加充分的保护。

过错责任原则说主要是从《物权法》21 条来看，结合该条第 1 款规定当事人提供虚假证明材料给人造成损害的应当承担责任，而登记机关是否承担责任则由第 2 款回答，登记没有尽到法定的审核职责而产生的错误就承担责任，因而是过错责任原则。

笔者认为，是否采用过错原则应参考登记人员审查材料的审查方式。《不动产登记暂行条例实施细则》（以下简称《细则》）在落实《不动产登记暂行条例》（以下简称《条例》）规定的基础上，采取了形式审查为主、实质审查为辅的方式。不动产登记事项对权利人有着重要影响，规定实质审查就表明法律要求登记机关对此高度重视、严格审查，以真实准确地将不动产信息进行登记。因而从法律制定目的看，应当将这类登记归为无过错归责原则，以从严要求登记机关的责任。对于形式审查部分，登记人员尽了合理审慎审查职责还避免不了错误登记发生的，应当以是否有主观过错来认定登记机关的责任。

判断登记机关是否尽到合理审慎审查职责，首先要看登记机构是否依相关法律规范、法规、规章的要求履行了相应职责。《物权法》等法律法规，以及《条例》《细则》等部门规章，对于不动产登记机关在进行登记时应当履行的职责都作出了明确的规定。如果登记机构没有充分严格按照相关法律法规、部门规章履行或未履行法定职责，进行了有关登记，显然是有过错的。

同时，判断登记机关是否尽到合理审慎审查职责，还应考量登记机关对登记材料之真伪、合法及有效与否的审查是否做到合理审慎的程度。过失以可预测性为基本要素之一。只有当行为人能够或应当预见其行为会侵害他人的民事权益时，才可以构成过失。登记机构对于登记材料的真伪与否、合法与否以及有效与否的审查，应当限定在一个合理谨慎的范围之内，即该范围的确定必须要参考登记机构的预见能力：

一是就登记材料中当事人提交的导致不动产物权变动的合同有效与否的问题，因登记机构并非法院或仲裁机构，无权也无能力审查合同实质上有效与否，故此登记机构只需对合同表面上的真实性、有效性进行审查即尽到了合理谨慎之职责。

二是关于登记材料中公证文书的合法性、真实性问题，登记机构无权也不应加以审查。

三是对登记材料中不动产权证书和登记证明的真实性与有效性，登记机构负有高度的注意义务，必须确保该证书是真实、有效的。因为不动产权证书、登记证明本身具有防伪功能，且是由登记机构发出，登记机构完全有能力辨识其真伪。

四是对于其他登记材料的真实性、合法性、有效性，应当区分不同的情形，以登记机构的职权和能够辨识的程度为标准确定不同程度的注意义务。例如，对建设用地使用权证明文件、建设工程符合规划的证明文件等官方文件，登记机构就具有较高的识别能力和核实的方便程度，应当尽到较高程度的注意义务。

此外，笔者建议，还应重视嘱托登记下的赔偿豁免原则。根据《细则》第19条规定，对于司法机关和人民政府的相关通知、决定，不动产登记机关直接办理不动产登记，当事人可以持生效法律文书或人民政府的生效决定单方申请不动产登记。

《关于依法规范人民法院执行和国土资源房地产管理部门协助执行若干问题的通知》中也规定：国土资源、房地产管理部门在协助人民法院执行土地使用权、房屋时，不对生效法律文书和协助执行通知书进行实体审查。国土资源、房地产管理部门认为人民法院查封、预查封或者处理的土地、房屋权属错误的，可以向人民法院提出审查建议，但不应当停止办理协助执行事项。

在嘱托情形下，嘱托文书如法院判决、行政机关的决定、查封令等都是国家公权力行为的表现，登记机关据此而进行登记行为时，不能自由审查以表达自己的意思，而且即使明知登记错误也不能停止登记，其行为无异于官方嘱托的落实措施。在依申请而启动的登记中，即使不动产登记机关已尽到谨慎审查义务，但防不胜防，出现错误，至少也说明不动产登记机关已经尽到履行审查的职责，只是客观上未能如实登记。而在嘱托登记中，登记机关不负担任何审查义务，对嘱托人的嘱托行为也无监督义务，故若有错误，由登记机关替代嘱托人承担赔偿责任，有失公允。

不动产统一登记簿是不动产物权归属的证明，为约束规制不动产登记机关的登记行为，明晰登记职责，应将不动产登记错误的责任与归责原则梳理清楚，以便在发生不动产登记错误之后，明确权利人的请求赔偿权利，保障其不动产物权。

选自《中国不动产》第21期

正确理解不动产单元设定与编码

姜　栋　　胡小华

编者按：《中国不动产》杂志第 8 期刊登了《不动产单元不能混用》一文后，引发了业内的深入讨论和不同意见。编辑部特邀中国土地勘测规划院地籍所所长姜栋等专家撰写本文，以帮助大家更好地理解和执行不动产单元设定与代码编制规则。

《不动产登记暂行条例》第 8 条规定："不动产以不动产单元为基本单位进行登记。不动产单元具有唯一编码。"2015 年 3 月 30 日，国土资源部下发了《不动产权籍调查技术方案》，其中的附录 A——《不动产单元设定与代码编制规则（试行）》（以下简称《规则》）对于指导不动产单元设定与编码发挥了重要的指导作用。为更好地理解和执行该《规则》，现就业界关注的几个有关问题做些简要说明。

关于不动产单元的定义和设定

不动产单元是指权属界线固定封闭，且具有独立使用价值的空间。即土地及定着物的权利主体保持一致，且具有独立的基本用途和使用功能，并构成权属边界封闭的空间。自然幢宜作为不动产单元编码中"幢"的表示单位；自然幢应当是地籍图上所表达的建筑物、构筑物等房屋的基底范围线。"户"表示权利人登记的顺序号。

集体土地所有权宗地应设为一个不动产单元；无定着物的使用权宗地（宗海）应设为一个不动产单元；有定着物的使用权宗地（宗海），宗地（宗海）内的每个定着物单元与该宗地（宗海）应设为一个不动产单元；其中，定着物单元是在使用权宗地（宗海）内划分的。

定着物为房屋等建筑物、构筑物的，同一权利人拥有的独幢房屋宜划分为一个定着物单元；具有多个权利人的一幢房屋，应按照界线固定，且具有独立使用价值的幢、层、套、间等封闭空间（经批准的建筑施工图一般使用实体墙、铜条或铜钉分割）划分定着物单元；同一权利人拥有多套、多层（不连续或内部不连通）、多间（不连续）、界线固定且具有独立使用价值的房屋，每套（层、间等）房屋宜各自划分定着物单元；同一权利人（如行政机关、企事业单位等）拥有的两幢或两幢以上的整幢房屋可共同组成一个定着物单元。

定着物为森林、林木的，权属界线封闭、独立成片的森林、林木可划分一个定着物单元；属于同一权利人多片森林、林木可共同组成一个定着物单元。

定着物为其他类型的，每个定着物可各自单独划分一个定着物单元；属于同一权利人全部同类定着物（如水塔、烟囱等）可组成一个定着物单元。

关于不动产单元编码

不动产单元代码由宗地（宗海）代码＋定着物代码构成，采用七层28位层次码结构。其中，宗地代码采用五层19位层次码结构，按层次分别表示县级行政区划、地籍区、地籍子区、宗地（宗海）特征、宗地（宗海）顺序号。定着物代码采用二层9位层次码结构，按层次分别表示定着物特征、定着物单元编号，第一至第五层为宗地代码，第六至第七层为定着物代码。

不动产单元代码的表示方法为：分四段用全角字符“空格”分隔。其中第一段6位，表示行政区划代码；第二段6位表示地籍区与地籍子区；第三段7位，表示宗地（宗海）号，由宗地（宗海）特征码和宗地（宗海）顺序号共同组成；第四段9位，表示定着物代码，由定着物特征码和定着物单元编号共同组成。

关于地籍区（地籍子区）的划分

在县级行政辖区内，以乡（镇）、街道界线为基础，参照城乡规划，结合相对稳定的明显线性地物划分地籍区。

开发园区、农垦、森工等特殊区域，宜在所在行政区内（跨行政区的，以所在的主要行政区为参照）划分1个或若干地籍区。

跨县级以上行政区的整乡（镇）“飞地”，宜在“飞出地”的行政区划内，划分1个或若干地籍区；跨县级以上行政区的其他零星“飞地”，宜在“飞入地”的地籍区内，划分1个或若干地籍子区。

跨区的交通、水系、管线等线型地物，可以划分为独立的交通、水系、管线等地籍区，其空间范围应为线型地物的边界线。其中：交通地籍区可细分为铁路、城市轨道、高速公路、等级公路、一般道路、城市街巷、立交桥等地籍子区；水系地籍区可细分为河流、干渠等地籍子区；管线地籍区可细分为电力线、市政管线等地籍子区。

非线型的其他地籍区（地籍子区）可使用线型地物的中心线或边界线作为该地籍区（地籍子区）的边界线（空间范围虽有重叠，但不影响地籍区的编码），统计地籍区（地籍子区）面积时，应扣除线型地籍区（地籍子区）所占用的面积。

县级的行政管辖区与行政界线不一致时，参照线状地物，按照行政管辖区划分地籍区（地籍子区）。

关于地籍区（地籍子区）的变更

地籍区、地籍子区的界线划定后，其数量和界线宜相对保持稳定，原则上不随所依附界线或线性地物的变化而调整。并按要求于2016年11月底前完成地籍区（地籍子区）的国家级汇交。特殊情况确须进行界线调整的，需报国土资源部备案。

地籍区（地籍子区）变更的情景主要包括三类：一是县级（含）

以上行政区划调整，涉及地籍区（地籍子区）变更的；二是城市建设导致地籍区（地籍子区）界线的参照物发生变化的，如实施道路改造、河流截弯取直等行为，导致地籍区（地籍子区）界线发生变化等情况；三是城市建设导致地籍区（地籍子区）合并或分割的，如旧城改造形成的新宗地跨越已有的地籍区（地籍子区）等。

地籍区（地籍子区）变更的原则是：优先选择地籍区（地籍子区）界线变化，数量不变；其次选择地籍区（地籍子区）界线和数量都发生变化。

关于地下（地上）空间不动产单元设定与编码

宗地内结建的地下空间宜作为地表自然幢的组成部分，具有独立使用价值的层、间等空间可以和地表宗共同设定为一个不动产单元，宗地代码应采用地表宗的宗地代码。

宗地内单建的地下空间宜作为独立的自然幢，设立单独的地下宗地，宗地特征码的第 2 位使用“X”表示，宗地顺序号采用地表宗的宗地顺序号；具有独立使用价值地下层、间等空间宜与该地下宗地共同构成一个不动产单元。

跨宗地的地下（地上）空间（如人防工程等）应设立单独的地下（地上）宗地，宗地代码按照《地籍调查规程》规定的要求重新编制。宗地内地下（地上）具有独立使用价值的空间宜与该宗地共同构成一个不动产单元。

关于定着物为房屋的不动产单元设定

同一宗地内，同一权利主体所有的多幢建筑物、构筑物等房屋和所在的宗地可以设立一个不动产单元，定着物代码的前 5 位宜采用“F9999”作为统一标识。每幢建筑物、构筑物等房屋的基本信息可以在房屋调查表中按幢填写。

同一权利人所有的成套住房、地下车库与所在宗地宜分别设定不动产单元。一是成套住宅和车库属于两个不同使用功能的独立空间；二是便于房屋产权交易、抵押和查封。

同一权利人所有的多套住房，每套住屋与所在宗地宜独立设立一个不动产单元。

宗地内在建工程的定着物代码的前 5 位宜采用“F0000”作为统一标识。

《规则》相关规定与《细则》相关规定并无冲突

《不动产登记暂行条例实施细则》第 5 条规定，没有房屋等建筑物、构筑物以及森林、林木定着物的，以土地、海域权属界线封闭的空间为不动产单元。有房屋等建筑物、构筑物以及森林、林木定着物的，以该房屋等建筑物、构筑物以及森林、林木定着物与土地、海域权属界线封闭的空间为不动产单元。房屋，包括独立成幢、权属界线封闭的空间，以及区分套、层、间等可以独立使用、权属界线封闭的空间。《不动产登记操作规范》又对该条进行了细化，即没有房屋等建筑物、构筑物以及森林、林木定着物的，以土地、海域权属界线封闭的空间为不动产单元。有房屋等建筑物以及森林、林木定着物的，以该房屋等建筑物以及森林、林木定着物与土地、海域权属界线封闭的空间为不动产单元。有地下车库、商铺等具有独立使用价值的特定空间或者码头、油库、隧道、桥梁等构筑物的，以该特定空间或者构筑物与土地、海域权属界线封闭的空间为不动产单元。这与《规则》的相关规定并无冲突。而且，《不动产登记操作规范》中特别明确，不动产单元应当按照《规则》的规定进行设定与编码。不动产登记机构（国土资源主管部门）负责本辖区范围内的不动产单元代码编制、变更与管理工作，确保不动产单元编码的唯一性。

鉴于此，一宗地上无建筑物、构筑物等定着物的国有建设用地使用权宗地，其不动产单元编码为：宗地代码＋定着物代码，其中定着物代码为“W00000000”。若该宗地内已经建有两幢合法建造已竣工的房屋，权利人一并申请国有建设用地使用权和房屋所有权首次登记，其中，房屋按幢申请登记，那么这两幢楼的每一幢楼分别与该国有建设用地使用权宗地构成一个不动产单元，也就是要编制两个不动产单元代码，即该宗地代码加上每幢楼的代码（特征码“F”，编码的前四位为幢号，如果在宗地内统一编号，两幢楼的幢号分别为0001和0002；后四位为户号，由于按幢登记，则户号均为0001）。原国有建设用地使用权宗地（空地）的不动产单元代码作为历史数据，不再继续使用。

选自《中国不动产》第21期

不动产登记赔偿责任宜“行政”

翟国徽

任何一项法律制度的合理设计，既需要恰当遵循法律自身逻辑，又需要充分尊重复杂的客观实践。就不动产登记赔偿责任的性质而言，我国理论界与实务界主要存在民事赔偿责任与行政赔偿责任的争论。这需要在理论研究的基础上，综合考量各方面实际因素，进行灵活把握和全面分析。

从制度属性看，民事赔偿责任与行政赔偿责任对当事人具有不同影响。

一是赔偿损失的范围不同。民事赔偿的范围大于行政赔偿的范围。根据《国家赔偿法》，行政机关及其工作人员侵犯公民、法人和其他组织的财产权造成损害的，按照直接损失给予赔偿。与此不同，民事赔偿不但要全额赔偿给受害人各种合法权益造成的直接损害，而且要在“可预见范围内”赔偿一定的可得利益损失（即赔偿间接损失）。

二是诉讼中的举证责任不同。民事赔偿诉讼中，一般遵循“谁主张谁举证”原则，由财产受到侵害的一方对存在的侵权行为以及损害事实等承担举证责任。而在行政赔偿诉讼中，一般由作为被告的行政机关对其行为不存在过错或不具有违法性，以及不予赔偿或者减少赔偿数额等承担举证责任，否则承担举证不能的不利后果。

三是归责原则不同。民事赔偿责任一般以“过错责任”为主，侵害方只有对侵害行为存在“过错”的情况下才应承担责任，特殊情形下适用无过错责任原则。而依据《国家赔偿法》有关规定，行政赔偿责任以“违法性”为归责原则，不论侵害方对做出的侵害行为是否有过错，只要其行为违反了有关法律法规规定即应担责。

我国现阶段，不动产登记赔偿责任宜规定为行政赔偿责任而非民事赔偿责任。原因主要有以下几点：

一是将登记赔偿责任界定为行政赔偿责任更符合当前登记机关的赔偿能力现状。目前登记机关尚未全面建立登记赔偿基金或有关保险制度，如果将赔偿责任界定为民事赔偿责任，登记机关要赔偿因登记错误给当事人造成的间接损失。因不动产市场价值较大，登记机构经费来源主要依靠财政拨款，《物权法》及有关财政政策又严格限制了登记机构的收费行为，让登记机构承担民事赔偿责任显然超出了其有限的赔偿能力。

二是将登记赔偿责任界定为行政赔偿责任更有利于当事人赔偿请求权的实现。如上分析，尽管民事赔偿范围大于行政赔偿，但根据民事诉讼“谁主张谁举证”的证据规则，当事人负有较重的举证责任，其中要证明作为侵权方的登记机构存有“过错”，这对于当事人来讲无疑具有一定难度。

同时，从国外立法例来看，将登记赔偿责任界定为行政赔偿责任是德国、瑞士、日本以及我国台湾地区等绝大多数国家和地区的通行做法。

此外，在全国人大法工委编写的《中华人民共和国物权法释义》中也明确提出：“对于登记机构应当具有什么性质还有不同意见，有待于随着行政管理体制改革进一步明确，目前不宜规定登记机构的国家赔偿责任。”可见，从立法者角度来看，登记机构的性质是判定登记机构赔偿责任性质的重要考量因素。目前，依据《不动产登记暂行条例》第6条规定，全国各地不动产登记机构显然定位于行政部门而非其他社会组织。因此，将登记赔偿责任界定为行政赔偿责任也更符合当前推进不动产统一登记工作的实际状况。

选自《中国不动产》第21期

略论房地一体化之登记原则

黄　欢

房地产即房产与土地的合称，是指依附于土地地表或地下的有固定基础、固定界限且有独立使用价值，人工建造的建筑物、构筑物以及特定空间。

《不动产登记暂行条例》（以下简称《条例》）施行前，大多数房屋登记机构与土地登记机构之间缺乏互动。2015 年 3 月 1 日《条例》的施行，标志着国家长期以来总体上房、地分开登记的时代正式结束，各类不动产统一登记的新时代开启。由于房、地分开登记弊端甚多，尤其是房、地权利主体不一致引发的利益冲突和相关诉讼，影响社会和谐稳定，增加国家管理成本。因此，遵循并恪守房地一体化登记原则是不二法门。

房地一体化之登记原则

《不动产登记暂行条例实施细则》第 2 条明确规定："房屋等建筑物、构筑物和森林、林木等定着物应当与其所依附的土地、海域一并登记，保持权利主体一致。"

房地一体化的登记原则是指以房产及其依附土地的权属界线封闭空间作为不可分割的不动产单元进行登记。也即俗称的"房随地走，地随房走"式登记。这是国家提高不动产登记效率，进一步规范登记行为，方便群众申请登记，保护权利人合法权益的重要原则之一。

我国始终坚持土地公有制的基本原则，而房产绝大多数是私有的，为维护房产所有权人的合法权益，国家原对房、地分开管理有其历史合理性与必要性。但实际上房产与土地无法分离，房产所有权与土地使用权不属于同一主体时带来的物权登记矛盾，很难一下子理顺和化解，也容易导致相关历史遗留问题或难题的积压。在统一登记过程中，这些问题若不能得到重视，会使办事群众疲于奔波、非常不便。

对房地一体化，《物权法》作出了相应规定。其第146条、第147条分别规定，“建设用地使用权转让、互换、出资或者赠与的，附着于该土地上的建筑物、构筑物及其附属设施一并处分”“建筑物、构筑物及其附属设施转让、互换、出资或者赠与的，该建筑物、构筑物及其附属设施占用范围内的建设用地使用权一并处分”。第182条还涉及不动产抵押中的房地一体化问题：“以建筑物抵押的，该建筑物占用范围内的建设用地使用权一并抵押。以建设用地使用权抵押的，该土地上的建筑物一并抵押。抵押人未依照前款规定一并抵押的，未抵押的财产视为一并抵押。”

《城市房地产管理法》第32条规定：“房地产转让、抵押时，房屋的所有权和该房屋占用范围内的土地使用权同时转让、抵押。”

《担保法》第36条规定：“以依法取得的国有土地上的房屋抵押的，该房屋占用范围内的国有土地使用权同时抵押。以出让方式取得的国有土地使用权抵押的，应当将抵押时该国有土地上的房屋同时抵押。乡（镇）、村企业的土地使用权不得单独抵押。以乡（镇）、村企业的厂房等建筑物抵押的，其占用范围内的土地使用权同时抵押。”

《城镇国有土地使用权出让和转让暂行条例》第24条规定：“地上建筑物、其他附着物的所有人或者共有人，享有该建筑物、附着物使用范围内的土地使用权。土地使用者转让地上建筑物、其他附着物所有权时，其使用范围内的土地使用权随之转让，但地上建筑物、其他附着物作为动产转让的除外。”

上述相关法律、行政法规表明，房产、土地无论在自然属性还是在经济属性上都应当作为一个密不可分的整体来看待和登记，并且房产、土地的权利主体应当一致。这也是不动产相关立法的重要目的之一。

房地一体化登记之查验要点

《不动产登记操作规范（试行）》明确规定了房地产一体化登记的操作规范。具体规定是:“房屋等建筑物、构筑物所有权和森林、林木等定着物所有权登记应当与其所附着的土地、海域一并登记，保持权利主体一致。土地使用权、海域使用权首次登记、转移登记、抵押登记、查封登记的，该土地、海域范围内符合登记条件的房屋等建筑物、构筑物所有权和森林、林木等定着物所有权应当一并登记。房屋等建筑物、构筑物所有权和森林、林木等定着物所有权首次登记、转移登记、抵押登记、查封登记的，该房屋等建筑物、构筑物和森林、林木等定着物占用范围内的土地使用权、海域使用权应当一并登记。”

房地一体化登记业务主要分为国有建设用地使用权及房屋所有权、宅基地使用权及房屋所有权、集体建设用地使用权及建（构）筑物所有权的首次登记、转移登记、抵押登记、查封登记、注销登记。另外，应当把一宗土地范围内的所有房产编入一个不动产登记簿，不动产权证书与不动产登记证明则应当同时记载房地产物权状况，且房产用途与土地用途应当一致。

房地一体化登记应把握两个查验要点。一是查验依“先地后房”次序进行。根据“有房产必然有土地，有土地不必有房产，无房产不必无土地，无土地必然无房产”的房地产内在逻辑关系，不动产统一登记机构在受理相关登记申请时应当依“先地后房”次序查验申请材料，即先查验国有建设用地使用权、宅基地使用权、集体建设用地使用权是否已登记并已提交相关权利证书或证明，如土地使用权未登记，应当先查验土地使用权的来源材料或批准文件，然后查验房产相关权利是否已登记以及相关申请材料。

二是要查验权利主体是否一致。不动产登记机构受理相关登记申请时，查验土地使用权与房产所有权的申请主体及相关申请材料记载的主体是否一致，是房地产相关登记中受理程序的核心。

不动产统一登记前，仅在房屋登记机构办理房屋所有权登记或仅在土地登记机构办理土地使用权登记，但未办理土地使用权或房产所有权登记的，如土地、房产权属来源合法、界址清晰、面积准确、无矛盾纠纷等问题，应当给其办理房地一体登记并核发不动产权证书或不动产登记证明。

房地产一体化登记之权籍调查。办理相关登记申请前，需要进行权籍调查的，应当依据不动产权籍调查相关技术规定进行房屋、土地的权属调查与测绘。在此过程中，笔者建议同样应按照房地一体原则，以一宗土地为基础，以房地产单元为基本单位同时进行地籍与房产的测绘。虽然地籍测绘主要是针对宗地图、宗地界址，房产测绘主要是针对房产的界址点、建筑面积以及分丘图、分户图，但其中宗地图与分丘图可用房屋、土地的地理空间位置依托地理信息系统实现房产、土地的关联与统一。

选自《中国不动产》第 22 期

不动产单元编码应注重的问题

袁　玮　　胡渝清

为进一步做好统一登记和权籍调查工作，不动产登记机构需要及时总结辖区内的房地数据整合成果，并结合实际情况探索系统上线后基础数据的动态维护模式。

把握三个关键环节

根据《不动产登记暂行条例》和《不动产单元设定与代码编制规则》之规定，28 位编码承载了土地、房屋等相关信息，如下：

从第 15 位开始，分别用 5 位数段号代表宗地 +4 位数段号代表自然幢 +4 位数段号代表户室，三者之间的正确关联是每一个不动产单元编码的核心。可见，实现房屋与土地的正确关联后获得的不动产单元编码，是做好不动产登记工作的基础所在。错误的编码由于其隐蔽性强、不影响登记业务的办理而不易被发现，但潜在的风险极大。为此，房地数据整合的目标除了定量，更重要的是定性，即关联正确。如果仅为满足办理登记业务需要而随意编码，结果会得不偿失，需要付出数倍乃至更高的代价来修改。从多年来分阶段完成的数据整合工作来看，笔者认为，要达到相关质量要求，重点应抓好三个关键环节。

一是补建正确的楼盘表。对于缺失楼盘表的不动产单元（档案信息已与户室正确关联），这一步至关重要。补建楼盘表的基本原则是以最小栋为单元，以独立的地籍号为基准，依照现行楼盘表规范建立。操作步骤：首先外业集中调查需补建楼盘表的楼栋分层分户房号情况，绘制楼层、房屋编号立面图；其次，填写楼盘房屋申报表（应包含幢、单元、物理层、名义层、房号、面积、用途、产权人以及各类登记信息）；再次，根据需补建楼盘表房屋情况，查询预售登记、产权登记、抵押登记、司法查封及行政限制等相关登记信息；最后，完成楼盘表的补建，开始通过楼盘表进行受理。

二是楼盘与房框的关联。通俗地讲就是还原楼盘表的空间位置，如重庆市渝中区以1:500地籍图为工作底图，利用影像资料室内预判加外业补充调查。外业调查可通过坐落、房号、楼层、结构、产权年代等多项要素的比对来开展。实地有房屋而地籍图上没有的，还应先在地籍图上进行地物补测。

另外，要处理好逻辑幢与自然幢的对应关系。因管理的需要，楼盘表通常是以逻辑幢为单位建立的。逻辑幢与自然幢存在着一对一或多对一的关系：当实地为一幢房屋时表现为一对一，当实地有塔楼和裙楼共存时表现为多对一。因此，在完成楼盘表与自然幢的关联时，还要注意多对一情形下的对应关系，以便于追溯。

三是自然幢与宗地的关联。此环节重点是要确定宗地的权属正确与否及相关权利人的信息有无。由于房地登记的长期分置，相互之间基础数据的有效衔接不够。因此，需要国土部门对宗地的权属和权利人信息予以核实和完善。

综上，只有真正把楼盘表、自然幢及宗地紧密结合在一起综合清理，才能达到房地数据合一，从而确保不动产单元编码的正确性，为不动产登记提供准确、可靠的数据来源。

登记系统下的数据维护

系统上线后，登记机构面临着新系统下如何做好不动产权籍调查数据动态更新维护的问题。目前，不动产的客体变化应重点考虑以下两个方面：一是新增不动产登记的权籍调查；二是原有不动产灭失后的及时注销。

新增不动产的演变从取得土地开始到项目完成，按其特征可分为土地（无建筑物）、预售和新建三个阶段来进行客体管理。因此，笔者建议根据每个阶段不同的登记需求，按相应的要求开展权籍调查，确保登记的准确性。

土地（无建筑物）阶段时的不动产权籍调查应依据出让合同开展。一个出让合同项目下涉及多个自然宗地的，应绘制“宗地分布示意图”，并标注每个宗地的地块号（或土地坐落）且应与出让合同内容表述一致；宗地分割、合并的，还应绘制“宗地分割示意图”或“宗地合并示意图”，图上须标识出宗地分割或合并的前后关系。

房屋预售阶段的不动产权籍调查应对预售楼栋进行空间定位，原则上在本宗地内第一栋房屋申请商品房预售（预租）许可审批前，不动产权籍调查机构应依据规划部门批准的规划总平面图将本宗地内所有楼栋图解到宗地内，实现预售楼栋图解落地（无须附界址点坐标），并依序制作房地合一图、房产分层图等，房地合一图中每个楼栋均应标注与规划总平面图相一致的楼栋编号。同时，调查本宗地批准规划方案中公共绿化和公共设施情况，同一幢内分层申请预售许可的，还应明晰多个许可间的关系。

房屋新建登记时的不动产权籍调查应对竣工房屋的空间位置进行实地测量，依序绘制宗地图、房产分层图、附图及现场照片，并上传不动产登记系统替换预测阶段的土地房屋图形数据。同时，应查明竣工房屋的建设规模与批准建设规模之间的关系，若竣工测量的房屋属本宗地内最后一幢的，还应依批准的规划方案全面查清本宗地内公共设施的建设情况。

对征收范围内涉及不动产灭失的客体数据调查。拟利用征收办公室提供的征收项目范围图（一般以1:500地形图为底图），采取空间叠加和区域分析的方法，形成拟拆迁的楼盘、户室和产权证号的列表，以此为控制，对照征收办申请注销的列表，若有遗漏，及时对接征收办并查明原因，确保征收范围内的注销登记不遗漏。

选自《中国不动产第》第22期

宅基地的问题转移登记解析

赵红梅

宅基地使用权具有财产权与生存权双重属性。宅基地无偿分配是国家土地政策和社会保障制度极其重要的组成部分。在我国地少人多和长期存在城乡二元差异的现实状况下，它是一种特殊的制度安排。

就宅基地使用权及其上房屋所有权转移登记，《不动产登记暂行条例实施细则》（以下简称《细则》）作出的规定有特别值得肯定之处：认可了前述宅基地使用权具有财产权与生存权的双重属性的理论，与我国现行土地管理制度对宅基地使用权流转的严格限制基本保持了一致性，总体上对宅基地使用权及其上房屋所有权转移秉持克制立场，将转移登记限定在依法继承、分家析产和集体经济组织内部互换房屋三类情形，以防范当事人通过不动产登记将不合法的宅基地使用权流转（自由买卖）合法化。但是，前述规定所秉持的克制立场还存在一些不明确的地方，需要具体解析和加以改进。

依法继承

宅基地上的房屋所有权被当作遗产继承是毫无疑义的。即便后文论及的主张继承人没有直接继承宅基地使用权的主体资格，其对宅基地上的房屋所有权也完全能予以继承。具体可通过对宅基地上房屋做价值评估，以货币而非实物财产权的形态予以继承。

宅基地使用权能否被当作遗产继承则是一个十分复杂的法律问题，学者间分歧很大。《国土资源部关于进一步加快宅基地使用权登记发证工作的通知》规定："严格落实农村村民一户只能拥有一处宅基地的法律规定。除继承外，农村村民一户申请第二宗宅基地使用权登记的，不予受理。"原国家土地管理局《确定土地所有权和使用权的若干规定》第 49 条规定："接受转让、购买房屋取得的宅基地，与原有宅基地合计面积超过当地政府规定标准，按照有关规定处理后允许继续使用的，可暂确定其集体土地建设用地使用权。继承房屋取得的宅基地，可确定集体土地建设用地使用权。"依据前述规定似乎可推断出：对因继承而发生的宅基地使用权及房屋所有权转移，不动产登记机构应一律予以办理过户登记。但这样的推断显然过于武断。

宅基地使用权能否被当作遗产继承，应区别不同情况而处理。具体来说，无论是直接继承宅基地使用权，还是附随继承房屋所有权而转移宅基地使用权，均宜区分三种情况：一是主张继承人为占用宅基地未达标的本集体经济组织成员；二是主张继承人虽为本集体经济组织成员，但占用宅基地已达标；三是主张继承人为非本集体经济组织成员。第一类主张继承人毫无疑问肯定有直接继承宅基地使用权的主体资格；第二、三类主张继承人是否有直接继承宅基地使用权的主体资格，或其是否有通过继承地上物所有权取得宅基地使用权的主体资格，则存在着争议。如果一概承认后两者的继承权，并为其办理转移登记，实际上是没再坚持贯彻我国现行土地管理制度对宅基地使用权流转的严格限制（含限定主体资格、"一户一宅"且宅基地面积不超标原则）。这还可能导致在遗嘱继承的情形下，极其容易出现规避法律的情况。假设：被继承人夫妇有三个儿子，被继承人夫妇与大儿子、二儿子均为某村村民，被继承人夫妇与大儿子长期共同生活在一处面积超标的宅基地上（未分家析产），且大儿子未申请分配得到本村另一处独立宅基地，二儿子申请分配得到本村另一处独立宅基地，三儿子为城镇居民。被继承人夫妇立下如下遗嘱，宅基地使用权及房屋所有权归属二儿子、三儿子，存款 50 万元归属大儿子。三个继承人对遗嘱无争议。这样的继承材料属于"依法继承的材料"吗？不动产登记机构应该为其办理转移登记吗？如果答案为"是"，那大儿子随后可以重新申请无偿取得一宗宅基地使用权，再以50万元遗产中的一部分建房，三个继承人皆大欢喜，然而我国现行土地管理（含土地确权）制度对宅基地使用权流转的严格限制却被破坏得一塌糊涂。

分家析产

我国现行土地管理制度基于保障村民生存权、公平分配以及节约利用宅基地资源的考量，规定以“户”为宅基地使用权主体的基本单位（而不像其他财产那样主要以自然人为主体的基本单位），实行“一户一宅”且面积不得超过规定的数量控制标准。因此，对因分家析产而发生的宅基地使用权及房屋所有权转移登记也要给予一定限制。

依据我国农村的风俗习惯，此类转移一般存在于父母与成年已婚儿子（女儿仅存在于招婿入赘的情形）之间，或者成年已婚兄弟之间。我国现行土地管理制度关于宅基地使用权申请资格的规定也与这些风俗习惯基本契合，如《北京市人民政府关于加强农村村民建房用地管理若干规定》第7条规定，村民申请建房用地时必须符合的条件包括“子女已达到法定结婚年龄，无房分居”。因此，因分家析产而发生的宅基地使用权及房屋所有权转移登记应当尽量遵从这一风俗习惯并遵守我国现行土地管理制度，其实这也有利于公平分配以及节约利用宅基地资源。否则，因分家析产而发生的宅基地使用权及房屋所有权转移登记就会大量涌现，如现有的宅基地使用权及房屋所有权因分家析产被全部转移登记在某户村民家中未成年人名下，家中成年已婚男子又会重新获得申请无偿取得一宗宅基地使用权的主体资格。

集体经济组织内部转让、互换

笔者认为，《细则》第42条关于“集体经济组织内部互换房屋”

的表述其实可以更准确地表述应为“集体经济组织内部转让、互换宅基地使用权及房屋所有权”。因为互换财产仅指甲乙双方将自己所有的财产相互交换，而不包括一方将自己所有的财产转让给另一方。事实上，在我国农村，有些村民全家迁入设区的市转为非农业户口，其自愿将原来合法建造的房屋所有权及其占用的宅基地使用权转移给本村有申请宅基地使用权主体资格的其他村民。

不动产登记机构在办理集体经济组织内部转让、互换而发生的宅基地使用权及房屋所有权转移登记时，不仅需要注意看转让、互换双方是否现在或过去均为本集体经济组织成员，还需要注意看受让一方和互换双方是否于转让、互换后宅基地面积超标甚至占用两宗以上的宅基地。若是，就应当慎重为其办理转移登记，或者依据《确定土地所有权和使用权的若干规定》第 51 条规定处理：按照本规定第 45 条至第 49 条的规定确定农村居民宅基地集体土地建设用地使用权时，其面积超过当地政府规定标准的，可在土地登记卡和土地证书内注明超过标准面积的数量。以后分户建房或现有地上物拆迁、改建、翻建或政府依法实施规划重新建设时，按当地政府规定的面积标准重新确定使用权，其超过部分退还集体。

选自《中国不动产》第 23 期

不动产登记赔偿责任应之原则

翟国徽

不动产登记错误赔偿责任的归责原则是确定各方当事人责任的基础，直接关系到登记机构最终赔偿责任的有无及赔偿范围大小。就不动产登记错误赔偿责任的归责原则问题，结合《物权法》《国家赔偿法》以及有关司法解释规定和不动产登记实践情况，笔者认为，从可操作性角度出发，不动产登记错误赔偿责任，应以“违法性”为归责事由。

让不动产登记机构承担“无过错赔偿责任”，既缺乏立法基础也不符合目前登记工作实际。

所谓无过错责任原则，是指行为人造成他人损害，尽管不存在过错，但依照法律规定应承担民事责任的，仍应承担损害赔偿责任。从法制基础和实践基础两个层面来看，不应让不动产登记机构承担“无过错赔偿责任”。

第一，从法律解释的角度来看，《物权法》第 21 条并未确立登记机构的无过错赔偿责任。单纯依据文义解释原则，该条“因登记错误，给他人造成损害的，登记机构应当承担赔偿责任”的规定，似乎可以导出无过错赔偿责任，但从体系解释的角度来看，单从《物权法》本身既无法推导出“无过错责任”，也无法推导出“过错责任”。该条分两款对赔偿责任问题作出了原则性规定，实质上解决的是责任主体问题，而非归责原则问题。第 1 款旨在确定弄虚作假的当事人的民事责任，第 2 款则规定了发生登记错误时登记机构应承担赔偿责任，对第 2 款的解释不能脱离第 1 款作片面理解。依据《民法通则》《侵权责任法》等，民事主体承担无过错责任必须有法律的明确规定，即需要法律的“明示”而非“默示”。《物权法》第 21 条没有对归责原则进行明确，并不代表登记机构承担的一定是无过错责任。

第二，从实践角度考虑，让登记机构承担登记错误的绝对赔偿责任脱离了现阶段登记工作实际。目前，我国不动产赔偿数额巨大，而诚信体系建设还不够健全，如果让登记机构在没有过失的情况下承担赔偿责任，可能给财政造成沉重负担，不利于登记机构的正常高效运转。在没有建立登记机构赔偿基金或相应保险制度的前提下，良好的制度初衷反而会最终阻碍甚至摧毁不动产登记制度基本价值的实现。

第三，从国外经验来看，由登记机构承担无过错赔偿责任的国家一般都建立了完善的赔偿基金、强制责任保险以及职业登记代理人强制代理、登记申请材料强制公证等制度。不同于一般侵权赔偿，行政赔偿要协调公共利益与个体利益，既涉及对公民权利的保障，也涉及对登记人员合法权益的保障和对行政主体代表的公共利益的维护，必须统筹兼顾、综合权衡，而不能机械复制民事侵权赔偿的有关原则和规则体系，更不能盲目照搬国外有关经验。

与“过错责任”相比较，“违法性”归责原则符合当前立法和司法实际，也更具有可操作性。

“过错责任”归责原则和“违法性”归责原则均否定了登记机构的绝对赔偿责任，但后者比前者更符合当前有关立法精神和司法实践做法，判断标准更为具体，可操作性更强。

第一，从法律规定来看，《国家赔偿法》明确规定行政赔偿责任以“违法性”为归责事由。根据以上分析，不动产登记错误赔偿责任在目前应认定为行政赔偿责任，而《国家赔偿法》第3条、第4条在具体罗列行政赔偿的适用情形时，均使用了“违法”二字。这表明，《国家赔偿法》针对行政赔偿确定的归责原则是“违法性”原则。

第二，从司法实践来看，登记行为是否“合法”是法院判定登记机构是否承担责任的基础和前提。《最高人民法院关于审理房屋登记案件若干问题的规定》第9条明确规定“被告对被诉房屋登记行为的合法性负举证责任”，第10条规定“被诉房屋登记行为合法的，人民法院应当判决驳回原告的诉讼请求”，可见司法机关是以登记行为是否“合法”为承担责任的前提，与《国家赔偿法》的违法归责原则一致。其第 12 条规定“申请人提供虚假材料办理房屋登记，给原告造成损害，房屋登记机构未尽合理审慎职责的，应当根据其过错程度及其在损害发生中所起作用承担相应的赔偿责任”，尽管也提到了“过错”一词，但依据文义解释和体系解释原则，这里的“过错”指向的是责任分担的标准，而非责任有无的标准。

一直以来，理论界就有“过错”与“违法”相统一或相区别的“一元论”与“二元论”的争议。“一元论”者注重“过错”的客观性判断，强调行为人的行为是否在客观上违反相应的法定义务。“二元论”者注重主观性判断，主张若行为人主观上不存在“故意”或“过失”，则不构成“过错”。我国司法实践中一般主张过错的客观性，即“过错”是行为人对注意义务的违反，“违法”是对职务义务的违反，二者均考察客观行为，且注意义务可包容职务义务。因此，民事侵权责任中的“过错责任原则”和行政赔偿责任中的“违法性”原则在很大程度上是统一的。以上司法解释用“过错”大小作为分担责任的标准并不违背“违法性”的归责原则。

第三，判定行为人“违法”比判定其存有“过错”的标准更加具体，可操作性更强，也更好地兼顾了不动产权利人利益和登记机构人员权益。与“过错”归责相比，“违法”归责更符合行政赔偿的特点：一是避免了过错归责在主观认定方面的困难，便于受害人取得赔偿；二是以执行职务违法为承担赔偿责任的前提，排除了对合法行为造成的损害给予赔偿的可能性，有效区分了行政赔偿责任与行政补偿责任，更有利于维护登记人员的合法权益和登记机构正常登记秩序；三是较为单一的归责原则，简单明了，更便于实践操作；四是以登记工作人员执行职务的行为合法与否作为是否承担赔偿责任的标准，与依法行政原则及《行政诉讼法》确定的行政行为合法性审查原则相一致。

违法归责中“法”应是广义的法，法院一般采用《行政诉讼法》确定的“依据法律、法规，参照规章”的审理原则进行判定，同时，根据最高人民法院《关于审理行政案件适用法律规范问题的座谈会纪要》“法院审查认为被诉具体行政行为依据的其他规范性文件合法、有效并合理、适当的，在认定被诉具体行政行为合法时应承认其效力”的规定，人民法院可以对其他规范性文件进行评判，进而判定登记行为是否合法。因此，违法归责中“法”的外延，广义上应包括法律、法规，以及和上位法相一致的规章和其他规范性文件。此外，违法既包括积极的“作为性”违法，如明知登记材料属伪造仍进行登记，也包括消极的“不作为”违法，如对登记申请材料的真实性不予审查即进行登记的行为。

选自《中国不动产》第24期

超值抵押并非不动产登记障碍

石晨谊

2016年2月福建省研究出台《不动产登记申请材料清单(试行)》，整合现有的土地、房屋、林权、海域等不动产权利登记法律法规政策，以精简申请材料，简化登记程序为目标，将兜底条款的内涵全面明确下来，实现了不动产登记规则的简化和明晰。抵押登记部分涉及担保的实体法与程序法的理解适用，在起草中也经过了反复讨论。

超值抵押的概念

超值抵押的提法直接来自《担保法》第35条的规定，“抵押人所担保的债权不得超出其抵押物的价值。财产抵押后，该财产的价值大于所担保债权的余额部分，可以再次抵押，但不得超出其余额部分。”这也是分散登记时期登记部门要求申请人进行抵押物评估的依据。有观点认为该条和《不动产登记暂行条例》（以下简称《条例》）第22条的规定共同构成超值抵押不予登记的法律链条，不能以《物权法》对此没有规定就认为是该条规定的废止，也不能由于《物权法》废止了强制评估认为允许超值抵押。这点笔者不能苟同。

法律解释未禁止超值抵押

《担保法》制定于1995年，当时我国市场经济正处于起步阶段，各种制度和规范还不完善，“三角债”的现象比较严重，社会信用程度比较低。在这种情况下，严格抵押制度，对重复抵押行为（即以同一财产向同一债权人或者不同债权人多次抵押的行为）做出上述限制性规定，是非常必要的。全国人大常委会法工委编的《物权法释义》提及，在《物权法》起草过程中，多数意见认为应当将《担保法》的这条规定删去。而《物权法》最终也没有保留该规定。

《物权法释义》作为最高立法机关法律工作部门主编的法律释义，可以看作来自立法机关的立法解释，应该说对法律是否能够超值抵押下了比较权威的论断。

有观点认为从《物权法》条文中难以看出立法机关的这一态度。我们也可以运用体系解释和反面解释的方法来分析这个问题。司法机关一直严格区分负担行为和处分行为的效力，对《担保法》第35条的规定态度很明确，超值抵押的合同继续有效，抵押人所担保的债权超出其抵押物价值的，超出的部分不具有优先受偿的效力（《担保法》司法解释第51条）。《物权法》第199条也采纳了这个观点，同一财产向两个以上债权人抵押的，拍卖、变卖抵押财产所得的价款，抵押权已登记的，按照登记的先后顺序清偿；顺序相同的，按照债权比例清偿。若是法律不允许超值抵押，那么《物权法》第181条规定的浮动抵押制度、《担保法》司法解释第50条允许抵押财产的价值在抵押权实现时予以确定就说不通。在抵押登记时还无法确定抵押物价值的情况下，如何判断是否超值抵押？因此，笔者认为，无论从立法解释还是体系解释上看，《担保法》第35条都不应是禁止超值抵押的依据，也不应作为《条例》第22条规定的“违反法律、行政法规规定的”不予登记情形。

不允许超值抵押不符合制度目的

随着市场经济的发展，不允许超值抵押的局限性十分明显：一是限制了抵押财产的充分利用，不利于满足债务人对融资的需求。二是限制了当事人设定抵押的意愿。综合考虑债务人的偿还能力、信用状况以及是否还存在其他担保形式等诸多因素后，即使抵押财产的价值小于被担保债权的数额，债权人仍然可能接受该抵押担保。三是实践中登记部门可能以此为由强制要求对抵押财产进行评估。强制评估高收费可能致使当事人不愿办理抵押登记，不利于保护交易安全。从法律效果上看，超值抵押不予登记，可能导致主债权合同得不到抵押权的保障，损害债权人的利益。

有观点认为允许超值抵押会损害金融机构的利益，违反公序良俗。笔者认为这是个伪命题。抵押权对债权人的债权多一层物的担保，债权人在债务不能清偿的时候，对抵押物有就变价所得优先于其他债权人受偿的权利。债权因此具有物权的效果，可以确保债务的清偿。但是如果债务人不能清偿债务，抵押权人就抵押物变卖价款优先受偿，则是债权人的失败。因为抵押权的实行，不仅费时费力，还会由于抵押物价值的变化难以确保完全满足。因此抵押权的正面作用是作为社会融资的手段，促进资金融通而达到经济繁荣。

向金融机构融资是企业筹措资金的重要手段。金融机构发放贷款不仅以抵押权为最后护身符，还要调查企业的信用——经营方式、计划等，企业越健全，越容易获得融资。不允许超值抵押无异于人为切除了这部分企业的融资需求。因此允许超值抵押绝对不是没有意义的。笔者接触到的一些金融机构也希望允许超值抵押，毕竟市场经济下，即使是国有金融企业也要自担经营风险。取消不动产登记的评估要求已经很明显释放出这个意思，若不动产登记机构继续承担这项责任，在取消抵押物评估后如何判断债务是否超过抵押物的价值，是不动产登记机构难以承受之重。

登记机构应定位于物权公示

笔者认为，登记机构不应将登记看成行政确权的附庸，对登记附加过多行政管理和宏观调控的要求。应正视 2007 年《物权法》施行后随之改变的土地和房产管理部门的登记规则。《物权法》将登记看作物权公示的当然体现，记载于登记簿的权利被推定为正确。从比较法角度看，无论意思主义还是形式主义的物权登记模式，都承认当事人之间的债权合同是决定性的因素。物权变动的原因是当事人之间的实质法律关系，登记是因法律的规定成为物权变动的要件，但对物权变动的内容并没有决定权。

登记机构的登记行为是基于申请人提交的申请材料，是一种程序性的行政行为。不能因为法律将登记作为物权变动的生效要件，而错误地认为财产权是登记机关赋予的。不动产登记机构登记机构应将重心放置在维护交易安全、维护物权公示公信上，立足于中立第三方的角色，对登记申请人的债权合同和权利归属不做过多的评价和干涉。对抵押合同登记审查的实质是公权力对私法自治的评价。

在房地产领域，存在土地出让、合作开发和房屋买卖的一、二、三级市场，从公权力的干预程度上看，是依次减弱的。不动产抵押已经属于房地产三级市场，应该更多地发挥私法自治的功能。

在当前我国经济形势下，企业对资金融通的需求不仅没有减少，还大大增加。允许超值抵押登记不仅可以保障交易安全，对促进企业融资解困、推动经济发展也具有十分重要的作用。因此笔者建议，不动产登记机构在审查和登记时，切实做好维护交易安全、物权公示的本职，对市场化的经济行为不做过度干涉，进一步发挥推动不动产权属清晰的作用。

选自《中国不动产》第 25 期

落实“三权分置”，须加快立法

佟绍伟

日前，中共中央办公厅、国务院办公厅印发了《关于完善农村集体土地所有权承包权经营权分置办法的意见》（以下简称《意见》），指出了三权分置的重要意义，明确了三权分置的指导思想、基本原则、总体要求和实施路径，对于保护农民土地权利、规范农地流转、促进农地适度规模经营进而实现农业现代化具有重大的现实意义和历史意义。

《意见》是党中央深刻总结了古今中外历史的经验和教训、充分考虑了经济社会发展的各种因素后作出的重大决策。其目的是既保证农民在真正变成城市居民前甚至成为城市居民后不失去土地，又促进农用地的自愿有偿流转，以推进适度规模经营，提高农地的利用效率，可谓用心良苦。中国两千多年的封建历史一直重复着“土地兼并—农户破产—改朝换代—土地重新分配—农村经济恢复发展—土地再兼并—朝代再更替”的循环。一旦农民失去土地，又没有其他出路，必然发生社会动乱。拉美国家机械地学习北美大农业，地主将土地从租户手中收回，使用大型农业机械自己直接耕种，农业甚至比工业更早地实现了现代化。可是那些失去土地的农民不得不一下子涌入城市，而城市就业岗位和住房有限，导致他们只能在城市流浪或者居住在贫民窟，由此引发尖锐的社会矛盾。

我国改革开放之所以取得举世瞩目的成就，在很大程度上得益于我们实行的土地承包制。尽管也发生过农民工失业的情况，但却并未引起社会动荡。同时，随着我国工业化城市化的推进，越来越多的农民离开农业、离开农村，出现土地撂荒闲置，客观上产生土地适度规模经营以提高农用地使用效率的需要。为此，实行三权分置，就显得非常必要。

为贯彻好《意见》，落实好三权分置，必须加快有关立法。

一是要依法明确集体土地所有权。首先，要依法明确集体土地所有权的主体。按照历史的沿革，集体土地所有权的主体主要包括乡农民集体主体、村农民集体主体和村民小组农民集体，每一类农民集体都有自己的土地，绝大部分土地掌握在村民小组农民集体手里。近些年，由于土地整治和移民建镇，出现了合村并组的现象。由于合并之前，各农民集体人均占有的土地资源不同，如果将土地确定给新的村组，可能会引起纠纷。因此建议还是确权给原来的农民集体。

其次，要明确农民集体土地所有权的代表。目前，乡农民集体土地所有权实际上由乡镇政府行使，村农民集体土地所有权实际上由村民委员会行使，村民小组的土地所有权大部分也由村民委员会行使。乡镇政府和村民委员会分别是一级政府和村民自治组织，由其行使集体土地所有权名不正言不顺，而村民委员会代为行使村民小组集体土地所有权也不合适。因此，应修改《村民自治法》《土地管理法》和《土地承包法》，将集体土地所有权归还给农民集体。没有农民集体的，可以组建土地合作社代为行使集体土地所有权。

至于乡农民集体所有的土地，可以考虑实行国有。

再次，要依法明确农民集体的成员资格。在人民公社时期，集体成员就是村民，村民就是集体成员。改革开放后，农村居民的成分越来越复杂，有的是集体成员，有的是村民，有的甚至是城市居民。集体成员肯定是村民，但村民不一定是集体成员，城市居民肯定不是集体成员。这些年，围绕集体成员权，发达地区和城乡接合部发生了许多纠纷。在包头郊区的一个村庄，甚至将村民分成六等，每一等村民享受不同的权益，各等村民之间甚至不相来往。为享受本集体的好处，有的发达地区还出现了姑娘不外嫁的现象。

最后，要明确农民集体成员的权利和义务。包括依法规定集体成员在土地发包、宅基地分配、荒山荒地出让、征地补偿收益分配方面的权利，建立各类议事制度，完善档案保管制度等。

二是要依法明确土地承包权。首先，只有本农民集体成员才能取得土地承包权，已经丧失农民集体成员资格的人员不得仍然占有集体土地。农民集体以外人员使用集体土地的，可取得集体土地使用权。

其次，允许土地承包权转让、出租、抵押，保证土地承包人的土地收益权。同时，土地承包人可以变卖土地承包权和宅基地使用权，作为进城创业的资本，真正实现人的城市化。

再次，要将土地承包权延长到 70 年或设置为永佃权。按照土地估价理论，70 年的土地价格几乎等于土地所有权的价格，而土地所有权仍然掌握在集体的手里，这是集体土地所有权的最好实现形式。如此，土地承包权真正成为农户的财产，使得亿万农户有了更多的获得感。古人说，有恒产者有恒心。农户会减少短期行为，增加对土地的长期投入，不断改良土壤，实现农地的可持续利用。将土地承包权延长到 70 年，还可为土地经营权的设置创造良好条件。目前，二轮土地承包的剩余年限不足十年。因此，土地经营权人从土地承包权人手里最多能够取得 10 年的权利。如此，土地经营权人缺乏增加对土地长期投入的动力，不利于农地的可持续利用。

最后，第二轮土地承包到期后，还要考虑是否重新调整土地的问题。据笔者所知，目前农村的土地占有已严重不均，许多 1990 年以后出生的人口都没有土地，已经进城定居的人和已经故去的人仍然占有土地。如果不重新分配土地，将造成农地占有不公，引起新的社会矛盾。

三是要依法明确土地经营权。首先要明确规定土地经营权人的资格。如果土地承包权人出让土地经营权，本集体成员应该具有优先受让权；如果本集体成员无人受让，那么本集体外的农村居民可以优先受让土地经营权；只有在既无本集体成员又无本集体以外农户受让土地经营权的情况下，城市居民才能受让土地经营权。其次要规定土地经营权的期限不得少于 20 年。否则，期限过短，土地经营权人无法做长期投资的打算，只能采取短期行为，不利于农地的可持续利用。再次要明确土地承包人与土地经营权人的权利义务关系，依法保护好双方的合法权益。

四是要严格控制工商资本取得土地经营权。工商资本取得土地经营权后，不得从事与农民相同的经营行业，只能从事服务于农业农村发展的行业，更不能将农用地改成建设用地。否则容易导致农户破产，影响社会的稳定和谐，重蹈拉美国家的覆辙。因此，即使在欧美国家，尽管农业在国民经济中的比重非常低，但还是严格限制工商资本进入农业，实行“农有农用农营”的农地制度。

选自《中国不动产》第 26 期

抵押权优先受偿范围与登记簿记载

程　啸

按照2013年11月20日国务院常务会议的决定，所谓不动产统一登记，意味着登记机构、登记簿册、登记依据和信息平台的“四统一”。为此，国土资源部建立了统一的不动产登记簿，用于记载各类不动产物权。然而，根据现行的不动产登记簿的设置，对抵押权的登记事项中没有对“担保范围”的记载，而只有对“被担保主债权数额（最高债权数额）”的记载。根据2015年2月15日下发的《国土资源部关于启用不动产登记簿证样式（试行）的通知》的规定，所谓“被担保主债权数额（最高债权数额）”，填写的是“被担保的主债权金额”。这样一来，在不动产抵押担保的实践中就需要解决一个问题，即有时当事人在抵押合同中约定的担保范围与在不动产登记机构进行抵押权首次登记时不动产登记簿上的记载不一致，甚至有时候与人民法院生效判决中确定的抵押权人优先受偿的范围不一致。当抵押权人实现抵押权时，究竟以何者为准，有不同的认识。

一种观点认为：依据《物权法》第173条，担保物权的担保范围包括主债权及其利息、违约金、损害赔偿金、保管担保财产和实现担保物权的费用。《担保法》第46条第1句也有相同的规定。既然法律已经明确规定了，在当事人对抵押权担保范围没有约定时，抵押权担保的范围当然是主债权及其利息、违约金、损害赔偿金和实现抵押权的费用。因此，即便在登记簿上未予记载，也应当以上述法律规定的担保范围为准。浙江省高级人民法院即采取此种观点，其发布的《浙江省高级人民法院关于审理实现担保物权案件若干问题的解答》第11条认为：“实践中，有的登记部门操作不够规范，在办理房地产抵押登记、股权出质登记等担保物权登记时，会发生登记范围与合同约定不一致的情况，如合同中约定的担保范围包括主债权、利息、违约金、实现法院不按照登记簿的记载或当事人的约定来确定抵押权优先受偿范围的情况，应认为属于法院适用法律的错误担保物权的费用等，但在相关登记证明或他项权证上却载明担保范围仅为本金。结合上述《物权法》对担保范围的规定，倾向于认为，在合同各方意思表示真实、一致且内容合法的情形下，不能因不规范的行政行为而影响当事人实体权益的实现。在主债权本金已经合法登记的情况下，登记效力应及于合理的利息、违约金等其他费用，申请人可在据以登记的担保合同约定的范围内依法享有优先受偿权。”

另一种观点认为，抵押合同与抵押权登记簿、他项权证上记载的抵押权的担保范围应当一致。如果出现不一致，鉴于权证登记的公示效力，应以登记的内容确定具体数额。例如，针对“抵押合同约定担保范围包括本金、利息、实现债权的费用等，但抵押权登记簿上或者他项权证上记载的主债权仅为本金部分，其他相关债权人认为抵押权人仅能就本金部分优先受偿，从而提出执行异议，应当如何处理？”的问题，2013 年 12 月 18 日《江苏省高级人民法院关于执行疑难若干问题的解答》回答为：“抵押合同与抵押权登记簿、他项权证上记载的抵押权的担保范围应当一致。如果出现不一致，鉴于权证登记的公示效力，应以登记的内容确定具体数额。”

对于上述争议问题，笔者认为，《物权法》第 173 条第 1 句虽然规定，在当事人没有约定时，抵押权的担保范围包括主债权及其利息、违约金、损害赔偿金和实现抵押权费用。但必须注意的是，立法者作此规定的着眼点仅在于抵押人与抵押权人二者之间的法律关系。一旦涉及后顺位抵押权人等善意第三人，如果仍然适用这一规定，就有可能损害善意第三人的合法权益。因此，当存在善意第三人时，不能简单地适用《物权法》第 173 条第 1 句。由于我国抵押权分别采取了登记生效要件主义与登记对抗要件主义，故此，当存在善意第三人时，就抵押权的担保范围究竟以合同约定为准还是以登记簿的记载为准的问题，应当区分不同类型的抵押权分别加以解决。具体分析如下：

其一，对于以登记为生效要件的抵押权即不动产抵押权，如建筑物抵押权、建设用地使用权抵押权、在建建筑物抵押权等，因这些抵押权以登记为生效要件（《物权法》第187条），而不动产登记簿具有推定力效力与公信效力（《物权法》第16条第1款、第106条）。故此，为贯彻落实物权公示公信原则，保护善意第三人，对于这些抵押权的担保范围即优先受偿的范围应当以登记簿上记载的主债权为准，而不应当以抵押合同的约定为准，否则不利于保护后顺位抵押权人、普通债权人等善意第三人的合法权益。至于登记机构不予登记抵押权担保范围的做法，应当通过完善登记制度加以解决，但不能因此就断然否定登记簿的公示力与公信力。正因如此，《最高人民法院关于适用〈中华人民共和国担保法〉若干问题的解释》第61条才明确规定："抵押物登记记载的内容与抵押合同约定的内容不一致的，以登记记载的内容为准。"

其二，对于以登记为对抗要件的抵押权，如动产抵押权、动产浮动抵押权（《物权法》第188条），其抵押权自抵押合同生效时设立，但未经登记的不得对抗善意第三人。故此，在抵押合同关于抵押权担保范围与登记簿的记载不一致的情形下，可以以抵押合同的记载为准。因为此类抵押权自抵押合同生效之时就已经设立了。但是，依据《物权法》第188条第2句规定，这些抵押权"未经登记，不得对抗善意第三人"。如果这些抵押权办理了登记，但是抵押合同关于抵押担保范围与登记簿记载不一致，也应当以登记簿的记载为准。

其三，司法实践中出现的一些法院不按照登记簿的记载或当事人的约定来确定抵押权优先受偿范围的情况，应认为属于法院适用法律的错误。第三人可以提出执行异议或异议之诉，如果因此给第三人造成损害，应当由做出错误判决的人民法院承担赔偿责任。

选自《中国不动产》第26期

征收登记的有关法律问题

常鹏翱

征收是国家为了公共利益的需要，以补偿损失为条件，依法强制取得其他主体财产权的行为。征收的对象在理论上包括所有类型的财产权，但实践中主要指向不动产。

因征收而导致的不动产物权变动是非依法律行为的物权变动，根据《物权法》第28条，只要征收决定生效，不动产物权就发生变动，登记与否则在所不问。不过，这并不影响用登记来体现征收的结果，与此对应的登记即征收登记。征收登记的启动机制是嘱托，故征收登记属于嘱托登记。

从实践运作情况来看，征收登记的嘱托机关、嘱托文书和登记类型存有疑问，本文根据相关规范性文件对这些问题予以探讨。

征收登记的嘱托机关

征收意味着国家对其他主体正当财产权的剥夺，它之所以能受法律肯定，是因为公共利益的指引，《物权法》第42条第1款对此有明确规定。在此基础上，国家还必须依据法律程序进行征收。国家是征收权主体，是抽象的，无法亲力亲为。实际上则由法律授权相应级别的政府来行使征收权。根据《土地管理法》，代表国家行使土地征收权的主体是国务院或省级政府；根据《国有土地上房屋征收与补偿条例》，代表国家行使国有土地上房屋征收权的主体是房屋所在行政区域的市、县级政府。

需要注意的是，上述征收权指向征收决定权，并不包括实施权，征收实施权被法律配置给其他行政机关。《土地管理法》规定由县级以上地方政府公告征收决定并组织实施，《国有土地上房屋征收与补偿条例》规定由市、县级政府确定的房屋征收部门组织实施本行政区域的房屋征收与补偿工作。这种权力分置是出于高效行政的考虑。为了防止行政机关滥用征收权，征收决定权要由地位相对超然的行政机关承担；但若仍由这些机关具体操作实施，不仅有违层级制的行政运作机制，还会因其不熟悉被征收不动产的具体信息而不便操作，从而加大管制成本。

征收登记虽然以征收决定为基础，但它宣示的是征收实施的结果，若把征收决定和实施当成两个阶段，它显然位于征收实施阶段。与此相应，再基于职权法定原则，征收登记的嘱托机关应是享有征收实施权的行政机关。

征收登记的嘱托文书

征收登记的最主要嘱托文书是生效的征收决定。因其是物权变动的标志，对征收决定是否生效的判断，应结合征收程序加以确定。

首先要理顺征收与补偿的关系。征收是国家对其他主体财产权的合法剥夺，足额补偿被征收人因此遭受的损失是必不可少的环节。需要特别强调的是，征收是合法行为，足额补偿与基于侵权行为的国家损害赔偿完全不同。从逻辑上讲，征收与补偿的关系会有多重构造，向被征收人实际补偿后，征收决定才能做出并生效，是可能的思路之一，德国就是这样。这种思路把补偿当成征收的内置环节，实际补偿是征收完成的标志。还有另一种思路，征收决定的做出不受实际补偿的影响，但实际补偿是征收决定生效的标志，所有权由此转移，如我国台湾地区就是如此。这两种思路和做法的好处，是能有效提升被征收人在政府强势介入下的自我保护能力，能充分保护被征收人的利益。

与此不同，我国大陆是先完成征收，后实际补偿。二者的关系相当密切，如在征收决定前或在公告该决定前，政府必须考虑对被征收人的补偿标准、方式、数额等，但实际补偿并非征收决定能否做出或能否生效的约束条件。这样一来，被征收人是否获得实际补偿，不影响政府通过征收取得财产，故是否实际补偿不是征收决定生效的标志。我国大陆法院也通常认为，土地征收的补偿标准高低、补偿款是否足额支付，不影响征收决定生效以及物权变动的法律效力。不过，将来不妨通过修法，把实际补偿作为征收的内置环节，以影响征收决定的做出或效力。

在征收决定不受制于实际补偿的前提限定下，需要注意的是另两个重要节点——征收决定的做出和公告。做出征收决定，表明征收决定已现实发生，但只要不通知被征收人，它仍然完全受控于征收决定权主体，该主体有权根据实际情况撤回该决定，故而，征收决定不因做出而即时生效。在公告后，征收决定有了信息溢出效应，不仅对被征收人形成负担，还为其他社会公众所周知，为了维护政府信誉和保护社会预期，征收决定权主体必须受征收决定的约束，不得自由撤回。就此而言，公告是征收决定生效的标志，这一点得到了我国司法实践的认可。在公告后，即便被征收人对征收决定不服，在行政复议或行政诉讼期间，仍不改变该决定生效的事实。

综上所述，作为征收登记最主要的嘱托文书，生效的征收决定包括了两个不可或缺的内容，一是由征收决定权的行政机关做出征收决定书，二是由征收实施权的行政机关做出的征收决定公告。也就是说，在理解《不动产登记操作规范（试行）》（以下简称《规范》）第 7.3.4 条第 4 项、第 11.4.3 条第 4 项等要求的生效的征收决定书时，不应仅限于该文书自身，还应有相应的公告证明。

此外，有些地方对土地征收有特别的程序要求，如北京市对于集体土地征收有办理征收结案的环节，即表明征地已经国务院或北京市政府批准并已公告，且征地补偿款已经到位，与此相应，根据《北京市不动产登记工作规范（试行）》，嘱托文书包括征地结案证明。

征收登记的登记类型

征收是不动产物权变动的原因事实，物权因征收决定生效而变动，不动产登记并非物权变动的必备条件，这样一来，国家的真实权利与被征收人的登记权利就产生偏离，登记簿的记载因此出现了嗣后的登记错误。征收登记客观上更正了该错误，理应属于更正登记，德国就采用这种登记类型。用更正登记与征收衔接，在理论上能够成立，但说征收导致登记错误，与绝大多数登记人员的情感和观念严重不符。而且，我国的更正登记也未设置嘱托机制。立足于该现实，笔者认为我国不宜用更正登记与征收对接。

征收的法律效果看上去首先是消灭被征收人的权利，与此相应，《规范》第 9.4.2 条等规定了注销登记。除了该效果，征收还使得国家取得相应的不动产权利，征收登记应有与此相应的登记类型，但《规范》对此未提及。这种登记显然不是首次登记，因其基础是在先的被征收人的不动产登记。着眼于征收产生的权属转移效果，如集体土地归国家所有，用转移登记与其对接即可，无须专门办理被征收人权利的注销登记，我国台湾地区就是如此。当然，这种转移登记对应的不是市场交易行为，事先无须缴纳税费。

此外，若征收的财产仅涉及他物权，如用地人取得建设用地使用权后尚未开发建设就被依法征收的，则注销登记足矣。若征收的是部分不动产所有权，如征收部分集体土地，除了转移登记，还涉及集体土地面积的变更登记，就此变更，可由集体土地所有权人申请变更登记，对此可参照《北京市不动产登记工作规范（试行）》第 8.2.3 条第 4 项。

选自《中国不动产》第 27 期

不动产登记错误的矫正与救济

肖　攀

不动产登记能够有效保护产权、有力保障交易，依据的是法律赋予的公示公信力，依靠的是“合理审慎”的审查机制和“有错必纠、有损必赔”的纠错机制。

规范实施不动产登记制度，需要依法依规开展不动产登记申请、受理、审核、登簿和发证工作，但出现了登记错误或造成损失，也需要依法予以矫正和赔偿。

登记错误的范围界定

不动产登记错误是“不动产登记簿记载的事项错误”。认定不动产登记错误，首先应明确时间节点，即应是在不动产登记时产生的错误。登记完成后，由于出现了新事实导致登记簿记载与真实权利状态不一致的，不属于登记错误。

其次，应明确认定的依据，应从客观上比照登记簿的记载事项与申请材料反映的真实合法内容，看二者是否相符。错误产生原因大概有三种，分别是申请材料为虚假材料、申请登记的内容存在权属争议或者违反法律法规的规定、登记机构的错误或者遗漏。尽管登记机构力求登记簿记载与真实权利一致，但其能够做到的只能是与申请材料反映出来的客观事实权利一致，无法做到与应然权利保持一致，这也是登记机构的审核权限和审核能力决定的。实践中，对于夫妻共有的不动产，登记机构经询问共有关系、审核申请材料后可以登记在一方名下；借名购买不动产的，登记机构根据经审核的申请材料，可以将物权登记于被借人名下，这是实名制的要求，也是维护登记簿效力的需要。

不动产统一登记前遗留的有房证无地证、房地权利主体不一致等问题，主要是由于政策执行和制度变迁造成的，对于不涉及申请人提供虚假材料，不涉及各登记机构错误或遗漏的，不应作为登记错误对待。而应尊重历史、面对现实，按照依法颁发的证书继续有效的原则，在地方政府的领导下，在法律法规的框架下，以出台政策一揽子解决的方式为主，部门协同、政府兜底个案解决的方式为辅，尽力维护群众合法权益。

登记错误的矫正渠道

矫正不动产登记错误是保证登记真实、保护合法权益的必要之举，相关法律法规针对不同主体提供了更正登记、撤销登记行为、向法院起诉等多种途径。

就当事人而言，可以向登记机构申请更正登记。登记簿记载的权利人书面同意更正或者有证据证明登记确有错误的，登记机构应予以更正。其中，提交权利人书面同意更正材料的，还需要提供一般性证明材料，以避免借更正登记之名行规避法律之实，也方便登记机构开展相关审核。权利人不同意更正的，说明可能存在权属争议，此时证明登记错误须提交充分的证明材料，如法院或仲裁委员会的生效法律文书。必要时当事人可以向上一级登记机构申请行政复议或者向人民法院提起行政诉讼，要求审登记机构应当尽到合理审慎的审查义务，并以此作为判定登记机构是否承担赔偿责任的标准查登记行为本身的合法性。此外，当事人还可以向人民法院提起民事诉讼或者向仲裁委员会提请仲裁，以确实证据请求确认其享有的物权。

就登记机构而言，可以依职权办理更正登记。一般而言，登记机构不应主动干预民事主体之间的权利事项。但“无救济则无权利”，理应在规范修正宽度的前提下，有效避免随意更正或者难以更正的情况。应注意的是，登记机构依职权更正，要区分更正登记的对象，依据《不动产登记暂行条例实施细则》第 81 条规定，在履行对利益相关者的通知、公告程序后，对一般事项可直接更正，对影响公信力的事项要慎之又慎，确有“真凭实据”才能更正，以保证更正质量，减少负面效应。

就上一级登记机构而言，可以依法撤销登记行为。法律法规没有赋予登记机构撤销自身登记行为的权力，但上一级登记机构可以依据《行政复议法》的规定，通过行使行政复议权，撤销下一级登记机构不合法的登记行为。行政复议审查登记行为的合法性，不涉及物权的归属或基础法律关系。但撤销登记行为有时会起到更正登记的效果。比如，通过撤销不合法的登记行为可以注销错登的限制事项，恢复应有的合法权利，实现登记簿如实记载。

我国践行有错必纠理念，更正登记并没有拘泥于“同一性原则”（即更正后与原登记属于同一权利，不改变原登记所示的法律关系），只要是有确切证据证明登记错误，不涉及第三人的，都可以依法纠正。不管何种途径矫正登记错误，最终都需要更正登记来落实。具体到操作上，可能产生注销登记和首次登记，也可能产生变更登记、转移登记，更正登记只是登记的原因之一。办理更正登记，需要根据更正的对象和内容，确定相应的登记类型，进而依据规定的程序和要求依法办理。

造成损害的救济方式

不动产登记错误且给他人造成财产损害的，应当依法予以赔偿，这是现代物权保护制度的应有之义，《物权法》《最高人民法院关于审理房屋登记案件若干问题的规定》《最高人民法院办公厅对〈关于统一法律适用标准有关问题的函〉意见的复函》等对此有明确的规定，不动产登记机构应当尽到合理审慎的审查义务，并以此作为判定登记机构是否承担赔偿责任的标准。

据此，可以形成以下认识：一是不动产登记机构属于行政机关，所做出的登记行为属于行政行为，笔者认为登记机构承担的登记错误赔偿责任可纳入国家赔偿责任。关于建立登记赔偿基金，可以在制定民法典或者不动产登记专门法律时考虑，作为国家赔偿的特殊规定予以适用。二是登记机构错误赔偿建议采取过错推定责任，即登记机构不能证明无过错的，推定为有过错。若单纯采用过错责任，不利于保护当事人权益；单纯采用无过错责任，则会加重登记机构负担，影响登记人员的积极性。三是造成登记错误的主体既可能是登记申请人、登记机构及登记人员，也可能是司法机关、其他行政机关或者调查、测绘、公证、评估等机构，不同的主体可能承担不同责任，但当事人均应责任自担。登记机构自身原因造成他人损害的，应承担责任。由于其他混合原因造成他人损害的，在特定情形下应允许免责。当事人和登记机构混合过错的，建议承担按份责任或者连带责任。四是登记机构赔偿后，可以向故意或者有重大过失造成登记错误的登记人员追偿。因此，需要加强登记人员业务素养和职业道德，具备条件的，可以为登记人员购买职业保险。

登记错误损害赔偿机制与登记审核机制是紧密联系的。要准确理解“合理审慎”的审查职责，需要将抽象原则具体化，厘清登记机构职责边界，做到法定职责必须为，法无授权不可为。该收哪些材料，该审哪些方面，审到何种程度，该走哪些程序，要固化为工作制度，做到程式化、规范化。同时，还应强化科技手段，参与诚信体系建设，用好部门间互联互通信息，与时俱进地提升不动产“人、时、事、物”方面的审查能力，最大限度地减少甚至避免登记错误发生。

选自《中国不动产》第27期

建筑物区分所有权的理解与应用

季　峰

不动产统一登记整合了过去分散的房屋登记、土地登记等各类登记，《不动产登记暂行条例实施细则》从制度上强化了一体登记的原则，体现了不动产统一登记制度改革的内在实质要求，特别是不动产单元设定、权籍调查、登记簿设置等环节在技术操作层面全面落实了统一登记的要求。实践中，对于建筑物区分所有权以及建设用地使用权与房屋之间物权关系等问题，不动产登记机构工作人员以及其他相关人员应进一步理解并合理运用。

一般所有权和区分所有权这两种物权形态中，房屋与建设用地使用权之间的关系和区别是什么？

独立宗地上，房屋所有权与建设用地使用权一般归于一人，如单位、个人的不动产物权是统一的，宗地上的建设用地使用权和其上的房屋权利主体为单一的拥有者，即传统意义上的一般所有权。

现代社会，城市公寓小区是最常见的建筑形式，不同于房屋紧连土地的一般所有权情况，建筑物区分所有权场合下，业主享有专有权的相对独立部分（各套、间房屋）与土地之间的联系并不直观。《物权法》专设第6章“业主的建筑物区分所有权”。目前主流的观点，建筑物区分所有权是由专有部分的所有权、共有部分的持分权、基地共有持分权以及因共同关系所生的成员权等四要素构成的特别的所有权。通俗地讲，建筑物区分所有权即，应被视为仅可设定一个所有权的一个建筑物，但为使用和管理的方便，被分割为专有和共有部分，从而其上可并存数个区分所有权。建筑物区分所有权中专有部分的所有权归业主，共有部分的所有权、及于整个宗地的建设用地使用权的持分权归全体业主。

区分所有权情形下如何适用房地一致原则？

建筑物区分所有权与一般所有权一样适用“房地一致”原则。

建筑物区分所有权的特殊性，不仅表现在复数的所有权人专有建筑物专有部分、共享建筑物共有部分的所有权形式，还表现在复数的所有权人共享一个建设用地使用权。

在建筑物区分所有权的场合下，建设用地使用权被业主共同享有。法律允许建筑物被分割成区分所有的专用部分和共有部分，然而建设用地使用权的客体宗地不得分割，区分建筑物所有权人只能共有整个宗地的建设用地使用权。申言之，在一幢区分所有建筑物中，存在数物数（所有）权，而在其宗地之上，仅有一物一（建设用地使用）权。如果一个建筑物区分所有权人欲出让房屋，则根据房地一致原则，该建筑物区分所有权人所共有的建设用地使用权也应一并转让给受让人。

建筑物区分所有权中共有部分的持分权与基地的共有持分权的关系如何?

建设用地使用权的内容包含对土地的占有、使用和收益的权利，以及处分建设用地使用权和地上建筑物、构筑物及其附属设施的权利。区分所有情形下，房地一致原则不仅表现为共有部分的持分权与基地的共有持分权在处分时法律上的息息相关，还表现在二者在权利内容上的交错，这种交错关系决定了建设用地使用权在管理和利用上，与建筑物区分所有权中的共有权具有同质性。

业主对于土地的权利，除表现在保有建筑物和依法合理使用土地外，还表现在业主可以参与关于土地事项的决策，即建筑物区分所有权中的社员权。业主参与决策建设用地使用权的相关事务时，应采用与决定建筑物及其附属设施的共有部分时相同的议事规则，业主对建设用地使用权相关事项的表决权大小同于建筑物及其附属设施的共有部分的情况。

区分所有权情形下建设用地使用权的共有以何种方式存在，是共同共有，还是按份共有?

在建筑物区分所有权的场合下，业主共享建设用地使用权。这种共享非所有权权利的形态，在学理上称为“准共有”。考虑到我国建设用地使用权有高度的“类所有权”性质，因此将这种形态称为建设用地使用权的共有，似无不可。

然而这种共有不是共同共有。在建筑物区分所有权法律关系上，区分所有权人之间因建筑物的保存、管理和使用等关系，将形成受团体制约性极强的共同关系。同时，建筑物区分所有权的业主虽在使用土地上形成了关联紧密的社团，但在交易时却是一个个独立而互不干涉的个体。如果每个业主的建设用地使用权失去独立性，根据房地一致原则，必使得业主的建筑物所有权也失去独立性，在交易不动产时的所有权人自由也必大打折扣。此外，包含建设用地使用权在内的共有部分，带来的收益（如悬挂广告牌带来的广告费收益）以及产生的费用（如物业费），最终都需要落实到每个业主的头上。而受益与费用的分配，依据都是业主对共有部分的共有状况。如果认为业主之间的关系是共同共有，则我国的物业服务费似乎应按户平均收取，业主表决公共事务，也应只看人头，这都与法律规定和生活实践不符。

区分建筑物建设用地使用权的共有形式，建设用地使用权应比照业主的建筑物区分所有权中的共有权，属于“特殊的按份共有”的形式。按份是因为每个业主的建设用地使用权是一种可以由业主自由（连同建筑物所有权一起）交易的权利。一个整体权利中的部分如果可以被自由交易，则这一部分必须与整体有相对清晰的界限，从而保证它在被自由处分时，不影响整体。这种按份共有存在一定特殊性：一是因物之使用目的不能分割；二是为使专有部分与共有部分成为一体，共同使用部分的所有权应随同各相关区分所有建筑物所有权的转移而转移；三是共有的公共设施属于专有部分的从物，为抵押权的效力之所及。

选自《中国不动产》第28期

构建不动产继承登记新程序

周 坤

《北京市不动产登记工作规范（试行）》《北京市继承（受遗赠）不动产登记工作程序（试行）》（以下简称《工作程序》）于 2015 年 11 月 25 日同时印发，这是北京市全面实施不动产统一登记制度后制定的规范性文件。

其中，《工作程序》是落实国家层面取消继承权公证作为登记申请必要条件的政策要求，将继承（受遗赠）关系的相关法律规定与登记程序进行融合，同时紧密结合北京市登记实践制定的具有可操作性的规范性文件。如何理解新程序与不动产登记法定程序的关系、各个环节的功能与作用，是保证正确执行程序要求的前提。

新程序是对依申请登记程序的分解和细化。

因继承(受遗赠)取得不动产权利的,是《不动产登记暂行条例》（以下简称《条例》）第 14 条第 2 款规定的可以由当事人单方申请的情形之一，其办理流程应符合依申请登记程序的基本要求，即申请、受理、审核、登簿。

《工作程序》对未提交经公证的材料或生效的法律文书的继承（受遗赠）不动产登记申请办理流程的细化，主要依据国土资源部于2016年5月30日印发的《不动产登记操作规范(试行)》(简称《规范》）1.8.6 条款的规定。该条在依申请登记程序的总体程序基础上，就具体办理继承（受遗赠）不动产登记增加了特殊环节：在受理登记之前，要求全部法定继承人或受遗赠人共同到不动产所在地的登记机构进行继承材料查验；在审核环节，认为需要进一步核实情况的，可以发函给出具证明材料的单位、被继承人或遗赠人原所在单位或居住地的村委会、居委会核实相关情况；在审核后、登簿前增加公示环节。

《工作程序》以《规范》1.8.6的规定为基础，提出了在申请之前需核实不动产登记相关情况，继承材料查验环节包括告知、查验和询问、查验结果意见等内容，经过查验属于受遗赠的增加了缴税环节，同时对整个程序中涉及的有关文件制定了规范化文本。最终，《工作程序》将新程序分为七个环节，即核实不动产登记有关情况、不动产登记申请、继承材料查验、不动产登记受理、不动产登记审核、公示及登记。从环节上看，相较于依申请登记程序似乎多了三个环节，突破了依申请登记程序的规定。但经过认真分析和比较之后可以发现，新程序是对依申请登记程序的分解和细化。

核实不动产登记有关情况是便民理念的体现。

继承（受遗赠）不动产登记申请人（简称申请人）继承开始前不是不动产登记的权利人，不了解不动产上已存在的权利负担。为方便申请人了解是否存在查封、抵押登记、预告登记、异议登记、网签等情况，在申请之前处理限制性状态，做好登记申请的前期准备，在新程序中增设的这一环节有助于后续整个不动产登记的办理。作为一项出于便民理念提出的工作环节，虽是提高登记效率的有效措施，但是若申请人不愿意或者不同意进行核实及查询，登记机构没有强制权。这种情况下，不影响申请人直接提出不动产登记申请，但存在因申请人不了解不动产登记现状造成申请材料不齐全、不满足申请条件等不良后果的可能。

继承材料查验是特殊的查验和询问形式。

继承材料查验是《规范》对登记机构在“受理登记前”就申请事项进行查验和询问提出的“新概念”，要求全部法定继承人或受遗赠人共同到不动产所在地的不动产登记机构进行。

查验或者询问并不是针对继承（受遗赠）不动产登记提出的新要求，《物权法》第12条规定的登记机构应当履行的职责便包括查验申请人提供的权属证明和其他必要材料，就有关登记事项询问申请人。《条例》第19条规定对可能存在权属争议，或者可能涉及他人利害关系的登记申请，不动产登记机构可以向申请人、利害关系人或者有关单位进行调查。《规范》规定申请不动产登记，申请人本人或者其代理人应当到不动产登记机构办公场所提交申请材料并接受不动产登记机构工作人员的询问（《规范》2.1.5），受理是指不动产登记就依法查验申请主体、申请材料、询问登记事项、录入相关信息出具受理结果等工作的过程（《规范》3）。可以看出，查验和询问是不动产登记申请、受理环节的内含工作内容，继承材料查验是对因继承（受遗赠）这种特定登记原因进行登记申请时所采取的查验和询问形式的具体化规定，这是登记机构的法定职责，也是申请人及利害关系人的法定义务。同时，《工作程序》并未改变依申请登记程序的规定，而只是把申请、受理时的询问和查验工作作为一个单独环节提出来加以细化，提高可操作性。

继承（受遗赠）作为财产转移的一项重要民事制度，其法律关系复杂，涉及的利害关系人范围较广。申请人仅凭提交的申请资料不能证明其拥有合法有效的继承权，需充分结合有关利害关系人的意思表示、证明材料是否具有最终效力（多遗嘱存在的可能性）、是否存在特留份情形等诸多因素。因此，为保护相关权利人合法权益，保障不动产权益安全，《工作程序》采取了《规范》规定的基本流程，对继承材料查验进行了细化，符合继承（受遗赠）不动产这种特定原因引起的不动产登记内在要求。

公示环节是审核程序作用的强化和补充。

《规范》要求经审核后，对拟登记的事项在不动产登记机构门户网站进行公示，公示期满无异议的，将申请登记事项进行登簿。以此为基础，《工作程序》进行了同样的规定。同时明确要求公示期满后，应再一次核实不动产登记有关情况，这是考虑到因继承（受遗赠）关系复杂、查验时间可能较长、期间可能发生影响不动产权利客观状态的因素等情况，因而提出的新要求。

对于公示本身发挥的作用，可以结合整个程序进行综合考量，应主要集中在以下几个方面：一是公示拟被继承（受遗赠）不动产的基本情况，以便判断他人对该不动产是否存在权属争议；二是公示转移登记原因以及被继承人姓名，以便判断是否存在其他继承人或依据继承法律法规规定对被继承人的遗产享有继承权或可分得适当份额的人；三是公示登记申请人姓名，以对其是否具有合法继承权广泛征求意见，在新程序制定过程中，因考虑到对登记申请人个人隐私的保护，在公示模板中未对登记申请人的姓名进行公示，在操作实践中可以征求申请人意见后决定是否予以公示。

选自《中国不动产》第28期

继承登记需准确把握“三个证明”

常鹏翱

因继承而产生的登记，被称为继承登记。在统一登记前，我国的房屋继承登记采取强制公证的做法，当事人在申请继承登记时，必须提交经过公证的遗嘱等材料。不动产统一登记一改上述做法，取消了强制公证，《不动产登记暂行条例实施细则》《不动产登记操作规范（试行）》（以下分别简称《细则》《规范》）对此有明确体现。而坚持便民原则的同时，如何确保登记的正确性和准确率，也成为登记机构最关心的问题之一。

本文尝试根据《细则》《规范》的功能和体系，结合相应规范性文件，对继承登记申请规范的理解与适用提出相应看法。需要指出的是，本文仅涉及继承登记，因受遗赠办理的登记不在讨论范围。

继承人的身份证明

《规范》要求的第 1 项材料是所有继承人的身份证、户口本或其他身份证明。对此，应把握继承人的范围这一核心要点。

首先，根据《规范》，在受理前，全部法定继承人要共同到登记机构进行继承材料查验，并要求申请人签署继承不动产登记具结书。这种做法旨在确保继承人的共同利益，同时说明继承登记采用全体继承人共同申请的模式，故要提交所有继承人的身份证明。

其次，正如《规范》所指出的，在此所谓的继承人，是指全部的法定继承人。根据《继承法》，法定继承人有顺序排列。所有继承人首先是指所有第一顺序的继承人，没有第一顺序继承人的，则指所有第二顺序的继承人。

根据《继承法》，第一顺序的继承人包括配偶、子女和父母。子女包括婚生子女、非婚生子女、养子女和有扶养关系的继子女；父母则包括生父母、养父母和有扶养关系的继父母。此外，丧偶儿媳对公、婆，丧偶女婿对岳父、岳母，尽了主要赡养义务的，应作为第一顺序继承人。《最高人民法院关于贯彻执行〈中华人民共和国继承法〉若干问题的意见》（以下简称《继承法解释》）还规定，养祖父母与养孙子女的关系，视为养父母与养子女关系的，可互为第一顺序继承人。

根据《继承法》，第二顺序的继承人包括兄弟姐妹、祖父母和外祖父母。兄弟姐妹，包括同父母的兄弟姐妹、同父异母或者同母异父的兄弟姐妹、养兄弟姐妹、有扶养关系的继兄弟姐妹。根据《继承法解释》，养兄弟姐妹，可互为第二顺序继承人。被收养人与其亲兄弟姐妹，不能互为第二顺序继承人。此外，继兄弟姐妹之间的继承权，因继兄弟姐妹之间的扶养关系而发生。没有扶养关系的，不能互为第二顺序继承人。继兄弟姐妹之间相互继承了遗产的，不影响其继承亲兄弟姐妹的遗产。

再次，胎儿应归为继承人。《民法总则》更进一步规定，涉及遗产继承等胎儿利益保护的，胎儿视为具有民事权利能力。但胎儿无法自力申请，对此不妨参照我国台湾地区做法，由其母亲以胎儿名义申请，在其出生办理户籍登记后，再行办理变更登记。

《民法总则》还规定，胎儿娩出时为死体的，其民事权利能力自始不存在，与此相应，根据《继承法解释》，胎儿的继承份额由被继承人的继承人继承。若胎儿出生后死亡的，根据《继承法解释》，由其法定继承人继承。

最后，继承权丧失者不在继承人的范围。根据《继承法》，主要包括：故意杀害被继承人的；为争夺遗产而杀害其他继承人的；遗弃被继承人的，或者虐待被继承人情节严重的；伪造、篡改或者销毁遗嘱，情节严重的。

由于继承权丧失事关重大，为慎重起见，登记机构不能仅凭部分继承人的共同确认就做出判断，而应以法院的相应法律文书为依托。在上述事由中，前两项构成犯罪行为，只要有法院做出相应的生效刑事法律文书，且第一项事由无论即遂或未遂，继承人均当然丧失继承权，此时无需再提供法院做出的继承权丧失的生效法律文书。后两项事由不当然构成犯罪行为，登记机构无法明确判断，根据《继承法解释》，当事人还必须提供法院做出继承权丧失的生效法律文书。

被继承人的死亡证明

《规范》要求的第 2 项材料是被继承人的死亡证明，包括医疗机构出具的死亡证明、公安机关出具的死亡证明或者注明了死亡日期的注销户口证明、人民法院宣告死亡的判决书、其他能够证明被继承人死亡的材料等。对此，应从生理死亡和宣告死亡的法律分类说起。

生理死亡是指自然人生命不复存续的状态，对此类死亡证明，我国采用分类管理的做法。根据 2013 年《关于进一步规范人口死亡医学证明和信息登记管理工作的通知》，经医疗机构救治而在医疗机构死亡的，属于正常死亡，其证明为《居民死亡医学证明（推断）书》；未经医疗机构救治而死亡的，属于非正常死亡，其证明由公安部门证明，如委托法医或司法鉴定机构出具死亡证明。没有上述证明的，根据《规范》，结合《民法总则》第 15 条、《户口登记条例》第 8 条第 1 款、第 9 条，可以把注明死亡日期的户籍登记或者其他有效身份登记作为死亡证明。

宣告死亡则是指自然人是否生理死亡未知，但因其满足法定要件和程序，被法院宣告的死亡，其证明是法院宣告死亡的判决书。

亲属关系证明

《规范》要求的第 3 项材料是所有继承人与被继承人之间的亲属关系证明，包括户口簿、婚姻证明、收养证明、出生医学证明，公安机关以及村委会、居委会、被继承人或继承人单位出具的证明材料，其他能够证明相关亲属关系的材料等。该项证明材料的范围与《办理继承公证的指导意见》列举的亲属关系证明材料近似，在理解和适用时，应区分不同关系加以确定。

配偶关系的证明是结婚证，没有结婚证的，应由民政部门出具婚姻状况证明。

父母子女关系的证明，根据《规范》和《民法总则》，首先是出生医学证明；没有出生医学证明的，由注明出生日期的户籍登记或者其他有效身份登记作为证明；没有上述登记的，由被继承人或继承人的人事档案材料作为证明；没有上述档案材料的，由村委会、居委会、被继承人或继承人单位出具证明材料。在实践中，不少地方登记机构均如此操作。

根据《关于解决无户口人员登记户口问题的意见》（以下简称《无户口人员意见》），非婚生子女的证明主要是有资质的鉴定机构出具的亲子鉴定证明；父母一方出具非婚生育说明的，该说明材料也在证明范围。

至于养子女证明，根据《收养法》，应是民政部门出具的收养登记证明，但在1999年4月1日前成立的收养关系，根据《无户口人员意见》，由事实收养公证加以证明。

《继承法解释》还规定，对被继承人生活提供了主要经济来源，或在劳务等方面给予了主要扶助的，应当认定其尽了主要赡养义务或主要扶养义务。据此，有抚养关系的继子女、继父母或继兄弟姐妹，以及尽主要赡养义务的丧偶儿媳与公婆、丧偶女婿与岳父母，除了亲属关系证明，还必须由其他继承人共同确认证明，若无法达成共识，则应由法院依法解决后再申请继承登记。

选自《中国不动产》第29期

对我国水流确权登记的思考

马永欢　　吴初国

对水流确权登记，是落实生态文明体制改革方案的重要举措，是推进水权交易的基本前提条件。本文基于对水权的基本理解，对水流确权登记的首要内容、基本理念、工作要求及重点任务进行探讨，以期为我国水流确权登记办法的制定提供启发。

水权基本概念理解

水权是水资源产权的统称。水权是产权理论渗透到水资源领域的产物。当前，学术界对水权的准确概念存在较大争议，主要表现在两个方面：一是所有权的去留，即水权概念是否包括水资源所有权；二是使用权的归类，即水资源所有权之外的其他权利能否归结为水资源使用权。但总的来看，广义上的水权是各种权利的集合，是指公民、法人依法取得并享有对国家和集体所有的水资源开发、利用、处置等各项权利的总称；而狭义的水权指水资源的使用权。在我国及水资源属于国家所有的一些国家，水权主要指依法对地表水、地下水所取得的使用权及相关的转让权、收益权等。取得水权的用水，水权得到法律的确认和保护，并明确规定拥有水权者具有法定权利和义务。

水流产权包括水流所有权和水流使用权。水流是水资源的重要存在形式，其水权是针对水流水资源的权利，包括水流所有权、使用权等各项权利。按照水权内涵，水流水权体系可分为水流所有权和水流使用权。前者包括分配权、调度权、收益权、监督权、处罚权和河道管理权，后者包括直接使用权、开发经营权和生态水权。直接使用权是其水权主体直接使用水流水资源或河道的基本功能，包括取水权、排污权、排水权、航运权、渔业权和发电权等。开发经营权是其水权主体专门开发经营水资源及河道以获取利益，但不直接使用其基本功能，包括用水权、供水权和其他经营权。生态水权的权利主体是水流自身及河道内外的生态，是一类特殊的水流水资源使用权。

水流确权登记首要内容

水流确权登记的首要内容是使用权的确权登记。

将水流分级确权于中央和地方政府的时机尚不成熟。我国自然资源管理体制改革方案还未出台，中央与地方分级行使自然资源所有权的体制尚处在探索阶段。从中央生态文明体制改革路线图和时间表来看，全民所有中央政府直接行使所有权、全民所有地方政府行使所有权的资源清单要在2019年才能完成，因此，将水流的所有权分级确权于中央政府与地方政府的条件还不成熟。

我国现行法律已经明确了水流的归属对象。《宪法》虽历经多次修改，但都明确规定水流属于国家所有。《物权法》也规定，水流属于国家所有。《水法》拓宽了水流的范围，使用了水资源概念，规定水资源属于国家所有。在法律上，水流的所有权属于国家是明确的，而目前开展的水权交易中的“水权”更加注重对水权参与市场交易的指向，是更直观地对水资源使用价值的审视。因此，水流的所有权可以暂不登记。

水流使用权确权登记是确权登记工作的重点。我国水流所有权不可交易，应重点研究与所有权相分离的占有、使用、收益和处置权。水权确权是依法确认单位或个人对水资源占有、使用和收益的权利的活动，水流使用权确权登记是在行政区内可分配地表水量的前提下，将本地区全部地表水流初始分配到农业、工业、商业等不同领域，并在生活、生产和生态等各行业内将水资源使用权确权到户，依法赋予取用水户对水资源使用和收益的权利，同时对节余水量的再次分配进行权益登记。对水流进行确权登记的目的是保护水资源使用者的权益，是水资源合理配置和市场交易的前提条件。水流确权登记主要包括流域初始分配水量和权益的确权登记、取水用户的取水权确权登记、使用公共供水的用水权确权登记、农村集体水权的确权登记，以及水流再分配水量和权益的确权登记。

水流确权登记基本思路

基本理念。对水流进行确权登记要以党的十八大和十八届三中全会精神为指导，立足生态文明建设的总体布局，贯彻落实《生态文明体制改革总体方案》的总体分工要求，按照“节水优先、空间均衡、系统治理、两手发力”的治水思路，坚持水流的国家所有性质，实现所有权与使用权的分离，落实全民所有水流所有权人权益和保障使用权人的用水权益，明确水流的权益和责任。对水流使用权进行确权登记，将水资源的使用权和合法权益落实到取水用户，提高水资源的配置效率，建立完善归属清晰、权责明确、监管有效的国家水权制度。

总体要求。水流确权登记一要坚持先易后难的原则。当前，先确权登记水流的使用权，在条件成熟的前提下，再登记所有权和管理权。二要坚持生活优先的原则。要坚持以人为本，优先保障城乡居民的用水权，在此基础上，按照总量控制与节约集约的要求，保障生产用水的确权登记。

主要任务。一是加强水流确权登记工作的顶层设计。在制订水流确权登记工作方案的基础上，尽快起草登记办法。强化水流管理体制改革，界定流域管理机构与行政管理机构的权责边界，为下一步管理权确权登记创造条件。二是建立水流使用权确权登记管理信息系统。借鉴土地确权登记的经验，明确水流使用权确权的权利主体、权利内容、用途、权利期限、取得方式、权利义务等方面的内容。在研发水流确权登记信息系统的基础上，统一登记标准，建立水流使用权登记数据库，实现水流确权登记的动态管理。三是科学制订水流初始水权分配方案。严格执行区域的用水总量、用水效率和水功能区达标率“三条红线”，尽快建立覆盖省、市、县三级的用水总量控制指标体系。加强水流基础科学研究，加快制订主要跨省江河水量分配方案，建立全覆盖的取水许可证制度。将水流初始水权以区域用水指标等相关文件的方式确权给地方政府。四是加快制定水流确权登记办法。对直接从江河、湖泊获得取水权的用户，以发放取水许可证、缴纳水资源费的方式予以确权登记；对使用公共供水的用户，可采用单独发放用水权属凭证或用水定额的方式，予以确权登记；对于农村集体经济组织的水塘和由农村集体经济组织修建管理的水库，可采取更加灵活的方式将使用权确权给农村集体经济组织，有条件的地区可进一步将使用权确权到农户；对于跨流域调水和节余水量的交易，要进行水流使用权交易登记。五是探索排污权交易登记。按照流域污染物排放总量控制的要求，探索建立污染物排放确权登记，鼓励水流排污权交易，并进行登记备案。

选自《中国不动产》第29期

不动产登记公告制度解析

邓新忠

公告是指政府、团体对重大事件当众正式公布或者公开宣告、宣布，属法定公文之一，按照内容、影响范围、发布方式等可分为两大类，一类是《国家行政机关公文处理办法》规定使用的行政公文公告，另一类是其他的法律法规规定使用的公告，可称为专用公文。不动产登记公告是不动产登记机构依据《不动产登记暂行条例实施细则》（以下简称《细则》）等法规规章规定，在不动产登记过程中使用的法定公告形式，属于专用公文。

不动产登记公告指不动产登记

机构在登记事项记载于登记簿前依法将不动产登记申请审核结果公布明示以接受社会监督的行为，是不动产登记审核的一项重要程序，也是防止不动产权利错登、漏登的一个重要手段，对提高不动产登记质量、维护权利人的正当权利等都有着重要的意义。笔者尝试对不动产登记公告的作用进行剖析，并分析统一登记前后不动产登记公告的依据、事项及有关要求的变化，提出相关适用的建议，以期为地方开展不动产登记公告提供借鉴。

公告的作用和效力

关于不动产登记公告的作用，业内存在较大争议。一种观点认为，不动产登记制度就是物权公示制度，登记信息可以公开查询，故而公告程序似乎不再有必要。另一种观点认为，公告属于登记实践中证明行之有效的制度，实践中对于一些特别容易存在权属争议或者可能涉及他人利害关系的不动产登记，比如历史遗留问题未登记的房屋当事人申请登记的、当事人房屋权属证书遗失申请补换证的等，确实需要通过公告程序来使整个登记程序更加严密。笔者认为，后者更符合不动产登记实践的需求。《物权法》规定了登记机构合理审慎的义务，同时也规定登记错误的赔偿责任，因此通过公告来补充和完善不动产登记的一般程序很有必要，有利于减少登记可能出现的错误。

对于不动产登记公告的效力，现有法律法规尚未有明确规定，因此受到了较大的限制。目前，不动产登记公告的主要效用有三：一是告知，方便相关权利人获得与自己有利害关系的不动产权利信息，以保护不动产权利人或者利害关系人的知晓权；二是补救，方便有利害关系的当事人提出产权异议，减少登记可能出现的差错；三是证据，当登记发生争议时作为某一事项当事人“应当知道”的证据。

公告的依据与事项

在实施统一登记制度前，不动产登记公告的主要依据有《土地登记办法》《房屋登记办法》《林木和林地权属登记管理办法》等，分别对土地、房屋、林权登记过程中需要公告的事项进行了规定。由于政出多门，对公告事项、内容、期限及方式的规定各不相同。统一登记制度实施后，《细则》对不动产登记公告做了统一的规定。《不动产登记操作规范（试行）》（以下简称《规范》）又对其进行了更进一步的细化。根据新法优于旧法的原则，不动产登记公告应执行《细则》《规范》的有关规定。

《细则》规定了三类不动产登记公告事项：第一类是首次登记公告，即除涉及国家秘密外，政府组织的集体土地所有权登记，以及宅基地使用权及房屋所有权，集体建设用地使用权及建筑物、构筑物所有权，土地承包经营权等不动产权利的首次登记，不动产登记机构应当在记载于不动产登记簿前进行公告；第二类是依职权登记公告，即不动产登记机构依职权办理更正登记或者注销登记的，不动产登记机构应当在记载于不动产登记簿前进行公告；

第三类是作废公告，即因不动产权利灭失等情形，无法收回不动产权属证书或者不动产登记证明的，不动产登记机构应当在登记完成后公告作废。

与统一登记前相比，《细则》更加突出了政府组织的集体土地所有权登记，以及宅基地使用权及房屋所有权，集体建设用地使用权及建筑物、构筑物所有权，土地承包经营权等不动产权利首次登记的公告要求，进一步强调了依职权登记公告和作废公告的作用，同时也从另一个角度弱化了林权转移、变更登记的公告事项，原则上林权转移、变更登记不再要求进行公告。

公告的内容、方式及期限

与统一登记前多龙治水的局面相比，《细则》对不动产登记公告的内容、方式及时间要求上做了统一的规定。

在内容上，要求包括拟登记的不动产及其权利人的基本信息，提出异议的期限、方式和受理机构，以及需要公告的其他事项。在方式上，明确首次登记公告和依职权登记公告程序应当在登簿之前完成，属于事前公告，其公告场所包括登记机构门户网站以及不动产所在地等指定场所，对于农村不动产登记公告原则上应当在不动产所在地进行；作废公告程序则是在登记完成后进行，属于事后公告，其公告场所包括登记机构门户网站或者当地公开发行的报刊。

关于公告期限，《细则》明确首次登记公告和依职权登记公告（事前公告），公告期不少于15个工作日，公告所需时间不计算在登记办理期限内。值得注意的是，与实施不动产统一登记前相比，林权登记公告期更加灵活，相反土地、房产登记公告期则有了最低时限要求。这样既有利于登记效率的提高和公告程序的有效实施，还能避免地方在执行上走过场的现象发生。对于作废公告（事后公告），《细则》虽未明确公告期限，但笔者认为原则上应参照上述公告期限执行。

相关适用建议

鉴于不动产登记公告的法定特性，各级不动产登记机构必须严格按照《细则》的有关规定，依法依规、谨慎用好不动产登记公告，不得因优化流程、提高效率等理由随意简化法定公告程序，缩短公告期限，也不得在法律授权范围外滥用公告程序。对于《细则》没有明确规定的事项，登记机构不得强制要求进行公告，地方性法规另有规定的除外。

考虑到不动产登记公告的证据作用，各级不动产登记机构应当将不动产登记公告的有关资料作为登记要件纳入不动产登记档案进行统一管理。

目前，不少地方在进行不动产登记的立法工作，建议根据《细则》的基本要求，结合本地实际，进一步完善不动产登记公告制度，细化和规范不动产登记公告的内容、方式及时间要求，切实增强不动产登记公告制度的可执行性，进而充分发挥其在不动产统一登记工作中的重要作用。

此外，各级不动产登记机构应建立完善不动产登记工作监管制度与机制，加强对不动产登记公告的监督管理，有效防止随意简化公告程序、缩短公告期限、滥用公告程序等问题发生，确保不动产登记公告制度真正依法落到实处。

选自《中国不动产》第30期

构建农村不动产权利救济制度

刘旭华

农村不动产权利救济一直是行政救济和司法救济的薄弱环节，存在着确权登记发证普及率不高、权利主体维权意识淡薄、救济制度过于行政化等问题。

前不久，中共中央、国务院出台了《关于完善产权保护制度依法保护产权的意见》（以下简称《意见》），提出“平等保护、全面保护、依法保护、共同参与、标本兼治”的原则，为完善农村不动产权制度指明了方向。笔者对如何构建农村不动产权利救济制度谈一些看法。

确权：夯实权利救济基础

提高不动产统一登记的普及率。我国《物权法》虽然规定了债权形式主义的物权变动模式，但农村的不动产登记率仍然相当低。由于法律法规的限制，农村不动产在转让、交易、抵押等方面的市场空间仍较难打开，不动产物权有待进一步释放。以宅基地使用权为例，许多地区宅基地使用权确权发证不是一项日常性工作，而是以专项行动形式开展发证工作。行政机关对农村集体土地房屋补偿安置时，也并不是根据宅基地使用权证书进行补偿，不管是否确权登记发证，只要是一户一宅就给予补偿安置，影响确权发证公信力。申请确权发证率较低的现象在一些地区比较普遍。

统筹修改登记所依据的法律、法规、规章。目前迫切需要解决的是登记依据的统一。例如，新通过的《民法总则》第一次把农村集体经济组织及村民委员会作为特别法人，通过“特别法人”的制度设计，有助于农村不动产权利的保护。《物权法》作为民法体系中最重要的法律之一，又是不动产登记的基本法，笔者认为，应适时修改相应的法律条文，进一步明确不动产权利人的主体资格，明确登记机构错误登记赔偿性质、归责原则、赔偿标准等。行政管理类政策法规方面，中央出台了《关于完善农村土地所有权承包权经营权分置办法的意见》，提出了对农村土地（这里所指农村土地包括由农民集体使用的耕地、林地、草地等，下同）进行“三权”分置，根据物权的内容和种类由法律规定原则。通过修法的形式来界定“三权”内涵、权利边界和相互关系，这对设立农村土地经营权新型物权十分重要。同时还应进一步落实承包地、宅基地、集体经营性建设用地的用益物权，彻底实现农村集体建设用地使用权与国有建设用地同权同价、同等入市，进一步完善农村不动产权法律体系建设。

明确过渡时期的法律安排。由于我国长期以来将不动产权利登记作为行政机关的一项职权，客观上导致相关政策成为不动产权利设立的主要权源依据。目前是《民法典》编纂期，又是不动产统一登记磨合期，加上农村集体土地“三权”分置，农村集体土地承包经营权将纳入不动产统一登记，各种因素的叠加，有必要对有冲突的法律进行选择性适用。在同一宗地上各类不动产权利关系处理方面，不宜再采取补丁式的方式将冲突的问题记载于不动产登记簿册，用冗长备注加以说明。对由于法律政策规定不一致而无法办理确权登记发证的问题，应通过法律而不是政策的方式加以规定。建议由全国人大常委会以决定的形式暂停适用相冲突的行政管理类法律法规相关条款，以便于农村土地制度改革时期不动产统一登记的开展。

限权：划定权利救济边界

行政机关代表国家要审慎行使土地征收的职责。土地征收的核心在于国家依靠自身的公权力，不需要集体土地所有权人的同意强制取得土地。当前，地方政府基于土地发展权等公权力，有权对集体土地进行征收并对其开发行为和用途转变进行管控。

但对集体土地随意性征收以达到垄断出让权的行为，从某种程度上来说是对农村不动产权利的不尊重甚至是一种蔑视。针对征地过程中擅自扩大征地范围，侵害涉地农民合法权益的问题，党的十八届三中全会提出了“缩小征地范围，规范征地程序，完善对被征地农民合理、规范、多元保障机制”的要求。因此，要从严界定“公共利益需要”，通过立法形式以举例式与概括式相结合的方式明确“公共利益需要”范围，规范土地征收程序，建立合理补偿安置机制，并出台农村集体土地补偿安置的法律或行政法规。通过健全土地征收法律制度，维护以农村集体土地所有权为核心的农村不动产权利应有的物权地位。

行政机关要审慎行使日常监管权。行政机关行使行政监管职责时，要充分认识集体经济组织及其成员作为权利人对其土地享有直接支配权、排他权和自主经营的权利，要充分相信其有义务、有能力管好自己的“一亩三分地”。对集体土地使用权等用益物权引起纠纷，主要引导双方通过私法来规范相互之间的权利义务关系。具体来说对农村不动产权利受到侵害的，权利人可以通过仲裁、诉讼等途径解决；农村不动产权利归属、内容发生争议的，除行政确权前置外，利害关系人可以提出物权确认请求权；无权占有农村不动产、妨害农村不动产或可能妨害农村不动产的，可以提出返还原物请求权、排除妨害请求权、消除危害请求权等，充分发挥私法对农村不动产的规范和调整作用。在发生纠纷时行政机关应采取适度干扰原则，居中调处双方之间的纷争，而不是通过单方意志做出具体行政行为。如果权利人在行使土地使用权时还须执行国家指导性和指令性任务，则行政机关的行政监管职责力度就要加大，以确保国家计划任务完成，确保行政管理目的的实现。

行政机关要审慎行使行政执法权。这里所说的是指狭义的行政执法权，仅指行政强制权、行政处罚权等对行政相对人权利义务产生实质性影响的具体行政行为。行政机关在行使行政执法权时，习惯把国有土地和农村集体土地的监管责任混同在一起，其实国有土地使用权设立大多源于政府代表国家行使缔结合同行为，而农村集体土地使用权设立源于双方当事人的意思自治的行为。行政机关行使行政执法职能时，要明确行政权力的边界，在坚持土地公有制性质不改变、耕地红线不突破、粮食生产能力不减弱、农民权益不受损等底线的前提下，对农村土地承包经营权、集体经营性建设使用权等用益物权在符合国家规划和土地用途管控情况下加以开发利用，要发挥集体经济组织、村民委员会特别法人的主体责任和对矿藏、水流、森林、草原等自然资源权利引起争议的救济模式应做到统一不要过分行使行政处罚等行政强制措施。

赋权：明确权利救济主体

司法救济主导地位符合我国国情。赋予法院最终的裁判权是世界各国立法机构的共识，尤其在公权力干预方面。《意见》中提出健全司法救济体系，确保人民群众在产权受到侵害时能获得及时有效的法律帮助，进一步明确司法救济的主导地位。《意见》同时指出更好地发挥调解、仲裁的积极作用，完善产权纠纷多元化解机制，这些要求切合我国不动产救济制度的实际，也为农村不动产权利救济制度提供政策依据。同时，修订后的《行政诉讼法》（下同）由立案审查制改为立案登记后，扩大了案件受理范围，降低了案件受理的门槛，解决了农村不动产权利救济过程中立案难的问题。

法律、司法解释已经很好地解决“民行不分”问题。《行政诉讼法》对民事与行政争议交叉如何处理有明文规定，“在涉及行政许可、登记、征收、征用和行政机关对民事争议所做的裁决的行政诉讼中，当事人一并解决相关民事争议的，人民法院可以一并审理。在行政诉讼中，人民法院认为行政案件的审理需以民事诉讼的裁判为依据，可以裁定中止行政诉讼”。该条第 1 款明确了同一审判组织对两种争议合并审理问题，第 2 款解决民事争议和行政争议的分别进行审理问题。《最高人民法院关于适用〈中华人民共和国物权〉若干问题的解释（一）》规定，“因不动产物权的归属，以及作为不动产物权登记基础的买卖、赠与、抵押等产生争议，当事人提起民事诉讼的，应当依法受理。当事人已经在行政诉讼中申请一并解决上述民事争议，且人民法院一并审理的除外”。上述规定解决了不动产物权范围内民事争议与行政争议交织的问题，为农村不动产权利争议进入司法救济打开方便之门。

规范农村不动产权利争议多元化解机制。首先应修改农村土地承包争议仲裁救济规则。随着集体土地所有权、承包权、经营权“三权”分置，土地承包经营市场化程度越来越高，构建新型农业经营体系的时机已经成熟。农村土地承包仲裁机制这一特殊模式应适应当前农村土地制度改革的需要，即便设置有别于一般仲裁规则的仲裁机制，也应当采取一裁终局规则。

同时，不动产统一登记后，《土地管理法》《房地产管理法》及相关法规、规章的救济模式应当一致。对农村土地承包纠纷采取协商、调解、仲裁、诉讼等四种特殊的救济安排应进行修改，至少不建议单独用法条对四种救济种类进行明确并在时序上做特殊规定。对矿藏、水流、森林、草原等自然资源权利引起争议的救济模式应做到统一。原则上除农村土地承包纠纷须调解程序外，其他农村不动产权利争议不必将调解作为法定程序，以维护法律统一和权威。

此外，还要规范行政确权主体、范围及程序。根据现有行政管理类法律，土地和森林争议解决机构由县级或乡级人民政府处理，矿藏是县级人民政府。鉴于法院对不动产物权有确认之诉，一般个人之间的不动产确权纠纷都可通过法院解决，县级人民政府处理屈指可数，因此行政确权由县级人民政府处理为宜。行政确权范围方面，《行政诉讼法》已明确规定行政确权仅指确权土地、矿藏、水流、森林、山岭、草原等自然资源的所有权或使用权，其他法律不宜再设置行政确认。同时已行政确认自然资源具体范围必须一致，如矿藏仅指矿山的范围，不涉及所有权、使用权问题。至于行政确权程序，土地、森林相关规定已明确对行政确权处理决定不服的，可以自接到处理决定通知之日起一个月内，向人民法院起诉规定；矿藏未作具体规定，因此在修改的行政管理类法律中对程序问题应予以统一。

选自《中国不动产》第31期

小区规划路面停车位归属探讨

刁其怀

编者按：此前有观点认为小区内路面停车位的权属及收益应属业主共有。对此，作者依据相关法律及司法解释提出了不同的观点和结论，并分析了其具体原由和不同情形。这类问题是社会关注的热点，有待进一步探讨和明确。

小区规划路面停车位的权利归属是当前物业纠纷的焦点问题之一。业主认为其应归全体业主共有，路面停车费用应属于全体业主的收益；而开发企业却认为其属于开发企业所有，当然可以自行处分。那么小区规划路面停车位到底归谁所有呢?

《物权法》第 74 条规定："建筑区划内，规划用于停放汽车的车位、车库应当首先满足业主的需要。建筑区划内，规划用于停放汽车的车位、车库的归属，由当事人通过出售、附赠或者出租等方式约定。占有业主共有的道路或者其他场地用于停放汽车的车位，属于业主共有。"可见，占有业主共有的道路或者其他场地用于停放汽车的车位，属于业主共有，这部分停车位的收益也应归全体业主共有。

最高人民法院的司法解释对此进一步明确，《最高人民法院关于审理建筑物区分所有权纠纷案件具体应用法律若干问题的解释》（以下简称《最高法解释》）第 6 条规定："建筑区划内在规划用于停放汽车的车位之外，占用业主共有道路或者其他场地增设的车位，应当认定为《物权法》第 74 条第 3 款所称的车位。"该司法解释的规定主要是针对建筑区划内在规划用于停放汽车的车位之外，占用业主共有道路或者其他场地增设的车位，属于业主共有。但现在的问题是，很多路面停车位属规划以内，即这些路面停车位也是规划确定的，在规划总平图上有相应的位置，属于建筑区划规划范围之内，对这部分规划确定的路面停车位的归属才是当前争议的焦点。

有观点认为，规划确定的路面停车位的土地使用权已被地面建筑物业主分摊了，因此，它应属业主共有。当前，不动产登记实务中，通常的做法是，对地上房屋等建筑物按照按份共有原则分摊该楼栋的基座面积或建筑物投影面积，对于宗地内的依法属于业主共有的道路、绿地、公共设施等建设用地使用权，则登记为全体业主共有，不进行面积分摊，也不单独发证。

当然，也不能说没有分摊的土地使用权仍属开发企业所有，比如道路、绿地等土地使用权都没纳入分摊，但法律也明确规定其属于业主共有。登记实务中，也是将其登记为全体业主共有的。《物权法》第 73 条规定："建筑区划内的道路，属于业主共有，但属于城镇公共道路的除外。建筑区划内的绿地，属于业主共有，但属于城镇公共绿地或者明示属于个人的除外。建筑区划内的其他公共场所、公用设施和物业服务用房，属于业主共有。"目前，关于土地使用权面积如何分摊并无明确法律依据和统一标准，分摊的土地使用权面积也无法明确具体的范围。许多城市都实行对共用宗地只登记宗地面积、不进行土地使用权面积分摊的方法。但笔者认为，这并不能推导出小区规划路面停车位的土地使用权即归全体业主共有。因为，如果现行法上能够证成小区规划路面停车位属于开发企业的专用部分，则其就不再属于全体业主共有的范畴，此种情形下，开发企业也成为业主，与其他业主一起共用宗地面积。也有观点认为，当业主购买了住宅等专有部分物业并取得所有权后，小区内未分摊的土地使用权应转移给业主共有。笔者认为，以上观点都并未有相应的法律依据。小区规划路面停车位的权利归属必须回到现行相关法律规定上来讨论。

根据《物权法》第 74 条及《最高法解释》的规定，建筑区划内，规划范围的车位、车库应当属开发企业所有。《最高法解释》第 6 条也明确，只有在规划用于停放汽车的车位之外，占用业主共有道路或者其他场地增设的车位才属于业主共有。因此，建筑区划内，规划确定的路面停车位应当属开发企业所有。

笔者认为，小区规划的路面停车位与小区规划的地下车库本质上是一样的。而小区规划的地下车库确定为开发企业所有，开发企业可以通过合约的方式将地下车库约定为业主专有或是专用，对此，业界已无异议。规划路面停车位与规划地下车库的区别在于，前者是基于地表土地使用权划线而定，不具有建筑形态，没有建筑面积，后者是基于地下建设用地使用权修建，《物权法》第 136 条规定："建设用地使用权可以在土地的地表、地上或者地下分别设立。新设立的建设用地使用权，不得损害已设立的用益物权。"建设用地使用权可以分层设立，分属于不同主体，地下车库是开发企业基于地下建设用地使用权而修建的。单独的一个地下停车位表面上与路面停车位一样，也是通过划线而定，没有围护结构，不具有建筑形态。但是，地下车库置于整个地下空间之内，地下空间本身就具有外围的围护结构，因此，地下车库是具有建筑形态的，如果其层高达到 2.2 米以上（含 2.2 米），要计算建筑面积。在以往房地分离管理模式下，房管部门只针对地下车库或是路面单独修建具有建筑形态的车库颁发了权属证书，由于规划的路面停车位不具有建筑形态，没有建筑面积，因此，房管部门没有为其颁发房屋权属证书。

建筑区划小区内的物业形态，要么属于共有，要么属于专有，事实上，小区规划的路面停车位，也是可以确定为专有部分的。《不动产登记暂行条例实施细则》第 5 条规定："《条例》第八条规定的不动产单元，是指权属界线封闭且具有独立使用价值的空间。没有房屋等建筑物、构筑物以及森林、林木定着物的，以土地、海域权属界线封闭的空间为不动产单元。"《最高法解释》第 2 条规定："建筑区划内符合下列条件的房屋，以及车位、摊位等特定空间，应当认定为物权法第六章所称的专有部分：（一）具有构造上的独立性，能够明确区分；（二）具有利用上的独立性，可以排他使用；（三）能够登记成为特定业主所有权的客体。"根据以上规定，判断专有部分有三个标准，前两条均可满足，针对第三点，不动产统一登记后，虽然路面停车位没有建筑形态，没有建筑面积，但路面停车位是有土地使用权面积的，土地权属界线封闭的空间为不动产单元，登记部门也是可以为其颁发不动产权属证书的。

小区规划确定的路面停车位是经法定部门许可建造的，它构造独立，利用排他，能够登记为特定业主所有，与小区规划的地下车库本质属性一样。因此笔者建议其适用同样的法律规则，确定为开发企业所有，开发企业可以通过合约的方式将规划的路面停车位约定为业主专有或是专用。

选自《中国不动产》第 32 期

多宗地合并如何确定终止日期

韩爱军

当前，全国各地的不动产统一登记工作正如火如荼地开展，但在工作开展过程当中，也反映和暴露了之前分散登记时各个部门各自为政所带来的一些弊端。例如，土地使用权人为自身开发周期考虑，将一块大的宗地分成了几个小宗地分期进行开发，每个小宗地系在不同时期根据用地手续依法取得，则各个宗地的使用期限也有所不同，但是土地用途都是一致的。这在以前土地、房屋分别登记时期，分别通过相关验收、提供相应登记要件，可以独立开展登记发证工作。

但是目前不动产统一登记，需将房屋数据进行落宗，并且关联到具体的某一宗地上，像上文提及存在多个小宗地的情况，土地权利人可能对这些小宗地进行了统一的规划和建设，建成的各幢房屋就会存在骑跨宗地的情况，而宗地之间终止日期的不同就对土地和房屋的统一登记及管理带来了矛盾和困难，此种情况如何处理成了一个亟待研究的新课题。

针对此类权利人所有的房屋存在骑跨宗地的情况，为了实施不动产统一登记，需要对骑跨的几块宗地进行宗地合并处理并确定统一的终止日期。笔者以江苏省昆山市不动产登记中心实际工作中遇到的一个案例为例，对确定终止日期的三种办法进行比较分析，以力求为登记机构探寻理想和科学的解决方案、保护权利人合法权益提供有益参考。

昆山市某电子厂，在昆山市某镇拥有 4 块相邻宗地的国有建设用地使用权，4 块宗地上共有 9 幢厂房，其中存在厂房骑跨两个宗地的情况。4 块宗地的情况分别为：宗地一，面积 1909.0 平方米，终止日期 2051 年 7 月 3 日；宗地二，面积 5262.9 平方米，终止日期 2052 年 1 月 16 日；宗地三，面积 3786.5 平方米，终止日期 2052 年 1 月 16 日；

宗地四，面积973.8平方米，终止日期2056年10月8日。

现在该企业申请进行国有建设用地使用权及地上建筑物所有权的抵押登记，根据不动产登记的要求，为了避免宗地对房屋造成的切割，必须对该地块进行宗地合并和多幢房屋管理后才能开展不动产抵押登记业务。

对于宗地是否能够合并的问题，《国土资源部关于规范土地登记的意见》（国土资发[2012]134号）文件的规定，“宗地一经确定，不得随意调整。宗地确需分割、合并或调整边界的，应经国土资源主管部门会同有关部门同意”。因此，在满足符合土地利用规划和城市总体规划以及权利人同意的前提条件下，土地并宗开发的情况是存在的。但是此文件只是对宗地合并提出了原则性意见，对宗地合并后各个宗地不同的终止日期如何统一并无明确规定。而其实，对于宗地合并，最大的难点也正是在于如何统一不同宗地的不同终止日期。对此，笔者觉得目前主要有三种解决思路和方案。

方案一，全部确定为最近的终止日期，这样能做到合并之后新宗地终止日期的统一。但这样部分宗地的终止日期就被提前了，也就是缩短了这部分宗地的使用年限。通过国有土地使用权出让取得的建设用地，其使用年限的变短，实际上是可利用土地并获得相应土地收益年限的缩短，进而在一定程度上影响了土地的价值，损害了宗地权利人的利益和收益。

例如，在此文提及的案例中，可将四块宗地的终止日期全部确定为2051年7月3日，这实际上损失了宗地权利人的部分利益。如果按此终止日期进行登记的话，就需要宗地权利人出具承诺书，承诺自愿放弃其他三个宗地在2051年7月3日之后的使用权。

方案二，终止日期全部确定为最长的终止日期，这样也能做到合并之后新宗地终止日期的统一。但是部分宗地的终止日期被延长了，一方面需要通过土地价格评估的方式计算宗地使用期限延长需要补交的出让金，同时要签订相关出让合同的补充协议，相关工作步骤和程序较为繁杂；另一方面可能存在部分宗地的总出让年限超出《国有土地使用权出让和转让暂行条例》中关于建设用地最高出让年限的规定的法律问题。

例如，在上文提及的案例中，终止日期若全部确定为2056年10月8日，被延长使用年限的三块宗地须根据交易部门的意见补交出让金使终止日期延长至该日期。

方案三，笔者设想能否通过计算各个宗地的平均终止日期来求取合并后宗地的终止日期。但是在实际工作中，各宗地的面积不会全部相同，所以可考虑把各宗地的面积作为权重，采用加权算术平均法计算四个宗地的平均终止日期。

在前述案例中，以2017年7月1日为基准日期，宗地一剩余使用期限为12420天，宗地二剩余使用期限为12617天，宗地三剩余使用期限为12617天，宗地四剩余使用期限为14344天。4宗地合计总面积为11932.2平方米，经上述公式通过加权平均的方式计算得到该4块宗地的剩余使用期限为12726天，根据基准日期为2017年7月1日，即可确定4块宗地的平均终止日期为2052年5月4日。

需要指出的是，基准日期的选择不同，对平均终止日期的计算结果没有影响。

以上三种方案中，方案一操作方式最为简便，但是权利人可能需要放弃部分物权；方案二在一定程度上可能会增加权利人的经济负担和时间成本；方案三提出了通过加权平均的方式计算总宗地的平均剩余期限的思路，简化补办出让手续，笔者觉得可以在实际工作中尝试运用。但是根本解决之道还是需要相关行政主管部门针对工作中出现的新情况、新问题及时加以了解研究，提出具体的指导性意见，以方便基层部门顺利地开展相关工作。

选自《中国不动产》第32期

继承法律关系下的机构审查职责

周　坤

按照国土资源部《不动产登记操作规范》（以下简称《规范》）1.8.6条的规定，因继承（受遗赠）取得不动产权利的登记申请人（简称“申请人”）不提交经公证的材料或者生效的法律文书的，登记机构应在受理登记前进行“继承材料查验”。这是对登记机构在登记业务实操中落实国家层面关于继承（受遗赠）不动产登记政策的重大变化——取消强制性的继承权公证——提出的新要求。要明确登记机构的查验方式、查验内容等，需要以继承法律关系的特殊性为基础，理解登记机构的审查职责。

继承法律关系的特殊性

继承法律关系是一种复杂的民事法律关系。《继承法》及相关法律法规规定了法定继承、遗嘱继承、受遗赠等多种形式，也同时明确了影响最终取得遗产权利的主要法定因素，如多份遗嘱存在的可能性及执行效力、特定人员（如丧偶儿媳、丧偶女婿）享有继承权的客观条件、特殊主体享有遗产特留份额、丧失继承权的特殊情形等。

对于登记机构来说，继承法律关系具有两个重要特点。

书面证明文件效力的有限性。《物权法》第29条规定因继承或受遗赠取得物权的，自继承或者受遗赠开始时发生效力。对于此类原因的不动产登记，并无创设物权的效力，只具有宣示作用，便于权利人处分物权。而申请人提交的亲属关系证明、遗嘱等书面文件，只能证明其存在继承遗产的可能性。

一是应正确理解遗嘱与继承的关系。遗嘱和继承是被继承人生前和死亡后两个不同时点发生的有一定程度联系、但又并无必然因果关系的民事关系事实。公证遗嘱只是遗嘱的类型之一，同其他类型的遗嘱一样，并无最终的执行效力和受遗嘱人当然取得物权的证明效力，遗嘱可能会影响继承的结果，但继承并不以遗嘱为唯一条件。在申请人未提交遗嘱的情况下，隐藏在材料背后的有关事实更是难以判断，如被继承人生前有无遗嘱或遗赠协议，继承人之间对遗产继承达成的协议如何等。

二是应正确理解书面材料所能证明事实的有限性。依据《规范》的要求，申请人应提供所有继承人的身份证明、亲属关系证明等，而由于现代社会人活动范围的不断增大，即使是有关机关或单位出具的材料也不能对继承人的范围予以全面证明，各材料之间也难以相互印证，因主观故意或客观不能而遗漏继承人的情况难以杜绝。如对在国外退出登录的婚姻、自始未记载于同一户口簿的亲属、被继承人对非婚生子女情况的隐瞒等诸多情形，使申请材料证明能力更显不足。

因此，登记机构无法判断申请人仅凭申请材料能否最终取得遗产权利或者能够继承的具体份额。在某一权利人已经取得未经登记即有效力的物权情形下，对与继承有关法律事实的掌握程度，成为影响登记机构办理这类登记的关键。

了解继承有关法律事实的难度大。对于发生在特定“熟人圈子”的继承法律关系来说，登记机构是“外人”，没有参与到继承法律关系中去的可能性，与继承关系有关事实对于登记机构而言处于“暗箱”状态。《继承法》对于其他类型的不动产登记来说，登记机构主要通过对书面申请材料的审查来判断登记申请是否符合登记条件，而登记申请原因为继承（受遗赠）的，需要在掌握有关法律事实的基础上进行审查，这使得登记机构的审查难度大大增加。

登记机构的审查职责

法律法规的应用要遵循“以事实为基础，以法律为准绳”的原则，即需要在查清客观事实后，综合考量各方面影响因素，才能对具体的法条予以应用，进而断定当事人主张的合法性和合理性。

作为同样具有宣示作用的不动产登记，因合法建造、拆除房屋等事实行为设立或消灭物权的，由于建造周期审批手续管理相对完善、不动产建造或灭失状态容易判断，基础事实审查难度不大。就不提交经公证的材料或者生效的法律文书的继承（受遗赠）不动产登记申请而言，在书面申请文件对申请人已取得不动产权利证明效力不足的情形下，由不动产登记机构直接办理登记，询问和查验环节即了解有关法律事实的"继承材料查验"工作显得尤为重要。

该环节是申请人向登记机构力证其已因继承（受遗赠）取得不动产权利，登记机构作为继承法律关系的"外人"，就有关事实进行询问和调查，为最终判断登记申请是否满足登记条件提供事实依据。在此环节中，登记机构应明确自身的职责定位和审查尺度。

旨在以询问作为主要形式，核实有关事实。

《规范》要求通过继承材料查验对继承关系涉及的重点内容进行属实性查验，通过对全部法定继承人进行有关事实的询问、见证接受或放弃继承、对提交的资料的真实性进行询问来为最终登记决定的做出做准备。《北京市继承（受遗赠）不动产登记工作程序（试行）》以《规范》为基础，明确了继承材料查验的目的，即向全部法定继承人或受遗赠人核实申请人提供的申请材料是否属实、询问全部法定继承人或受遗赠人对申请人通过提交的申请材料证明其具有继承权并办理不动产登记是否存有异议，以及见证放弃继承权的继承人签署放弃继承权声明的过程。

上述两个文件对登记机构的职责定位是比较准确的，一是要通过查验核实申请人身份和申请材料反映的事实是否属实，二是通过对利害关系人即全部法定继承人的意思表示，以掌握申请人在具有合法继承权的情况下能否最终取得不动产权利，即见证全部法定继承人对遗产分割最终结果的意思表示过程。登记机构在整个过程中的职责是进行事实核实，基于登记业务需现场申请以及申请材料审查的办理特点，向申请人及利害关系人充分了解相关事实。

基于登记的宣示作用，掌握审查的合理尺度。

申请人应在其他法定继承人对其最终取得不动产权利无异议的情形下，向登记机构提交申请材料。对于登记机构来说，申请人提交的申请材料与查验环节中到场人员的陈述意见是互为补充的，即有关事实既要有相关证明材料的证明，也要得到所有参与查验人员的认可。登记机构应综合申请材料和查验结果来判断申请人是否已经取得不动产权利，进而判断是否进行受理和登记。

在此过程中，登记机构应站在“外人”的角度，告知当事人（即全部应到场人员）应当承担的责任，对当事人之间出现的纠纷、争议、异议表示，以及当事人之间就遗产分割未达成最终一致意见而要求登记机构按照《继承法》规定进行分割的，登记机构不做合法、合理性判断，仅就当事人的陈述进行客观记录。登记机构就可能影响申请人取得不动产权利的事实因素进行询问，到场人员进行了相应的答复，即使有关人员隐瞒了真实情况，造成最终的登记结果错误，登记机构亦尽到了审慎审查的义务。

选自《中国不动产》第33期

依职权注销登记及其适用

崔文强

不动产统一登记中所谓的依职权注销登记，其意指不动产登记机构依据职权自主启动登记程序，对已记载于登记簿中的权利进行注销的行为。因不动产登记秉持依申请登记的原则，故而此种依职权登记应为例外情形，且应严格把控，以防止权利的滥用，维护登记簿的稳定。同时，依职权登记其职权来源需具有明确的依据方能行使，即登记机构之职权行为需具有法律依据方得以为之。然而目前针对依职权注销登记的法律规定并不完善，且依职权注销登记又有一定的积极作用，具备存续的意义。

不动产统一登记施行前，有关依职权注销登记的条款主要存在于《物权法》《房屋登记办法》《土地登记办法》等法律法规及部门规章之中。目前，固然《不动产登记暂行条例》及其实施细则已经出台，但原《土地登记办法》和《房屋登记办法》的规定较为详尽，无论实务指导还是理论研究仍值得借鉴。

依职权注销登记适用情形

房屋登记中，依据《房屋登记办法》可知依职权注销登记的情形包括：存在错误登记时的注销以及城市房屋征收的依职权注销。依据司法机构嘱托所为注销应列入依嘱托登记范围，故而不在此进行讨论。

虽然《房屋登记办法》规定较为具体，但此两种情形适用范围较为狭窄，且有着严格的限定。其针对存在错误登记可依职权注销登记的情形，适用前提为：其一，存在错误的事实，即登记簿所记载内容与真实权利冲突，有注销对象。其二，错误事实产生因由非法，系当事人以隐瞒真实情况提交虚假材料等非法手段获取房屋登记的（此处《房屋登记办法》仅列举了一种非法登记造成错误的事实，暂未涉及登记机构内部工作人员渎职登记等情形）。其三，错误事实需经证实，即登记簿记载错误内容需经证实为真实存在，有注销之必要。其四，错误事实的证实主体为司法机关、行政机关、仲裁委员会，通过做出发生法律效力的文件加以证明。

然而此种依职权注销登记的情形却存在几点缺陷，使得其在具体操作及适用中极难被应用。首先，针对生效法律文书或具备法律效力文件的获取渠道，倘若是非针对登记机构提请的行政诉讼，登记机构不具备主动获取此信息的能力。在登记机构知悉存在此种法律文书或者文件之时，多为持有此文书或文件的当事人主体提出申请，要求据此对登记簿中记载错误进行更正。其次，《房屋登记办法》第 80 条规定："人民法院、仲裁委员会的生效法律文书确定的房屋权利归属或者权利内容与房屋登记簿记载的权利状况不一致的，房屋登记机构应当按照当事人的申请或者有关法律文书，办理相应的登记。"此条款明确了生效法律文书证明存在错误时的当事人依申请登记原则，而其中规定的"相应的登记"在其第 75 条第 2 款中进行了明确："对于涉及房屋权利归属和内容的房屋登记簿的记载错误，房屋登记机构应当书面通知有关权利人在规定期限内办理更正登记；办理更正登记期间，权利人因处分其房屋权利申请登记的，房屋登记机构应当暂缓办理。"可见，第 81 条规定的"以隐瞒真实情况、提交虚假材料等非法手段获取房屋登记"的情形，由当事人申请办理更正登记似乎更为妥当，这便在实质上造成了 80 条与另两条规定的内在冲突。

至于因房屋征收而启动的依职权注销，其仅限定在原权利人未申请注销之时，登记机构可依人民政府生效征收决定办理注销登记，《房屋登记办法》却未规定当事人应予以申请注销的时限，倘若当事人一直怠于申请注销登记，登记机构一般不主动启动依职权注销。然而此种情形会导致登记簿中所记载物权不真实的情形。如此，一则可能造成在司法协助执行中将已经权力灭失的不动产予以限制，浪费司法资源；二则会影响权利主体相关税费缴纳，其拥有的不动产状况因未经注销而并不准确，会导致当事人多缴纳税费之可能。

土地登记中，依职权注销的情形主要体现在《土地登记办法》第 51 条和第 54 条。相较《房屋登记办法》规定，其依职权注销登记适用范围较为广泛，包括因自然原因导致土地权利灭失的、抵押权终止的、土地使用期限到期的，当事人逾期不申请注销的。然而登记应以公示为根本，行政管理思路不宜过度体现在登记行为之中。且针对当事人逾期不申请便依职权注销的，登记机构自主清理权利到期或终止情形的，其工作量亦十分繁重，可能会加重登记机构负担。

可设置依职权注销的情形

不动产登记虽然秉持依申请登记原则，然而依职权登记之例外亦有其存在的必要，尤其是依职权注销登记。

在不动产统一登记背景下，笔者以为，针对依职权的注销登记应予以严格限定，适用范围不宜过于宽泛，又要具有可操作性。就目前实务操作而言，可设置依职权注销登记的情形应包括以下几种。

其一，依据征收决定在申请人不予申请的情形下，进行依职权注销登记。此种情形下应明确当事人提请申请注销的期限，可通过公告的形式明确；超过此期限的，登记机构可依据政府生效征收决定进行依职权注销登记。

其二，因不可抗力导致物权灭失的，如地震、泥石流等自然灾害导致不动产灭失的，此种灭失为不可抗力所致，且如果大多数不动产权利主体在灾害中遇难，由其主动提出注销登记有些困难。登记机构可以通过实地查看，针对所涉灭失不动产进行依职权注销登记，并通过公告的形式，告知抵押权的权利主体知悉不动产灭失情形，并及时寻求代位救济。

其三，当事人在一定期间内未反馈已起诉信息的异议登记。依据《物权法》第19条第2款规定："不动产登记簿记载的权利人不同意更正的，利害关系人可以申请异议登记。登记机构予以异议登记的，申请人在异议登记之日起十五日内不起诉，异议登记失效。异议登记不当，造成权利人损害的，权利人可以向申请人请求损害赔偿。"因异议登记不似预告登记那般具有阻却物权变动之效力，其仅为一种临时性救济手段，是异议人对登记簿记载存在异议时，登记机构进行的一种记载行为。故而在当事人提出异议登记申请时，登记机构便应向其释明在十五日内起诉，并将已起诉相关证据反馈给登记机构，据此可保持异议登记之效力。而倘若当事人在十五日后一直未反馈此信息，则应视为其未起诉，可由登记机构据以依职权注销异议登记，以保持登记簿之稳定，保障物的流通性。

选自《中国不动产》第33期

不动产登记中的抵押权从属性原理

石晨谊

不动产统一登记施行以来，各项操作规范逐步建立健全，有人认为只要按照已有规定机械操作，新手也可熟练应对。但实际登记中会遇到的情况多种多样，如果不了解规范制定的依据和原理，登记人员遇到新情况就难以应付，永远只能“每事问”。本文试结合不动产登记实践，讨论抵押权的从属性原理以指导抵押权登记。

抵押权的从属性

抵押权的从属性指的是抵押权的发生、转移和消灭都应当从属于债权，是担保物权最重要的三个特性之一。《担保法》第5条和《物权法》第172条规定也明确，担保合同是主债权债务合同的从合同。传统《民法》认为，抵押权是为担保债权的履行而设定的，是从属于主权利即债权的从权利，从权利应随从主权利是基本的法理。且抵押权是债权担保的手段，为债权将来得以满足而存在，因此债权和抵押权必须结合在一起。

抵押权成立上的从属性指的是，抵押权的成立必须以债权已存在为前提，债权若不存在，抵押权也不成立。违反抵押权成立上的从属性，应属无效，即使已经登记，也仅有形式上的效力，债权人并未取得抵押权。抵押人可向不动产登记机构申请注销该抵押权登记。但是随着近代担保物权的发展和社会经济进步的需求，这种从属性的要求已经逐渐缓和。现在一般认为，既然抵押权的目的是担保债权的清偿，只需将来实行抵押权、拍卖抵押物的时候，有被担保的债权存在就可以了，在抵押权成立时有没有债权存在并不影响抵押权的登记。了解了这个原理后，抵押权登记中遇到的许多情形可以用抵押权成立上的从属性来解决。

将来债权抵押权登记

进入现代社会以来，随着商品经济和金融的发展，抵押权的从属性在法律上已经逐步缓和，甚至出现抵押权债券化的倾向。我国《物权法》借鉴了近代以来大陆法系法学的发展成果，适应了社会主义市场经济的需求，对抵押权成立上的从属性进行了缓和性规定，最明显的体现就是《物权法》规定了最高额抵押制度。最高额抵押申请登记时债权尚未发生，担保的实际债权数额不确定，担保的债权不特定，只是具有发生的可能性，属于将来债权，严格来说是违反了抵押权的从属性。但法学界根据实际经济生活的需求，缓和了对抵押权从属性的认定，认为在抵押权登记时是否有债权存在可以不问，只要在实现抵押权的时候被担保债权确实存在，则不违背抵押权成立上的从属性。最高额抵押的债权虽尚未发生，但发生的原因已经客观存在，有发生的可能，因此抵押权实行时（取得抵押物的交换价值时），最高额抵押的担保债权确实存在，可以进行抵押权登记。

从司法实践看，最高法院对此也是认可的。最高人民法院在湖北莲花湖旅游发展有限责任公司与武汉世纪宏祥物业管理有限公司、湖北莲花湖物业有限公司借款担保合同纠纷案（最高人民法院[2012]民二终字第56号民事判决书）中认为，因先设定抵押权后订立主债权合同是双方当事人之间的真实意思表示，现行法律亦无抵押权不得先于主债权设定的禁止性规定，因此对莲花湖旅游公司以“抵押权从属于主债权，故抵押权不能先于主债权设定为由”为由主张抵押无效的上诉意见不予支持。从国外立法例来看，大陆法系国家民法大多是认为将来债权可以进行抵押权登记的。德国《民法典》规定，抵押权也可以为将来的或者附条件的债权而设定。瑞士《民法典》更进一步规定，不动产抵押，可为任意的、现在的、将来的或仅为可能的债权提供担保。

常见的将来债权还有三种形式，一是自然人借贷，二是附条件的债权，三是附期限的债权。《合同法》第210条规定，自然人之间的借款合同，自贷款人提供借款时生效。自然人来申请抵押权登记时往往款项尚未借出，借款合同尚未生效，债权尚不存在。若严格按照抵押权成立上的从属性，则债权不存在，不能予以登记抵押权。依《民法总则》第158条和第160条规定，附生效条件的民事法律行为，自条件成就时生效。附解除条件的民事法律行为，自条件成就时失效。附生效期限的民事法律行为，自期限届至时生效。登记实务中持附条件和附期限的主债权合同来申请抵押权登记的较少，一般自然人借贷申请抵押权登记的较多。掌握了抵押权成立从属性已经缓和的原理，将来债权可以进行抵押权登记的趋势也就相对明朗了。

反担保申请抵押权登记

所谓反担保，是指替债务人提供担保的第三人，为了保证自己的追偿权得到实现，要求债务人为自己追偿权的实现提供担保。在由第三人提供担保物权的债权债务关系中，在债务人未清偿到期债务或者出现当事人约定的可以实现担保物权的情形时，提供担保财产的第三人应当承担担保责任，第三人则成为债务人的新债权人，其有权向债务人追偿。债务人如果以抵押不动产的方式向第三人提供反担保，并向不动产登记机构申请抵押权登记，登记机构就面临是否予以登记的问题。

根据《担保法》及《物权法》的规定，反担保是担保的一种特殊形式。分析其法律关系可知，反担保由债务人、债权人、第三人三方构成，有四个债权法律行为，分别是债权人与债务人之间的主债权合同，债权人和第三人的担保合同，债务人和第三人的主债权合同及担保合同。

反担保的主债权是第三人因债务人不履行债务承担担保责任时所生的对债务人的求偿权，此时的主债权已经成立，但是尚未发生，将来有发生的可能，可以说是附生效条件的合同债权。鉴于前文所述附条件的将来债权的抵押权可以登记，应可认定为反担保设立的抵押权可以登记，抵押范围即第三人被实现抵押权的范围。一般情况下反担保不签订主债权合同，因其主债权可以依《物权法》第 176 条、《担保法》第 57 条规定的第三人求偿权而确定，因此申请人申请时如果只提供反担保的抵押合同没有主债权合同的话，必须提供本担保的主债权合同和抵押合同，以确定反担保的主债权及其担保范围。

我国法律赋予承担担保责任的第三人债务追偿权，这是一种债权请求权，并未如我国台湾地区等地直接承认第三人的代位清偿权，因此不能适用法定抵押的规定。反担保的不动产抵押权设立程序与普通担保一样，依《物权法》第 187 条规定必须经过登记方可生效。

选自《中国不动产》第 34 期

建设用地使用权量化登记研究

季　峰　　徐松红　　陈诗梦

不动产统一登记是由国家主导推动的一项重要的不动产制度改革，它把原来分散的各类不动产登记融为一体。登记分摊土地面积，是在土地和房屋分散登记的背景下，土地登记部门对土地使用权人共有份额的记载方式之一，并满足行政管理上的需要。但国家始终没有以任何形式颁布全国统一的分摊土地面积测量、计算标准。

实践中标准不一的测量计算方式，难以展现房屋所有权人对于土地的权利全貌，不利于保护正当权利。因此，有必要建立一个合理合法、全国统一的建设用地使用权分割分配方案。

建设用地使用权的量化方式选择

不动产登记簿记载的信息主要分为两种，一种是不动产的权属状况，另一种是不动产的自然状况。记载不动产权利信息是不动产登记簿的主要功能，记载自然状况信息是为了实现权利的特定化，明确权利的范围边界，起到辅助权利信息记载的作用。“面积”这一概念，通常用于记载不动产的自然状况信息，分摊土地面积将抽象化的权利份额以具象化的“面积”表现出来，然而现实中其实并不存在与此“面积”相对应的大小一致地块。事实上，业主的权利及于整宗土地，不动产登记机构将共有份额特定化为某块小土地会限缩业主的权利，有画蛇添足之嫌。

因此，笔者认为可以借鉴德国立法例，将不动产登记簿上业主共享的地上权使用份额和建筑物区分所有权的共有权份额，以万分数或十万分数的方式加以记载，并记载宗地总面积。可将现有登记簿上的“独用土地面积”和“分摊土地面积”改为宗地面积和“业主共有权利份额”，前者用以记载业主的使用权覆盖整宗土地的情况，后者用以记载业主对于共享的建设用地使用权和建筑物区分所有权中共有权的持份情况，这种份额只记载于登记簿上，在权证上不予体现。

共有份额的计算方式选择，笔者认为，按照所有权人专有部分建筑面积占总建筑面积的比例来量化具有一定的合理性。

建筑物区分所有权内部专有权具有主导性。对于建筑物区分所有权素有“一元论说”“二元论说”和“三元论说”之争。我国《物权法》第70条规定，业主对建筑物内的住宅、业主的共有权份额分割，应按照业主所有的专有部分建筑面积占总建筑面积的比例算定经营性用房等专有部分享有所有权，对专有部分以外的共有部分享有共有和共同管理的权利，此系采用“三元论说”。根据“三元论说”，建筑物区分所有权包括专有所有权、共有部分持分权及成员权三权一体复合构成。其中，专有所有权具有主导性。首先，专有所有权是指以区分所有建筑物的专有部分为客体的单独所有权，具有绝对性、永久性和排他性，专有所有权在建筑物区分所有权中处于核心地位。其次，也可表现在区分所有权成立登记上，只登记专有所有权，而不单独登记共有部分持分权及成员权。最后，在同一栋建筑上，只能就专有部分设立专有所有权，并因此获得与之对应的共有部分持分权和成员权。无论是转让、处分还是抵押，这三种权利必须视为一体，不可分割，否则在权利归属和利益分配上会发生混乱。

共有部分的收益与费用按业主专有部分面积大小分摊。首先，所有权人享有物的孳息，负担物的费用，此为民法的基本原理。我国《物权法》第80条规定：“建筑物及其附属设施的费用分摊、收益分配等事项，有约定的，按照约定；没有约定或者约定不明确的，按照业主专有部分占建筑物总面积的比例确定。”可见，立法者虽未明言共有权份额的量化方式，但根据所有权人享有物的孳息，负担物的费用的原理，也可推出共有份额按专有部分面积大小进行量化。

其次，根据我国交易习惯，住宅小区的物业费收取的方式通常如下：给定每平方米的物业费标准，乘以专有部分建筑面积数得出每户业主每月的物业费。这一物业费收取方式的法律依据，正是《物权法》第 80 条。物业公司为全体业主服务，产生的总物业费用由全体业主共担，每户业主承担的比例，就按照其对共有部分的持有份额来分摊，而法定的份额分割方式即是按照按业主专有部分面积大小比例算定的。

业主大会中的表决权大小涉及业主专有部分面积大小。我国《物权法》第 76 条第 1 款规定了七种需要由业主共同决定的事项，在第 2 款规定："决定前款第五项和第六项规定的事项，应当经专有部分占建筑物总面积三分之二以上的业主且占总人数三分之二以上的业主同意。决定前款其他事项，应当经专有部分占建筑物总面积过半数的业主且占总人数过半数的业主同意。"可见，法律规定共同管理中的重要事项的表决采用双轨制，业主所有的专有部分面积占总建筑面积的比例有重要意义，为平衡大小业主之间的利益，保护小业主的权利，防止出现"以大欺小"，同时采取"人头决"的方式表决。业主得以参与管理共有部分相关事宜的法律基础，在于业主对于共有部分持有一定份额的共有权。共有份额的大小，决定业主在业主大会中表决权的大小。反之，表决权的分配标准也体现出共有份额的分配标准。

总之，业主的共有权份额分割，应按照业主所有的专有部分建筑面积占总建筑面积的比例算定，只有这样才能保证分割后的共有份额能够和《物权法》《物业管理条例》等法律文件的规定保持一致，且和社会上广泛存在的实践和交易习惯相接轨。

共有份额计算中的技术问题

文中多次提到"专有部分建筑面积占总建筑面积"的比例，这里应如何理解？

《最高人民法院关于审理建筑物区分所有权纠纷案件具体应用法律若干问题的解释》（法释[2009]7号）（以下简称《解释》）第8条规定："物权法第七十六条第二款和第八十条规定的专有部分面积和建筑物总面积，可以按照下列方法认定：（一）专有部分面积，按照不动产登记簿记载的面积计算；尚未进行物权登记的，暂按测绘机构的实测面积计算；尚未进行实测的，暂按房屋买卖合同记载的面积计算；（二）建筑物总面积，按照前项的统计总和计算。"在较近的司法实践中，广东省高级人民法院认为："在判断业主大会会议中投赞同票业主的专有部分面积之和是否超过建筑物总面积的半数时，应当以房产证记载的面积作为业主的专有部分面积，证载的分摊面积不能扣除。"

根据《房产测量规范》，业主共有的设施，区分为纳入分摊面积和不纳入分摊面积两种：（1）纳入分摊的业主共有设施，由开发企业在房地产项目所有权初始登记时一并申请登记，记载于房地产登记簿，项目分割转移登记时，该设施的建筑面积相应分摊给业主，并分别注明房屋专有部分和分摊的共有部分的建筑面积，由业主领取房地产权证。（2）不纳入分摊的业主共有设施，虽在初始登记时一并登记，在登记簿上记载"某建筑区划内的全体业主共有"，但不颁发房地产权证。因此，总建筑面积应当是所有业主的专有部分面积与建筑区划内归全体业主所有的登记产权面积的共有设施之和。在宗地内所有房屋建成前，总建筑面积可按照规划批准的建筑面积计算。

对于实践中存在的车库车位（包含地下空间的车库车位）的问题，笔者认为，对于符合专有部分条件的车库、车位，应按照专有部分计算，其面积可以作为共有份额的"分子"，参与建设用地使用权的量化。常见的停车位通常通过在停车场地面划线标明，《解释》第2条第1款规定："建筑区划内符合下列条件的房屋，以及车位、摊位等特定空间，应当认定为物权第六章所称的专有部分：（一）具有构造上的独立性，能够明确区分；（二）具有利用上的独立性，可以排他使用；（三）能够登记成为特定业主所有权的客体。”可见一般的车位，只要四至分明、地面和顶面都可以确定，就成为一个具有构造、利用上具有独立性的空间，可以被视作专有部分参与建设用地使用权的量化。对于不符合专有部分建筑物条件的车位，应按照共有专用部分计算，不能参与建设用地使用权的量化；如业主及开发商约定符合专有部分条件的车位、车库属于全体业主共有，则该部分应被视为小区的公用设施，不能作为共有份额的“分子”参与计算；如集中车库、车位，约定为开发商所有，并由开发商出租经营，则开发商也作为“专有部分”业主之一，该部分建筑面积既作为“分子”，也作为“分母”。

如果地下空间（包括停车场等）属于人防工程，则不得参与建设用地使用权的量化。因《物权法》没有明确人防工程的权利归属，故人防设施在法律上不在“建设用地使用权——建筑物区分所有权”的体系之中，不参与建设用地使用权的量化。

综上所述，业主的建设用地使用权及于整宗建设用地，被量化的客体也应该是整宗土地，不动产登记机构应做好权籍调查成果审核入库工作，查明宗地总面积和边界，并予以登记；业主共享的建设用地使用权份额与业主在建筑物区分所有权中的共有权具有一体性，二者在划分份额时可一并计算。业主享有的建设用地使用权的份额应按照专有部分建筑面积占总建筑面积比例来计算。

选自《中国不动产》第34期

国家公园登记单元的制度设计

郭　威

党的十九大报告要求，构建国土空间开发保护制度，完善主体功能区配套政策，建立以国家公园为主体的自然保护地体系。《建立国家公园体制总体方案》则提出了“建成统一规范高效的中国特色国家公园体制”的制度目标。自然资源确权登记制度对于建立国家公园体制、实现以国家公园为主体的自然保护地体系意义重大。

现行国家公园等生态空间的登记单元制度设计虽然在一定程度上协调了自然资源之上的经济与生态价值，但是未能彻底处理好自然资源登记与不动产物权登记的关系问题，需要进一步优化完善。

不动产登记单元的制度内涵

不动产登记法是不动产物权程序法，需要贯彻物权特定原则，只有特定的、可以独立成为物权客体的不动产上的物权变动才能进行登记，并以登记为生效或对抗要件。确定登记单元，即是此种为确保能被特定化的不动产及其权利登记入簿的法律技术手段。

为实现此功能，不动产登记单元应具备两个要件：一是积极要件——具有独立的使用价值，不动产如若没有利用上的独立性、能够排他使用，便不能成为不动产单元；二是消极要件——不能是集合物，必须具有明确的权属界线，以实现登记对象的特定性与独立性。

可见，登记单元基本的制度价值在于从程序层面上对登记客体进行明确界分，进而为清晰的归属主体、明确的权利内容提供制度载体，以保障不动产物权法律关系中权利客体、权利主体、权利内容三要素的清晰化、稳固化，为建立完善的产权制度奠定基础。这就要求确保同一登记单元内“客体单一”“主体唯一”“内容同一”。

自然资源客体的特殊性

不动产登记单元主要是以土地和房屋的实践利用发展抽象出来的制度成果，以强调土地和房屋的“经济效用”，以及该效用能够在法律上予以区分为内在前提，这是实现不动产登记单元积极与消极要件的客观条件，是登记单元能够发挥制度功效的基础。与土地、房屋这一传统的不动产客体相比，自然资源具有一定的特殊性。此前不少专家学者对此进行过探讨。

一是价值构成的二元性。自然资源既是重要的经济物质基础，又是生态环境的基本要素，兼具经济与生态价值。二是利用形态的差异性。其与传统物权相比，往往受到更严格的行政监管，自然资源各类别之间的利用形态也不尽相同，且其生态价值一般是整体实现，单个具有经济价值的自然资源客体不一定能发挥其生态价值效应。三是利用目标的复合性。通过不动产登记制度的公示公信力，可以有效实现自然资源之上经济价值；通过相关保护义务与责任落实实现生态价值，这是自然资源确权登记的重要内容。

从上述自然资源客体的差异性来看，其与同一登记单元内“客体单一”“主体唯一”“内容同一”的要求很难契合。

现行制度的协调设计

《自然资源统一确权登记办法（试行）》（下简称《办法》）创设了国家公园作为独立自然资源登记单元这一特殊的登记单元设置机制，通过实质与形式两个层面来协调由自然资源客体特殊性导致的自然资源登记单元与不动产登记单元的差异。

在实质层面，针对自然资源利用形态的差异性，《办法》确立了自然资源登记单元设置的多元化规则：规则一，一般情况下，应以自然资源的类别为标准，进行登记单元的划分；规则二，特定情况下，属于同一类别的自然资源，如果特定范围内的自然资源在生态、经济、国防等方面较为重要，也可以依据该特定范围内自然资源的重要性，进行登记单元的划分及设置；规则三，特定情况下，不同种类的自然资源可以依据相对完整的生态功能、集中连片等原则，设置为一个登记单元。在此基础上，明确了国家公园等特定区域对象可依据规则三，单独作为登记单元，通过生态功能的一致性统领各类资源，满足登记单元“客体单一”的特定化要求。

同时，针对自然资源利用目标的复合性，《办法》第 20 条一方面规定了国家公园登记单元内的管制任务，以实现生态价值维护的义务与责任；另一方面规定了国家公园登记单元内的自然资源的确权任务，以明确自然资源上的财产性权利，实现其经济价值。

在形式层面，为协调自然资源登记单元与不动产登记单元的关系，《办法》第 7 条确立了以“不动产单元号”和“权利主体”为介质的“挂接”式框架设计，将已办理登记的不动产权利在自然资源登记簿中记载，并通过不动产单元号、权利主体实现两类登记簿的关联，通过设置相互叠加的不同登记单元形式，使自然资源登记单元与不动产登记单元既相互区别又相互关联，满足了“客体单一”的制度要求。

未来进一步的完善

通过实质与形式方面的协调设计，将国家公园设置为独立的自然资源登记单元，照顾了自然资源生态整体性的客观事实，可以解决同一登记单元内“客体单一”的制度要求，但一些问题仍有待于解决并完善。

首先是“主体唯一”问题。当前自然资源登记簿上设置了“所有权人”“所有权行使代表”和“所有权代表行使内容”的登记内容，同时也设置了“公共管制要求”的登记内容。这样登记单元内就包含了财产性权利主体和生态监管主体两个主体，即使未来国家公园体制改革将国家公园内自然资源所有权主体代表与生态监管代表设置为同一主体，其也具备了两种身份，隶属于两种不同法律关系。

其次是“内容同一”问题。国家公园登记单元内同时包含了管制性义务和财产性权利，既有自然资源财产性权利的内容，又有自然资源生态的保护性义务与责任内容，不同的登记内容存在于同一个登记单元之上。

国家公园作为自然资源登记单元无法满足登记单元“主体唯一”与“内容同一”的要求，根源在于自然资源客体的特殊性，导致自然资源登记与不动产物权登记在性质上有所不同。不动产物权登记是财产性的公示性登记，属于财产权领域的基础性制度，自然资源登记是明确监管权责的标识性登记，属于行政管理的制度范畴，二者应当是相互区别又紧密联系的不同制度体系。《办法》设置相互叠加的不同登记单元形式，区分自然资源登记号与不动产登记单元号即是这种差异性的体现，但未能将这种差异落实彻底，在国家公园自然资源登记单元内保留了“所有权代表”和“所有权行使内容”这一属于不动产物权登记的对象。

因此，在未来国家公园体制建设中，应彻底区分两种登记的制度功能，对相关法律法规规章的相应内容进行完善、调整。

选自《中国不动产》第 36 期

农村房地一体登记权利主体之确认

王燕忠

编者按：本刊今年第10期曾刊登了《农村宅基地及房屋登记应明确权利主体》一文，并在官方微信公众号上推出，受到读者极大的关注。为配合农村不动产登记工作的推进，本刊再次推出一篇相关文章以飨读者。本文条理清晰，建议明确，值得参考。

确认权利主体是不动产登记的首要基础和必要条件，但对于农村宅基地及房屋所有权登记而言，存在一个不容回避却又难以界定的问题，就是权利主体的认定问题。权利主体是农村户？是农村户内的所有家庭成员？还是户主及其配偶？

法理辨析

争议存在的原因主要是：农村宅基地及房屋所有权登记的权利来源是农村用地建房的批文，批文主要涉及由一定自然人成员组成的农村户，并非一般情况下的自然人或者法人权利主体，而目前对于权利主体的界定没有明确的法律规定或相关依据。

将农村户认定为登记权利主体的可行性。农村宅基地及房屋所有权的权属来源是国土、规划部门同意使用宅基地和同意建造房屋的批准文件，这两份批准文件的主要规范对象是农村户而不是普通农村村民（自然人）。《土地管理法》规定：农村村民一户只能拥有一处宅基地，其宅基地的面积不得超过省、自治区、直辖市规定的标准。在实践操作上，各地也是以户的形式申请审批农村宅基地。考虑到登记主体与权属来源的一致性问题，笔者认为将权利主体确定为农村户更加适宜。参照2017年10月1日起施行的《民法总则》中关于农村承包经营户的概念，这里的农村户可以归属为自然人范畴。

关于农村户及户内不同成员之间的法律关系和法律地位的认

定。在此，必须对宅基地使用权和房屋所有权进行分开讨论。农村宅基地使用权是由其农村户口的特殊身份而经国土、规划等主管部门批准享有的对批准范围内的本村农村宅基地享有的使用权，从法理上说登记主体是农村户，户内所有成员共同享有批准的农村宅基地使用权。同时，一旦农村户口的身份丧失，此权利就自然丧失，即农村宅基地使用权是基于农村户口的特殊身份而存在，身份丧失则权利丧失。

在宅基地上建造起来的房屋所有权的关系认定与宅基地有所不同。对于农村房屋所有权首先必须确认登记权利主体还是农村户，与宅基地使用权一致，但同时要区分户内两种不同身份：一种是基于本户农村户口身份并对建造房屋出资的权利人，可以是户主及其配偶或其他身份自然人，笔者称之为完全所有权权利人；一种是只基于本户农村户口身份而没有出资建造房屋的权利人，如年迈的父母、小孩，笔者称之为居住所有权权利人。

对于第一种权利人而言，他们享有完全的所有权，即享有完全的占有、使用、收益和处置四种权能，其享有的所有权权利在权利人放弃或死亡时必须作出分配，放弃时必须在本户内成员间按其份额作出分配，死亡时依据其所占份额（该处份额仅指所有出资人享有 100% 份额，居住所有权权利人不占份额）进行法定继承或遗嘱继承，并承担居住所有权权利人在该房屋上享有的权利相对应的义务。

对于第二种权利人，因其只基于身份而未进行出资便享有的房屋所有权是一种特殊所有权，所以是一种不完全所有权。笔者将其简称为居住权，即只享有所有权权能里面的占有权和使用权，而没有收益权和处置权。但完全所有权权利人处置所有权时，因其享有占有、使用权，必须经其同意，并对其占有、使用权进行对等的补偿；当居住权权利人放弃居住权或死亡时，居住权权利人享有的居住权因只有占有、使用权，而没有收益、处分权，居住权随着权利人身份的消失而自然丧失，不需作出分配，不发生继承。

实践探讨

从具体实践操作上探讨，笔者建议此类登记权利主体应分为几种类型进行确认。

首次登记权利人的确定。当农村户经批准完成建造后，申请农村宅基地及房屋所有权首次登记时，应明确由户主代表本户申请登记，并提供户内全体人员签字确认的出资情况说明，未成年人由法定监护人代为签字。登记权利人为以户主为代表的某某户，并在证书和登记簿上明确注记出资人和出资份额，即明确完全所有权人及其占有房屋份额。

分家析产或调剂互换发生转移登记，权利人的确定。在符合“一户一宅”和法定面积等法律规定的前提下，分家析产的按分家析产协议进行转移登记，调剂互换的按调剂互换协议进行转移登记，同时也要明确完全所有权人及其占有房屋份额。

户内成员变动发生变更登记，权利人的确定。户内非户主的居住所有权权利人发生变动时，因登记的权利主体为农村户，所以登记的权利主体并不发生变化，所以不需进行变更登记。但当发生变动的居住所有权权利人为户主时，则需进行权利人名称变更。

户内成员变动发生转移登记，权利人的确定。完全所有权权利人发生变动时，适用转移登记，其享有的所有权权利在权利人放弃或死亡时必须对其占房屋份额作出分配。完全所有权权利人放弃所有权时，必须在本户成员内对其所占房屋份额作出分配，按分配协议申请转移登记；因登记权利主体是农村户，而不是户内成员，放弃份额后只能在户内重新分配，不能向户外转移。当完全所有权权利人死亡时，依据其所占房屋份额（该处份额仅指所有出资人享有该房屋 100% 份额，居住所有权权利人不占该房屋份额）进行法定继承或遗嘱继承，并由继承人承担居住所有权权利人在该房屋上享有的权利相对应的义务。需说明一点，单独的宅基地使用权不能继承，农村房屋所有权可以继承，此处宅基地使用权附随房屋所有权一起继承。

对策建议

笔者建议，在未来完善相关法律法规的过程中，应充分重视农村房屋所有权的特殊性，根据身份和出资，区分不同的所有权类型，并明确权能、界定范畴和阐明定义。

按照前述法理分析和实践操作探讨，可在一定程度上解决当前农村宅基地和房屋所有权登记中存在的一些问题。一是实现登记权利主体与批准建房权利主体的一致性和衔接性；二是解决户变动（分户）、户内成员变动（户口迁入迁出）产生的权利主体的变更或权利的转移；三是解决农村房屋继承涉及的农村不动产转移与《继承法》的衔接。

《继承法》规定，遗产是公民死亡时遗留的个人合法财产。笔者认为农村宅基地及房屋所有权登记的权利主体是农村户，《继承法》规定的是公民个人合法财产，两者之间关于被继承人的身份存在不一致性。为此有必要引入出资人的概念，按出资人的出资情况确定被继承人享有的份额，再按《继承法》规定对被继承人享有的份额进行继承。这样既符合“谁出资谁受益”的基本法律原则，又可解决农村房屋继承涉及的农村不动产转移问题，值得进一步探讨。

选自《中国不动产》第 36 期

统一确权登记试点工作难点和对策

吴春岐　常戈群

按照国土资源部等七部门关于自然资源统一确权登记试点工作的部署，国家确定的试点以及广州等地方确定的试点工作正在有序推进。自然资源统一确权登记作为一项全新的工作，国外可参照经验很少，国内体制、机制尚不配套，确权登记相关专业规范、标准空白，登记业务、管制内容尚不明确。建立自然资源统一确权登记的制度、业务、技术体系，是此次自然资源统一确权登记试点的目的所在。笔者先后参与了福建晋江、青海三江源、江苏徐州、广东广州海珠区、浙江长兴、北京密云区等多个自然资源确权登记的试点工作。基于相关理论和制度研究，结合多地自然资源确权登记的实践探索，笔者梳理了自然资源确权登记试点工作的一些难点问题，提出了相应的对策，以供参考和探索。

以国家相关顶层设计为导引，准确把握试点方向。

虽然国土资源部等七部门联合出台了《自然资源统一确权登记办法（试行）》（以下简称《办法》）以及《自然资源统一确权登记试点方案》，各试点单位总体还是觉得在调查内容、确权方法、登记项目、配套体制、法律效力等方面难以有效驾驭。比如，如何确定没有明确行政管理界线的水林草的登记单元空间范围，自然资源确权调查与已经完成的多项或单一调查有何区别和联系，各类自然资源国家所有权的内涵是什么，是否按照《办法》所附“自然资源登记簿”的规定项目进行登记就足够了，登簿的自然资源所有权和国土空间管制效力是否存在差异等。

笔者研究发现，虽然《办法》没有明确给出答案，但这些问题可以从《中共中央关于全面深化改革若干重大问题的决定》（以下简称《决定》）及《生态文明体制改革总体方案》（以下简称《总体方案》）等文件精神中，找到方向和思路；或者围绕“健全自然资源资产产权制度”和“生态文明建设”的自然资源统一确权登记目标，从现行自然资源调查评价管理工作中寻求答案。比如，《决定》明确，“对水流、森林、山岭、草原、荒地、滩涂等自然生态空间进行统一确权登记，形成归属清晰、权责明确、监管有效的自然资源资产产权制度”，结合《自然生态空间用途管制办法（试行）》中的自然生态空间是具有自然属性、以提供生态产品或生态服务为主导功能的国土空间的概念定位，我们认为登记单元的范围应以维系生态系统结构、过程、功能完整为首要考量因素。例如，以划定的国家或地方生态公益林范围为基础初步圈定森林登记单元空间范围；再比如，围绕明确自然资源资产，自然资源确权调查项目至少应该包括蓄积量、可食牧草量、水容量等数量特征，以及单位面积资源量、水质等级等质量特征。

以空间、资源两个维度，破题确权登记分类难题。

自然资源统一确权登记分类是开展自然资源调查确权、数据库建设和簿册登记工作的基础，是衔接自然资源资产负债表编制等其他生态文明制度运行的纽带。但是，目前国土、林业、农业等管理部门对自然资源的分类标准和角度却有很大差别。对纳入自然资源统一确权登记的水流、森林、山岭、草原、荒地、滩涂和探明储量的矿产资源，大家一般认为其就是七类自然资源。而事实上，《决定》和《总体方案》中指的却是六种类型的自然生态空间（当时文件表述中不含矿产资源）。水流、森林、山岭、草原、荒地、滩涂的自然资源分类方法，交织着多个不同角度的分类思路；水流、森林、草原、滩涂体现的资源形态差异，山岭反映的是地形地貌，荒地反映的是资源利用程度。厘清自然资源分类体系，对统一确权登记工作至关重要。

我们研究认为，应该以空间、资源两个维度，破题确权登记分类的迷障，即将“水流、森林、山岭、草原、荒地、滩涂、矿产”定位为七类自然生态空间，对赋存在七类国土空间中的自然资源，基于形态形成水资源、林木资源、山岭资源（几乎没有植被、水体覆盖，以岩石和石砾为主）、草地资源、荒地、滩地、矿产七种自然资源类别。这种分类思路可以有效化解前述分类的窘境，也可以很好对接整个生态文明建设的其他分类需求。

利用生态功能区思路，化解登记单元划界难题。

确定登记单元的空间范围，是自然资源确权登记的首要技术工作。《自然资源统一确权登记试点方案》指出，“通过‘三个图层相叠加’的方式，即集体土地所有权确权登记发证、国有土地使用权确权登记发证和土地利用现状图相叠加，明确国有未利用土地的范围，结合国家相关规划和自然资源保护范围，确定需要实施统一确权登记的自然资源范围”。笔者认为，“三个图层相叠加”用于引导确定登记单元的空间格局；对于登记单元的具体空间范围，《办法》给出的仅是一些指导性原则，对于除国家公园、森林公园等自然保护地之外的登记单元划界，试点单位普遍感到无从下手。

按照《总体方案》，笔者认为自然资源统一确权登记，是在确定各类自然生态空间基础上，对该国土空间范围内禀赋的自然资源进行确权登簿。《办法》中提出的登记单元概念，不仅是确权登记的基本工作单元，更重要的是为其赋予了生态空间的内涵。然而，目前并没有权威部门统一提出确定各类自然资源生态空间范围的技术规范；而实践中，各类生态空间的界定存在空间上的重叠，如按现行定义，湿地生态空间、滩涂生态空间、水流生态空间存在相互重叠的情况，确定登记单元范围也会面临各种复杂性。

确保划定登记单元所发挥的生态功能完整，已成为各地试点工作的共识。笔者认为，可以在通过“三个图层相叠加”初步确定国有自然资源空间格局的基础上，以各类国有自然资源图斑所在生态功能区和体现生态功能定位的各类保护管理区域（如生态公益林、水环境功能区）的界线出发，初步圈定各登记单元的范围，再以自然边界、管理界线、权属界线等对该范围进行调整。

综合施策，缓解确权难题。

自然资源统一确权登记工作，“确权”是前提和核心。然而，由于各种复杂因素，各地试点工作普遍遇到“划清全民所有和集体所有之间的边界”的关键性难题，有的试点提出设置“争议搁置区”，有的试点主张等待国家出台相关政策。就“确权”这一核心工作而言，这些做法一定程度上背离了试点工作初衷。

我们认为，为了尽可能不偏离试点工作初衷，应该坚持综合施策的原则，以厘清确权工作的问题症结为基础，分清眼前与长远，主动出击。比如：“争议区”要在“应确尽确”的前提下实现空间最小化，做到土地与地上附着物分离确权，将部分争议纳入退出补偿机制，以探究出有效方法为主攻方向等。福建省晋江市在自然资源确权登记试点工作启动阶段，就未雨绸缪，研究出台了《晋江市自然资源所有权争议处理暂行规定》，对争议处理主体、处理程序、处理时限及行政机关内部纠错程序进行了规定。同时，还成立了晋江市自然资源所有权争议处理工作小组。上述工作为后续完善该项制度提供了接口。

完善登记簿设计，攻破生态文明支撑落地难点。

我们研究认为，自然资源登记簿记载项的设置应紧密围绕为健全自然资源资产产权制度、建立国土空间开发保护制度、健全资源有偿使用和生态补偿制度、完善生态文明绩效评价考核和责任追究制度等生态文明制度提供基础支撑这一目的；《办法》所附的自然资源登记簿，安排了“类型”“类别”“质量”“面积”“数量”五个项目予以登簿记载国有自然资源。事实上，地、林、水、草、矿物权内涵以及保护管理差别较大；不同区位的同一类型自然资源，在生态功能和开发利用价值上也不尽相同。我们研究认为，《办法》所附的自然资源登记簿目前主要是在登记单元一个层级，难以对自然保护区、国家公园、水流、湿地等登记单元内的各类自然资源进行质量、数量上的差别化记录，也难以细化登记单元内各区域的差异化管制要求。

对于自然资源登记簿的结构，笔者建议在登记单元层级下，进一步区分资源类型、生态功能类型、管制区域类型，设置多个下一级子层。利用这些下一级子层，记载登记单元内资源的自然、生态、管制“事实”，而不是失去了细节信息的统计性数据项目；并且，这些“事实”项目的选择，要体现资源的资产数量与质量、生态功能和质量等特征。

采用专业技术，化解信息平台融合难题。

按照《办法》，自然资源确权登记要与不动产登记相衔接，在自然资源登记簿内容安排上也体现了这一要求。但是，自然资源统一确权登记尚处在发育期，而各地不动产统一登记在业务、系统、运行机制等方面要成熟得多。将成熟度不一、平台厂商不一、触发机制不一的两类业务在同一平台上承载运行，存在着影响现行不动产登记良好秩序、甚至引发不动产登记服务投诉的风险。

我们基于软件开发的技术实践，笔者建议采用一体化建库的技术策略，实现自然资源登记数据库与不动产登记数据库在同一软硬件环境下的建设与运行，为两种登记簿的实时一致关联奠定数据基础；采用门户技术，将自然资源登记和不动产登记两个业务系统集成，统一系统入口、统一身份认证，尊重操作习惯。

自然资源统一确权登记是一项全新的制度设计，其理论研究体系化不足，制度规范、业务体系、技术标准尚处于摸索阶段，以上仅是基于理论和制度研究，并集合试点实践而总结出的难点相应对策，希望能对试点工作有所裨益。随着各地试点工作的深入，新的问题还会出现。笔者希望通过共同研究、共同分享，加快推进自然资源统一确权登记试点工作圆满达到国家目标要求。

选自《中国不动产》第38期

自然资源统一确权登记的基本问题

欧阳志军

2016 年 12 月，经中央全面深化改革领导小组和国务院审定，国土资源部等七部门印发《自然资源统一确权登记办法（试行）》，在 12 个省（自治区）部署开展自然资源统一确权登记试点工作。但各方对自然资源统一确权登记的一些基本问题认识并不一致。笔者将结合试点工作的体会，谈谈个人看法。

把握确权登记的本质

什么是自然资源统一确权登记，谁来确权登记，确权登记什么，怎么确权登记，是开展自然资源统一确权登记必须解决的基本问题。而正确把握自然资源统一确权登记的性质是解决所有问题的根本。有人认为自然资源统一确权登记是解决自然资源的权属问题，有人认为是为了摸清自然资源家底，还有人认为是为了加强自然资源的保护与利用。这些说法各有其道理。但从根本上说，自然资源统一确权登记是自然资源的所有权登记，本质上是不动产登记。为什么这么说？

其一，自然资源统一确权登记的对象属于不动产。虽然《物权法》没有列举不动产的范围，但在“不动产登记”一节中，第 9 条第 2 款规定：“依法属于国家所有的自然资源，所有权可以不登记”。这就明确告诉我们，国家所有的自然资源属于不动产，其二，自然资源统一确权登记的内容是自然资源的所有权。《自然资源统一确权登记办法（试行）》第 3 条规定，对自然资源的“所有权统一进行确权登记，界定全部国土空间各类自然资源资产的所有权主体”，划清“四个边界”。第 4 条进一步明确规定：“自然资源确权登记以不动产登记为基础，已经纳入《不动产登记暂行条例》的不动产权利，按照不动产登记的有关规定办理，不再重复登记。”这两条明确了自然资源登记的内容是自然资源所有权，而且是目前暂未纳入不动产统一登记的国家所有自然资源的所有权。只有把握了自然资源统一确权登记也是不动产物权登记这一本质属性，并以此为起点，研究建立适合自然资源特点的物权登记程序、规则和规范，才是唯一正确的方向。

其三，自然资源统一确权登记的目的是明晰产权，建立归属清晰、权责明确、监管有效的自然资源资产产权制度。长期以来，我国自然资源管理中存在自然资源所有者不到位、所有权边界模糊等问题。党的十八届三中全会通过的《中共中央关于全面深化改革若干重大问题的决定》，要求“健全自然资源资产产权制度”，“形成归属清晰、权责明确、监管有效的自然资源资产产权制度”。2015 年 9 月，中共中央政治局审议通过了《生态文明体制改革总体方案》，要求建立统一的确权登记系统，坚持资源公有、物权法定，清晰界定全部国土空间各类自然资源资产的产权主体。

因此，尽管目前没有将国家所有的自然资源纳入不动产统一登记，但自然资源统一确权登记属于不动产物权登记的本质没有变，属于物权公示方式的性质没有变，其明晰产权、保护权利人合法权益的目的没有变。在自然资源统一确权登记程序与规则的设计上，应尽可能与不动产登记保持一致，促进两者的有机融合。

把握确权登记的基础

在试点工作中，各地普遍反映由于各主管部门对自然资源的分类标准不同，自然资源类型难以认定，不同自然资源的边界难以区分，取得的调查确权成果相关部门难以认同，导致登记工作难以完成。要解决这一问题，关键在于把握自然资源统一确权登记的基础——土地所有权登记。总体而言，自然资源所有权与其所依附的土地所有权是一致的。当然，因开发利用国有或者集体土地，导致森林、草原与土地所有权主体不一致的少数而例外的情形，可通过调查确权单独予以解决。坚持将土地登记作为自然资源登记的基础，有利于更好地划清所有权的主体、范围和边界。

首先，对森林、山岭、草原、荒地、滩涂而言，本就是土地及其定着物登记，将集体土地所有权确权登记、国有土地使用权确权登记和土地利用现状图相叠加，可以找出国家所有森林、山岭、草原、荒地、滩涂的范围。

其次，水流资源属于国家所有，但水流资源的边界在哪里，有人提出应以划定的河湖管理范围线作为水流资源范围，这显然是不合适的。河湖管理范围线可以作为水流资源登记单元的范围线，但河湖管理范围内的集体土地仍归集体所有。因此，要明确水流资源范围和边界，很大程度上就是划清集体土地与水流资源的边界。

再次，探明储量的矿产资源属于国家所有，但矿产资源确权登记离不开特定的地理信息，其登记信息必然建立在特定的土地空间之上，其登记结果势必与土地所有权甚至使用权的登记相关联。

最后，国家公园、自然保护区、湿地作为特定的自然生态空间，被赋予特殊的生态功能。在一定意义上，是对特定土地所承载的自然生态空间的用途管制登记，就是将一块土地及其定着物进行登记，在划清内部不同所有者的界线并明确资源类型、范围和面积的基础上，明确生态空间用途管制等特殊保护要求。

把握了自然资源统一确权登记是以土地登记为基础，抓住划清不同所有权界线这一核心，就不会再纠结于自然资源类型的划分和自然资源边界的划定。在现阶段各资源主管部门不同资源分类标准并存的情况下，登记本身并不解决各主管部门对资源分类的差异，应以土地利用现状调查成果为基础，重点划清权属界线，然后在数据库中用不同的图层记载和描述各主管部门依法定程序认定的调查成果，求同存异，既完成确权登记，又有利于支撑各主管部门的管理活动。

把握确权登记的特性

自然资源统一确权登记尽管从本质而言是不动产登记，但仍有其自身的特性。

一是实施主体具有单一性。由于自然资源统一确权登记是对国家所有的自然资源所有权进行的全面登记，因此自然资源调查、确权、登记工作是由各级人民政府组织实施的，这与不动产登记由申请人提出、依申请登记完全不同。《自然资源统一确权办法（试行）》第5条、第14条、第15条的规定体现了自然资源统一确权登记由各级人民政府主动实施的特点。

二是工作目标具有多样性。基于自然资源资产的公有性质、自然价值和生态效益，自然资源统一确权登记立足于建立系统完整的生态文明制度体系，通过摸清自然资源家底，明晰自然资源产权，为国土空间开发保护、资源管理与节约利用、资源有偿使用、自然资源资产负债表编制与生态文明绩效考核评估提供基础支撑，对于推进生态文明领域的国家治理体系和治理能力现代化具有基础性作用。

三是登记内容具有管理性。中央要求，健全国土空间用途管制制度，将用途管制扩大到所有自然生态空间。自然资源统一确权登记应该在明晰产权的基础上，将空间规划、生态红线、用途管制、特殊保护等相关要求加以记载，从而明确自然资源的保护性、限制性、禁止性条件，为自然资源科学保护与合理开发利用提供依据。

总之，自然资源统一确权登记本质上属于不动产登记，在制度构建上应加快推动自然资源统一确权登记与不动产登记的有机融合，否则容易形成“两张皮”，加大行政成本和登记信息共享应用的难度。为此，笔者提出五方面建议。

第一，在自然资源登记单元的划分上，应以权属界线相对封闭的空间作为基本的自然资源登记单元。可以将集中连片的国有森林、山岭、草原等划为一个自然资源登记单元；可以将一条河流划为一个登记单元；可以将一个矿区内探明储量的矿产资源划为一个登记单元。对于具有特定生态功能的自然生态空间，如国家公园、自然保护区、湿地等，可以按管理范围线划定登记单元，对于管理范围线切割了权属界线的，扩大至权属范围外围线划定登记单元。

第二，在自然资源登记单元编码上，应考虑与不动产登记单元编码规则的衔接。自然资源离不开特定的地理空间信息，因此编码中应有行政区、地籍区、地籍子区、宗地等基本信息，在此基础上再考虑全民或集体所有权、所有权行使代表、自然资源特征码、顺序号等。既与不动产单元编码相衔接，又体现自然资源的特点。

第三，在自然资源登记管辖上，应以属地管辖为原则、特殊管辖为例外。自然资源量大面广、权属关系复杂，依靠基层和群众才能顺利完成确权登记工作。因此，大量的自然资源应由县、市登记机构负责登记；水流、国家公园、自然保护区、湿地以及探明储量的矿产资源可以由省、市登记机构负责登记。基于全民所有自然资源所有权将主要由国务院和省级人民政府代表行使，因此，无论是属地管辖还是特殊管辖，登记之前的自然资源调查确权工作，都应由县、市组织实施，省、市逐级审核确认。

第四，在自然资源调查确权上，坚持以权属调查为基础，兼顾自然状况调查和公共管制调查。在权属边界的划分上，可充分利用已有的集体土地所有权、国有土地使用权确权登记成果，通过内业研判，外业核实，相关方共同指界等方式加以认定。对于自然状况，在资源分类标准尚未统一之前，可引用土地调查、森林资源调查、水利普查等依法公布的调查成果；对于资源类型认定存在分歧的，用不同图层加以记载。公共管制调查可直接获取各主管部门的规划、红线、特殊保护要求等成果，对于存在多种管制且范围不同的，用多个图层加以记载。

第五，在自然资源登记簿和数据库建设上，与不动产登记簿和数据库相衔接，在内容上进行拓展。除自然资源自然状况、权属状况外，增加自然资源用途管制、生态保护红线、公共管制及特殊保护要求等限制内容。为实现与不动产登记的有效衔接，可以直接在不动产登记系统中增设自然资源登记模块，在不动产登记数据库中扩充自然资源数据库内容。这样，随着确权登记工作的推进，将在国土资源一张图上，完整、清晰、准确地看到每一宗不动产（含自然资源）的位置、分布、范围、面积、权属以及公共管制的要求，从而建立起覆盖所有不动产类型（含自然资源）的登记信息数据库，为明晰产权、保护权益人合法权益、提高政府治理能力提供有效支撑。

选自《中国不动产》第39期

自然资源与不动产登记的区别与联系

方　勇　　常戈群

不动产统一登记制度在全国落地之后，全国又开展了以不动产登记为基础的自然资源统一确权登记试点工作。

笔者结合实际工作试分析二者的区别与联系，以利于大家在实践中更好地把握自然资源统一确权登记试点工作的重点，沉淀出符合生态文明顶层设计要求的试点成果。

以土地为登记的共同基础

不动产登记和自然资源统一确权登记，都要以土地为登记的共同基础。

对于涉及自然资源的不动产确权登记发证、国有土地使用权确权登记发证和土地利用现状图相叠加，明确国有未利用土地的范围，结合国家相关规划和自然资源保护范围，确定需要实施统一确权登记的自然资源范围。笔者理解自然资源统一确权登记的对象至少是国有未利用地及其禀赋的水、林、草、矿等自然资源。该试点方案还明确“以土地为基础，确定土地及其承载的各类自然资源所有权及其边界，调查反映各类自然资源的利用现状，在此基础上，开展自然资源统一确权登记”。

登记目的的异同

依据《生态文明体制改革总体方案》，自然资源统一确权登记是健全自然资源资产产权制度的四项内容之一，其目的是推动建立归属清晰、权责明确、监管有效的自然资源资产产权制度；不动产登记是产权保护的一项重要内容，实施不动产统一登记是健全归属清晰、权责明确、保护严格、流转顺畅的现代产权制度的需要。二者确权登记都具有“归属清晰、权责明确”的共同目的，都是为了保障交易安全、保护权利人合法权益。

自然资源统一确权登记服务于记，《不动产登记暂行条例实施细则》第 47 条明确规定：“承包农民集体所有的耕地、林地、草地、水域、滩涂以及荒山、荒沟、荒丘、荒滩等农用地，或者国家所有依法由农民集体使用的农用地从事种植业、林业、畜牧业、渔业等农业生产的，可以申请土地承包经营权登记；地上有森林、林木的，应当在申请土地承包经营权登记时一并申请登记。”

以《自然资源统一确权登记办法（试行）》（以下简称《办法》）为依据的《自然资源统一确权登记试点方案》，要求通过“三个图层相叠加”的方式，即集体土地所有权维护和提高良好生态环境的民生福祉，并从空间上明确监管的对象和要求，为监管提供具体内容，同时为生态文明绩效评价考核和责任追究提供准确依据。

登记内容不完全相同

两类登记都包括了被登记客体、权利主体、权利、登记事务的属性。被登记客体属性包括位置、类型、数量、质量等，权利主体属性包括姓名或名称、身份信息等，登记事务属性包括登簿人、登记时间等。在权利属性方面，不动产登记已经相当细化，包括权利类型、取得方式、起止时间等；自然资源物权的内容目前尚不清晰，不同类型的自然资源其物权内涵差异性显著，自然资源权能的内容需要通过试点尽可能加以明确。尽管如此，不动产与自然资源登记簿的内容设置上都体现了“归属清晰、权责明确”的共同导向。

为了突出自然资源在生态服务方面的特殊作用，突出自然资源统一确权登记的“监管有效”特有导向，以有别于不动产登记，自然资源统一确权登记加入了以用途管制、生态红线、特殊保护为内容的公共管制要求，并将需要调整和限制的不动产权利，也进行记载登簿。

变更登记的触发机制不尽相同

尽管存在国家权力机关嘱托的登记和登记机构依职权发起的登记，《不动产登记暂行条例》（以下简称《条例》）规定的不动产登记主要是由权利人申请而触发；根据笔者对《办法》精神的理解，国有自然资源统一确权登记应该是所有权行使代表或政府指定部门发起的嘱托登记。

此外，纳入《条例》的不动产登记客体——土地及地上房屋等建、构筑物的变化，人为因素居多，其变更登记带有明显的随机性；纳入不动产登记的林木客体，虽然持续生长，但其物权的变更登记也是权利人基于自身的其他因素申请触发的。作为国有自然资源所有权登记的客体，其自身变化以自然因素居多，并且各类资源随时间变化的特点不尽相同。山岭、荒地、滩涂基本不变，水资源也仅是各年有枯丰之分，森林持续生长，草原仅是各年有歉丰之差，矿产资源则很少发生自然变化。由此可见，应当顺应自然资源资产负债表年度编制、生态补偿等生态文明建设的需要，确定因自然因素引起的变更登记触发条件。

制度与标准健全程度差异较大

虽然《物权法》适用于包括自然资源在内的不动产登记，但在制度体系、实践经验等方面，自然资源和不动产登记健全程度上还是存在着较大差距。

自然资源统一确权登记正处在国家试点阶段，国家有关部门出台的《办法》以及试点方案，在体现自然资源登记的目的性、系统性、可操作性等方面还有相当差距；自然资源登记簿样式也是初步的，目前还未形成权籍调查、编码标识、信息组织等与登记簿册相关的技术规范标准，更没有可循的登记条例及细则等具体规章办法。在实践层面，自然资源统一确权登记尚处于局部试点阶段，登记业务不够明朗，登记手段还在摸索中。

经过多年的实践，不动产登记的制度体系已经相当完备，经验相对丰富，登记手段也随信息化发展持续进步。特别是以“四统一”为特点的不动产统一登记制度在全国落地，使不动产登记制度更加完善，实践更加系统，手段更加先进。

成果服务目的

作为不动产的自然资源登记信息要按照《条例》的要求，为交易机构、权利人、利害关系人、政府机构提供共享服务。除此之外，自然资源登记信息与农业、水利、林业、环保、财税等相关部门应当互通共享，服务于自然资源统一确权登记和有效监管；应当向社会公开（除涉及国家秘密和不动产利害关系人隐私的）自然资源登记信息，接受社会监督。

综上所述，自然资源确权登记与不动产登记的共同点主要体现在都服务于资产产权的法律保护，差异则是自然资源登记要突出其在生态文明建设中的重要性。这些共同点和差异性，在登记目的、登记内容、触发机制、业务健全程度、服务目的等方面都有体现。

选自《中国不动产》第 39 期

《物权法》中自然资源所有权问题

陈丽萍

目前，我国正在对《物权法》进行修订，其中讨论的重要问题之一，是《物权法》是否应规范自然资源国家所有权问题，以及在什么程度上规定所有权问题。笔者通过研究认为，《物权法》不宜实质性规范自然资源国家所有权问题。

所谓进行实质性的规范，就是在《物权法》中对自然资源国家所有权的物（也就是自然资源）进行归属，确定其主体、客体、所有权的内容，并对其与使用权的关系等进行实质性规定，作为除宪法外，国家进行自然资源国家所有权管理的物权法依据。

自然资源国家所有权是否应由《物权法》调整，首先要从“自然资源”“国家”“国家所有权”三个方面来一一对表《物权法》上的物、主体以及所有权的内容，即“自然资源”是否符合《物权法》对“物”的一般定义；“国家”是否符合《物权法》中对于民事主体的一般定义；“国家所有权”是否符合《物权法》中对于物的“所有权”的一般定义。还要考虑支撑《物权法》的一些基本原则或者理念，是否符合实践中自然资源的国家所有权在行使中所遵循的原则或者理念，是否需要利和消灭，均取决于当事人自己的意思，原则上国家不干预。意思自治这一基本原理，体现在《物权法》上叫做所有权自由，指所有权人可以在法律允许范围内自由处分其所有物。虽然意思自治不是绝对的，国家可以通过制定一些特别法规对意思自治予以限制，但是作为《物权法》调整范畴的物，总体上应该自由大于限制。而政治生活的一切问题，包括政府机关设置、国家权力行使等，均取决于上级国家机关的决定。

无论在我国还是在其他发展中国家或者西方发达国家，除少数国用这些原则或者理念来更新自然资源国家所有权问题。通过检验，可以看出自然资源国家所有权和一般的民事主体对一般的物的所有权差异很大，个性要远远多于共性。考虑到《物权法》的通用性以及要维持其基本稳定性，笔者认为《物权法》不宜调整自然资源国家所有权问题。主要理由如下。

第一，自然资源国家所有权不适用民法的意思自治原理，因此不适合用私法而更适合用公法调整。

民法的基本原理是意思自治，即一切权利义务关系的设立、变更从物权法定出发，物权法上的所有权主体应该具体、实际、特定并具有私法上的人格。除少量存在自然资源国家所有权可以转让的情况外，自然资源国家所有权是不可转让的，因此自然资源国家所有权人是不能随意行使自然资源国家所有权的。宪法一般都规定国家作为主体不能随意处置自然资源，尤其是不可转让和交易，如果需要在自然资源国家所有权上设置使用权，也需要严格按照法律规定来处置。国家在对自然资源使用权进行分配时，比如设置矿业权、水权等，从各国立法实践看，都属于公法行为，不适用民法自治的基本原理。

第二，由于自然资源国家所有权承载着不可分割的公共利益，行使之主体不应该也不可能是普通的民事主体。

从物权法定出发，物权法上的所有权主体应该具体、实际、特定并具有私法上的人格，另外物权法中各主体之间应该是平等的民事法律关系。而我国无论《宪法》还是《物权法》所规定的自然资源国家所有即全民所有，这个主体是具有不确定性的、抽象的政治概念，无法成为民法主体，存在主体虚置问题。退一步说，即便将自然资源国家所有权主体具体化为某一个特定的法人，比如我国拟成立的自然资源资产管理机构，其性质决定了其代表的是公共利益，而正因为此，按照公共利益优先于个人利益的一般原则，其与一般的民事主体之间不应该也不可能成为平等关系。

对于自然资源管理的主体来说，其作为公权力机关除了有高于一般民事主体的地位以外，也要受到各种公法的制约。如果将资产管理机构作为民事主体，不负担公法上的义务，可能使其过于关注经济利益，而忽视自然资源所承载的其他公共利益；另外也可能使其“以所有权代行者的名义扩张权力、以私权的名义逃避监督、以国家的名义贯彻自我意志、以私产的逻辑处理公共问题”。因此，把资源国家所有权作为物权对待，运用民法理论解释和适用，理论上站不住脚，也缺乏相应的实践。

《物权法》中对自然资源国家所有权进行规制的目的之一，是通过私法保护自然资源国家所有权，凸显其财产属性，以避免资源法中用行政权管理代替所有权管理，进而导致国家财产在经济上不能得到充分体现。但是从各国实践上看，单门类的资源立法，比如矿产资源法、油气法等，其虽然属于行政法，但大量遵循了私法的逻辑，兼具资源法和民法的双重属性，因此可以解决物权法中没有明确规定矿产资源国家所有权等问题。

第三，《物权法》是有形财产归属关系的基本规则，自然资源国家所有权客体不具备《物权法》上客体的条件。

物权是指直接支配特定的物并排除他人干涉的权利，其有三个要点：特定物、支配物和排他性。所谓特定物指某一具体的物。所谓支配性是使用人可以对其进行控制。而排他性是指法律可以强行规定排除一般人干涉，尤其是来自公权力的干涉。物权的客体主要是有体物，其特定性和处于被控制的状态是物权客体的核心特征，在不确定、未被控制或无法控制的物上是无法成立物权的。自然资源种类很多，整个自然资源属于集合体，有些自然资源比如矿产资源处于未知状态，有些自然资源比如气候资源并非有体物，所以人类很难对其进行控制。因此，自然资源作为一个整体来说，不具备能作为《物权法》上的客体的条件。《物权法》所规定的排他性，对自然资源国家所有权来说是没必要的。

当然，如果换一种角度，有些自然资源可以为人所控制或支配。矿产资源虽然可能因处于未知状态而未被直接控制或支配，但非经所有权人许可不得开采，这一点所有权人可以通过排除他人干扰的办法进行控制或支配。水资源的问题比较复杂。就水流而言，尽管水流本身不能为人力实际控制或支配，但所有权人对于取水、水上通行等是可以控制的。土地、森林、山岭、草原等自然资源也可以通过相应的方式进行控制。所以，即便自然资源可以成为《物权法》上的物，也只能是部分自然资源。

然而这些自然资源很难成为独成一体的有体物。自然资源是一个集合体，在同一空间中多种自然资源相互交叠，一种资源的利用往往依赖于对另一种资源的利用。比如采矿突然需要利用土地、水等其他自然资源。水流和水淹土地的关系也是如此，比如水流和水淹地，当土地归集体所有，而水流归国家所有时，需要规定是水随地走还是地随水走，以及在什么情况下水随地走或地随水走。矿产资源也是如此，矿产资源的开采必然导致土地的破坏，土地的利用方式也可能会导致压覆地下的矿产资源永远实现不了所有权。这种情况下，当土地为集体所有时，就需要对两个所有权人各自的权利义务责任边界进行规定。其他的还包括土地和林木的关系等。如果不能清晰界定这些关系，这些自然资源就不能成为《物权法》上的客体，因为产权不清晰，权责也就无法明确，《物权法》也就失去了其调整的意义。界定这种关系是一个专业性很强的问题，要看《物权法》究竟有多大的容量。即便其有足够的容量，其又如何适应自然资源外延不断扩大的事实？

《物权法》的作用是定分止争。定分，即明确划分各种权利的界限、明确公权与私权的界限；止争，即规则完善、权利界限清晰，便于权利人行使权利，减少纷争；发生权利冲突时，便于人民法院裁决。但是由于自然资源本身的复杂性，清晰地界定界线是很困难的。比如，我国存在大量的集体拥有所有权的土地，而按照我国《宪法》，地下矿产资源归国家所有，也就是在土地集体所有的情况下，地表权和地下权是分离的。那么，如果想通过《物权法》来调整自然资源的国家所有权问题，就需要说清楚土地是否应包括地表土壤、砂石土，是否包括地下空腔等。水资源的情况就更复杂，如果在《物权法》中规定了水资源国家所有，所要遵循的基本原则是权、责、利需要协调。由于水的利害双重性，那么国家拥有所有权的水如果把集体拥有所有权的土地给淹了，国家是不是要承担赔偿责任？所以对于自然资源的所有权来说，很难利用《物权法》的定分止争功能。如果《物权法》不能发挥这个功能，又有什么必要在《物权法》中调整呢？从这一意义上说，我们通常所说的自然资源产权清晰，主要指的是自然资源国家所有权派生出来的使用权，通过国家明确规定时间、空间、使用方式等途径，明晰产权。而就自然资源国家所有权来说，由于所有权的客体具有不确定性，这个产权清晰不是绝对的。

第四，从立法实践看，自然资源国家所有权在权利受到侵害时的救济方式也不符合《物权法》的规定。

《物权法》是物的归属法而不是保护法，物权保护的基本原则是谁的财产谁保护。在物权受到侵害的情况下，通常是进行经济补偿。然而从各国自然资源国家所有权的立法实践看，国家拥有所有权的自然资源在受到侵害的情况下，其权利人管理不善，导致流失、损失，往往会对侵害人采取惩罚性的措施，这也是明显的公法特点。

当然，有学者指出，自然资源不宜物权化是因为《宪法》并未授权私法上的自然资源国家所有，因此不能作为《物权法》上自然资源国家所有权赋权，也就是《宪法》所授予的自然资源国家所有权并不具备财产权属性。其理由是如果《宪法》第9条可直接产生民事效力，国家依据该条获得了自然资源的民法所有权，那么对于在立宪之前早已为无数公众以不同形式占有、利用着的各种资源物来说，《宪法》相当于“发生了立法征收”，既无正当性，也不符合实际。我们认为，这是把自然资源所有权和所有权的实现方式混淆了。

虽然《宪法》上规定自然资源国家所有，但是国家在实现这种所有权的时候，根据自然资源的特点采取很多方式，包括积极的设置准入或者许可的方式，也包括消极的免费开放准入等，使其物尽其用。因此国家所有不代表国家就一定要控制或者限制开放使用。国家可以出于可操作性、经济性、使用习惯、民生等考虑，采取开放免费准入的方式允许每个人使用某些自然资源，或者说采取排除私人垄断的方式不允许私人独占，并不代表国家没有这种自然资源的所有权资格。国家保留这种资格，也是确保有一天需要的时候，出于公共利益考虑，国家可以采取措施控制这些自然资源。

选自《中国不动产》第40期

房地统一登记的“虚”与“实”

季　峰

不动产统一登记推行以来，房屋与土地之间的物权关系一直是个焦点问题。房屋登记的是实物，土地登记的主要是建设用地使用权（针对主要问题，本文仅以国有建设用地使用权来阐述）。两者之间到底是什么关系，特别是在涉及区分所有权时，不动产登记实务人员迫切需要一个形象化的解析，清晰地理解两者关系，并正确地掌握和运用。

建设用地使用权本质上就是在国有土地上设立的建设和保有房屋的权利，是存在于实物土地之上或土地之下“虚空”的权利。

《物权法》第135条规定：建设用地使用权人依法对国家所有的土地享有占有、使用和收益的权利，有权利用该土地建造建筑物、构筑物及其附属设施。建设用地土地使用权划拨或出让，让渡的不是土地本身，而是土地的一项权能，在宗地范围内建设房屋、保有房屋以及处分房屋的权利。

从比较法看，建设用地使用权类似地上权。地上权制度与建筑物区分所有权制度一样，是随着社会经济发展不断完善的一项民事法律制度。

在大陆法系的物权法上，土地和建筑物的关系可以归纳为三种模式。一是土地所有权吸收建筑物的立法模式。早期的罗马法采取的即是这一模式，即一切建筑物从属于土地，土地吸收建筑物。在这一原则的作用下，土地和其上的建筑物被视为一物。二是地上权吸收建筑物的立法模式。土地的所有权可以与建筑物分离，但是建筑物被视为地上权的必要组成部分，被地上权吸收，因而其并不具有民法上的独立地位。上述两种，学者们一般称为“一元主义”的立法模式。三是土地与建筑物完全分离的立法模式。

这种立法模式以日本和我国台湾地区为代表。建筑物所有权既可以土地所有权、地上权为基础，也可以土地租赁权为基础。建筑物所有权既同土地所有权分离，也同地上权分离，建筑物被视为独立的物权的客体，称为“二元主义”的立法模式。

我国的建设用地使用权与地上权有较多相似之处，两者在形式上都是在他人（在我国为国家所有）土地上设定的权利，以建设、使用和收益为目的，都必须为使用土地而支付价金，并且只拥有一定期限的权利。

建设用地使用权的存续与建筑物的有无无关，这种权利是可为而不是必为。合法的建筑物固然可以推定已设立并取得建设用地使用权，没有建筑物也无妨建设用地使用权的存在。即使地上建筑物灭失，建设用地使用权也不消灭，建设用地使用权人仍有依原来的用途使用土地的权利。在处分上，建设用地使用权人有权将建设用地使用权转让、互换、出资、赠与或者抵押。

形象化地理解建设用地使用权，房屋建成前可以把它看作宗地上按规划设计但尚未建设的房屋虚化的“立体空气”，房屋建设过程中被逐渐填充，直至完全结合。

北京大学尹田教授的《法国物权法》提出，地上权人对其财产的权利，如同土地所有权一样构成一项不动产所有权，地上权人对建筑物、种植物所有的权利不因不使用而丧失，具有永久性。在建筑物出现之前，地上权人的权利便是一种对尚未建筑的“立体空气”的权利，所以地上权也被称为对“空气体积”的权利。笔者认为用这个通俗的比喻来形象化地描述建设用地使用权，比较恰当。

在特定的宗地上，实体房屋离不开无形的建设用地使用权，“虚空”的建设用地使用权隐含在实物房屋之中。一方面，“房依地建”。离开土地的房屋不具备法律上的独立性，不能独立成为转让或抵押的标的。另一方面，“地为房在”。如果隐含在房屋中的建设用地使用权单独转让或抵押，而地上房屋未同时转让或抵押，就可能发生权利主体不一致的现象。“实体”的房屋离不开“虚空”的建设用地使用权的支撑。

在进一步的理解上，我们可以将虚拟的建设用地使用权与房屋实物一并设想：当房屋未建时，宗地上存在的是按规划排列的虚拟的一柱柱“立体空气”；建设过程中，虚拟的立体空气渐渐被建筑物填充，虚实逐步结合；房屋建成后，建设用地使用权已完全被建筑物充盈，虚实完全结合。

一个宗地上规划多幢房屋的，每建成一幢，权利人的建设用地使用权就结合到对应的房屋实物之中，剩余的“空气体积”就减少一点。

分散登记时只能通过法律规定“房地一致”，而统一登记后《不动产登记暂行条例》（以下简称《条例》）及其实施细则明确的“房地一体登记”原则，从制度和登记程序上固化了两者关系。

在我国，虽然建设用地使用权是一种用益物权，但实际上具有类似所有权的一些权能。虽然房屋所有权、建设用地使用权的归属具有相对独立性，但在处分上确立了“房地一致”原则，以避免出现“空中楼阁”的尴尬局面。

“房地一致”原则可使土地与房屋的关系简单化，有利于土地及房屋的使用与经营，避免建设用地使用权和房屋所有权相分离所导致的纠纷，节省不必要的成本。“房地一致”原则下土地与房屋之间的物权利用关系，已为我国房地产交易实践所广泛认同。然而过去的分散登记不可能在登记操作层面保证一致性，只能是通过法律规定保障。

不动产统一登记后，《条例》及其实施细则强化了“房地一体登记”的原则，并作为一条贯穿不动产登记过程的主线。这样，在处理房地关系时，要充分认识到交易和登记的标的是连同房屋实体和土地权利的不动产；要将无形的建设用地使用权紧密结合到有形的在建工程或房屋之中，必须一体同步登记、同时变动；在办理登记业务时，必须要求建设用地使用权与房屋一体申请、一体受理审批，始终保持权利主体一致。从这个角度可以说，不动产统一登记在制度程序上完全避免了房地分离情形的出现。

不动产单元的划分，以宗地及其上建筑物、构筑物一体设置。建设用地使用权的标的以土地空间为限，一般情况下一个宗地形成一个建筑区划。在我国，建设用地使用权的出让和登记以宗地为单位。一宗地上只有一个建设用地使用权，一个建设用地使用权也只存在于一宗地上。

过去为便于业务工作，各地实践中有以房屋投影面积设为宗地的做法，解决了土地分摊面积计算、土地分割登记和抵押登记的问题。这样虽然容易操作，但在我国并不允许随意分割宗地，因为这样的分割将会导致土地规划、建筑规划、把房屋及其对应的建设用地使用权份额结合起来，处理建设过程中各类登记业务时，不动产单元的设立清晰明确，各类登记简单易行建设用地使用权出让合同等一系列程序的改变，不利于实现对土地的管理规划，也会影响建筑区划内业主的权利。尤其是存在区分所有权的情况下，分割合并必须征得业主同意，并完善审批手续。

这并不排斥可以按建筑物及其分摊的建设用地使用权份额办理抵押登记，我们提出的量化建设用地使用权、实现房屋及其对应的建设用地使用权一体登记的技术路线，应该是实践中解决区分所有情形下业务问题的一条可行之路。

根据专有部分占全体专有面积总和的比例量化建设用地使用权，建立房屋基本单元与其对应的建设用地使用权份额的对应关系，可以合理设置不动产单元，简化处理登记业务。

在建筑物区分所有权的场合下，建设用地使用权为业主共同享有。法律允许建筑物被分割成区分所有的专用部分和共有部分，然而建设用地使用权的客体宗地不得分割，区分建筑物所有权人只能共有整个宗地的建设用地使用权中自己对应的份额。申言之，在一幢区分所有建筑物中，存在数物数权（房屋所有权）；而对土地权利而言，在宗地之上仅有一物一权（建设用地使用权）。如果一个建筑物区分所有权人欲出让房屋，则根据房地一致原则，该建筑物区分所有权人拥有的建设用地使用权份额也应一并转让给受让人。

关于《物权法》提出的房屋占用范围内的土地使用权，有几种不同的理解：一是房屋所在宗地的土地使用权；二是房屋投影对应的土地使用权；三是房屋对应的分摊土地使用权份额。笔者认为，前两种还是局限于土地实物的观念，后一种才符合建设用地使用权的本质，这里对建设用地使用权的分割量化只是观念上的，并非物理上的。当一块宗地上存在多个房屋，虽然宗地不得随意分割，但存在于一个宗地上的建设用地使用权的这种“空性”，是可以量化到具体的建筑物之上，并分别处分的。

关于建设用地使用权量化的方式，笔者认为，按照权利人约定比较合理，但难以操作；以房屋价值计算建设用地使用权份额比较困难，并且房价变动频繁，不宜采用；按照规划确定的指标，用一幢房屋建筑面积占总建筑面积的比例，乘以宗地面积来计算其建设用地使用权，相对简单，操作可行。

以房地产开发项目为例，企业在土地出让时取得宗地完整的建设用地使用权，随着开发建设逐步将其转化到对应的房屋上，并通过销售转移给业主。可以根据商品房项目的建设周期，从建设用地使用权的本质内涵出发，量化宗地内的各单体建筑的土地使用权份额，建立房地一一对应关系，在商品房入网销售、转让和抵押登记等业务节点，核减开发企业建设用地使用权份额，形成房地一体变动的业务管理体系。

需要注意的是，一些地方虽然开展了所谓国有土地使用权分割登记，但这并非真正意义上的土地分割登记，而仅仅是分摊登记房屋占用的土地使用权面积。《最高人民法院关于审理房屋区分所有权纠纷案件具体应用法律若干问题的解释》第 3 条第 2 款规定，只有当建筑区划内的土地是属于业主专有的整幢房屋的规划占地时，该土地上的建设用地使用权才归属于该特定的业主。所谓“规划占地”实际上就意味着通过改变规划，将某一块土地从建筑区划即原宗地上分割出来成立了一个单独的宗地。

综上所述，把房屋及其对应的建设用地使用权份额结合起来，处理建设过程中各类登记业务时，不动产单元的设立清晰明确，各类登记简单易行。当然，一般所有权与区分所有权也是可以转化的。一个独立宗地上多个房屋，分别处分后，由一般所有权转为区分所有权；区分所有权的情形，如果发生转移，被统一收购，主体变为单一所有权人时，又转化为一般所有权。

选自《中国不动产》第 41 期

公证遗嘱与不动产继承转移登记

石晨谊

在无继承权公证的情况下，即使有公证遗嘱，也要按照《不动产登记操作规范》要求，全体法定继承人共同到登记机构进行继承材料查验自然人申请不动产继承转移登记，并提交了经公证的遗嘱等材料，登记机构是否应按无公证的情况进行审核，要求全体法定继承人共同到登记机构进行继承材料查验，并提交死亡证明等材料？

在一个实际案例中，由于申请人仅提供了公证遗嘱等材料，未能应登记机构要求提供前述材料，登记机构作出不予登记的决定。申请人提起行政诉讼，一审法院认为公证遗嘱属于《不动产登记暂行条例实施细则》（下称《细则》）及《不动产登记操作规范（试行）》（下称《规范》）规定的“经公证的材料”，撤销不动产登记机构不予登记的决定，判决登记机构履行办理不动产转移登记的法定职责。登记机构上诉，二审法院认为根据公证遗嘱办理产权登记不满足申请人提交经公证的材料办理不动产转移登记的情形，应按照一般情形办理。但又认为此要求与《不动产暂行条例》（下称《条例》）《细则》规定的查验内容不符，增加了申请人的负担，应优先适用上位法。故申请人提交的材料满足继承产权转移登记条件，登记机构应当履行房屋登记的法定职责。

据笔者了解，此类情形各地时有发生，究其原因是对《细则》及《规范》规定的“经公证的材料”理解不一致。本文从公证遗嘱效力及确定继承权相关法律分析，认为应对文本做缩限解释。

仅凭经公证的遗嘱无法确定继承权归属。按照《公证法》规定，公证是公证机构根据自然人、法人或者其他组织的申请，依照法定程序对民事法律行为、有法律意义的事实和文书的真实性、合法性予以证明的活动。在司法部废除《司法部、建筑部关于房产登记管理中加强公证的联合通知》前，继承权公证是继承转移登记必不可少的前置要件。登记机构根据继承权公证书直接办理继承转移登记，既节省了大量的时间和精力，又提高了继承转移登记的准确性，降低了错误登记的风险。在继承强制公证取消后，《细则》规定了两种继承转移登记类型，提交"经公证的材料"可直接办理继承转移登记，否则按照一般情形审核，需要全体法定继承人到场核验。

遗嘱经过公证表示其满足了遗嘱的形式要件，但存在诸多不足，无法直接确定继承权的归属。一是公证遗嘱不属于具有排他性效力的继承文书。按照《继承法》的规定，遗赠扶养协议的效力大于遗赠或遗嘱，公证遗嘱以最后所立为准。仅有申请人提供的公证遗嘱，无法确定是否存在遗赠抚养协议等更具法律效力的继承文书，因而也无法直接确定继承权归属。二是效力上存在瑕疵。《继承法》规定，遗嘱必须为缺乏劳动能力又没有生活来源的继承人保留必要的继承份额，遗产分割时，应当保留胎儿的继承份额（《继承法》第 19 条、第 28 条）。这两条规定没有明确违反此规定的遗嘱的效力，但从《条例》第 22 条规定看，作为不予登记的情形之一，"违反法律、行政法规"并未区分是效力性还是管理性禁止规定。因此即使经公证的遗嘱，也可能因违反《继承法》而不能登记。三是容易造成道德风险。各地多次发现老人迫于子女压力做了多份遗嘱公证，持假的外地遗嘱公证书申请办理继承转移登记的也不在少数。在目前公证文书尚未联网，公证人员的管理等规范化工作尚未跟上的情况下，允许经公证的遗嘱即可办理不动产继承转移登记，间接鼓励造假行为，容易损害相关继承人的权利，也给登记机构带来诉讼风险和信访压力。

应对"经公证的材料"进行缩限解释。公证类型有合同、继承、委托、声明、赠与、遗嘱等，《细则》虽然仅规定"经公证的材料”，但显然我们不会认为申请人提交了委托公证书就可以直接办理继承转移登记。《规范》在制定时借鉴参考了公证机关办理继承权公证的做法，《细则》中的“经公证的材料”，应根据规范目的予以缩限，不能扩大到遗嘱公证、委托公证等公证类型，而只能解释为继承公证材料。二审法院认可了登记机构提出的遗嘱继承不能作为“经公证的材料”的理由。为进一步明确法律依据，建议《细则》或《规范》中对此进一步明确。

从实务中来看，公证机关对已经办理公证的遗嘱办理继承权公证，依然要求查验其效力。根据中公协 2009 年出台的《办理继承公证的指导意见》第 14 条，公证机构办理遗嘱继承公证，应当按照下列方式审查确认遗嘱的效力：遗嘱为公证遗嘱的，公证机构应当对遗嘱内容是否符合法律规定进行审查，并向全体法定继承人核实，核实的内容包括询问被继承人有无其他遗嘱或者遗赠扶养协议，法定继承人中有无缺乏劳动能力又没有生活来源的人。有观点认为只要申请人提交没有其他公证遗嘱或遗赠抚养协议的承诺即可办理，真实性由其自行负责。但目前发现的假公证等申请文书有六成以上都涉及遗嘱、继承事项，公安机关的立案率很低，难以形成威慑力，登记机构还应慎重从事。

应明确登记机构查验的权力。按照《规范》的要求，在无继承权公证的情况下，即使有公证遗嘱，也要按照《规范》要求，全体法定继承人共同到登记机构进行继承材料查验。这对确定继承权归属十分必要，也有利于登记机构查清继承人，避免继承纠纷。二审法院认为该要求超过登记机构权限，于法无据。笔者认为，《物权法》第 12 条规定了登记机构实地查看的权力。《条例》第 19 条规定，对可能存在权属争议，或者可能涉及他人利害关系的登记申请，不动产登记机构可以向申请人、利害关系人或者有关单位进行调查。因此登记机构可以在权限范围内对申请材料的真实性、合法性进行调查，有权要求全体法定继承人共同到登记机构进行继承材料查验。鉴于《规范》写的是材料审核，虽然可以理解成调查权的实施，但为了进一步明确依据以便在行政诉讼中取得有利地位，建议改成调查材料的真实性。

继承转移登记按照《物权法》规定是法定转移，但是未经登记不得处分，权利转移时间是从继承事实发生之日起实行。鉴于继承转移登记的复杂性，西方国家如德国、瑞士等大都要求必须先进行公证。我国取消继承强制公证后，实际上是由登记机构认定继承权的归属，而在行政便民利民理念下，各方对登记在时间效率上的要求越来越高。实践中遇到最多的问题是登记机构难以认定被继承人的法定继承人范围，公安、民政等部门尚难提供有关亲属关系信息，有的地方要求申请人提供被继承人无非婚生子女等证明来确定是否存在其他法定继承人。

对此，笔者建议《规范》应进一步明确，全体法定继承人范围的确定，应以申请人提供的或信息共享确定的由公安机关出具的家庭关系证明及户口簿为准。登记机构对超过家庭关系证明及户口簿证明范围的继承关系不承担责任。同时在民法典继承编的修订时完善继承制度，增加亲属会议、遗嘱执行人等内容，明确确认继承权归属的程序。

选自《中国不动产》第42期

高速公路用地确权登记问题研究

于明明　李　磊

随着全民产权保护意识的提高和不动产统一登记工作的深入开展，高速公路企业越来越意识到不动产登记对其资产的管理使用和保值增值具有重要意义。然而，由于高速公路建设的特殊性，高速公路相对粗放的用地管理模式，以及政策缺位、更替导致的历史遗留问题，使得高速公路用地登记阻力重重，大部分高速公路在现行政策下登记困难。本文分析了高速公路用地确权登记的几个疑难问题，以期对助力高速公路用地确权登记进程、推动高速公路企业多元化经营有所助益。

确权登记疑难问题

《物权法》颁布以来，产权保护逐渐成为全民共识。自 2015 年 3 月 1 日《不动产登记暂行条例》（以下简称《条例》）实施，不动产登记不仅成为保护不动产权利人合法财产权的利器，也成为激活沉淀资产、撬动经济发展的重要杠杆。

尽管不动产登记情形火热，但以高速公路等为代表的特殊不动产的登记却显得不温不火，有些地区甚至完全没有开展相关登记业务。对此，有些省市出台了规范性文件，有针对性地解决高速公路用地登记问题。如，福建省 2015 年 7 月印发了《福建省人民政府办公厅关于做好高速公路存量土地资产处置工作的通知》，辽宁省 2016 年 5 月印发了高速公路土地登记发证实施方案，这些政策为加速高速公路土地确权登记、盘活高速公路资产打开了通道。

尽管如此，高速公路用地确权难、发证难依然是全国层面的普遍问题，各地高速公路企业也在积极通过各种途径寻求突破。

笔者先后调研过北京、天津、福建、贵州、辽宁等地的高速公路用地确权登记情况，结合调研实践和相关理论研究，梳理了各地高速公路用地确权登记面临的几个疑难问题，并结合地方上的有益探索提出了解决对策，以期对厘清相关关系、助力高速公路确权登记、盘活高速公路资产有所裨益。

实际用地范围与审批范围

据交通运输部相关数据统计，截至2016年年底，我国高速公路里程已经突破13万千米，总里程居世界首位，高速公路发展举世瞩目。但是，已经进行不动产登记的高速公路却是寥寥。这有可能导致权利人对相关不动产的转让、出租、抵押融资、出资入股等资产处置行为受到无形限制，不仅国有资产保值增值的目标难以实现，甚至会造成国有资产流失。

从类型来看，高速公路用地主要包括高速公路主线及服务区、管理处、收费站、养护区、交警用地、监控通讯用地等（彭艺娴《高速公路登记发证工作审核要点的探讨》）。高速公路用地登记难的原因有很多，既有高速公路作为线性工程本身的复杂性因素，又有管理粗放，政策缺位、更替造成的历史遗留问题。高速公路实际用地范围与审批范围不一致是导致高速公路用地登记难的一个重要原因。造成用地范围不一致的原因大致可以归纳为两点。

一是限于实际线路的复杂地况，高速公路工程实际施工往往与规划不相一致。高速公路属于线性工程，在建设过程中施工方往往会针对不同地况灵活掌握用地范围：由于边坡地质不稳，需要放坡超边界施工；因地质不良，边坡、洞口发生塌方，需要超边界施工；局部设计产生的错误和工程需要补充用地，扩大用地范围；隔离栅打设发生局部偏移造成实际用地的偏差等。

二是高速公路用地审批管理粗放。在我国，高速公路建设的政治和经济意义重大，各级政府常合并审批流程，缩短审批期限，过分追求建设速度，最终造成高速公路项目在立项审批、供地、用地等环节管理漏洞频出，批而未供、供而未用、未批先用、批东建西等现象层出不穷。

高速公路实际用地范围与审批范围不一致主要包括高速公路用地与周边权属地块交叉，高速公路占用的土地缺少权利来源材料，批而未用的土地被周边地块占用，用地红线与实际利用土地不一致等，这些问题直接影响高速公路用地登记发证，导致的发证结果不外乎三种情况：一是按照原批复面积发证，二是按照实际建设面积发证，三是按照实际建设面积对未批准面积予以扣除后发证。而这些情况都将造成实际使用范围与批准范围的错位，没有解决根本问题。并且，依照现行政策，土地管理部门按照审批范围进行供地，而登记机构按照审批范围和供地材料登记发证。一旦出现用地范围和审批范围不一致的情形，申请人的土地权属来源材料就会缺失或是不齐全，相关机构在办理权籍审核时也无法取得四邻指界的材料。在实际操作中，项目单位通常要求按照实际施工线位来申请调整报批范围和用地手续，并且按照实际用地范围进行四邻指界盖章。但此时的权属情况已经发生了很大改变，在缺乏理论、政策支持时，登记机构也难以突破现有规定按照实际情况审核相关材料。

根据《条例》及其相关规定，土地登记的前提是权属合法、界址清楚、面积准确，土地登记还要有相关土地权属来源材料，包括国有建设用地划拨决定书、国有建设用地使用权出让合同、国有建设用地使用权租赁合同以及国有建设用地使用权作价出资（入股）、授权经营批准文件。因此，解决发证范围的矛盾应当从项目建设实际和调整发证政策规定两方面来考虑。一是进一步规范高速公路的建设行为，包括设计与施工行为，不得随意扩大或超出边界。二是适当调整国土资源管理部门的发证范围规定。

根据高速公路建设和发证实践，笔者提出两个调整建议：第一，对于未批先用的土地，应可以允许调整发证范围。有两个方法，一是利用高速公路未被列入发证范围的边角地的面积，置换给未批准面积作为调整，原因是该土地实际仍由地方使用，并未改变用地性质；二是可允许置换面积总量不超过批复面积一定的比例。第二，对于权属交叉情况复杂、难以取得法定土地权属来源材料的情况，应可允许将“与农村集体经济组织签署的换地协议或达成的书面意见”作为土地权属界址审核的参考材料。这一点，《辽宁省高速公路土地登记发证实施方案》已经有相关规定。简化手续，为高速公路用地确权登记打开了通道，既保障了国家利益，又保护了高速公路管理使用单位的合法权益，同时也有利于维护土地权利人和人民群众的利益。

经营性用地供地问题

根据我国《土地管理法》第 54 条的规定，高速公路作为“城市基础设施用地和公益事业用地”，其用地通常系划拨而来。在高速公路主线之外，服务区和加油站作为必不可少的配套设施，往往会随主线同期建设，同步使用。而根据《土地管理法》的规定，经营性用地不得划拨，只能采用招拍挂的方式出让。有些地方性法律就明确规定经营性用地需要以公开出让的方式供地，例如《天津市土地管理条例》第 70 条规定：“因实施城市规划、改变企业经营性质等原因，确需改变以划拨方式取得国有土地使用权的土地用途的，经原批准机关批准后，土地使用权人应当到土地行政主管部门办理国有土地使用权有偿使用手续。其中用于经营性建设的土地，应当由市土地整理储备机构统一整理储备，进入土地有形市场公开交易。”高速公路主线为公益用地，而附属设施，如加油站、服务区，甚至办公场所，又属于经营性用地，土地性质差异也增加了高速公路不动产登记的困难。

无论是统一的供地方式，还是根据不同用途的差异化进行供地的方式都存在一系列问题，客观上增加了登记的难度。统一化供地方式导致服务区、加油站等经营性不动产的登记申请材料与所登记权利之间出现龃龉；而差异化登记方式导致高速公路主线与服务区等经营性用地分属于不同主体，在权属调查、宗地划分和权利设置等方面加大了问题难度系数，且不利于高速公路资产的统一、多元化经营。因此，根据调查情况建议，高速公路服务区内的经营性用地不宜分散使用招拍挂等方式供地，建议可同高速公路主线用地一并采用划拨方式，或者由高速公路项目单位提供经营性用地范围，按照范围补缴出让金。

四邻指界与重复指界问题

指界是地籍调查的一项内容，是指指界人（包括本宗地和相邻宗地权利人）对被调查宗地的界址进行现场指认并在界址表上进行签字盖章确认的行为。根据《不动产登记暂行条例实施细则》（以下简称《细则》）第 34 条规定，申请国有建设用地使用权首次登记，应当提交权籍调查表、宗地图以及宗地界址点坐标等申请材料。因此，作为地籍调查的重要一环，四邻指界是申请土地登记必不可少的程序。以天津市为例，《天津市土地管理条例》第 20 条规定，与土地权属界线相邻的土地所有人、使用人，应当出席指界盖章程序。对指界有异议或者无正当理由不出席指界的，由土地行政主管部门根据国家和本市有关规定、土地所有或者使用的证明文件以及土地现状，划定土地权属界线。

高速公路项目线路长，涉及的权属单位众多，从用地组卷到供地需要一两年甚至更长时间才能完成，具备土地登记条件时，项目基本竣工通车。项目竣工通车后，高速公路与周边土地权属之间的交叉错乱导致指界工作基本无法完成。

除四邻指界程序无法落实外，还有重复指界问题亟待解决。如《天津市土地管理条例》第 61 条规定：“建设项目用地在取得国有土地使用权前，土地行政主管部门应当进行地籍调查，核实用地权属界限。对已核实权属界限的，可以按照地籍调查成果确定界址。”具体到高速公路用地登记问题，建设项目在用地组卷阶段已进行界址表盖章，而土地登记时还需再次进行四邻指界，重复性进行指界不仅不能明确权属边界，而且前后指界的冲突也会影响高速公路管理使用单位的合法权益。对此，《辽宁省高速公路土地登记发证实施方案》简化了程序，规定凡是界址没有发生变化，无论在哪个阶段进行过四邻指界盖章，都不需要再重复进行此项工作。

指界问题已经成为影响高速公路用地登记的关键问题。高速公路管理单位在后期四邻指界过程中遇到的阻力很多，尤其在权属单位众多，而牵涉利益又很大的情况下，相邻权利人拒绝签字、无限期拖延甚至扯皮等行为可谓常态，但其行为又不在法律调整范围之内，真正的权利人无法进行权利登记却又无可奈何。这有悖于法律维护权利人合法权益、维护社会公平正义的目标。

在充分进行调研的基础上，本着减轻当事人负担、避免重复工作的宗旨，结合工作实践，笔者在风险可控的情况下提出如下建议：一是对权属来源资料合法、界址明确，经实地核实界址无变化且与相邻宗地界址不冲突的，可直接办理登记，不再重复指界。二是与未批准、未确定土地使用权的国有土地相邻的宗地，可根据土地权属来源资料由申请人单方指界。三是相邻权利人对指界有异议但无正当理由不出席指界的，由土地行政主管部门根据相关规定划定土地权属界线，并将认定书送达土地所有权人、使用权人和相邻人。

高速公路用地确权登记是高速公路资产管理的必备条件，是高速公路管理和执法的重要依据。如前所述，高速公路用地在审批、供地、用地、权属调查、指界盖章等各个环节都存在影响登记的问题。这些问题，有的是高速公路本身的复杂因素所致，对此，应该在用地审批、供地、用地等环节允许高速公路建设单位做出适当的调整，在尊重事实的基础上，简化办理手续；还有一些问题是政策缺位、交叉、更替甚至相互矛盾产生的历史遗留问题，对此，应该本着“依法依规、解放思想，尊重事实，解决争议”的原则，从政策上打开通道，分类解决，分类施策，具体到每一宗地，具体问题具体分析，确保权利人顺利登记。随着《条例》《细则》《不动产登记操作规范（试行）》等一系列不动产登记法律法规的出台，地方规章和规范性文件也面临“立、改、废”的更新，关于土地登记，尤其是高速公路用地登记，亟待出台相应规范予以解决。

选自《中国不动产》第43期

《物权法》与不动产登记簿公信力

王红红

在不动产物权变动中第三人善意保护制度的构建上，存在着客观善意标准与主观善意标准之争。依客观善意标准下构建的不动产登记簿公信力制度，当登记簿记载的权属状态或者权利内容发生错误时，只要其事先不是明知登记簿错误的存在，信赖该登记簿而进行交易的第三人的利益受到法律的绝对保护。这种交易制度的核心思想是对财产上“动态安全”的保护。而依主观善意的观点，则主张对登记簿公信力进行限制，当交易第三人“知道”或者“应当知道”登记簿错误时，不受登记簿公信力制度的保护，当然无法取得相应的不动产物权。在制度构建上，有的主张“公信力的相对化”模式，也有的在否定登记簿公信力的前提下主张构建统一的动产与不动产善意取得制度。

在善意第三人与真实权利人之间，本文选择了依客观善意标准构建不动产登记簿公信力制度，为善意第三人提供绝对保护。这种选择并不意味着保护代表交易安全的第三人善意有着先天的合理性，而是因为其背后有着更具说服力的理由，是利益权衡的结果。

登记簿相对公信力与绝对公信力的区别。

登记簿相对公信力学说关注的核心问题是当事人的“可归责性”。依登记簿相对公信力标准，在不动产物权变动中，当不动产登记簿出现错误时，交易第三人能否依不动产登记簿取得登记的不动产物权，主要考虑相关的物权当事人是否具备可归责性这一要件。

从登记簿公信力制度与不动产善意取得制度的区分来看，以上观点实质上完全否定了登记簿的公信力，而是采用了不动产善意取得的解释模式。因为，它不仅要求交易第三人在交易中承担起审查登记簿真实性的义务，还要求证实权利人在登记簿错误的出现上具有可归责性，这恰好是善意取得制度的构成要件。笔者认为，以上观点既然从构成要件和适用结果上都已经符合了善意取得制度的标准，此时舍弃不动产登记簿公信力的名号，称其为“不动产善意取得制度”更为恰当。

登记簿绝对公信力也就是依客观善意标准构建的不动产登记簿公信力制度。排除登记簿公信力制度适用的情形只有两种：一是第三人“明知”登记簿错误以及登记簿存在异议登记的情形；二是第三人“应当知道”登记簿错误，也不排除其善意。客观善意标准下的登记簿公信力制度具有极大的可操作性以及对交易安全无微不至的关怀。

《物权法》对待不动产登记簿公信力的态度。

第一，登记簿公信力制度与不动产善意取得制度辨析。

构建不动产登记簿公信力的价值基础，是解决不动产交易中第三人善意保护问题。因此，登记簿公信力制度在功能上便与另一项旨在保护善意第三人的制度——善意取得制度——产生了交集。善意取得，是指交易第三人在对其前手的交易瑕疵不知情或者不应当知情的情形下，可凭借其善意取得标的物，不受原权利人对物的追夺。善意取得制度使交易第三人在负有举证责任的前提下，证明自己对前手的交易不知情也不应当知情，进而保护自己取得的物权。其优点在于以交易第三人的主观善意为基础要件，在客观上衬托出原权利人对自己权利保护不力，进而在对善意第三人与原权利人的利益权衡中侧重于保护第三人的善意。这同时也符合一般民众朴素的法律情感与道德观念，因而容易为社会公众所接受。它的缺点则是：由于“第三人善意”这一要件对善意取得制度的基础性作用，在适用善意取得制度时交易第三人“善意”的认定标准也就具有了决定性的意义。传统民法上所说的“善意”指的是一种主观上的善意，然而这种“主观上”的善意标准看似美好，却没有一个有说服力的评判标准，导致善意取得制度在解释与适用上困难重重。

本文借此需要阐明的一个问题是：不动产善意取得制度与登记簿公信力制度之间是否存在本质区别，抑或二者本身就是对同一制度的两种不同表达。学者之间对此尚存有较大的争议，而笔者以为：在交易第三人善意保护这一问题上，登记簿公信力制度与不动产善意取得制度有着相同的逻辑前提，但是不应简单地在这两种制度之间画上等号。

第二，登记簿公信力制度与动产善意取得制度辨析。

我国《物权法》第106条明确规定了受让人的“善意”具备阻断真实物权人返还请求权的效力，因而在立法上确立了我国的善意取得制度。该法条明确列举了善意取得制度的各项构成要件。但由于其在行文中并未对动产和不动产善意取得加以区分，因此，这一法条造成的困惑便是：动产善意取得制度的构成要件是否适用于不动产登记簿公信力制度？

综上，笔者认为应将不动产登记簿公信力制度与动产善意取得制度进行严格区分。只有如此，才可能在客观善意基础上构建不动产登记簿公信力制度。即就不动产而言，只要真实权利人不能证明交易第三人明知登记簿错误，那么就应当认为交易第三人是善意的，亦即真实权利人需对交易第三人的非善意负举证责任；而在动产善意取得这一问题上，对交易第三人善意的判断还应考虑其在交易时是否尽到了一般的注意义务。由于动产物权与不动产物权公示方法的不同，源于物权公示产生的公信力强度也必然存在重大差异，这一点在理论上不存在大的争议。

第三，对《物权法》第106条的反思。

《物权法》第106条确立了统一的不动产与动产物权变动中第三人善意保护制度。但是，该法条在以下两个事实上是缺乏说服力的：一是不动产与动产因权利表征方式的不同而导致的权利表征公信力强弱的不同，进而不可能在动产与不动产物权变动中对善意第三人适用完全一致的评价标准。二是该法条未能体现出不动产登记簿公信力与动产善意取得制度二者之间的区分，用一个法条同时涵盖这两个差别极大的制度的做法是值得认真商榷的。

虽然我们能够认为《物权法》第106条已经明确确立了不动产物权登记簿的公信力，但是应当在解释和适用上对登记簿公信力制度与动产善意取得制度相区分。这是因为不动产物权与动产物权公示方式的不同，才导致了二者权利表征所

体现的公信力强弱当然就是不一样的，所以导致我们在判断交易第三人善意保护时的善意标准因动产或不动产的不同而有所区别。区别的焦点主要在于，当交易第三人“应当知道”权利表征与实际权属不一致时，其是否还为“善意交易第三人”。

《物权法》依客观善意标准承认登记簿公信力的合理性。

第一，登记簿公信力制度符合公平正义。

从道德与功利的角度看，登记簿公信力制度的构建是必要的。真实权利人与交易第三人处于极端的信息不对称状态，善意第三人所占有的针对不动产的信息量一般小于真实权利人。由于地位的特殊性，真实权利人能以更小的成本发现并更正登记簿错误，防止其权利处于不安当中。因此，倾斜保护交易第三人的利益可以把交易成本和风险控制成本降低。与此同时，在不动产物权变动过程中强调第三人利益的保护，并不违背民法中“公平正义”的原则。第三人善意保护机制的建立是法律有意识地进行选择的结果，是一个利益权衡的过程。

必须明确的是，如果在不动产交易前或交易过程中因某种特定情形或信息背景出现，使得交易第三人对登记簿的真实性产生了“合理怀疑”，并采取了必要的调查措施得出了“登记簿错误”这一结论，此时交易第三人是否有义务相信自己的调查结论，进而停止交易呢？笔者认为，交易第三人不应该负担这样一种义务。可以想象，如果交易第三人根据交易当时的背景信息及其掌握的资料，通过必要调查确实得出了“登记簿错误”这一结论，此时交易第三人将面临一个关键抉择：相信以国家信誉担保的不

动产登记簿还是相信自己的主观判断？主张“应当知道”不动产登记簿错误的交易第三人不属于善意第三人的学者在这里犯了一个共同的错误：他们先入为主地认为“应当知道”不动产登记簿错误的交易第三人在取调查措施后得出的结论一定是绝对真实的，并且交易第三人此时只能相信自己的调查结论。以这种逻辑，交易第三人一旦对登记簿产生“合理怀疑”，就再不能相信不动产登记簿。不动产登记簿在法律上的真实性尚且是一种拟制，交易第三人对登记簿进行适当审查得出的结论又如何能保证“绝对真实”？不动产登记簿上的内容，是登记机构在错误赔偿机制的压力下，在对当事人提供的材料进行审查的前提下记载的。而交易第三人则是凭一己之力，在“特定的交易环境和信息背景下”，或者通过他人的明确告知，通过自己的适当调查得出的结论。如果此时要求交易第三人置不动产登记簿于不顾，必须依据其调查结论停止交易，那么费尽心思建立的不动产登记体系还有何意义？

综上所述，当“特定的交易环境和信息背景使理性之交易第三人对登记簿产生了合理怀疑”时，交易第三人也完全没有义务置不动产登记簿于不顾，转而信赖自己的主观判断。因为那样将使交易第三人对所谓的“交易环境”和“信息背景”的真实性及其调查结论承担不合理风险，进而承担丧失交易机会的风险。据此，就算在“应当知道”登记簿错误的情形下，交易第三人也有权利信赖不动产登记簿，获得登记簿公信力制度的保护。

第二，登记簿公信力制度的安全与效率价值。

从法律的视角看来，人类物质生活最终都归结到对物的支配以及物的权属变动上。《物权法》作为定纷止争之法，其核心之一就是对物权变动规则的确立。其中，由于不动产物权在社会经济生活中体现的重要意义，其变动规则的确立必然涉及多方利益的博弈。在一种情形下，这种博弈体现得最为激烈，那就是当登记名义人与真实权利人不一致时，法律在交易第三人与真实权利人之间所做的利益权衡。在客观善意标准下构建不动产登记簿公信力制度，极大地维护了交易第三人的利益，也因此不可避免地忽略了对真实权利人“静”的财产安全的顾及。从效率与安全的角度上看，这种选择有着巨大的价值考量。

不动产登记簿作为一个理想的信息承载平台，系统地反映了所有有关不动产物权归属及流转的信息。与此同时，法律通过拟制的方式，承认不动产登记簿上所有存在的信息都是真实的，并认为登记簿上不存在的信息其客观上也不存在。正是如此，人们在交易中可以非常简便地获得关于不动产归属及流转的信息，且依此种信息而与登记名义人之间形成的交易关系受到法律的绝对保护。有国家信誉保证的有效信息，能有效地减少有关不动产物权变动的权利争执，稳定静态及动态的物权关系，维护社会秩序的稳定。

第三，登记簿公信力制度的构建可改变当前不动产登记现状。

笔者认为，不应因噎废食，将我国目前的不动产物权登记现状用作否认登记簿公信力制度的理由。相反，我们应当通过构建登记簿公信力制度反向推动不动产登记体系的完善。从长远发展看，在我国建立完善的不动产登记体系已经是一种不可逆转的趋势，因为谁也无法拒绝不动产登记制度在不动产物权表征及交易安全方面的巨大能量。

在我国的所有权体系和土地制度下，不动产登记簿的适用范围确实受到了一定的限制。但是不动产统一登记正式实施以来，登记簿公信力制度的构建显得尤为重要。在城市房地产交易及抵押领域，不动产登记簿存在的意义是毋庸置疑的，是目前不动产登记簿公信力制度适用的主要领域。而在涉及农村宅基地及土地承包经营权时，首先其流转受到了极大的限制；其次，在农村所谓的“熟人社会中”，不动产登记簿本身作用没有很好地发挥。据此，目前而言，不动产登记簿公信力制度适用的范围还没有广泛受到高度重视。但是，伴随我国土地政策的改革，特别是全国第三次土地调查的全面开展，法律对宅基地和土地承包经营权流转的限制得以放松，那么建立针对此类物权的登记体系并承认其登记簿的推定力与公信力是当下必须面对且不可避免的选择。所以，不动产登记簿公信力制度构建的影响力已经彰显，这一制度的构建将为我国未来土地制度新的发展趋势做好制度准备。

在我国《物权法》中构建不动产登记簿公信力制度，既经得起理论上的考验，也符合我国不动产物权登记发展的现实需求。要构建不动产登记簿公信力制度，在法律上必须首先正视不动产登记簿公信力制度与动产善意取得制度的本质区别，任何一项法律规则都难以同时吸收这两种差异巨大的法律制度。同时，还应当注意不动产善意取得制度与登记簿公信力制度在适用范围上的差异，仅当不动产善意取得制度采用客观善意标准时，二者之间才能划上等号。

在具体操作上，由于《物权法》第106条中统一规定了动产与不动产善意取得制度各项构成要件，因此要构建不动产登记簿公信力制度，应将该法条中的“不动产”限缩解释为采登记对抗要件的不动产物权，如土地承包经营权、地役权、准不动产物权等。而对于采登记生效要件的不动产物权的善意取得，则可以采取另外的构成要件。同时，根据《物权法》第108条在解释“善意”时将受让人限定为“动产受让人”这一立法现状，通过司法解释等方式将“不动产受让人善意”解释为“客观善意”，将有助于构建我国的不动产登记簿公信力制度。如此构建不动产登记簿公信力制度既能体现法律规定之间的协调，更能在采登记对抗要件的不动产物权变动中的第三人保护问题。

选自《中国不动产》第44期

不动产登记审查的价值取向

王亦白

不动产登记具有私法和公法双重属性，更准确地讲应当是私法为“体”、公法为“用”的法律属性，与之相对应，通过登记审查实现的不动产登记制度功能呈现出双重性，而其背后则直接源于公私法层面的价值追求。可以说，不动产登记审查在登记制度的双重功能和公私法层面的价值追求之间架起了一座桥梁。

私法层面的价值目标

价值追求与制度功能之间的关系，其实质是作为主体的人与作为客体的制度之间的需要和满足相对的关系，价值追求是制度功能的内核，制度功能是价值追求的外化。

具体到不动产登记这一制度，对其法律价值的探寻，所要考虑的无非是作为主体的人（包括权利人自身以及社会上不特定第三人）与作为客体的不动产登记制度之间的需要和满足的关系；不动产登记所具有对主体有意义的、可满足主体安全价值和动态安全价值，前者可称为享有的安全，主要着眼于不动产物权真实权利人的权利保护，使其权利得到不动产登记的确认和保护；后者又称为交易安全，可定义为“交易主体合理期待利益的安全”，着眼于对参与不动产交易的不特定第三人的保护，对其通过正常交易活动所取得的权益加以保护、而不轻易归于无效。

不动产权利人个体安全、静态安全等价值的实现，主要通过不动产登记私法上的推定力和公法上的确定力（具体体现为权利表征和物权公示）等手段来达成；不动产交易秩序、交易安全等社会安全价值、动态安全的实现，主要通过不动产登记私法上的公信力和公法上的公定力等手段来促成。应当指出的是，不动产登记制度所追求的安全价值内部并不天然处于协调一致的状态，即个体安全和交易秩序之间、静态安全和交易安全之间可能存在冲突。在此情形下，现代以来，需要的属性就是其功能，主体所寻求的、依赖制度予以满足的内在需求就是其价值，不动产登记的制度功能不过是主体价值追求的结果。从不动产登记的制度功能特别是主体功能的论述出发，该制度通过登记审查所追求的私法层面的价值目标，主要包括安全和效率这两大普适性价值。

一是安全价值。就不动产登记制度而言，以安全价值所享有的主体为划分标准，可以分为个体安全价值和社会安全价值。前者的着眼点在于对作为个体的权利人的不动产物权及相关权利之确认和保护，使之不受侵犯或遭受损害。鉴于整个社会、整个国家领域内市场交易秩序是否安全、是否高效属于社会基本经济秩序范畴，具有社会公共利益性质；因而，后者的着眼点则在于对市场经济社会不动产交易秩序之维护，使之不受威胁或遭到破坏。大多数国家往往以维护交易秩序和交易安全为优先选择，当下中国亦是如此。自 19 世纪末至今，交易秩序和交易安全逐渐取代个体安全和静的安全之地位从而得到更多的强调，其中《德国民法典》被视为这种转向的标志与契机。

二是效率价值。从法学概念看，效率在本质上反映出的是投入和产出比。不动产登记制度所追求的效率价值就应当是相对少的成本获得更好的收益，这里面实际上包含两个层次的效率：一是在宏观层面以登记制度之有无为考察点，社会总体成本收益的比较；二是在微观层面对于申请人而言的成本收益比较。

以成本而言，由于登记制度寄望于登记簿准确反映涉及不动产的民事法律关系，制度的运行主要围绕登记簿进行，绝大部分的人力、物力、财力及时间等制度成本也是因登记簿而产生，需要有专门的登记机构和专业的登记人员从事审查、登簿等工作，有便民的办公场所和足够的办公设备为申请人提供服务并保管登记簿，有充足的工作经费满足审查、登簿、发证、查询等工作要求，有一定登记周期从而完成各项登记程序等。这些成本看似庞大，实际上当不动产登记制度正式运行以后，其间存在着私人成本与公共成本之间的成本转移。除申请人个体在不动产交易完成之后所需付出的实现不动产权利保护的成本大幅降低外，以国家和私人本应付出的总成本来算，整个社会为此付出的总的交易成本也不是增加了，而是大大减少了。

以收益而言，市场交易的重要一环就是交易标的信息的获取，不动产登记制度的运行可以收集到涉及不动产自然状况、权属状况、权利限制等较为权威可靠的海量信息，并为期待参与不动产交易的各类主体提供相应的查询服务，进而拓宽了当事人获取不动产交易相关信息的渠道。近现代以来，熟人社会逐步向陌生人社会进行转型，在市场经济下的当今中国社会，陌生人之间的交易已成常态化，不动产的高经济价值也就必然意味着高风险，如果不能解决信息不对称的问题，不动产交易将变得费时费力，其正常进行必然大受影响，市场不可能活跃，经济繁荣则难以期待。虽然社会上的各类交易主体以私人自治方式也能自行获取交易标的相关信息，但囿于交易主体作为一个民事主体自身能力的局限，往往需要花费较大的探寻成本，且获取的标的信息还可能不完全；如果国家公权力能够介入，以国家权威性、强制力、公信力为保障，建立一套准确、透明、便捷的交易信息公示系统，可以极大地方便市场主体获取相关交易信息，并防范交易风险。因此可以说，由于不动产登记制度的存在及其运行，降低了不动产交易的不确定性，形成了对于交易合法性的期待，从而激励了更多交易发生、活跃了市场经济，社会收益大大提高；与此同时，对于交易当事人这一个体而言，除了有通过登记簿获得比较准确的相关交易信息这一收益期待外，登记过程的迅速和便捷也是其作为个体所期待的直观收益。

在不动产登记制度运行中，效率主要体现为登记机构的审查效率，要想实现效率最大化，审查内容应尽可能少，而审查范围应尽可能限缩。这是因为，登记审查工作必须耗费作为行政机关的登记机构的大量人力、财力、物力，这些耗费就是登记行为这一行政管理活动的刚性投入；如果登记机构履职尽责中所需审查的内容越多、范围越广、把关越严格，则相应的投入也就越大。此外，需要说明的是，不动产登记制度本身也有其局限性，比如登记内容的准确性并不绝对、登记公信力一定程度上会以牺牲真正权利人利益为代价、登记对交易的介入会对交易便捷产生某种影响等，但把这些同没有登记制度而产生的影响市场交易的不利因素相比较的话，人们会发现登记是一种最不坏的制度。或许，这从另一个角度展现出不动产登记审查对于效率的价值追求。

通过分析上述安全和效率这两大价值目标，并结合不动产登记制度来看，可以发现，它们当然是对作为主体的人的各项合理需求的满足，实际上还是优化制度设计、完善登记流程的推动力；对于不动产登记审查而言，既是引导顶层设计的基础，实际上也外化于登记审查的具体运行之中，不断发挥着应有的作用。更为重要的是，不动产登记审查应当兼顾安全和效率，但不同的价值目标相互之间可能存在冲突，如果为了更好地维护“安全”价值，则应当强化不动产登记审查力度，从而可能以牺牲一部分“效率”价值为代价；如果为了更好地实现“效率”价值，则应当加快不动产登记审查的进度，从而可能以牺牲一部分“安全”价值为代价。由于审查在不动产登记这一公权力行使中的重要意义，安全和效率价值之间的平衡实际上就为不动产登记审查的制度建构指明了方向、提供了出路，价值平衡的结果则必然使不动产登记审查更为注重现实考量，对安全的追求只能是相对安全，对效率的追求亦不应是绝对效率。

公法层面的价值追求

基于对现代社会国家公权力介入私权利影响的分析，不动产登记制度具有特殊的社会价值，这些价值因应了财产权保护的公法化趋势，但由于登记制度运行应当以审查为核心，实际上也就成了登记审查在公法层面的价值追求之所在。如何在公有制下实现对私权的有效保护，使得我国不动产登记审查在公法层面价值追求上呈现出一定的特殊性。

通过不动产登记协助社会不动产资源的合理配置。我国《民法总则》第 116 条规定："物权的种类和内容，由法律规定。"设立哪些不动产权利以及权利内容如何均需由全国人大及其常委会所制定的法律予以规范。以土地为例，根据《物权法》等法律，我国土地所有权只能属于国家或农民集体，在国家所有土地上和集体所有土地上可以分别设立土地用益物权，从而有效地实现了土地资源在不同社会主体之间的分配和调节，确保了社会主义公有制基本制度的实现。为落实物权法定原则，实现国家公权力对于不动产资源的有效管控，维护相应的资源分配格局，根据《条例》第 5 条的规定，只有《不动产登记暂行条例》（以下简称《条例》）所列明的不动产权利，登记机构方可予以登记，以避免影响社会整体利益，达到合理配置不动产资源的目标。

通过不动产登记为公示不动产权利奠定真实性基础。由于物权特别是不动产物权自身所具有的效力或特殊性，特别是基于其排他性和优先性，法律允许权利人追及其物而不论该物辗转流通于何人之手，因此，物权公示已然成为世界各国物权法普遍认可的基本原则和制度。享有不动产权利的事实和不动产权利变动的事实必须通过一定的方式让社会公众知悉，使不特定的第三人能够获悉不动产权利的相关情况，以免不动产权利享有人或不特定第三人因为不知情而使自身利益受到损害。在物权未被公示的情况下物被非法转移给第三人，若权利人依据其物权主张优先性或排他性，则对于善意第三人非常不公平，极不利于维护物的占有秩序和交易安全。现代社会作为陌生人社会，以实物占有的方式不能满足不动产权利公示的需要，一般均选择由权威的国家公权力机关设置的不动产登记体系作为不动产权利的公示手段。也正因如此，才有了我国《物权法》第 9 条和第 16 条的规定。

通过不动产登记规范交易秩序、防范交易风险。现代社会，伴随着公权力介入社会生活的加深，国家不仅要从静态角度参与创造、确认不动产权利，还需要维护动态的不动产权利交易安全和便捷。不动产权利交易虽然本质上属于民事主体之间的交易行为，为私法自治范畴，但是必须看到国家介入市场交易秩序的必要性，而不能完全放任市场主体自我调查、自我磋商、自我保护，否则整个社会的市场交易秩序可能陷入混沌。更为重要的是，以国家公信力为基础建立的不动产登记制度在保障交易顺利实现的同时，还对交易过程中隐含的风险予以披露，以此提醒相关交易人，防范不动产市场交易风险。《条例》第 2 条规定中不动产登记机构依法记载于不动产登记簿的"其他法定事项"就包括附加于不动产权利上的诸多交易风险，相应地，设置异议登记、预告登记、查封登记等其他登记类型的目的也在于全面展示不动产相关信息，为市场主体进行相关交易决策服务，有助于规范不动产交易秩序，防范交易风险。例如，异议登记通过将利害关系人对登记簿记载异议事项的公示，可以让潜在的买受人在决定是否交易前了解不动产的全面情况，从而获得警示，促进交易秩序建立。再如，虽然法律对抵押权人成为第几顺位的抵押权人的事宜无权作出规定，但如果登记簿已经给顺序在后抵押权人提供了足够警示，使其了解后序顺位抵押权的风险，就为其做出合理决定提供了帮助，降低了交易风险。

通过不动产登记实现国家对社会的有效治理。鉴于社会资源的紧张和社会连带关系的紧密，现代社会的不动产权利创设不再是纯粹的私人行为，国家公权力可以通过登记行为来检验权利创设的合法性。现代各国法律一般就不动产权利的创设规定了相应的成立条件，如果该条件得不到满足，则权利不得创设。比如，与我国《物权法》第 30 条规定相适应，我国《土地管理法》《城乡规划法》《建筑法》等法律对于房屋建设规定了一系列诸如"建设用地规划许可制度""建设工程规划许可制度""建设工程施工许可制度”等行政审批程序。在未办理上述行政许可的情况下，相关房屋建设行为即为违法，相应的房屋等建筑物所有权即难以成立。针对此类国家法律设置的强制性条件，应当通过不动产登记审查来保证权利创设符合法定要求。再以国有土地上建设的房屋登记为例，《不动产登记暂行条例实施细则》第35条列出了相关申请证明文件，只有提交了上述申请文件，登记机构经登记审查有效认定国有土地上建设的房屋的合法性，才能将违法建造的建筑物排除在法律保护范围之外。此外，不动产权利的占有、交易需要缴纳相应的税费是各国税收征管的通行做法，世界各国通行的做法也是在不动产登记时一并予以征缴。

当然，不动产登记审查在私法和公法层面不同的价值追求，其内在亦有相通之处，如为公示不动产权利奠定真实性基础这一公法层面的价值追求，何尝不是私法层面安全价值的另一种表达？规范交易秩序、防范交易风险这一公法层面的价值追求，亦何尝不是与私法层面动态安全价值“一体两面”？不动产登记同其他法律制度一样，是用来解决社会生活中实际问题的，价值取向的解说是在探寻其背后的法理逻辑，登记审查亦可从两个层面具体以观之。

选自《中国不动产》第45期